PODER ECONÔMICO E CAIXA DOIS NO SISTEMA ELEITORAL BRASILEIRO

Walber de Moura Agra

PODER ECONÔMICO E CAIXA DOIS NO SISTEMA ELEITORAL BRASILEIRO

Belo Horizonte

2019

© 2019 Editora Fórum Ltda.

É proibida a reprodução total ou parcial desta obra, por qualquer meio eletrônico,
inclusive por processos xerográficos, sem autorização expressa do Editor.

Conselho Editorial

Adilson Abreu Dallari
Alécia Paolucci Nogueira Bicalho
Alexandre Coutinho Pagliarini
André Ramos Tavares
Carlos Ayres Britto
Carlos Mário da Silva Velloso
Cármen Lúcia Antunes Rocha
Cesar Augusto Guimarães Pereira
Clovis Beznos
Cristiana Fortini
Dinorá Adelaide Musetti Grotti
Diogo de Figueiredo Moreira Neto (*in memoriam*)
Egon Bockmann Moreira
Emerson Gabardo
Fabrício Motta
Fernando Rossi
Flávio Henrique Unes Pereira

Floriano de Azevedo Marques Neto
Gustavo Justino de Oliveira
Inês Virgínia Prado Soares
Jorge Ulisses Jacoby Fernandes
Juarez Freitas
Luciano Ferraz
Lúcio Delfino
Marcia Carla Pereira Ribeiro
Márcio Cammarosano
Marcos Ehrhardt Jr.
Maria Sylvia Zanella Di Pietro
Ney José de Freitas
Oswaldo Othon de Pontes Saraiva Filho
Paulo Modesto
Romeu Felipe Bacellar Filho
Sérgio Guerra
Walber de Moura Agra

FÓRUM

CONHECIMENTO JURÍDICO

Luís Cláudio Rodrigues Ferreira
Presidente e Editor

Coordenação editorial: Leonardo Eustáquio Siqueira Araújo
Aline Sobreira de Oliveira

Av. Afonso Pena, 2770 – 15º andar – Savassi – CEP 30130-012
Belo Horizonte – Minas Gerais – Tel.: (31) 2121.4900 / 2121.4949
www.editoraforum.com.br – editoraforum@editoraforum.com.br

Técnica. Empenho. Zelo. Esses foram alguns dos cuidados aplicados na edição desta obra. No entanto, podem ocorrer erros de impressão, digitação ou mesmo restar alguma dúvida conceitual. Caso se constate algo assim, solicitamos a gentileza de nos comunicar através do *e-mail* editorial@editoraforum.com.br para que possamos esclarecer, no que couber. A sua contribuição é muito importante para mantermos a excelência editorial. A Editora Fórum agradece a sua contribuição.

Dados Internacionais de Catalogação na Publicação (CIP) de acordo com a AACR2

A277p	Agra, Walber de Moura
	Poder econômico e caixa dois no sistema eleitoral brasileiro / Walber de Moura Agra. – Belo Horizonte : Fórum, 2019.
	266p.; 14,5cm x 21,5cm
	ISBN: 978-85-450-0655-8
	1. Direito Eleitoral. 2. Direito Público. 3. Direito econômico. I. Título.
	CDD: 341.28
	CDU: 342.8

Elaborado por Daniela Lopes Duarte – CRB-6/3500

Informação bibliográfica deste livro, conforme a NBR 6023:2002 da Associação Brasileira de Normas Técnicas (ABNT):

AGRA, Walber de Moura. *Poder econômico e caixa dois no sistema eleitoral brasileiro*. Belo Horizonte: Fórum, 2019. 266p. ISBN 978-85-450-0655-8.

A todos aqueles que ousaram navegar pelas águas tumultuosas do simbólico, na ousadia de tentar transpor a margem do rio, sem se importar se serão ou não bem-sucedidos.

SUMÁRIO

CAPÍTULO 1
OS DESVIOS DA CONSTITUIÇÃO ECONÔMICA......................... 9

1.1   Direito e economia... 9

1.2   Direito econômico e deambulações em torno de sua origem 13

1.3   Constituição econômica... 21

1.4   Ordem econômica 28

1.5   Conceito de política econômica 35

1.6   Política econômica e seu reflexo na constituição econômica....... 39

1.7   A captura do poder político pelo poder econômico.................... 45

1.8   O desvio da constituição econômica pela interferência dos financiadores eleitorais... 51

1.9   O desvio da constituição econômica pela interferência do presidencialismo de coalizão e dos *lobbies* e grupos de pressão. 54

1.10   O desvio da constituição econômica pela corrupção administrativa 63

CAPÍTULO 2
DIREITO ECONÔMICO E SUA MANIFESTAÇÃO NO FINANCIAMENTO ELEITORAL 73

2.1   O alto custo das campanhas eleitorais no Brasil 73

2.2   Diferenças teleológicas: comportamento dos eleitores e comportamento das pessoas jurídicas.................................... 83

2.3   O financiamento eleitoral como processo racional..................... 87

2.4   Princípios mercadológicos e sua atuação no direito eleitoral..... 93

CAPÍTULO 3
PERFIL DO FINANCIAMENTO ELEITORAL NO BRASIL E SUAS PERSPECTIVAS 109

3.1   Financiamento político.. 109

3.2   Financiamento eleitoral... 115

3.2.1 Histórico do financiamento eleitoral no Brasil até 2015.............. 121

3.3	Financiamento público	125
3.3.1	Posicionamentos contrários ao financiamento público	134
3.4	Financiamento privado	139
3.4.1	Posicionamentos contrários ao financiamento privado	150
3.5	Financiamento de pessoas jurídicas	152
3.6	*Big Donors*	159
3.7	Vedação ao financiamento eleitoral por contribuição de pessoas jurídicas	165
3.8	Financiamento eleitoral no Brasil depois da decisão da proibição por contribuição de pessoas jurídicas	172
3.9	Limitações na sistemática da prestação de contas	178

CAPÍTULO 4

FORÇA NORMATIVA DA CONSTITUIÇÃO ECONÔMICA E FINANCIAMENTO DE PESSOAS JURÍDICAS 189

4.1	Da impossibilidade de impedir-se a interferência do poder econômico no processo eleitoral	189
4.2	A compra de votos e sua relação com a ineficácia da constituição econômica	197
4.3	Canalização de recursos para o caixa dois	204
4.4	Criminalização da política	211
4.5	Força normativa da constituição econômica e racionalização do financiamento privado no Brasil	220

CONCLUSÃO 229

REFERÊNCIAS 233

CAPÍTULO 1

OS DESVIOS DA CONSTITUIÇÃO ECONÔMICA

1.1 Direito e economia

Os conceitos de Direito e Economia possuem conteúdos que permitem a intertextualidade entre essas duas searas; ressalte-se, desde já, que a especificidade de suas definições não refuta esse diálogo, dado que uma delas pode exercer predominância sobre a outra, decorrente de circunstâncias sócio-político-econômicas. Diante desse fato, deve-se partir de suas conceituações com o objetivo de delimitar a abrangência de cada uma.

São duas áreas de estudos autônomas, compartilhando amplo campo de conteúdo comum, visando a que seja possível ao Direito disciplinar o Econômico e a este, por sua vez, impor suas necessidades àquele.[1] Seguindo esse diapasão, observa-se que as indagações em torno de seus conceitos ainda são persistentes.[2] Nessa discussão, nota-se que a vagueza conceitual revela a multiplicidade de fatos jurídicos incorporados aos seus campos de incidência, o que precisa ser, devidamente, delimitado, diante de certas especificidades.[3] Não constitui objetivo deste texto fazer digressão sobre os diversos conceitos concernentes à Ciência do Direito ou da Economia, mas sim esclarecer algumas distinções conceituais. É imprescindível, pois, que se questione,

---

[1] ALBINO DE SOUZA, Washington Peluso. *Do Econômico nas Constituições Vigentes*. Rio de Janeiro: Revista Brasileira de Estudos Políticos, 1961. p. 35-36.

[2] HART. H. L. A. *O Conceito de Direito*. São Paulo: Martins Fontes, 2010. p. 10.

[3] VECCHIO, Giorgio Del. *Lições de Filosofia do Direito*. 5. ed. Coimbra: Sucessor, 1979. p. 331.

de início, a atuação do Direito, a fim de compreender sua necessária relação com a Economia.

Kelsen entende o Direito como um conjunto de normas que formam um sistema e servem à conduta humana, regrando o comportamento do indivíduo.[4] Tércio Sampaio Ferraz Junior concebe-o como um sistema, uma rede de elementos interligados,[5] com característica específica: a decidibilidade dos conflitos, por intermédio de uma dogmática jurídica acatada no processo de decisão.[6] Miguel Reale, por sua vez, apresenta uma concepção do Direito condizente com uma relação bilateral atributiva de conduta, calcada em um elemento fático, com vistas à realização de valores de convivência – portanto, percebe no Direito uma relação entre fato e valor que resulta na norma, chamada de teoria tridimensional do Direito. O propósito a que visa é assinalar a ligação entre fato e valor, ao propor a regularização da vida em sociedade, estabelecendo, para esse fim, normas de conduta que formam um ordenamento em decorrência de suas ligações.[7]

Os desencontros conceituais, concernentes ao fenômeno jurídico, decorrem da complexidade estrutural da sociedade e impactam nas relações com outras áreas afins de conhecimento, necessárias à percepção de fatores que precisam ser disciplinados, entre eles, o econômico, que é a principal força motriz, para a criação de riquezas em qualquer sociedade. Assim, não se pode fugir à análise do conceito de Economia.

Tanto para o Direito quanto para a Economia, o comportamento humano é fundamental, abrangendo as relações entre os indivíduos, os grupos, as empresas, os governos e os recursos disponíveis para satisfazê-los.[8] Constitui-se um argumento irrefutável, entre os teóricos da Escola Neoclássica, que existem bens escassos na sociedade e que os cidadãos têm a tendência de procurar uma forma mais eficiente de aproveitá-los,[9] visando à compatibilidade com seus interesses, ao

---

[4] KELSEN, Hans. *Teoria Pura do Direito*. São Paulo: Martins Fontes, 2003. p. 5.

[5] FERRAZ JUNIOR, Tércio Sampaio. *Introdução ao Estudo do Direito*. 3. ed. São Paulo: Atlas, 2001. p. 95.

[6] FERRAZ JUNIOR, Tércio Sampaio. *Introdução ao Estudo do Direito*. 3. ed. São Paulo: Atlas, 2001. p. 86.

[7] REALE, Miguel. *Curso de Filosofia do Direito*. 6. ed. São Paulo: Saraiva, 1972. v. 2, p. 617.

[8] STIGLITZ, Joseph E.; WALSH, Carl E. *Introdução à Microeconomia*. Trad. Helga Hoffmann. 3. ed. Rio de Janeiro: Elsevier, 2003. p. 8.

[9] *The management of society's resources is important because resources are scarce. Scarcity means that society has limited resources and therefore cannot give every member everything he or she wants, a society cannot give every individual the highest standard of living to which he or she might aspire. Economics is the study of how society manages its scarce resources* (MANKIW, N. Gregory. *Principle of Economics*. Mason: Thomson, 2004. p. 4).

mesmo tempo que aumenta a riqueza social.[10] Essa questão merece um aprofundamento mais acurado porque nem todas as ações humanas são guiadas pelos parâmetros da racionalidade, sendo muitas de suas decisões tomadas sem uma fundamentação plausível que possa explicá-las.[11]

Um dos procedimentos metodológicos da Ciência Econômica baseia-se na formulação de abstrações que tratam da condição dos cidadãos e dos grupos sociais frente aos fenômenos econômicos,[12] em virtude dessa interação configura-se inevitável que essa teorização esteja alicerçada em uma ideologia.[13]

Como liame comum a essas duas esferas, pode-se afirmar que ambas carregam um imperativo deontológico que fundamenta seus substratos, que é a organização da sociedade, um com base na eficiência, o outro com base na justiça distributiva e na evolução do bem-estar da sociedade.[14]

O conceito de justiça social é objeto de inúmeras interpretações, porém sua discussão tornou-se mais premente, sobretudo, na fase do Estado Social. Não é possível evitar uma plurissignificação, quanto à sua noção, em virtude da própria relação do Estado com o mercado e da diversidade do tecido social, decorrente de um emaranhado maior entre a Política e a Economia.[15] No entanto, pode-se compreender a justiça social como uma equitativa distribuição de recursos, deveres e

---

[10] FISCHMANN. Filipe. *Direito e Economia:* Um Estudo Propedêutico de suas Fronteiras. Dissertação (Mestrado). 104 f. 2010. Faculdade de Direito da Universidade de São Paulo, São Paulo, 2010. p. 14.

[11] Em sentido contrário: [...] economics is the science of rational choice in a world – our world – in which resources are limited in relation to human wants. The task of economics, so defined, is to explore the implication of assuming that man is a rational maximize of his ends in life, his satisfaction – what we shall call his self-interest (POSNER, Richard A. *Economic Analysis of Law.* 7. ed. Nova York: Aspen, 2007. p. 3).

[12] SANDRONI, Paulo (Org.). *Novíssimo Dicionário de Economia.* São Paulo: Ed. Best Seller, 1999. p. 192.

[13] BRESSER-PEREIRA, Luis Carlos. Economia e Administração: Mercado e Poder. *Revista de Administração de Empresas,* São Paulo, v. 19, n. 4, 1979. p. 40. Disponível em: http://www.scielo.br/scielo.php?script=sci_arttext&pid=S0034-75901979000400003&lng=en &nrm=iso. Acesso em: 04 ago. 2017.

[14] Os princípios de justiça social a que alude o art. 145 são os princípios de justiça distributiva. Pregou-a o Catolicismo. O católico, que não é do centro, ou da esquerda moderada, no terreno econômico, desserve à sua religião, porque a faz sustentáculo das reações e a expõe a ser partícipe da luta de classe. [...] onde não há justiça distributiva, ou há apodrecimento, ou há revolta (PONTES DE MIRANDA. Comentários à Constituição de 1946. 3. ed. Rio de Janeiro: Borsoi, 1960. v. 5, p. 442).

[15] ESTEVÃO, Carlos. Justiça Social e Modelos de Educação: Para Uma Escola Justa e de Qualidade. *Revista Diálogo Educacional,* Curitiba, v. 16, n. 47, jan./abr. 2016, p. 40. Disponível em: http://www2.pucpr.br/reol/pb/index.php/dialogo?dd99=issues. Acesso em: 16 fev. 2018.

oportunidades na sociedade, constituindo-se, portanto, numa construção relacional que depende de todos os âmbitos da sociedade.[16]

Essas duas esferas, a econômica e a jurídica, de interconexão inevitável em qualquer sociedade politicamente organizada, são, necessariamente, permeadas pela esfera política, quanto ao regramento das organizações sociais, compatibilizando-se com diversos interesses, principalmente, na distribuição dos ativos sociais.[17] A seara econômica é um reflexo das relações de produção e distribuição, disciplinadas por normas jurídicas, e essa intercomunicação está afeta às relações políticas vigentes em dado contexto espaciotemporal.

São três esferas diversas, que funcionam com modulações diferentes, mas que têm uma zona de integração de difícil separação, fazendo com que o político influencie o econômico e vice-versa. Se, por um lado, a política deve contemplar diversos interesses econômicos, a esfera econômica, também, estará condicionada a levar em conta a seara política e ambas são normatizadas por normas jurídicas.[18]

Não se concorda plenamente, como apregoado por Karl Marx, que as infraestruturas econômicas são as causas determinantes e exclusivas para o delineamento da superestrutura social.[19] Tal tese parece ser muito simplista, ao atribuir ao Direito, consequentemente, o predicativo de mero subproduto da Economia. Não resta a menor dúvida de que as infraestruturas econômicas influenciam as relações

---

[16] SILVA, C. L.; SARRIERA, J. C. Promover a Justiça Social: Compromisso Ético para Relações Comunitárias. *Psicologia e Sociedade*, Belo Horizonte, v. 28, n. 2, ago. 2016, p. 381. Disponível em: http://www.scielo.br/scielo.php?script=sci_arttext&pid=S0102-71822016000 200380&lng=pt&tlng=pt. Acesso em: 16 fev. 2018.

[17] COSTA, Rafael de Oliveira. Entre o Direito, a Política e a Economia: (Re)Construindo a Análise Institucional Comparativa. *Revista da Faculdade de Direito – UFPR*, Curitiba, v. 59, n. 2, 2014, p. 80. Disponível em: http://revistas.ufpr.br/direito/article/view/35183/22968. Acesso em: 06 fev. 2018.

[18] MENDONÇA, Jorge Pessoa. A Relação entre a Política e a Economia: Suas Implicações no Sistema Financeiro. *Revista Análise Econômica*, Porto Alegre, Faculdade de Ciências Econômicas/UFRGS, ano 18, n. 33, mar. 2000, p. 92. Disponível em: http://seer.ufrgs.br/index.php/AnaliseEconomica/article/view/10644/6279. Acesso em: 15 abr. 2018.

[19] O resultado geral a que cheguei e que, uma vez obtido, serviu-me de guia para meus estudos, pode ser formulado, resumidamente, assim: na produção social da própria existência, os homens entram em relações determinadas, necessárias, independentes de sua vontade; essas relações de produção correspondem a um grau determinado de desenvolvimento de suas forças produtivas materiais. A totalidade dessas relações de produção constitui a estrutura econômica da sociedade, a base real sobre a qual se eleva uma superestrutura jurídica e política e à qual correspondem formas sociais determinadas de consciência. O modo de produção da vida material condiciona o processo de vida social, política e intelectual. Não é a consciência dos homens que determina o seu ser; ao contrário, é o seu ser social que determina sua consciência (MARX, Karl. *Prefácio à Contribuição à Crítica da Economia Política*. 2. ed. São Paulo: Expressão Popular, 2008. p. 47-48).

sociais, como as relações privadas, a moral, os costumes etc., mas não se pode dizer, também, que a superestrutura social não tenha relativa autonomia, interagindo com as diretrizes econômicas e impactando no resultado da política econômica.[20] Em graus variáveis, que dependem de conjunturas fáticas tópicas, as infraestruturas econômicas influenciam a superestrutura social, mas não de forma absoluta.[21]

Urge depreender que o poder econômico é capaz de influenciar e modificar toda a estrutura jurídica, como também que o poder jurídico pode limitar as interferências indevidas daquele poder. Todavia, não se pode ignorar que há uma nítida influência ideológica que permeia tanto as estruturas econômicas como as jurídicas.[22] O objetivo do Direito Econômico é, além de normatizar objetos e relações com conteúdo econômico, direcionar o processo de produção, distribuição e apropriação, para que determinados objetivos sociais sejam atendidos, devendo estar atento ao verniz ideológico incorporado na Política Econômica, definindo um tratamento próprio.

1.2 Direito econômico e deambulações em torno de sua origem

Para a apreensão do sentido de uma palavra, precisa-se, primeiro, conceituá-la, estabelecendo os seus contornos, e depois defini-la, tentando precisar os seus limites. Essas duas operações intelectivas têm a função de evitar ambiguidades semânticas, que obnubilam a clareza necessária à exegese jurídica. Com relação à expressão Direito Econômico, essas ponderações demandam premência, pois este tem sua noção implicada com o modelo produtivo imperante e as injunções ideológicas e políticas que direcionam o substrato de suas normas. Como inexiste um parâmetro predeterminado, optou-se pela escolha de

---

[20] Não é possível haver consenso em torno de valores morais, fazendo com que o valor possa ser defensável, uma vez que sociedades complexas são, necessariamente, sociedades plurais, permeadas por doutrinas divergentes e razoáveis, as quais possibilitam diferentes tipos de julgamento por parte dos atores (FILGUEIRAS, Fernando. Marcos Teóricos da Corrupção. *In:* AVRITZER, Leonardo *et al* (Org.). *Corrupção, Ensaios e Críticas.* Belo Horizonte: Ed. UFMG, 2008. p. 88).

[21] GOMES, Orlando; VARELA, Antunes. *Direito Econômico.* São Paulo: Saraiva, 1977. p. 9.

[22] BRESSER-PEREIRA, Luis Carlos. Economia e Administração: Mercado e Poder. *Revista de Administração de Empresas.* São Paulo, v. 19, n. 4, 1979, p. 40-41. Disponível em: http://www.scielo.br/scielo.php?script=sci_arttext&pid=S0034-75901979000400003&lng=en &nrm=iso. Acesso em: 04 fev. 2018.

conceituações as mais diversas, de modo que o maior número possível de elementos possam ser analisados.

Para Washington Peluso Albino, a sua importância não deriva do campo de incidência de suas normas, que podem atuar tanto no Direito Público quanto no Direito Privado, visando efetivar os objetivos definidos na ordem jurídica. Conforme observa, o Direito Econômico consiste em um conjunto de normas de conteúdo econômico que, alicerçadas no princípio da economicidade, asseguram a defesa e a harmonia dos interesses individuais e coletivos.[23] Fábio Konder Comparato entende-o como o instrumento que normatiza a política econômica, considerando que compreende o conjunto das técnicas jurídicas de que lança mão o Estado contemporâneo para a consecução de seus objetivos.[24] Geraldo de Camargo Vidigal define-o como a disciplina que analisa as atividades desenvolvidas nos mercados, com o objetivo de propiciar progresso econômico e bem-estar, por meio de métodos nascidos na macroanálise da evolução dos agentes produtivos.[25]

Para Ricardo Camargo, o Direito Econômico é um dos ramos da Ciência Jurídica, cujas normas ostentam conteúdo econômico, tendo por objeto o disciplinamento das medidas de política econômica, harmonizando interesses individuais e coletivos, dentro de uma lógica adotada pela Lei Maior.[26] Sob o aspecto formal, ele possibilita que os conteúdos que não se enquadram nos moldes tradicionais não sejam relegados a uma análise secundária, devendo ser apreciados por parâmetros específicos.[27] Com um posicionamento mais privatista, sustenta Gérard Farjat que ele é resultante de uma evolução fragmentada, desordenada e relativamente opaca, partindo de três ramos principais, que são a concorrência, a distribuição e o consumo, mas não excluindo outros, como o Direito Financeiro, o Direito de Empresas etc.[28]

---

[23] SOUZA, Washington Peluso Albino de. Conceito e Objeto do Direito Econômico. *Revista da Faculdade de Direito da Universidade Federal de Minas Gerais*, Belo Horizonte, n. 16, 1976, p. 26.

[24] BERCOVICI, Gilberto. Política Econômica e Direito Econômico. *Revista da Faculdade de Direito da Universidade de São Paulo*, v. 105, dez./jan. 2010, p. 398. Disponível em: http://dx.doi.org/10.11606/issn.2318-8235.v105i0p389-406. Acesso em: 16 fev. 2018.

[25] VIDIGAL, Geraldo de Camargo. *Teoria Geral do Direito Econômico*. São Paulo: Revista dos Tribunais, 1977. p. 44.

[26] CAMARGO, Ricardo Antônio Lucas. *Curso Elementar de Direito Econômico*. Porto Alegre: Nuria Fabris, 2014. p. 21.

[27] COMPARATO, Fábio Konder. O Indispensável Direito Econômico. *In*: COMPARATO, Fábio Konder. *Ensaios e Pareceres de Direito Empresarial*. Rio de Janeiro: Forense, 1978. p. 471.

[28] FARJAT, Gérard. *Pour un Droit* Économique. Paris: PUF, 2004. p. 19-20.

CAPÍTULO 1
OS DESVIOS DA CONSTITUIÇÃO ECONÔMICA | 15

Para certos doutrinadores, o Direito Econômico configura-se no disciplinamento das atividades econômicas, enfocando os institutos referentes à produção, à circulação das riquezas e ao consumo.[29] Para outros, trata-se de uma readequação de institutos privados ou públicos, de conteúdo econômico. Uma terceira vertente, ainda, prefere ver no Direito Econômico uma ordenação constitucional da economia, fornecendo os seus princípios básicos. Fábio Konder Comparato prefere essa última acepção, compreendendo como seu objeto de estudo a tradução jurídica da economia dirigida.[30]

Todas essas conceituações têm em comum o fator teleológico de estruturação das forças produtivas pelo Direito Econômico, visando obter melhor atendimento das demandas sociais, ao fornecer às diretrizes sintetizadas na política econômica para a execução da constituição econômica. A grande divergência dessas concepções concerne ao grau de intervenção do Estado na economia, quanto a sua efetividade, e em sua incidência sobre a extensão desse regramento estatal.[31]

Ele tem a missão de disciplinar as atuações do Estado para a concretização de sua política econômica, o que acarretará consequências nas esferas pública e privada. A função última de todo o regramento do Direito Econômico é aumentar a renda *per capita* de seus cidadãos, estipulando os critérios de sua repartição.[32] Possui características específicas, como o disciplinamento das forças produtivas para atingir os desideratos da constituição econômica;[33] por essa razão, Massimo Giannini defende que existe uma delimitação conceitual que é precisa

---

[29] José Wilson Nogueira de Queiroz afirma que o conteúdo do Direito Econômico reúne o conjunto de regras jurídicas que permitem ao Estado atuar diretamente no setor econômico, implementando medidas de organização desse setor, revestindo-se aspecto de Direito Público, com conotação autoritária, intervencionista que regula a produção, a distribuição e o consumo de bens e serviços (QUEIROZ, José Wilson Nogueira de. *Direito Econômico*. Rio de Janeiro: Forense, 1982. p. 8).

[30] COMPARATO, Fábio Konder. O Indispensável Direito Econômico. *In*: COMPARATO, Fábio Konder. *Ensaios e Pareceres de Direito Empresarial*. Rio de Janeiro: Forense, 1978. p. 462.

[31] FONSECA, João Bosco Leopoldinoda. *Direito Econômico*. 5. ed. Rio de Janeiro: Forense, 2004. p. 11-12.

[32] O problema da repartição do produto nacional é de importância capital. Não se pode produzir por produzir. A produção não é um fim em si. Produz para repartir. Trata-se de saber segundo que critérios se faz essa repartição do produto nacional entre aqueles que participaram em sua elaboração (GUITTON, Henri. *Economia Política*. Trad. Oscar Dias Corrêa. Rio de Janeiro: Fundo de Cultura, 1960. p. 151).

[33] DELVOLVÉ, Pierre. *Droit Public de L'Économie*. Paris: Dalloz, 1998. p. 48.

em seus termos abstratos,[34] apesar de Colson sustentar que o Direito Econômico não apresenta uma especificidade bem delineada.[35]

O Direito Econômico não tem apenas caráter teórico, mas apresenta nítida importância pragmática. Não se pode esquecer de que tem força normativa, voltado às suas injunções políticas.[36] É dotado de taxionomia jurídica e seu caráter deontológico imprime força normativa à constituição econômica, variando o nível de sua concretização normativa, de acordo com as conjecturas fáticas.

Não se deve considerar o Direito Econômico como internacional ou supranacional, em decorrência do fato de as relações produtivas serem cada vez mais globalizadas e de a produção de um bem poder ser realizada em vários países.[37] É inegável que o processo de produção é cada vez mais diversificado, geograficamente, e que a esfera de decisões nacionais é mais mitigada quanto às injunções e aos acordos comerciais.[38] Todavia, para Estados que têm condições objetivas e perspectivas de consolidarem-se como Estados-Nações, com a adoção de políticas desenvolvimentistas, o Direito Econômico necessita levar em consideração as peculiaridades locais e suas demandas, construindo políticas econômicas que privilegiem seus interesses, pouco importando se o vetor dessas políticas represente óbices ao livre comércio e ao multilateralismo. Os exemplos do *Brexit* e as medidas adotadas por Donald Trump[39] são as provas mais cristalinas de que o processo de globalização não é um truísmo dogmático.[40]

Gilberto Bercovici explica que a gênese do Direito Econômico ocorreu no período de Weimar, nos meios jurídicos privatistas, como o civilista Justus Wilhelm Hedemann. Tratava-se de não mais permitir

---

[34] *Esiste quindi una delimitazione concettule Del diritto pubblico dell'economia che è abbastanza precisa nei suoi termini astratti* (GIANNINI, Massimo Severo. *Diritto Pubblico Dell'Economia*. Milano: Il Mulino, 1995. p. 177).

[35] COLSON, Jean-Philippe. *Droit Public Economique*. 3. ed. Paris: L.G.D.J, 2001. p. 19.

[36] Em sentido contrário: COLSON, Jean-Philippe. *Droit Public Economique*. 3. ed. Paris: L.G.D.J, 2001. p. 15.

[37] AGUILLAR, Fernando Herren. *Direito Econômico:* Do Direito Nacional ao Direito Supranacional. 5. ed. São Paulo: Atlas, 2016. p. 2-3.

[38] GORENDER. Jacob. Estratégias dos Estados Nacionais Diante do Processo de Globalização. *Estudos Avançados*. São Paulo, v. 9, n. 25, 1995, p. 96. Disponível em: http://www.scielo.br/scielo.php?script=sci_arttext&pid=S0103-40141995000300007. Acesso em: 06 fev. 2018.

[39] LIMA, Luís; CORONATO, Marcos. O que Donald Trump Não Entendeu sobre Globalização. Portal *G1-Época*, 08 fev. 2017. Disponível em: http://epoca.globo.com/mundo/noticia/2017/02/o-que-donald-trump-nao-entendeu-sobre-globalizacao.html. Acesso em: 16 fev. 2018.

[40] PRESSE, France. União Europeia Adverte Londres sobre Barreiras Inevitáveis após Brexit. *Portal G1*, 05 fev. 2018. Disponível em: https://g1.globo.com/mundo/noticia/uniao-europeia-adverte-londres-sobre-barreiras-inevitaveis-apos-brexit.ghtml. Acesso em: 06 fev. 2018.

que imperasse uma disciplina transitória ou excepcional, mas fazer valer uma matéria limitada à organização da economia, em relação às forças produtivas, com uma nova concepção do papel do Estado e do Direito em relação à Economia.[41]

A Revolução Industrial e seu desenvolvimento fazem irromper no seio da sociedade novas questões a serem enfrentadas, como a urbanização, que provoca o êxodo rural, o aumento de demanda por serviços públicos e investimentos em infraestrutura capazes de absorver a vida urbana.[42] A sociedade agrária transforma-se em uma sociedade urbana e industrial, constituindo este setor econômico, nos países desenvolvidos, um fator motriz da produção de riquezas. As relações sociais e econômicas sofrem substanciais modificações, fazendo com que as alterações das estratificações sociais ganhem um impulso considerável.[43] As péssimas condições de vida e de trabalho começam a receber forte contestação, principalmente dos operários organizados em seus sindicatos.[44]

Com o desenvolvimento da Revolução Industrial houve uma acumulação inexorável do capital, por meio do surgimento de grandes conglomerados econômicos que passaram a controlar importantes setores do mercado, o que ensejou a necessidade de disciplinamento, para evitar que houvesse um aumento dos lucros e a piora da qualidade dos serviços, em razão do monopólio.[45] Esse capitalismo monopolista passou a não mais reconhecer limites geográficos, induzindo que multinacionais procurassem mercados em que seus produtos tivessem melhores condições de produção e de distribuição.[46] Diante desse

---

[41] BERCOVICI, Gilberto. O Ainda Indispensável Direito Econômico. *In*: BENEVIDES, Maria Victoria de Mesquita; BERCOVICI, Gilberto; MELO, Claudineu de (Org.). *Direitos Humanos, Democracia e República*: Homenagem a Fábio Konder Comparato. São Paulo: Quartier Latin, 2009. p. 512.

[42] FARES PAULO. Rodolfo. O Desenvolvimento Industrial e o Crescimento Populacional como Fatores Geradores do Impacto Ambiental. *Veredas do Direito*, Belo Horizonte, v. 7, n. 13/14, jan./dez. 2010, p. 174. Disponível em: http://www.domhelder.edu.br/revista/index. php/veredas/article/view/180/153. Acesso em: 16 fev. 2018.

[43] HUBERMAN, Leo. *História da Riqueza do Homem*. 14. ed. Rio de Janeiro: Zahar Editores, 1978. p. 183-186.

[44] SHONFIELD, Andrew. *Capitalismo Moderno*. Rio de Janeiro: Zahar Editores, 1968. p. 113-114.

[45] Preferiu-se diferenciar a fase monopolista e a fase financeira em razão de que, apesar de parte considerável da doutrina considerá-las uma mesma fase, há diferenças entre elas que permitem a especificação (ALMEIDA. Paulo Roberto de. A Economia Internacional no Século XX: Um Ensaio de Síntese. *Revista Brasileira de Política Internacional*, Brasília, v. 44, n. 1, jun. 2001, p. 114. Disponível em: http://www.scielo.br/scielo.php ?script=sci _arttext&pid=S0034-73292001000100008. Acesso em: 16 fev. 2018).

[46] FALCON, Francisco; MOURA, Gerson. *A Formação do Mundo Contemporâneo*. 8. ed. Rio de Janeiro: Campus, 1989. p. 72-76.

contexto, o Estado precisou intervir nos processos econômicos para estimular uma melhor eficiência na alocação de recursos.[47]

No final do século XX, o capitalismo industrial transforma-se em capitalismo financeiro, deslocando a centralidade do desenvolvimento capitalista da indústria para o capital financeiro, fazendo com que a produção de riquezas não tivesse mais conexão direta com a produção de bens e serviços que viessem a atender as demandas sociais.[48] Trata-se de uma realidade em que a produção de valor concentra-se na virtualidade das transações nas bolsas de valores. Com a revolução tecnológica, há uma redução forte de postos de trabalho, diminuindo-se a necessidade de trabalho humano em face da automação. As desigualdades sociais aumentam, privilegiando os trabalhadores com inserção em atividades com maior demanda tecnológica e tornando precárias as atividades intensivas em mão de obra pouco qualificada.[49]

Demonstra-se, com a exposição desses fatos, que o Direito está sendo chamado para responder à manifestação de novos problemas, prioritariamente, da área econômica. A noção de um Direito Econômico é, portanto, produto do complexo século XX, estando este relacionado com o desenvolvimento do sistema capitalista e com todos os conflitos sociais e políticos encontrados nesse processo.[50]

O marco inicial no século XX, para a análise desenvolvida, foram as premências decorrentes da Primeira Guerra Mundial, que abrem as portas para a necessidade de tratar a política econômica, tendo-se em vista essa guerra que exigiu um extraordinário empenho das forças produtivas dos países envolvidos no conflito. Todas as forças materiais existentes nos países beligerantes foram mobilizadas, por meio do Estado, para fazer frente às necessidades do conflito, exigindo-se uma intervenção deliberada e efetiva por parte dos órgãos estatais.[51] Bercovici

---

[47] KRESALJA, Baldo; OCHOA, César. *Derecho* Constitucional *Económico*. Perú: Fondo Editorial, 2009, p. 136.

[48] BRESSER-PEREIRA. Luiz Carlos. As Duas Fases da História a as Fases do Capitalismo. *Escola de Economia de São Paulo*, Fundação Getúlio Vargas/FGV-EESP, São Paulo, TD. 278, maio 2011, p. 4. Disponível em: https://bibliotecadigital.fgv.br/dspace/bitstream/handle/10438/8081/TD%20278%20-%20Luiz%20Carlos%20Bresser%20Pereira.pdf. Acesso em: 16 fev. 2018.

[49] GORENDER, Jacob. Dossiê Globalização: Globalização, Tecnologia e Relações de Trabalho. *Estudos Avançados*. São Paulo, v. 11, n. 29, abr. 1997, p. 328. Disponível em: http://www.scielo.br/scielo.php?script=sci_arttext&pid=S0103-40141997000100017. Acesso em: 16 fev. 2018.

[50] LAUBADÈRE, André de. *Direito Público Econômico*. Coimbra: Almedina, 1985. p. 47-48.

[51] AQUINO, Rubim Santos Leão de et al. *História das Sociedades*: Das Sociedades Modernas às Sociedades Atuais. Rio de Janeiro: Ed. Ao Livro Técnico, 1988. p. 228-229.

comenta que o Estado seria instado a pronunciar-se politicamente sobre a economia, uma vez que este estaria tornando-se um assunto de domínio público, não mais privado.[52]

Como resultado do *Crash* na Bolsa de Nova York, em 1929, houve uma deterioração acentuada das condições econômicas na maior parte dos países. Medidas enérgicas precisaram ser tomadas, com a intervenção do Estado, para evitar que as consequências da crise fossem mais longe.[53]

A Segunda Guerra Mundial, diante da maior extensão e profundidade do conflito, exigiu, ainda mais, planejamento e intervenção estatal na esfera produtiva, para que as demandas dessa conflagração pudessem ser atendidas.[54] Não apenas o custo humano foi maior, exigiu-se, igualmente, uma maior produção de material bélico nesse conflito. O nível de intervenção estatal também foi mais profundo, em relação ao verificado na Primeira Guerra.[55]

Portanto, a Primeira Guerra Mundial, a Grande Depressão de 1929 e a Segunda Guerra Mundial foram os marcos do século XX que ensejaram a criação e o desenvolvimento do Direito Econômico, diante da necessidade de regramento do mercado, não apenas para propiciar a saída dessas crises, mas também para realizar a reconstrução e o desenvolvimento das nações.[56] Após a Segunda Guerra Mundial, novas necessidades impuseram disposições normativas à seara econômica, tentando transformá-la e sistematizá-la, visando alcançar novos objetivos, como, por exemplo, desenvolver a corrida armamentista, mitigar a concentração do poder econômico e propulsionar políticas de desenvolvimento, principalmente, no Terceiro Mundo.[57] O Direito

---

[52] BERCOVICI, Gilberto. As Origens do Direito Econômico: Homenagem a Washington Peluso Albino de Souza. *Revista da Faculdade de Direito da UFMG*, Belo Horizonte, número especial em Memória do Prof. Washington Peluso Albino de Souza, 2013, p. 257. Disponível em: https://www.direito.ufmg.br/revista/index.php/revista/article/view/P.0304-2340.2013vWAp253/308. Acesso em: 16 abr. 2018.

[53] MOGGRIDGE, D. E. *As Ideias de Keynes*. São Paulo: Cultrix, 1981. p. 86-87.

[54] A estrutura econômica da sociedade capitalista não pode funcionar de forma alvissareira sem a intervenção estatal, sendo necessário o estabelecimento dos fundamentos políticos e jurídicos constitucionais desta intervenção (REICH, Norbert. *Mercado y Derecho*. Barcelona: Ariel Derecho, 1985. p. 67).

[55] BRESSER-PEREIRA. Luiz Carlos. O Caráter Cíclico da Intervenção Estatal. *Revista de Economia Política*, v. 9, n. 3(35), p. 118-119, jul./set. 1989. Disponível em: http://www.rep.org.br/issue.asp?vol=9&mes=3. Acesso em: 17 fev. 2018.

[56] FIGUEIREDO, Leonardo Vizeu. *Lições de Direito Econômico*. 7. ed. Forense: Rio de Janeiro, 2014. p. 4.

[57] O desenvolvimento, como ensina Celso Furtado, é um fenômeno eminentemente histórico, ou seja, cada sociedade enfrenta problemas específicos, para os quais não há uma única política ou modelo. O subdesenvolvimento não é uma etapa pela qual os países desenvolvidos tenham necessariamente passado, mas é um processo histórico autônomo, funcional ao

Privado patrimonial e, sobretudo, o comercial deixam de ser o centro de gravidade das normas jurídicas de conteúdo econômico e a preponderância concentra-se em novas regras e institutos jurídicos.[58]

Dessa maneira, o *locus* constitucional será representativo dos conflitos sociais e econômicos, normatizando um espaço de disputa político-jurídica e configurando-se num "pacto vivencial da sociedade," para que o dever-ser normativo possa apresentar a ingerência no ser, principalmente na produção econômica que é resguardada pelo poder econômico. Quando o regramento da intervenção econômica for acolhido no *locus* constitucional, sua consequência não consistirá apenas no potencial de aumento de sua força normativa, mas, principalmente, na consolidação de sua legitimidade, o que contribuirá para sua melhor efetivação.[59] É necessário atestar, enfaticamente, que a importância dada ao Direito Econômico foi uma maneira de declarar a necessidade de que houvesse uma organização jurídica do espaço político-econômico.

Essa intervenção do Estado na esfera econômica é bastante controvertida, a começar pelo étimo da palavra, pois designa, para alguns, a intromissão em uma competência não adequada, a qual se torna mais perceptível na segunda metade do século XX, acarretando consequências que precisam ser minuciosamente analisadas.[60] Não se trata bem de uma intervenção inadequada, fora dos parâmetros legais, haja vista que deve obedecer a marcos normativos e necessidades

---

centro e com relações de classe específicas, interna e externamente (BERCOVICI, Gilberto; Octaviani, Alessandro. Direito e Subdesenvolvimento: O Desafio Furtadiano. *In:* D'AGUIAR, Rosa Freire (Org.). *Celso Furtado e a Dimensão Cultural do Desenvolvimento*. Rio de Janeiro: Centro Internacional Celso Furtado de Políticas para o Desenvolvimento/ E-Papers, 2013. p. 49).

[58] COMPARATO, Fábio Konder. O Indispensável Direito Econômico. *In:* COMPARATO, Fábio Konder. *Ensaios e Pareceres de Direito Empresarial*. Rio de Janeiro: Forense, 1978. p. 465.

[59] A CF Brasileira de 1988 definiu, no art. 170, os princípios da ordem econômica, pelos quais o Estado deve orientar-se para atuar como interventor na atividade econômica. No caput do artigo esclarece-se que a ordem econômica brasileira deverá basear-se na valorização do trabalho humano e na livre iniciativa, tendo por finalidade assegurar a todos uma existência digna, conforme os ditames da Justiça Social (TAVARES, André Ramos. A Intervenção do Estado no Domínio Econômico. *In:* CARDOZO, José Eduardo Martins; QUEIROZ, João Eduardo Lopes; SANTOS, Márcia Walquiria Batista dos. *Direito Administrativo Econômico*. São Paulo: Atlas, 2011. p. 225-226).

[60] Não é por outro motivo que a Constituição do México, de 1917, e a de Weimar, de 1919, firmaram-se como paradigmas porque colocaram o Direito Econômico em posição especial (BUSTOS, Rodolfo Bórquez; MEDINA, Rafael Alarcón; LOZA, Marco Antônio Basílio. *Revolução Mexicana:* Antecedentes, Desenvolvimento, Consequências. São Paulo: Expressão Popular, 2008. p. 16). Texto do art. 151 da Constituição de Weimar de 1919: *A organização da vida econômica deverá realizar os princípios da justiça, tendo em vista assegurar a todos uma existência conforme à dignidade humana.*

materiais.[61] Como em maior ou menor grau há intervenção econômica em todos os países, independentemente de seu modo de produção, a grande discussão passa a ser a extensão dessa intervenção quanto às suas consequências e quanto ao seu resultado na divisão de ativos sociais.[62]

Não obstante a expansão das forças do mercado, existe ainda uma perceptível atuação do Estado, sendo precipitado afirmar, mesmo com a influência acachapante do ideário neoliberal das últimas décadas, uma reversão dessa tendência.[63] Mesmo em Estados que são os corifeus do neoliberalismo, como os EUA, houve maciça intervenção estatal para socorrer os bancos depois da crise de 2007.[64] Esse fato representa uma comprovação indiscutível acerca do papel imprescindível do Estado no desenvolvimento das relações econômicas.

1.3 Constituição econômica

Inicialmente, é preciso esclarecer que os conceitos não são permanentes – uma vez expostos, tomam seus próprios caminhos, de acordo com o andamento histórico.[65] O conceito de constituição econômica segue essa trajetória, no sentido de que há modificações fundamentais na forma de interpretá-lo ao longo do tempo, no que se conclui que sua exegese jamais será tomada como um conceito estanque.

---

[61] A tradição de regulamentar a constituição econômica em um capítulo específico foi quebrada trinta anos mais tarde da constituição de Weimar, com a Constituição de Bonn, que não trouxe um capítulo específico e próprio para as atividades econômicas, distribuindo os seus parâmetros por várias secções do texto constitucional; no que faz com que seja mais correto etimologicamente se referir a uma constituição econômica do que a uma ordem econômica (REIS, Bruno P. W. O Mercado e a Norma: O Estado Moderno e a Intervenção Pública na Economia. *Revista Brasileira de Ciências Sociais*. v. 18. n. 52. jun. 2003, p. 55. Disponível em: http://www.scielo.br/pdf/rbcsoc/v18n52/18066.pdf. Acesso em: 12 ago. 2017).

[62] DUPAS, Gilberto. A Lógica da Economia Global e a Exclusão Social. *Estudos Avançados*. São Paulo, v. 12, n. 34, 1998, p. 121. Disponível em: http://www.scielo.br/scielo.php?script=sci_arttext&pid=S0103-40141998000300019. Acesso em: 18 fev. 2018.

[63] REIS, Bruno P. W. O Mercado e a Norma: O Estado Moderno e a Intervenção Pública na Economia. *Revista Brasileira de Ciências Sociais*, v. 18, n. 52, jun. 2003, p. 55. Disponível em: http://www.scielo.br/pdf/rbcsoc/v18n52/18066.pdf. Acesso em: 12 ago. 2017.

[64] DUARTE, Francisco Carlos; HERBST, Kharen Kelm. A Nova Regulação do Sistema Financeiro face à Crise Econômica Mundial de 2008. *Revista de Direito Econômico e Socioambiental*. Curitiba, v. 4, n. 2, jul./dez. 2013, p. 25. Disponível em: https://periodicos .pucpr.br/index. php/direitoeconomico/article/view/6005/5918. Acesso em: 18 fev. 2018.

[65] CYRINO, André. Análise Econômica da Constituição Econômica e Interpretação Institucional. *Constituição, Economia e Desenvolvimento: Revista da Academia Brasileira de Direito Constitucional*. Curitiba, v. 8, n. 15, jul.-dez. 2016, p. 495. Disponível em: http://abdconst.com.br/revista16/revista15.pdf. Acesso em: 18 abr. 2018.

Essa complexidade avoluma-se quando, além de imperativos históricos, o mencionado conceito, ainda, recebe fortes influxos político-ideológicos.[66]

Como bem observa André Ramos Tavares, o conceito de constituição econômica traz em si forte carga histórica, refletindo as formas de organização da economia, adotadas ao longo de um vasto período. Falta-lhe o *a priori* normativo, ou conceitual, que possa defini-lo sem a influência das injunções metajurídicas.[67]

Como ensinou Laubadère, uma constituição econômica sempre existiu em qualquer Estado, significando que, desde o advento do movimento constitucionalista, houve uma constituição econômica, no sentido da normatização de instituições produtivas basilares da sociedade, como a propriedade privada, a livre iniciativa e a liberdade contratual.[68]

O disciplinamento econômico não apareceu *pari passu* com o surgimento da teorética sobre a constituição econômica, sua gênese remonta a séculos anteriores. A constituição econômica é um debate do século XX, na busca pela realização de seu conteúdo.[69] Essa compreensão passa também pela observação de que as constituições dos séculos XVIII e XIX já traziam o tratamento da questão produtiva, apresentando normas com conteúdo econômico. Isso significa que as características indeléveis das Constituições – supremacia, supralegalidade e imutabilidade relativa – forneceram as condições para o desenvolvimento e consolidação do Direito Econômico.[70]

Entretanto, a informação complementar que precisa ser esclarecida é sobre a abordagem dada à matéria econômica nessas Constituições que carregavam um aspecto completamente liberal, interpretando esse

---

[66] ESTEVES, João Luiz Martins. *A Vinculação Hermenêutica ao Sentido Ideológico do Comando Político-Jurídico da Constituição Brasileira*. 268 f. 2015. Tese (Doutorado). Faculdade de Direito da Universidade Federal de Santa Catarina, 2015, p. 64.

[67] TAVARES, André Ramos. *Direito Constitucional Econômico*. São Paulo: Método, 2006. p. 73.

[68] LAUBADÈRE, André de. *Direito Público Econômico*. Tradução de Evaristo Mendes. Coimbra: Almedina, 1985. p. 27-28.

[69] Embora as constituições liberais dos séculos XVIII e XIX também contivessem preceitos de conteúdo econômico, como a garantia da propriedade ou da liberdade de indústria, o debate sobre a constituição econômica é, sobretudo, um debate do século XX. As Constituições do século XX não representam mais a composição pacífica do que já existe, mas lidam com conteúdos políticos e com a legitimidade, em um processo contínuo de busca de realização de seus conteúdos, de compromisso aberto de renovação democrática (BERCOVICI, Gilberto. Política Econômica e Direito Econômico. *Revista da Faculdade de Direito da Universidade de São Paulo*. v. 105, jan./dez. 2010, p. 396. Disponível em: http://www.revistas. usp.br/rfdusp/article/view/67907/70515. Acesso em: 27 abr. 2018).

[70] AGRA, Walber de Moura. *Fraudes à Constituição*: Um Atentado ao Poder Reformador. Porto Alegre: Sérgio Antônio Fabris Editor, 2000. p. 53.

conteúdo por uma via econômica natural, sem atender à necessidade de um regramento mais eficiente por parte dos órgãos estatais. Somente com o constitucionalismo social, no século XX, é que houve o entendimento de que uma constituição não deve recepcionar uma ordem econômica de modo passivo, mas, pelo contrário, deve tentar modificá-la, quando necessário. Nesse sentido, não se concebe mais a ideia de um mercado que funciona espontaneamente, parte-se, então, da percepção de que ele necessita de uma regulação, para seu desenvolvimento eficiente e com o fim de alcançar os objetivos propostos. Passou-se a exigir um comportamento positivo, dirigido à consecução de programas, com o objetivo de alcançar determinadas metas previamente estipuladas.[71] Verifica-se o caráter transformador do Direito, não mais de viés conservador, que visa manter inalteradas as relações existentes.[72] Trata-se agora de um ordenamento jurídico que não se contenta apenas com o ser, mas que, opostamente, também estimula a concretização de um dever-ser, auferindo *standards* que foram traçados pelo legislador constituinte.

Por algum tempo, as constituições foram compreendidas como um conjunto de núcleos separados e, entre esses núcleos, estava a constituição econômica, no sentido de que havia uma constituição política e uma econômica.[73] Porém, a ideia de uma constituição econômica passou a ser interpretada não por meio de uma perspectiva estanque e independente, mas sim como parte integrante da constituição total.[74] Por conseguinte, é indispensável entender o próprio processo histórico de formação do seu conceito.

---

[71] O legislador ordinário já não é soberano em matéria de política econômica ou social, mas deve pautar suas decisões legislativas pelos princípios e diretrizes constantes do texto constitucional. Tais princípios e diretrizes não são apenas de caráter negativo, fixando limites intransponíveis à ação legislativa. Eles impõem, também, tanto ao administrador público quanto ao próprio legislador, um comportamento positivo, dirigido à consecução de objetivos determinados e ao desenvolvimento de programas de ação no campo social e econômico. ["] (COMPARATO, Fábio Konder. Regime Constitucional do Controle de Preços no Mercado. *Revista de Direito Público*. São Paulo: Revista dos Tribunais, n. 97, jan/mar. 1991, p. 18).

[72] CYRINO. André. Análise Econômica da Constituição Econômica e Interpretação Institucional. *Constituição, Economia e Desenvolvimento: Revista da Academia Brasileira de Direito Constitucional*. Curitiba, v. 8, n. 15, jul.-dez. 2016, p. 493. Disponível em: http://abdconst.com.br/revista16/revista15.pdf. Acesso em: 18 abr. 2018.

[73] BERCOVICI. Gilberto. *Constituição Econômica e Desenvolvimento*: Uma Leitura a partir da Constituição de 1988. São Paulo: Malheiros, 2005. p. 13.

[74] SOUZA, Washington Peluso Albino de. *Teoria da Constituição Econômica*. Belo Horizonte: Del Rey, 2002. p. 22-24.

Modernamente, não se está de acordo com a ideia de que a constituição econômica seja uma parte autônoma, distinta das demais agasalhadas pela *Lex Mater*. Essa especificação da zona de atuação tem apenas a finalidade de melhor analisar sua atuação, na tentativa de densificar sua eficácia. Todavia, nem a epistemologia constitucional nem a taxionomia de suas normas têm diferença com relação ao restante de suas congêneres.

Gaspar Ariño observa que a constituição econômica é um conjunto de princípios, regras e valores fundamentais que presidem a vida econômico-social de um país, auferindo seu substrato de legitimidade na própria Carta Magna. Obviamente, a intensidade de sua eficácia varia em função do ordenamento jurídico e do contexto sócio-político-econômico.[75] Dalla Via define a constituição econômica como o conjunto de normas de natureza constitucional que tem a missão de ordenar a vida econômica.[76] À medida que o Estado vai intervindo na Economia, de acordo com a finalidade e os objetivos descritos normativamente, mais a constituição econômica, paulatinamente, vai consolidando-se, uma vez que os resultados da implementação da política econômica não ocorrem de forma imediata, formatando-se na medida em que a materialidade desejada se realiza e produz os seus efeitos. Diante dessa perspectiva, afirmam Baldo Kresalja e César Ochoa que um dos problemas centrais do constitucionalismo é especificar os critérios de participação do Estado na vida econômica.[77]

Andrés Gil Domínguez, de forma percuciente, delineia os contornos conceituais da expressão constituição econômica, a qual apresenta os seguintes aspectos: permite estabelecer o valor normativo ou político de uma constituição em relação à economia e às suas consequências; impacta na orientação teleológica que persegue a ordem econômica; delimita a atuação dos poderes públicos e dos particulares, em suas relações de natureza econômica; permite observar a forma de produção de recursos e os mecanismos de configuração desse gasto público; reconhece que os direitos econômicos, sociais e culturais são igualmente direitos humanos, no que permite sua satisfação prestacional e consolida sua exigibilidade; exige a construção de um sistema de

---

[75] ARIÑO, Gaspar. *Economía y Estado*. Madrid: Marcial Pons,1993. p. 95.

[76] DALLA VIA, Alberto. *Derecho Constitucional Económico*. 1. ed. Buenos Aires: Abeledo-Perrot, 1999. p. 49.

[77] KRESALJA, Baldo; OCHOA, César. *Derecho* Constitucional *Económico*. Lima: Fondo Editorial PUCP, 2009. p. 135.

garantias que permite superar os acintes aos direitos econômicos, sociais e culturais.[78]

Para Norbert Reich, a constituição econômica pode assumir diferentes concepções: a) a representação de determinado sistema econômico consagrado pela Carta Magna, regrando a intervenção estatal em uma economia de mercado; b) o conjunto de preceitos constitucionais que encaminham a intervenção estatal em uma determinada direção, delineando suas funções; c) os instrumentos que a Constituição coloca à disposição do Estado para poder concretizar sua intervenção na atividade econômica; d) as extensões e demarcações da intervenção estatal, protegendo os participantes do mercado e os detentores dos meios de produção.[79]

A constituição econômica abrange o conjunto de preceitos que institui uma ordem produtiva específica, analisando o mundo do ser, juntamente com o conjunto de princípios e regras que disciplinam o funcionamento da produção econômica e suas relações adjacentes, e o mundo do dever-ser, instituído em determinado sistema econômico.[80] Em suma, mesmo que sua conceituação ostente substratos que não contam com aprovação unânime, no âmbito normativo tem como objetivo disciplinar a intervenção do Estado na economia, em diversos setores.

Vital Moreira indaga se é mais pertinente um critério econômico, em função das relações produtivas, ou um critério jurídico, em função das peculiaridades jurídicas, no que concerne à estruturação das normas e dos institutos da constituição econômica. Ele responde, dizendo que o critério econômico, alicerçado em elementos puramente econômicos, remete a constituição econômica a um plano exterior, o que não se configura legítimo. Prefere, então, um critério jurídico em que se parta da constituição econômica, associando-a às relações produtivas como um todo estruturado num determinado sistema ou numa dada forma econômica. Assim, classifica em três regiões institucionais a constituição econômica, conforme o critério jurídico: direitos econômicos fundamentais, intervenção do Estado, organização econômica.[81]

Não se pode falar, de forma objetiva, na existência fática de um conteúdo mínimo da constituição econômica. As especificidades

---

[78] GIL DOMÍNGUEZ, Andrés. *Constitución Socioeconómica y Derechos Económicos, Sociales y Culturales*. Buenos Aires: Ad-Hoc, 2009. p. 16-17.

[79] REICH, Norbert. *Mercado y Derecho*. Trad. Antoni Font. Barcelona: Ariel, 1985. p. 68-72.

[80] GRAU, Eros Roberto. *A Ordem Econômica na Constituição de 1988*. 4. ed. São Paulo: Malheiros, 1998. p. 62.

[81] MOREIRA, Vital. *A Ordem Jurídica do Capitalismo*. Coimbra: Centelha, 1973. p. 144-145.

inerentes às formações produtivas, além de muito cambiantes, são ainda mais voláteis diante do fator espaço-temporal; na verdade, refletem determinado sistema econômico vigente, ostentando eficácia mediata ou imediata, dependendo de circunstâncias que escapam dos rígidos enquadramentos jurídicos. Vital Moreira argumenta que o critério que permite identificá-las é o material, em razão de que exprimem a estrutura do sistema econômico, esculpindo o modo de produção, o modo de distribuição e apropriação e o modo de interação da atividade econômica em seus múltiplos setores. Destarte, segundo esse autor, fazem parte essencial da constituição econômica os institutos que definem a propriedade dos meios de produção e suas relações necessárias, a delimitação da esfera de produção do Estado e dos entes privados etc.[82]

A constituição econômica material não necessariamente deve ser acolhida na *Lex Mater*, uma vez que sua relevância não advém do *locus* normativo, mas sim da sua substancialidade, pois esta representa elementos essenciais. Contudo, como sustenta Vital Moreira, se o sistema econômico é a base do sistema social global, e se ela contém a ordem jurídico-política fundamental do sistema social, conclui-se que, inexoravelmente, precisa ter lugar na constituição – e assim acontece em todas as constituições, seja em um capítulo específico, seja em artigos esparsos, seja de forma explícita ou implícita, no que constitui uma constituição econômica formal.[83]

Por outro lado, o conceito de constituição econômica formal tem menor âmbito de incidência, pois compreende as normas de conteúdo econômico, incluídas no texto constitucional, portando uma incidência tópica.[84] A extensão topográfica dessas normas não pode ser muito abrangente, não apenas pela ausência de substrato material, com legitimidade inerente, mas, principalmente, em razão da extrema mobilidade das relações econômicas, que não possuem parâmetros predeterminados, dificultando a pré-modelação do fático. Todavia,

---

[82] MOREIRA, Vital. *A Ordem Jurídica do Capitalismo.* Coimbra: Centelha, 1973. p. 136.

[83] MOREIRA, Vital. *A Ordem Jurídica do Capitalismo.* Coimbra: Centelha, 1973. p. 137.

[84] Pode-se considerar a Constituição Econômica formal como a parcela da Constituição que abriga e interpreta o sistema econômico (no caso brasileiro, em sua essência, capitalista). A Constituição Econômica formal brasileira consubstancia-se na parte da Constituição Federal que contém os direitos que legitimam a atuação dos sujeitos econômicos, o conteúdo e limites desses direitos e a responsabilidade que são inerentes ao exercício da atividade econômica no país (TAVARES, André Ramos. *Direito Constitucional Econômico.* São Paulo: Método, 2006. p. 78).

corroborando a tese de Cosimo Mazzoni, o elemento formal sempre é indefectível a qualquer atividade de controle.[85]

Em regra, o processo constituinte necessita de uma maior densidade de legitimidade, seja de movimentos populares, de autoridades clericais ou da utilização ou ameaça de violência.[86] Devido a essa pressão, a força do poder econômico encontra dificuldades para fazer acolher suas demandas a contento, visto que há forte mobilização de outros atores sociais. Por essa razão, existe uma crença tradicional de que, na maioria dos casos, as decisões da Assembleia Constituinte são contrárias aos interesses do mercado.[87] Contudo, não há garantias da concretização dos mandamentos constitucionais porque ao menor sinal de desmobilização das forças sociais, seja qual for o motivo, novamente o poder econômico tentará estorvar as diretrizes da constituição econômica, principalmente quando esta configurar-se num instrumento voltado para a realização de políticas públicas para a sociedade.[88]

Mesmo os mais radicais dos liberais não podem olvidar que a constituição econômica ostenta um papel normativo, fazendo com que suas normas saiam do plano da abstração e adentrem na concretização da realidade fática. A questão a ser levada em conta é a que consiste em mensurar a intensidade e o campo de incidência desse poder de concretização normativa. Essa modalidade de Constituição foi denominada, por Gilberto Bercovici, de constituição política estatal, aplicada às relações econômicas. Travaram-se grandes debates políticos e ideológicos, concernentes à Constituição Cidadã, oriundos de conflitos socioeconômicos vividos na sociedade. Não por outro motivo, constitui-se na seara em que aqueles que defendem uma ideia liberal da economia a criticam taxando suas normas de compromissos dilatórios e de normas programáticas, no sentido de ausência de efetividade, na tentativa de bloquear sua efetividade.[89]

---

[85] MAZZONI, Cosimo Marco. I Controlli Sulle Attività Economiche. *In:* GALGANO, Francesco; GENGHINI, Riccardo (Dir.). *Trattato di Diritto Commerciale e di Diritto Pubblico Dell'Economia.* volume primo. Padova: CEDAM, 1977. p. 330.

[86] AGRA, Walber de Moura. *Fraudes à Constituição:* Um Atentado ao Poder Reformador. Porto Alegre: Sérgio Antônio Fabris Editor, 2000. p. 90-91.

[87] AMATO, Giuliano. Il Mercato nella Costituzione. *In:* ASSOCIAZIONE ITALIANA DEI COSTITUZIONALISTI. *La Costituzione Economica.* Padova: CEDAM, 1997. p. 9.

[88] CANOTILHO, J. J. Gomes. *Constituição Dirigente e Vinculação do Legislador:* Contributo para a Compreensão das Normas Constitucionais Programáticas. Coimbra: Coimbra Ed., 1994. p. 11.

[89] BERCOVICI, Gilberto. Política Econômica e Direito Econômico. *Revista da Faculdade de Direito da Universidade de São Paulo*, v. 105, p. 392-395, dez./jan. 2010. Disponível em: http://dx.doi.org/10.11606/issn.2318-8235.v105i0p389-406. Acesso em: 16 fev. 2018.

A constituição econômica nega a ordem econômica liberal, demonstrando uma nova realidade, na qual o Estado precisará intervir na economia, para atender a determinados objetivos estipulados pelas decisões políticas.[90] A denominada intervenção do Estado, no domínio econômico, é mitigada em um Estado liberal, em que as Cartas Magnas reduziam-se à organização dos Poderes Públicos e à declaração dos direitos individuais.[91] Nesse sentido, o conceito atual de constituição econômica procede dessa conjuntura, da necessidade de que o Estado constitucional interfira no andamento da economia para que os fins e objetivos estatuídos na Carta Magna possam incidir na realidade fática, disciplinando as forças produtivas, para que elas tenham mais eficiência e possam atender aos mais desamparados socialmente.

1.4 Ordem econômica

O vocábulo ordem significa coesão, integridade, estabilidade, o que indica a boa disposição das coisas, em que cada uma ocupa o lugar que lhe corresponde, ficando todas subordinadas a um princípio, ou regra, que lhe outorgam funcionalidade.[92] Ele expressa, portanto, o sentido de unidade, ou seja, de um conjunto de normas que mantém uma funcionalidade e sistematicidade dentro de parâmetros harmônicos.[93] Nesse sentido, a interpretação da ordem econômica da Constituição de 1988 deve pautar-se por um escopo uniforme, tentando evitar antinomias desnecessárias, que somente enfraqueçam os seus dispositivos normativos.

Todavia, a consecução da estabilidade na ordem econômica suscita uma questão delicada, pois, diante da velocidade das mudanças econômicas, mormente em uma sociedade em que os avanços tecnológicos são exponenciais, bastante difícil mostra-se qualquer tipo de tentativa de petrificar o ordenamento jurídico. As relações econômicas

---

[90] Percebe-se, portanto, que a terminologia tem início bastante preciso, já que surge para demonstrar o aparecimento de uma nova concepção constitucional. A Constituição econômica teria passado a existir quando da conformação consciente e sistemática da ordem econômica por uma decisão política, sendo viável, inclusive, expressá-la pela ideia de política econômica, conforme assinalado anteriormente (TAVARES, André Ramos. *Direito Constitucional Econômico*. São Paulo: Método, 2006. p. 72).

[91] COMPARATO, Fábio Konder. Regime Constitucional do Controle de Preços no Mercado. *Revista de Direito Público*. São Paulo: Revista dos Tribunais, n. 97, p. 18-23, jan./mar. 1991.

[92] PRADO E SILVA, Adalberto (Org). *Novo Dicionário Brasileiro*. São Paulo: Melhoramentos, 1965. v. 3, p. 515.

[93] WEBER, Max. *Economia e Società: Sociologia del Diritto*. Trad. Pietro Chiodi e Giorgio Giordano. Milano: Edizione di Comunita, 1995. v. 3, p. 186.

são bastante cambiantes, o que está em consonância com as demandas do mercado, dificultando, consideravelmente, uma previsão eficiente do comportamento dos agentes econômicos, a não ser que haja acentuado grau de planificação e consequente reestruturação do sistema capitalista.

O conceito de ordem econômica (normativa) é pertinente à ordem do dever-ser, baseado na relação do pressuposto normativo e dos efeitos da subsunção, regido por normas jurídicas com suas características inerentes. Por outro lado, a ordem econômica, calcada nas premências do mundo do ser, constitui-se, primordialmente, por demandas e injunções econômicas, que perpassam os limites epistemológicos da Ciência do Direito.[94]

Quanto mais distante da realidade social, maior será o *gap* das normas jurídicas, o que acarreta uma baixa eficácia normativa de suas disposições. Por outro lado, quando elas forem consentâneas com a realidade fática, alicerçadas pela legitimidade de uma vontade política majoritária, sua força de transformação configurar-se-á em uma concretização relevante. Não é que as normas jurídicas não apresentem a capacidade de mudar a realidade, mas é que sua força, necessariamente, tem que estar atrelada aos atores políticos dominantes, pois, em caso contrário, a ordem econômica será apenas uma ilusão constitucional, no dizer de Pinto Ferreira.[95]

Segundo Eros Roberto Grau, ainda que se oponha a ordem jurídica à ordem econômica, esta é usada para referir-se a uma parcela da ordem jurídica, que ainda abrange a ordem social, a pública e a privada.[96] Ela configura-se no produto da normogênese legislativa, segundo os trâmites constitucionais e infraconstitucionais, obviamente, sem descurar as interferências intensas entre a Política, a Economia e o Direito, que assumem relevâncias distintas em condições históricas e geográficas diferentes.

O conceito de ordem econômica sofre variações decorrentes de seu *locus* de incidência e aferição, apresentando modificações quando

---

[94] GRAU, Eros Roberto. *A Ordem Econômica na Constituição de 1988*. 4. ed. São Paulo: Malheiros, 1998. p. 51.

[95] FERREIRA, Pinto. *Democracia, Globalização e Nacionalismo*. Recife: Edição da Sociedade Pernambucana de Cultura e Ensino LTDA, 1999. p. 3.

[96] [...] conjunto de normas que define, institucionalmente, um determinado modo de produção econômica. Assim, ordem econômica, parcela da ordem jurídica (mundo do dever-ser), não é senão o conjunto de normas que institucionaliza uma determinada ordem econômica (mundo do ser) (GRAU, Eros Roberto. *A Ordem Econômica na Constituição de 1988*. 18. ed. São Paulo: Malheiros, 2017. p. 57).

analisado no Direito Constitucional ou na seara Econômica.[97] No entanto, pode-se depreendê-lo, não obstante as particularidades de análise, como constituindo um conjunto de elementos compatíveis entre si que irão ordenar a vida econômica de um Estado, direcionando a um fim específico.[98]

As normas de uma ordem econômica não ostentam uma mesma taxionomia, pois coexistem normas de maior conotação liberal e normas de conotação mais intervencionista, havendo, por conseguinte, a preponderância de normas de uma dessas matrizes. Esse fator não provoca uma quebra de sua unidade ou funcionalidade, uma vez que a harmonização é conseguida através da ponderação de suas normas, privilegiando as diretrizes que estiverem em consonância com os fatores reais do poder político e econômico.[99]

A expressão ordem econômica surgiu com a Constituição de Weimar, em 1919.[100] Contudo, direitos sociais já tinham sido outorgados, como na Constituição Mexicana de 1917, na Declaração dos Direitos do Povo Trabalhador e Explorado, de 1918, e na Convenção da Liga das Nações, de 1920. Igualmente, nesse período histórico é formada a Organização Internacional do Trabalho (OIT) em 1919.[101]

A partir da Constituição de 1934, incluindo a Carta de 1937, passando pela de 1967/1969, em todos os textos constitucionais brasileiros há menção da existência de uma ordem econômica. Nos textos anteriores, como o de 1891, não houve, no ordenamento pátrio, a consolidação da ideia de constituição econômica e, sequencialmente, de ordem econômica, mesmo havendo tradição, desde a primeira Constituição

---

[97] MOREIRA NETO, Diogo de Figueiredo; PRADO, Ney. Uma Análise Sistêmica do Conceito de Ordem Econômica e Social. *Revista de Informação Legislativa*. v. 24, n. 96, out./dez. 1987, p. 121. Disponível em: http://www2.senado.leg.br/bdsf/handle/id/181813. Acesso em: 05 mar. 2018.

[98] CUNHA JÚNIOR, Dirley da. *Curso de Direito Constitucional*. Salvador: JusPodivm, 2016. p. 1.057.

[99] LASSALE, Ferdinand. *Qué es Una Constitución*. Buenos Aires: Siglo Veinte Uno, 1969. p. 21.

[100] A Constituição de Weimar, como as demais Constituições Econômicas do século XX, não pretendia receber a estrutura econômica existente, mas alterá-la. O que é inovador neste tipo de Constituição não é a previsão de normas que disponham sobre conteúdo econômico, mas é a positivação das tarefas a serem realizadas pelo Estado e pela sociedade, no âmbito econômico, buscando atingir certos objetivos determinados, também, no texto constitucional (BERCOVICI, Gilberto. *Entre o Estado Total e o Estado Social*: Atualidade do Debate sobre Direitos, Estado e Economia na República de Weimar. 170 f. 2003. Tese (Livre-Docência). Faculdade de Direito da Universidade de São Paulo, São Paulo, 2003. p. 25).

[101] COMPARATO, Fábio Konder. *A Afirmação Histórica dos Direitos Humanos*. 3. ed. São Paulo: Saraiva, 2003. p. 54.

Imperial, a de 1824, de normas de caráter econômico, como o direito de propriedade.[102]

A constituição de 1934 foi fruto de um processo histórico, no qual o Estado começou a exercer um papel relevante na organização das forças produtivas, principalmente, diante das consequências amargas da depressão econômica de 1929.[103] Foi o primeiro texto a tratar, de forma explícita, sobre uma ordem econômica no Brasil,[104] em seu título IV, dedicado à ordem econômica e social.[105] Começa a existir, portanto, uma característica intervencionista na Carta Magna brasileira, tentando construir o chamado Estado de bem-estar social, trazendo, por exemplo, a proteção ao trabalhador.[106] Sustenta André Tavares que houve um desenvolvimento dos direitos humanos com a superação das Constituições liberais pelas Constituições sociais.[107] Porém, é necessário esclarecer que o texto constitucional de 1934 manteve os contornos liberais, enfatizando a predominância da propriedade privada e a eficácia retórica dos direitos sociais.[108]

Já a Constituição de 1937, resultado de um golpe do Presidente Getúlio Vargas, traz uma clara referência à intervenção do Estado na Economia, afirmando que esta se daria de forma subsidiária, para

---

[102] COMPARATO, Fábio Konder. *A Afirmação Histórica dos Direitos Humanos*. 3. ed. São Paulo: Saraiva, 2003. p. 54.

[103] TAVARES, André Ramos. *Direito Constitucional Econômico*. São Paulo: Método, 2006. p. 107.

[104] Já no seu Preâmbulo havia menção à questão econômica: Nós, os Representantes do Povo Brasileiro, pondo a nossa confiança em Deus, reunidos em Assembleia Nacional Constituinte para organizar um regime democrático, que assegure à Nação a unidade, a liberdade, a justiça e o bem-estar social e econômico, decretamos e promulgamos a seguinte Constituição da República dos Estados Unidos do Brasil.

[105] Art. 115 da Constituição de 1934: A ordem econômica deve ser organizada conforme os princípios da justiça e as necessidades da vida nacional, de modo que possibilite a todos existência digna. Dentro desses limites, é garantida a liberdade econômica.

[106] Art. 121 da Constituição de 1934: A lei promoverá o amparo da produção e estabelecerá as condições de trabalho, na cidade e nos campos, tendo em vista a proteção social do trabalhador e os interesses econômicos do país

[107] TAVARES, André Ramos. *Direito Econômico Diretivo*: Percursos das Propostas Transformativas. 440 f. 2015. Tese (Apresentada ao Concurso para Cargo de Professor Titular para o Departamento de Direito Econômico, Financeiro e Tributário – Área de Direito Econômico e Economia Política). Faculdade de Direito da Universidade de São Paulo, São Paulo, 2015. p. 134.

[108] Art. 113 da Constituição de 1934: A Constituição assegura a brasileiros e a estrangeiros residentes no País a inviolabilidade dos direitos concernentes à liberdade, à subsistência, à segurança individual e à propriedade, nos termos seguintes: 17) É garantido o direito de propriedade, que não poderá ser exercido contra o interesse social ou coletivo, na forma que a lei determinar. A desapropriação por necessidade ou utilidade pública far-se-á nos termos da lei, mediante prévia e justa indenização. Em caso de perigo iminente, como guerra ou comoção intestina, poderão as autoridades competentes usar da propriedade particular até onde o bem público o exija, ressalvado o direito à indenização ulterior.

suprir as deficiências da iniciativa individual e coordenar os fatores de produção.[109] Paulo Bonavides e Paes de Andrade sustentam que esta Carta Magna foi a primeira a não utilizar a representação constituinte, adotando os moldes autoritários então vigentes, tentando-se legitimar através de um plebiscito que nunca aconteceu.[110] Evidentemente, faz-se indispensável observar novamente o momento histórico no qual essa constituição foi concebida, influenciada pela era corporativista da Itália e de Portugal.[111]

A Constituição de 1946 retorna à ordem de 1934, destacando a questão econômica em seu Título V, falando em uma economia de mercado, mas também abrindo espaço para o intervencionismo.[112] Ela continuou a permitir a intervenção estatal de forma subsidiária, haja vista que a proeminência da atividade econômica foi atribuída à iniciativa privada, permitindo-se a atuação estatal apenas para regulamentar, fiscalizar e desenvolver atividades em setores específicos.[113]

A Constituição de 1967/69 mantém, em parte, a tradição da anterior, no que se refere aos princípios fundamentais do ordenamento econômico.[114] Porém, entre as críticas a ela dirigidas, está a indefinição e a dificuldade em bem traçar os contornos de uma ordem econômica específica, no sentido de que existe uma indecisão quanto aos traços

---

[109] Art. 135 da Constituição de 1937: Na iniciativa individual, no poder de criação, de organização e de invenção do indivíduo, exercido nos limites do bem público, funda-se a riqueza e a prosperidade nacional. A intervenção do Estado no domínio econômico só se legitima para suprir as deficiências da iniciativa individual e coordenar os fatores de produção, de maneira a evitar ou resolver os seus conflitos e introduzir no jogo das competições individuais o pensamento dos interesses da Nação, representados pelo Estado.

[110] BONAVIDES, Paulo; ANDRADE, Paes. *História Constitucional do Brasil*. 3. ed. Rio de Janeiro: Paz e Terra, 1991. p. 339-340.

[111] Art. 140 da Constituição do 1937: A economia da população será organizada em corporações, e estas, como entidades representativas das forças do trabalho nacional, colocadas sob a assistência e a proteção do Estado, são órgãos destes e exercem funções delegadas de Poder Público.

[112] Art. 145 da Constituição de 1946: A ordem econômica deve ser organizada conforme os princípios da justiça social, conciliando a liberdade de iniciativa com a valorização do trabalho humano. Parágrafo único: A todos é assegurado trabalho que possibilite existência digna. O trabalho é obrigação social.
Art. 146 da Constituição de 1946: A União poderá, mediante lei especial, intervir no domínio econômico e monopolizar determinada indústria ou atividade. A intervenção terá por base o interesse público e por limite os direitos fundamentais assegurados nesta Constituição.
Art. 147 da Constituição de 1946: O uso da propriedade será condicionado ao bem-estar social. A lei poderá, com observância do disposto no art. 141, §16, promover a justa distribuição da [propriedade] propriedade, com igual oportunidade para todos.

[113] NAZAR, Nelson. *Direito Econômico*. 3. ed. São Paulo: Edipro, 2014. p. 99.

[114] FERREIRA FILHO, Manoel Gonçalves. *Comentários à Constituição Brasileira*. São Paulo: Saraiva, 1977. p. 144.

do liberalismo ou de prerrogativas intervencionistas.[115] Essa discussão ocorreu porque o Regime Militar impulsionou a atividade empresarial do Estado, estimulando o surgimento de entidades de economia mista, empresas públicas e autarquias, como um caminho para o desenvolvimento econômico. Não se pode dizer que o intervencionismo dessa constituição autoritária tenha algo a ver com a consecução de um socialismo ou a instituição de um *welfare state*, mas, conforme observado pelos corifeus dessa política econômica, seu objetivo foi buscar o desenvolvimento econômico e garantir a soberania da nação.[116]

Com relação à Constituição de 1988, os fundamentos da ordem econômica encontram-se no Título VII, Da Ordem Econômica e Financeira, desde os artigos 170 a 192.[117]

Para José Afonso da Silva, a interpretação mais consentânea com essa ordem econômica é aquela que consiste em classificá-la como uma forma econômica capitalista, partindo-se do pressuposto de que suas bases estruturais estão ancoradas na apropriação privada dos meios de produção e na livre iniciativa.[118] Por outro lado, Raul Machado Horta verifica uma conjuntura mais complexa, na qual a ordem econômica do texto constitucional partilha elementos pertinentes ao capitalismo liberal e, ao mesmo tempo, reflete fundamentos intervencionistas.[119]

---

[115] Art. 157 da Constituição de 1967: A ordem econômica tem por fim realizar a justiça social, com base nos seguintes princípios: I – liberdade de iniciativa; II – valorização do trabalho como condição da dignidade humana; III – função social da propriedade; IV – harmonia e solidariedade entre os fatores de produção; V – desenvolvimento econômico; VI – repressão ao abuso do poder econômico, caracterizado pelo domínio dos mercados, a eliminação da concorrência e o aumento arbitrário dos lucros.

[116] SOUZA, Washington Peluso Albino de. O Discurso Intervencionista nas Constituições Brasileiras. *Revista de informação legislativa*, v. 21, n. 81, jan./mar, 1984, p. 338-339. Disponível em: http://www2.senado.leg.br/bdsf/item/id/181512. Acesso em: 06 fev. 2018.

[117] Art. 170 da Constituição de 1988: A ordem econômica, fundada na valorização do trabalho humano e na livre iniciativa, tem por fim assegurar a todos existência digna, conforme os ditames da justiça social, observados os seguintes princípios: I – soberania nacional; II – propriedade privada; III – função social da propriedade; IV – livre concorrência; V – defesa do consumidor; VI – defesa do meio ambiente, inclusive mediante tratamento diferenciado conforme o impacto ambiental dos produtos e serviços e de seus processos de elaboração e prestação; VII – redução das desigualdades regionais e sociais; VIII – busca do pleno emprego; IX – tratamento favorecido para as empresas de pequeno porte constituídas sob as leis brasileiras e que tenham sua sede e administração no País. – Parágrafo único: É assegurado a todos o livre exercício de qualquer atividade econômica, independentemente de autorização de órgãos públicos, salvo nos casos previstos em lei.

[118] SILVA, José Afonso. *Curso de Direito Constitucional Positivo*. 19. ed. São Paulo: Malheiros, 2001. p. 764.

[119] HORTA, Raul Machado. Constituição e Ordem Econômica e Financeira. *Revista de Informação Legislativa*. v. 28, n. 111, jul./set. 1991, p. 13. Disponível em: http://www2.senado.leg.br/bdsf/item/id/175896. Acesso em: 07 maio 2018.

Inúmeros posicionamentos são possíveis, em relação à Constituição Cidadã, uma vez que ela agasalhou postulados liberais tradicionais, defesa da propriedade privada; intervencionistas, como a criação de monopólios; e a tentativa de efetivar um estado de bem-estar social, com a autonomia do capítulo da ordem social. Mesmo depois de várias reformas constitucionais, que diminuíram a incidência de suas normas intervencionistas e sociais, existem vários princípios explícitos que permitem uma atuação mais enérgica do Estado na defesa da soberania nacional e na concretização dos direitos sociais.

Para Eros Roberto Grau, referindo-se à Lei Fundamental da Alemanha, que não se pode aplicar à realidade brasileira, em virtude da ordem constitucional daquele país não ter estabelecido uma constituição econômica em seu texto, com normas diretivas, disciplinando esse conteúdo em normatização infraconstitucional, pode-se chegar à conclusão que a constituição econômica está morta.[120]

A desarticulação da ordem econômica, em razão da contradição do novo padrão sistêmico de acumulação com o paradigma da constituição dirigente, implica o surgimento de uma constituição dirigente invertida, em que o seu poder de normatização da realidade diminui de forma impactante.[121] Todavia, no Direito Eleitoral assiste-se a um fenômeno inverso, que se configura na densificação dessa seara, mormente, quando as sanções eleitorais começam a ter eficácia.

O que se quer dizer com essa afirmação é que, baseando-se nos postulados neoliberais implementados por várias emendas, a nossa Constituição Cidadã ficou empobrecida de garantias sociais e de efetividade. A exagerada exaltação de seus paradigmas neoliberais pareceu empoderar suas cláusulas, tornando-as a parte mais importante da Constituição. Com relação ao Direito Eleitoral, está acontecendo

---

[120] Finalidade dos conceitos jurídicos é a de ensejar a aplicação de normas jurídicas. Não são usados para definir essências, mas sim para permitir e viabilizar a aplicação de normas jurídicas. Sucede que o conceito de ordem econômica constitucional não permite, não enseja, não viabiliza a aplicação de normas jurídicas. Logo, não é um conceito jurídico. Presta-se unicamente a indicar, topologicamente, no texto constitucional, disposições que, em seu conjunto, institucionalizam a ordem econômica (mundo do ser) [...] somos levados a concluir não apenas pela inutilidade do(s) conceitos(s) de ordem econômica, mas também pela perniciosidade do uso da expressão ordem econômica no plano da metalinguagem que é a linguagem da Dogmática do Direito (GRAU, Eros Roberto. *A Ordem Econômica na Constituição de 1988*. 4. ed. São Paulo: Malheiros, 1998. p. 81).

[121] BERCOVICI, Gilberto; MASSONETTO, Luís Fernando. A Constituição Dirigente Invertida: A Blindagem da Constituição Financeira e a Agonia da Constituição Econômica. *Boletim de Ciências Econômicas*, Coimbra, Universidade de Coimbra, v. 49, 2006, p. 73. Disponível em: https://digitalis-dsp.uc.pt/bitstream/10316.2/24845/1/BoletimXLIX_Artigo2.pdf?ln=pt-pt. Acesso em: 27 abr. 2018.

o fenômeno inverso, ao começar a adquirir efetividade para tentar concretizar um processo eleitoral em que a paridade de armas possa ser mais efetiva.

De qualquer maneira, sem a possibilidade de concretização de níveis razoáveis de eficácia pragmática da ordem econômica, inviabiliza-se, por completo, a realização da constituição econômica, o que impede a efetivação de uma política econômica para a parte mais carente da sociedade e entroniza-se o poder econômico como núcleo central do sistema político.

1.5 Conceito de política econômica

Política econômica são ações coordenadas pelo Estado, baseadas nas diretrizes de uma ordem jurídica, possibilitando uma verdadeira atuação sobre as relações sociais para a realização da constituição econômica.[122] Ela, então, pode ser definida como o conjunto de ações sistematizadas e coordenadas por órgãos estatais ou privados, implementadas no domínio econômico, por meio de regramentos jurídicos, para a consecução dos objetivos almejados.[123]

Trata-se da tentativa de racionalização do processo econômico, por intermédio de ideias preconcebidas, incidindo, dessa forma, sobre entidades públicas e privadas. Devido a esse escopo de racionalização do processo econômico, assume centralidade a função de disciplinamento, que é a tentativa de fazer com que o mercado se comporte dentro das normas traçadas, provocando certa previsibilidade quanto à atividade econômica.[124] Segundo Gilberto Bercovici, a política econômica pode ser definida como a análise das formas e dos efeitos da intervenção do Estado na vida econômica, visando a atingir determinadas finalidades.[125]

---

[122] CLARCK. Giovani. Política Econômica e Estado. *Revista da Faculdade de Direito de Minas Gerais – Estudos Avançados*. Belo Horizonte, ano 14, n. 53, v. 22 (62), 2008, p. 207. Disponível em: http://www.scielo.br/pdf/ea/v22n62/a14v2262.pdf. Acesso em: 23 jul. 2017.

[123] BERCOVICI, Gilberto. Política Econômica e Direito Econômico. *Revista da Faculdade de Direito da Universidade de São Paulo*, v. 105, p. 389-406, dez./jan. 2010, p. 390. Disponível em: http://dx.doi.org/10.11606/issn.2318-8235.v105i0p389-406. Acesso em: 16 fev. 2018.

[124] CARLI, Paolo de. Costituzione e Politiche di Promozione dei Soggetti Economici. *In*: ASSOCIAZIONE ITALIANA DEI COSTITUZIONALISTI. *La Costituzione Economica*. Padova: CEDAM, 1997. p. 170.

[125] Embora as constituições liberais dos séculos XVIII e XIX também contivessem preceitos de conteúdo econômico, como a garantia da propriedade ou da liberdade de indústria, o debate sobre a constituição econômica é, sobretudo, um debate do século XX. As Constituições do século XX não representam mais a composição pacífica do que já existe, mas lidam com conteúdos políticos e com a legitimidade, em um processo contínuo de busca de realização

A política econômica é uma espécie do gênero política pública, com sua especificidade de enfocar as relações produtivas, para que, de forma racional, possa alcançar os fins e as metas estabelecidas. Política pública é um conjunto de ações do Governo que irão produzir efeitos específicos,[126] objetivando a alteração das relações sociais existentes.[127]

As ações inerentes à política econômica são produzidas diretamente ou através de delegação, todavia, influenciam, marcantemente, a vida dos cidadãos, mesmo daqueles que não têm relação com o setor público, em razão de que o funcionamento do mercado sofre marcantes influências de suas ações.[128] A política econômica é um plano de estratégia em que o Governo decide quais serão os objetivos, quem será beneficiado e quais as diferenças que as medidas impactarão na vida da sociedade.[129]

Moldada sob uma ótica neoclássica, a política econômica está relacionada à análise das formas e consequências da intervenção estatal na vida econômica, determinando os fins a serem atingidos, desde que respeitada a liberdade contratual e a propriedade privada. Todavia, diante das necessidades pós-modernas, não há ícones sacrossantos que ostentem consideração absoluta, pois a propriedade privada e os contratos são relativizados, principalmente para adequar-se à supremacia do interesse público.[130]

Para Washington Peluso Albino de Souza, a política econômica é que traduz as diretrizes da ideologia adotada.[131] A razão dessa assertiva é que ela não pode ser analisada fora do contexto da relação entre os atores que detêm o poder social porque as plataformas eleitorais

---

de seus conteúdos, de compromisso aberto de renovação democrática (BERCOVICI, Gilberto. *Política Econômica e Direito Econômico*. *Revista Fórum de Direito Financeiro e Econômico – RFDFE*. Belo Horizonte: Fórum, ano 1, n. 1, mar./ago. 2012, p. 200).

[126] LYNN, L. E. *Designing Public Policy: A Casebook on the Role of Policy Analysis*. Santa Monica, California: Goodyear, 1980. p. 158.

[127] DERANI, Cristiane. Política Pública e a Norma Política. *Revista da Universidade Federal do Paraná*. Curitiba: SER/UFPR, v. 41, n. 0, jul. 2004, p. 22. Disponível em https://revistas.ufpr.br/direito/article/view/38314/23372. Acesso em: 27 abr. 2018.

[128] PETERS, B. G. *The Politics of Bureaucracy*. White Plains: Longman Publishers, 1995. p. 13.

[129] LASWELL, H.D. *Politics: Who Gets What, When, How*. Cleveland: Meridian Books, 1936. p. 299.

[130] GABARDO. Emerson. O Princípio da Supremacia do Interesse Público sobre o Interesse Privado como Fundamento do Direito Administrativo Social. *Revista de Investigações Constitucionais*, Curitiba, v. 4, n. 2, maio/ago. 2017, p. 104. Disponível em: http://revistas.ufpr.br/rinc/article/view/53437/33212. Acesso em: 06 fev. 2018.

[131] SOUZA, Washington Peluso Albino de. Conceito e Objeto do Direito Econômico. *Revista da Faculdade de Direito da Universidade Federal de Minas Gerais*, Belo Horizonte, n. 16, 1976, p. 29.

anteveem o direcionamento da política econômica, com o seu percurso e extensão.[132] Natalino Irti afirma que não há um mercado, mas tantos mercados quantos forem as normas que os disciplinam, impondo seus regramentos específicos, de acordo com o conteúdo da decisão normativa que ostenta caráter político, sendo o mercado regido por uma lei que provém de uma decisão política.[133]

Não há um critério técnico, definido *a priori*, para determinar os fins e objetivos da política econômica. Essa esfera discricionária é totalmente pertinente às decisões políticas, moldadas de acordo com as circunstâncias sócio-político-econômicas, sofrendo uma forte incidência da interferência internacional, em virtude do amplo processo de globalização.[134] Essas decisões, principalmente aquelas que apresentam conteúdo econômico, impactam muito as relações produtivas, na verdade são esses posicionamentos que formatam as diretrizes que influenciarão todos os agentes econômicos. Percebe-se, portanto, que as determinações governamentais, seguindo o itinerário da política econômica, eivada de caráter ideológico, é que podem possibilitar, ou não, a realização da constituição econômica.[135]

A finalidade da política econômica é o desenvolvimento de valores que propiciem benefícios para as unidades componentes do sistema econômico, pela criação de condições favoráveis à realização de objetivos específicos a cada uma delas.[136] Essas finalidades, almejadas pelo poder público, são mais esmiuçadas e determinadas quando, para o seu alcance, são fixados objetivos, os quais retiram seu aspecto abstrato e as adequam a certa realidade. Por sua vez, a imposição de metas a esses objetivos da política econômica, principalmente por meio de valor quantitativo e qualitativo, tem a função de analisar o seu desenvolvimento.

---

[132] SOUZA. Celina. Políticas Públicas: Uma Revisão da Literatura. *Sociologias*, Porto Alegre, a. 8, n. 16, jul/dez. 2006, p. 26. Disponível em: http://www.scielo.br/pdf/soc/n16/a03n16. Acesso em: 26 jan. 2018.

[133] IRTI, Natalino. *L'Ordine Giuridico del Mercato*. Roma-Bari: Laterza, 2001. p. 12.

[134] RIOS, Sandra Polônia; VEIGA, Pedro da Mota. A América Latina Frente aos Desafios da Globalização: Ainda há Lugar para a Integração Regional? *In*: CARDOSO, Fernando Henrique; FOXLEY, Alejandro (Ed.). *América Latina*: Desafios da Democracia e do Desenvolvimento – Governabilidade, Globalização e Políticas Econômicas para Além da Crise. Rio de Janeiro: Elsevier, 2009. p. 111.

[135] CLARCK. Giovani. Política Econômica e Estado. *Revista da Faculdade de Direito de Minas Gerais – Estudos Avançados*. Belo Horizonte, ano 14, n. 53, v. 22 (62), 2008, p. 207. Disponível em: http://www.scielo.br/pdf/ea/v22n62/a14v2262.pdf. Acesso em: 23 jul. 2017.

[136] NUSDEO, Fábio. *Curso de Economia*: Introdução ao Direito Econômico. 10. ed. São Paulo: Revista dos Tribunais, 2016. p. 151.

No entanto, é necessário compreender que a noção de política econômica é fruto de um Estado que interfere diretamente na organização social. O Estado Moderno é a representação dessa conjuntura, a qual traduz a garantia de segurança das relações sociais.[137] O legado histórico e social desta é a fonte fundamental para a concepção da ideia de realização de políticas públicas.[138]

A constituição econômica é muito relevante para a construção da política econômica porque não se trata apenas de manter o *status quo*, como era o objetivo das constituições liberais do século XIX, mas, sim, de modificar a ordem econômica em certos aspectos, transformando-a em função dos valores políticos determinados na constituição econômica.[139] O instrumento para realizar essas modificações é fornecido pela política econômica.

A intervenção estatal, por intermédio da formulação de uma política econômica, que, não obstante os seus objetivos imediatos, tem como finalidade propiciar melhores condições a parcelas da população, é uma característica inerente ao Estado Moderno. Ela fortalece as relações e as responsabilidades entre o cidadão e o Estado.[140] Com a construção do Estado Social Democrático de Direito, a política econômica demanda uma intensa atividade prestacional, com o desiderato de transformar a realidade econômica e social, segundo os objetivos traçados que obedecem aos ditames do balanço de forças sociais atuantes em um contexto histórico.[141]

Embora, inicialmente, a questão principal que estava no centro da preocupação dos Estados fosse a segurança pública, o desenvolvimento econômico e a diversificação social fizeram com que as necessidades

---

[137] [...] pela primeira vez o Estado pretende identificar-se com o mundo jurídico e arvorar-se detentor do monopólio do Direito, ou seja, este passa a ser visto como produto de uma origem única, em contraste flagrante com a pluralidade de fontes do direito medieval [...] (ADEODATO, João Maurício Leitão. *O Problema da Legitimidade:* No Rastro do Pensamento de Hannah Arendt. Rio de Janeiro: Forense Universitária, 1989. p. 53).

[138] DERANI, Cristiane. Política Pública e a Norma Política. *Revista da Universidade Federal do Paraná.* Curitiba: SER/UFPR, v. 41, n. 0, jul. 2004, p. 19. Disponível em https://revistas.ufpr. br/direito/article/view/38314/23372. Acesso em: 27 abr. 2018.

[139] MOREIRA, Vital. *A Ordem Jurídica do Capitalismo.* Coimbra: Centelha, 1973. p. 140.

[140] FLEURY, Sonia. *Estado sem Cidadãos:* Seguridade Social na América Latina. Rio de Janeiro: Ed. Fiocruz, 1994, p. 11. Disponível em: http://dx.doi.org/10.7476/9788575412428. Acesso em: 26 jul. 2017.

[141] O Estado deverá promover um novo tipo de integração social, baseada fundamentalmente no reconhecimento no direito de levar a cabo uma intensa atividade prestacional, na medida em que assume progressivamente a transformação da ordem econômica e social existente e facilita a participação das forças políticas e sociais nas distintas esferas de decisões com o protagonismo devido (COMA, Martin Bassols. *Constitucion Y Sistema Economico.* Madrid: Tecnos, 1988. p. 40).

dos cidadãos também se tornassem múltiplas. A função do Estado passa a ser a de prover o bem social. Com esse fim, precisa ramificar suas ações em inúmeras áreas, como saúde, educação, meio ambiente. Para alcançar esses desideratos, faz-se imprescindível o planejamento de uma política econômica factível, com legitimidade social, que envolva os setores econômicos.[142]

O processo histórico demonstra que no Brasil não existe uma tradição no desenvolvimento de política econômica de longo prazo, que possa planejar o desenvolvimento nacional por um lapso temporal duradouro. Essa deficiência acontece em consequência de planos de governo dissonantes, que se modificam de acordo com variáveis casuísticas e circunstanciais, que se alteram a cada eleição.[143] Dessa maneira, cada governo tem seu percurso econômico atrelado a fatos casuísticos, normalmente de origem externa, sem um planejamento que aumente a quantidade de riquezas produzidas na sociedade.

A eficácia da política econômica, desenvolvida pelos entes governamentais, é primordial para o sucesso eleitoral. Ela é denominada eficiência externa. Quanto maior a eficácia e a legitimidade dessas políticas públicas, maior o envolvimento do eleitorado na defesa do partido que realizou essas medidas,[144] apesar de que, normalmente, os cidadãos mostram-se mal informados sobre os rumos da política econômica.[145]

1.6 Política econômica e seu reflexo na constituição econômica

Para a construção de um verdadeiro Estado de Direito deve haver uma interferência para que a consecução da política econômica propicie a densificação da constituição econômica, criando relações que

---

[142] LOPES, Brenner; AMARAL, Jefferson Ney (Superv.); CALDAS, Ricardo Wahrendorff (Coord.). *Políticas Públicas:* Conceitos e Práticas. Belo Horizonte: Sebrae/MG, 2008, v. 7, p. 05. Disponível em: http://www.mp.ce.gov.br/nespeciais/promulher/manuais/MANUAL %20DE%20POLITICAS%20P%C3%9ABLICAS.pdf. Acesso em: 25 jan. 2018.

[143] MOREIRA, Egon Bockmann. Desenvolvimento Econômico, Políticas Públicas e Pessoas Privadas: Passado, Presente e Futuro de Uma Perene Transformação. *Revista de Direito do Estado,* v. 3, n. 10, abr./jun. 2008, p. 78. Disponível em: http://revistas.ufpr.br/direito/article/ viewFile/14130/9510. Acesso: 07 ago. 2017.

[144] FOWLER, James; Smirnov, Oleg. A *Dynamic Calculus of Voting.* (on-line). p. 5. Disponível em: http://jhfowler.ucsd.edu/a_dynamic_calculus_of_voting.pdf. Acesso em: 29 nov. 2017.

[145] TULLOCK, Gordon. *The Rent-Seeking Society.* Indianópolis: Liberty Fund, 2005. p. 209.

precisam ter sincronia na concretização dos postulados constitucionais.[146] Ela determina os objetivos fundamentais que devem ser seguidos pelo planejamento dos mananciais produtivos, determinando suas prioridades,[147] haja vista que em todas as sociedades os recursos devem ser melhor aproveitados em razão da infinidade de necessidades humanas.[148] Esse pressuposto, garantindo uma estabilidade normativa, possibilita um maior desenvolvimento econômico.

A constituição econômica é o protótipo de uma Carta Magna que intervém nas atividades produtivas para alcançar objetivos que são propostos dentro de uma concepção ideológica. Esses vetores não são de concretização imediata, como se o dever-ser transformasse o ser sem a necessidade de outros predicativos.[149] Eles demandam condições materiais específicas e um lapso temporal razoável para poderem obter uma concretização mínima, sem as quais o normativo não tem forças suficientes para transformar o fático.[150]

Essas normas constitucionais são denominadas normas programáticas, as quais possuem eficácia imediata e mediata, sendo esta de concretização diferida ao longo do tempo.[151] Como são normas que, na maioria dos casos, exigem uma prestação material, demandam, pois, que os entes estatais possibilitem condições para sua realização, arcando com o custo das obras e dos serviços relacionados.[152]

Obrigatoriamente, para a execução dessas normas, é necessário haver uma intervenção nas atividades econômicas,[153] restringido a livre

---

[146] HESSE, Konrad. *Elementos de Direito Constitucional da República Federal da Alemanha*. Porto Alegre: Sérgio Antônio Fabris Editor, 1998. p. 37.

[147] O planejamento, ao se inserir no contexto de um Estado social, não é apenas uma opção de melhoria da ação do Poder Público, pois torna necessário um novo posicionamento por parte dos entes que personificam e exercem os poderes estatais, além de também impactar a atividade dos agentes privados em geral (TAVARES, André Ramos. Planejamento e os Planos Setoriais dos Diversos 'Mercados Urbanos'. *Revista Latino-Americana de Estudos Constitucionais*, v. 19, 2017, p. 339).

[148] FERREIRA FILHO, Manoel Gonçalves Ferreira. *Direito Constitucional Econômico*. São Paulo: Saraiva, 1990. p. 8.

[149] BASTOS, Celso Ribeiro. Existe Efetivamente Uma Constituição Econômica? *Revista de Direito Constitucional e Internacional*, São Paulo, v. 10, n. 39, abr./jun. 2002, p. 92.

[150] HELLER, Hermann. *Teoria do Estado*. Trad. Lycurgo Gomes da Motta. São Paulo: Mestre Jou, 1968. p. 296.

[151] SILVA, José Afonso da. *Aplicabilidade das Normas Constitucionais*. 3. ed. São Paulo: Malheiros, 1998. p. 101.

[152] SARLET, Ingo Wolfgang. Direitos Sociais. *In:* DIMOULIS, Dimitri (Coord.). *Dicionário Brasileiro de Direito Constitucional*. 1. ed. São Paulo: Saraiva, 2007. p. 132.

[153] Todas as atividades econômicas realizadas por um Estado são afetadas pela Legislação por ele produzida, principalmente a política econômica políticas públicas que afeta diretamente

iniciativa e impondo condições ao seu exercício.[154] Dessa forma, em razão de mitigar a liberdade dos atores econômicos, essas normas sofrem forte oposição, tanto ideologicamente quanto na própria pragmática cotidiana. Uma das funções dessa intervenção é evitar o monopólio, impedindo que empresas elevem os preços de forma injustificada, no que encontra forte oposição por parte dessas pessoas jurídicas.[155]

A realização das normatizações da constituição econômica é uma tarefa dispendiosa, como se mencionou anteriormente, sendo consideradas estas como prestações materiais ou serviços. Entretanto, vale ressaltar que não é possível à deambulação normativa realizar essa tarefa sozinha.[156] O Estado tem que prover-lhe recursos, por um período razoável de tempo, para que a constituição econômica possa ter uma vivência fática, configurando-se no ente-sujeito da política econômica, com sua ação indutiva, diretiva e coercitiva sobre os demais entes sociais, instrumentalizando a perseguição de um objetivo, por meio de uma teia de subobjetivos,[157] tentando realizar uma redistribuição de ativos sociais, em prol dos hipossuficientes.[158]

O fator teleológico de uma política econômica é disciplinar as atividades produtivas, para que elas se desenvolvam da forma mais eficiente possível, planejando a execução de seus objetivos, a fim de que os recursos econômicos possam ser empregados de forma otimizada. Ela tenta evitar o desperdício e a diminuição da ineficiência, em razão da falta de planejamento, ordenando os fatores materiais da sociedade para que produzam o melhor resultado.

---

a vida dos cidadãos (GETELL, Raymond Garfield. *Political Science*. Boston: Ginn and Company, 1949. p. 12-13).

[154] DALLA VIA, Alberto Ricardo. *Manual de Derecho Constitucional*. Buenos Aires: Lexis Nexis, 2004. p. 175.

[155] Assim, o preço, objeto de um juízo de valor, deixa de representar o termo soberano e suficiente do comportamento do mercado, para torna-se um fator instrumental dos projetos formulados pelo poder público no campo do desenvolvimento sócioeconômico (CARVALHOSA, Modesto. *Direito Econômico*. São Paulo: Revista dos Tribunais, 2013. p. 356. (Coleção: Obras Completas).

[156] CANOTILHO, J.J. Gomes. *Direito Constitucional e Teoria da Constituição*. 2. ed. Coimbra: Almedina, 1998. p. 431.

[157] LESSA, Carlos. *O Conceito de Política Econômica:* Ciência e/ou Ideologia? Campinas: UNICAMP, 1998. p. 289.

[158] E aqui sobressaem, em geral, directamente, as incumbências de promover o aumento do bem-estar social e económico e da qualidade de vida das pessoas, em especial, das mais desfavorecidas, de operar as necessárias correcções das desigualdades na distribuição da riqueza e do rendimento, de eliminar progressivamente as diferenças económicas e sociais entre a cidade e o campo e de eliminar os latifúndios e reordenar o minifúndio (MIRANDA, Jorge. *Manual de Direito Constitucional*. 3. ed. Coimbra: Coimbra Ed., 2000. v. 4, p. 386).

Se a política econômica não tiver sincronia com a constituição econômica, fornecendo as condições para que esta possa sair das esferas abstratas e ganhar formatação fática, esta última não passará de um texto retórico, sem nenhum tipo de perspectiva de concretização.[159] E não é qualquer política econômica que poderá efetivá-la, pois elas precisam apresentar conexão, de forma que a primeira seja um instrumento de efetivação da segunda. Além disso, a realização da constituição econômica precisa de medidas estruturais que enfoquem a micro e a macroeconomia, fornecendo as condições propícias para a maturação de tarefas que exigem alocação de recursos e fiscalização, por ponderável lapso temporal, dispensando medidas conjunturais não propícias à realização de materializações programáticas.[160]

Como a realização da constituição econômica representa uma redistribuição de ativos sociais, em favor dos hipossuficientes, como ela mitiga a livre iniciativa, principalmente dos grandes *players* produtivos, impondo obrigações e disciplinando as atividades de largos setores, a sua efetivação sofre tenaz resistência do poder econômico, que procura dominar o poder político para que não haja condições de retirar essas promessas materiais da esfera do dever-ser.

Essas forças, principalmente na realidade brasileira, que não permitem acentuado grau de desconcentração de riqueza, tentam influenciar as políticas econômicas implementadas para que elas não alcancem os desideratos delineados pela constituição econômica. Elas tentam influenciar a formulação de planejamentos produtivos que tenham o sentido inverso da constituição econômica, entronizando postulados neoliberais que evitam ao máximo a intervenção estatal, e consideram o planejamento público um retrocesso econômico.[161]

---

[159] A palavra pode ser utilizada para falsear a existência de obrigações legais, como sustenta Mikhail Bakhtin: [...] a palavra, ao contrário, é neutra em relação a qualquer espécie de função ideológica específica. Pode preencher qualquer espécie de função ideológica: estética, científica, moral, religiosa (BAKHTIN, Mikhail (Volochinov). *Marxismo e Filosofia da Linguagem*. 8. ed. São Paulo: Hucitec, 1997. p. 37).

[160] CALEIRO, António B.R. *Notas de Política Econômica*. Departamento de Economia da Universidade de Évora. 2013/14, p. 27. Disponível em: https://dspace.uevora.pt /rdpc/ bitstream/10174/11417/1/texto_1to5.pdf. Acesso em: 03 jan. 2018.

[161] O próprio Estado Nacional sofre mutações em seu poder de influenciar e gerir a vida social e econômica dos povos com a passagem do neoliberalismo de regulamentação para o de regulação. Os poderes públicos minimizaram suas forças naquelas áreas, e o regramento socioeconômico passou, especialmente, para os Estados Comunitários, Entes Internacionais e empresas transnacionais (CLARCK. Giovani. Política Econômica e Estado. *Revista da Faculdade de Direito de Minas Gerais – Estudos Avançados*. Belo Horizonte, a. 14, n. 53, v. 22 (62), 2008, p. 209. Disponível em: http://www.scielo.br/pdf/ea/v22n62/a14v2262.pdf. Acesso em: 23 jul. 2017).

Quanto menos intervenção estatal houver, melhor para esses atores, que defendem políticas estatais que intervêm, minimamente, nas relações produtivas, mesmo depois do legado keynesiano.[162] Defendem apenas intervenções mínimas, fazendo com que os recursos públicos sejam direcionados para a parte mais rica da sociedade.[163]

Pode-se fazer uma defesa de que a política econômica, motivada pela exigência de racionalidade para um melhor aproveitamento dos ativos sociais, tenha uma natureza ideológica neutra, guiada pelos ditames da tecnicidade. Na verdade, ela expressa, nitidamente, uma opção política, que pode ser disfarçada em contornos técnicos e racionais para ocultar sua postura autocrática e burocrática, escondendo que o poder econômico domina o político, sem que a sociedade tenha condições de propugnar pela implementação da constituição econômica.[164]

Portanto, o poder econômico tenciona de todas as maneiras a não efetivação da constituição econômica. Em nível ideológico, tenta desacreditar suas proposições, taxando-as de inexequíveis, de onerosas e induzindo a crer que contribuiriam para aumentar a ineficiência das forças produtivas. E, em nível pragmático, como ela apenas pode ter uma concretização mínima, se houver a realização de prestações materiais efetivas, ele boicota todas as ações governamentais que tentem retirar as promessas de construção de um *welfare state* da seara retórica.[165]

---

[162] O sonho de S. Mill de um Estado com a intervenção mínima requerida apenas para a manutenção das regras do jogo desvaneceu-se, pois, pós-Keynes, estava oficialmente admitida a necessidade de o Estado entrar na substância do econômico para realizar o controle de algo que o mecanismo por si só não garantiria (LESSA, Carlos. *O Conceito de Política Econômica*: Ciência e/ou Ideologia? Campinas: UNICAMP, 1998. p. 289).

[163] FELITTE, Almir. O Mantra Liberal do Estado Mínimo Não Conhece o Brasil. *Justificando-Carta Capital*, 26 out. 2017. Disponível em: http://justificando.cartacapital.com.br/2017/10/26/o-mantra-liberal-do-estado-minimo-nao-conhece-o-brasil/. Acesso em: 07 fev. 2018.

[164] É preciso, entretanto, tomar cuidado com o princípio da racionalidade, porque ele pode ser um disfarce para decisões burocráticas e autoritárias, na medida em que aqueles que tomam as decisões pretendem ser ideologicamente neutros, observando exclusivamente os ditames da razão técnica, da racionalidade econômica. Podemos com certa cautela falar na existência desses princípios quando discutimos os meios, os custos, mas quando o problema é o da escolha dos resultados a serem alcançados e de quem deve ser beneficiado, não se pode mais falar em racionalidade econômica com tanta facilidade. Nesse momento os critérios de justiça, para não falar nos puros e simples interesses de grupos e de classes, terão que necessariamente ser considerados (BRESSER-PEREIRA, Luiz Carlos. Os Limites da Política Econômica. *Revista de Economia Política*. v. 8, n. 3, jul./set. 1988, p. 8. Disponível em: https://gvpesquisa.fgv.br/sites/gvpesquisa.fgv.br/files/arquivos/bresser_-_os_limites_da_politica_economica.pdf. Acesso em: 04 jan. 2018).

[165] A palavra retórica foi utilizada no sentido designado por Schopenhauer de manipulação semântica: Manipulação semântica → Quando o discurso é sobre um conceito geral que não tem um nome próprio e que deve ser designado figurativamente por uma metáfora é preciso escolher a metáfora que mais favoreça a nossa tese. Assim, por exemplo, na Espanha os nomes com que são designados os dois partidos políticos, *serviles e liberales*,

Devido à captura do poder político pelo poder econômico, as políticas públicas implementadas não têm a intenção de realizar a constituição econômica na parte dos comandos sociais, mas, sim, de beneficiar e proteger aqueles setores produtivos que mantêm uma relação mais íntima com as esferas de decisões políticas. Não há o interesse de planejamento para a obtenção de um maior crescimento, distribuindo renda para a sociedade. Sua finalidade, de forma preponderante, consiste em financiar os grupos de poder para a obtenção de vantagens econômicas.

Claro que, para a formatação de qualquer política econômica, devem contribuir todos os setores da sociedade, também devendo ela ofertar as melhores condições para o desenvolvimento das forças produtivas. A problemática configura-se quando a política econômica privilegia o poder econômico em detrimento dos hipossuficientes, cerceando as condições para a construção de um projeto de nação, a fim de beneficiar interesses externos que estimulam, apenas, o setor financeiro e a agroindústria.[166]

A luta para que a constituição econômica alcance patamares satisfatórios de eficácia não se reduz, apenas, a uma questão de supremacia da *Lex Mater*, ou a um compromisso com os excluídos sociais. Configura-se como uma questão muito mais ampla, que consiste em permitir um padrão mínimo de convivência social, delineando os contornos para que a sociedade possa olhar um horizonte diferente das crises institucional, política, econômica em que se encontra.[167]

Não se pensa em negar a participação das pessoas jurídicas no debate político, como a ADI 4650 assim o fez, pois esse direcionamento apenas aumenta os ilícitos de abuso de poder e torna o processo eleitoral menos transparente. Não há soluções mágicas enquanto não houver um aprimoramento da Administração Pública e a diminuição da pobreza social.[168] Menos maléfico é deixar que as empresas privadas participem do processo eleitoral, com um regramento eficaz e sofrendo

---

foram, certamente, escolhidos por estes últimos (SCHOPENHAUER, Arthur. *Como Vencer Um Debate sem Precisar Ter Razão*. Trad. Daniela Caldas. Rio de Janeiro: Topbooks, 1997. p. 143).

[166] MONTAÑO, Carlos. *Terceiro Setor e Questão social:* Crítica ao Padrão Emergente de Intervenção Social. São Paulo, 2002. p. 41.

[167] CLARCK, Giovani; CÔRREA, Leonardo Alves; NASCIMENTO, Samuel Pontes do. A Constituição Econômica entre a Efetivação e os Bloqueios Institucionais. *Revista da Faculdade de Direito da Universidade Federal de Minas Gerais*, Belo Horizonte, n. 71, jul./dez. 2017, p. 683.

[168] BOCCHINI, Lino. Entenda Por Que o "Fora CorruPTos" Não Ajuda o País. *Carta Capital*, 19 mar. 2015. Disponível em: https://www.cartacapital.com.br/politica/entenda-porque-o-201cfora-corruptos201d-nao-ajuda-o-pais-2854.html. Acesso em: 15 fev. 2018.

punições severas quando houver ilicitude, permitindo, dessa forma, que a sociedade possa discutir, de modo realista, as melhores formas de financiamento e, igualmente, o comportamento dos gestores, em razão de seu financiamento, fazendo com que os cidadãos tenham voz ativa face ao poder político.[169]

1.7 A captura do poder político pelo poder econômico

Em recente entrevista, Delfim Netto, economista e ex-ministro da Fazenda, afirmou que, no Brasil, o poder econômico controla o poder político.[170] O ministro baseou sua colocação na atual crise que o país vive, deixando claro que o poder político, sintetizado pelo Congresso Nacional, quedou-se envolto pelo setor privado.[171] Essa relação entre partidos, políticos e grandes empresas não é um fato recente da história brasileira. Já no governo Juscelino Kubistchek, é possível perceber uma relação mais íntima entre a política e o capital econômico, pela própria relação que se estabelecia entre os governos e as empreiteiras em Brasília.[172] O controle de poder político significa o controle da Administração Pública, que se desconexa dos interesses da maioria da população para atender às elites políticas e econômicas.

As instituições brasileiras são incapazes de detectar o emprego dos vultosos recursos que não são contabilizados nas campanhas eleitorais, e o direcionamento desses recursos é estimulado pelas graves desigualdades que atingem a sociedade brasileira, tornando o ambiente político propício ao abuso do poder econômico.

---

[169] ZOLO, Danilo. *Il Principato Democratico*. Milano: Feltrinelli, 1992. p. 22.

[170] PINTO, Ana Estela de Sousa; FRAGA, Érica. Poder Econômico Controla o Poder Político no Brasil, diz Delfim Netto. *Folha de S.Paulo*, 07 jul. 2017. Disponível em: http://www1. folha.uol.com.br/mercado/2017/07/1897865-poder-economico-controla-o-poder-politico-no-brasil-diz-delfim-netto.shtml. Acesso em: 10 ago. 2017.

[171] O setor privado anulou a única força que controla o capitalismo, que é o Congresso. Não é simplesmente que o Estado e o setor privado tenham feito um incesto, produzido um monstrengo. Ele eliminou o único instrumento de educação do capitalismo. Poder econômico controla o poder político no Brasil, diz Delfim Netto (PINTO, Ana Estela de Sousa; FRAGA, Érica. Poder Econômico Controla o Poder Político no Brasil, diz Delfim Netto. *Folha de S.Paulo*, 07 jul. 2017. Disponível em: http://www1.folha.uol.com.br/mercado/2017/07/1897865-poder-economico-controla-o-poder-politico-no-brasil-diz-delfim-netto.shtml. Acesso em: 10 ago. 2017).

[172] CAMPOS, Pedro Henrique Pedreira. *A Ditadura dos Empreiteiros:* As Empresas Nacionais de Construção Pesada, suas Formas Associativas e o Estado Ditatorial Brasileiro, 1964-1985. 584 f. 2012. Tese (Doutorado em História). Instituto de Ciências Humanas e Filosofia da Universidade Federal Fluminense, Niterói, 2012. p. 61.

É importante observar que essa problemática não é uma característica exclusiva do Brasil, pelo contrário, os países capitalistas democráticos passam por esse processo há certo tempo.[173] Paul Singer explica que o confronto entre o poder político e o econômico é fruto da disfuncionalidade institucional de cada um. Enquanto o poder político é exercido, de forma indireta, pelos cidadãos, que são, em sua maioria, trabalhadores, o poder econômico é exercido pelos detentores do capital financeiro, apresentando interesses diversos da maioria da população. Devido a esses interesses contraditórios, decisões tomadas nas esferas políticas, que fazem parte da normalidade do processo democrático, acabam provocando pânico entre os detentores do capital financeiro que detêm, atualmente, a hegemonia do Poder econômico.[174]

Para Bruno Reis, o problema do financiamento eleitoral convive com um paradoxo fruto do liberalismo, ideário este que tenta isolar as desigualdades provenientes do sistema econômico, baseado na livre iniciativa, no princípio isonômico da soberania popular, representado pela parêmia *one man, one vote*, que traduz a igualdade de oportunidades políticas. Essa tentativa de igualdade política formal configura-se como antípoda de um sistema econômico que estimula a acumulação de renda e o sucesso profissional, fenômenos que acarretam concentração de ativos nas mãos de poucos cidadãos, fazendo com que a riqueza e o poder político não possam caminhar juntos, de maneira autônoma. Continua o autor observando que o liberalismo tem a ambição de separar as fontes de poder econômico do poder político, a igualdade formal de voto e a desigualdade de renda, afirmando que todos são iguais perante a lei, sendo um desafio impedir que as assimetrias de recursos não resultem, automaticamente, em assimetrias no acesso político.[175]

Em artigo intitulado "The Theory of Economic Regulation", George Stigler, estabelecendo a matriz de interesses recíprocos entre

---

[173] SINGER. Paul. Poder Político e Poder Econômico nas Democracias Capitalistas. *Carta Capital*, 01 dez. 2011. Disponível em: https://www.cartacapital.com.br/economia/poder-politico-e-poder-economico-nas-democracias-capitalistas. Acesso em: 10 ago. 2017.

[174] Isso comprova, mais uma vez, que no capitalismo contemporâneo o Poder político não pode deixar de praticar políticas que, em nome do interesse geral, de fato priorizam o capital financeiro, reforçando a hegemonia deste sobre o Poder econômico (SINGER. Paul. Poder Político e Poder Econômico nas Democracias Capitalistas. *Carta Capital*, 01 dez. 2011. Disponível em: https://www.cartacapital.com.br/economia/poder-politico-e-poder-economico-nas-democracias-capitalistas. Acesso em: 10 ago. 2017).

[175] REIS, Bruno P.W. Sistema Eleitoral e Financiamento de Campanhas no Brasil: Desventuras do Poder Legislativo sob Um Hiperpresidencialismo Consociativo. *In:* OLIVER, George; RIDENTI, Marcelo; BRANDÃO, Gildo Marçal (Org.). *A Constituição de 1988 na Vida Brasileira.* São Paulo: Hucitec, 2008. p. 69.

os representantes populares e as pessoas jurídicas de grande porte econômico, no contexto da regulação de mercados, sustenta que a normatização, via de regra, é adquirida, desenhada e operada para o benefício dessas pessoas e não para o interesse público. Assim, para Stigler, a consequência da denegação de subsídios ou benesses governamentais é que elas deixarão de financiar as campanhas desses mandatários.[176]

Necessário recorrer, então, às concepções de poder econômico e político para compreender a captura de um pelo outro. Norberto Bobbio traz, em uma acepção ampla, o poder econômico como o domínio privado, por parte de determinados indivíduos, dos meios de produção, fazendo com que a maioria da população tenha que se sujeitar a esses poucos indivíduos para assegurar sua sobrevivência. Ou seja, uma minoria pode indicar e induzir comportamentos específicos para uma maioria.[177] Por outro lado, conforme observa, o poder político tem a missão de estruturar as instituições sociais, cominar as sanções em caso de descumprimento das leis e delinear as formas de distribuição dos bens produzidos. Parte-se do postulado de que o povo exerceria esse poder de forma indireta, resultado de um processo democrático de participação popular. A conclusão demonstraria que o poder político possui características suficientes para modificar não só os comportamentos e relações sociais, mas também o funcionamento dos demais poderes, indicando uma forma de instituição de uma organização social.[178]

Carl Schmitt, ao tentar chegar ao conceito do *político*, deixa claro que existem nessa esfera características muito específicas que o diferenciam em relação aos outros âmbitos, principalmente em relação ao ambiente econômico.[179] A questão do poder econômico é muito mais complexa do que a sua simples proeminência, como mencionado anteriormente. Devido à necessidade inexorável da obtenção de recursos para a conquista do poder político e sua manutenção, os detentores de mandatos públicos utilizam-se da máquina administrativa e de conexões com a elite econômica para auferirem os mananciais econômicos necessários para as disputas eleitorais. De qualquer forma, com a ajuda

---

[176] STIGLER, Georg J. *The Theory Economic of Regulation*. *In*: DAHL, Robert Alan *et al. The Democracy Soucebook*. Massachussets: The MITPress, 2003. p. 393 e 395.

[177] BOBBIO, Norberto; MATTEUCCI, Nicola; PASQUINO, Gianfranco. *Dicionário de Política*. 11. ed. Brasília: Ed. UnB, 1998. v. 1, p. 954-955.

[178] BOBBIO, Norberto; MATTEUCCI, Nicola; PASQUINO, Gianfranco. *Dicionário de Política*. 11. ed. Brasília: Ed. UnB, 1998. v. 1, p. 955-956.

[179] SCHMITT, Carl. *O Conceito do Político*. Lisboa: Edições 70, 2015. p. 49.

desses recursos, permite-se que candidatos, sem nenhum tipo de ligação com os anseios da população, ganhem as eleições e ocupem espaços públicos como se fossem capitanias hereditárias.[180]

Um dos principais fatores que contribuem para a captura do poder político pelo econômico consiste na alienação, ou narcotização, de amplos setores da população do debate político, deixando-os inertes diante das medidas tomadas pela elite dirigente, mesmo se estas forem amplamente desfavoráveis ou trouxerem majoritária impopularidade ao governante.[181]

A fragilização dos liames ideológicos, que é acentuada com o enfraquecimento partidário, o baixo nível educacional e cultural da população, a histórica debilidade da sociedade civil, a manipulação da informação de parte dos grandes órgãos de comunicação no país e outras causas fazem com que a pressão popular não seja efetiva para evitar a captura do poder político. Obviamente que a difusão e o engajamento das redes sociais possibilitam uma atenuação dessa problemática, tornando a pressão popular mais factível e visível, configurando-a como uma ferramenta importante para o debate político, mesmo quando as discussões são estovadas pelas bolhas sociais na internet.[182]

A influência do poder econômico é sentida nos países democráticos, variando sua incidência de acordo com as circunstâncias sociopolíticas e econômicas. Em razão dessas circunstâncias, no Brasil há um superdimensionamento dessa influência, fazendo com que os mandatários se distanciem, imensamente, dos interesses da sociedade. A tradição restringe-se apenas em auscultar as demandas populares no ano da renovação de seus mandatos, sem que os seus interesses sejam vetores para o direcionamento da política econômica.

Nos EUA, na maioria dos casos, não há contribuição *quid pro quo* – alicerçada no recebimento de vantagens para a contribuição eleitoral, as quais consistem em troca de favores – mas, sim, o direcionamento da política econômica, fazendo com que esta atenda aos anseios do poder econômico, independentemente do fato de poder estar em conformidade

---

[180] A capitania seria um estabelecimento militar e econômico, voltado para a defesa externa e para o incremento de atividades capazes de estimular o comércio português. A autoridade pública se constitui, armadura prévia, sempre que haja produtos a exportar e plantações a fixar (FAORO, Raymundo. *Os Donos do Poder:* Formação do Patronato Político Brasileiro. 3. ed. Rio de Janeiro: Ed. Globo, 2001. p. 139-140).

[181] DOWBOR, Ladislau. *A Captura do Poder pelo Sistema Corporativo.* 03 jun. 2016. Disponível em: http://dowbor.org/2016/06/a-captura-do-poder-pelo-sistema-corporativo.html/. Acesso em: 15 fev. 2018.

[182] MAGRANI. Eduardo. *Democracia Conectada:* A internet como Ferramenta de Engajamento Político-democrático. Curitiba: Juruá, 2014. p. 19.

com os interesses sociais, como no caso dos vultosos gastos direcionados para a indústria armamentista.[183] Dessa forma, a maior parte dessas empresas evita imiscuir-se em operações ilícitas e escolhe caminhos que lhes possibilitem um retorno extremamente vantajoso para os seus negócios.[184] Ao contrário dos Estados Unidos, no Brasil o poder econômico não está apenas interessado no direcionamento da política econômica para atender as suas necessidades, mas concentra suas energias visando, também, à obtenção de privilégios estatais, mesmo que muitos deles sejam angariados por meios ilícitos.

Nos Estados Unidos, as contribuições eleitorais têm a finalidade de influenciar o sentido das decisões governamentais, induzindo o mandatário a defender determinados posicionamentos políticos. Infelizmente, no Brasil, as contribuições de campanha, na maioria dos casos, têm o propósito de obter uma vantagem direta, visando a um serviço ou favor da Administração Pública que lhes propicie auferir um determinado tipo de vantagem.[185]

O controle da administração por interesses estranhos ao da população não acontece apenas em decorrência de negociatas, de vários tipos, com o erário público, ou através de relações realizadas dentro de parâmetros legais. Mesmo em países que ostentam baixas taxas de acintes contra a Administração Pública, a realização de políticas econômicas que privilegiam determinados setores, em detrimento da maioria da população, pode provocar efeitos danosos, sem que se possa atribuir-lhe a realização de práticas contrárias aos mandamentos normativos. Conclui-se, então, que, em países que convivem com alto grau de corrupção e outros delitos, a captura do poder político pelo econômico é duplamente mais perniciosa, em razão do direcionamento das políticas econômicas e também da prática de negócios ilícitos com o erário público.

O poder econômico consegue dominar e suplantar o poder político, induzindo a Administração Pública a formular uma política

---

[183] DEARO, Guilherme. Os Estados Unidos Foram os Que Mais Gastaram na Área Militar em 2013, Mantendo o Primeiro Lugar, com 682 bilhões de Dólares. *Exame*, 05 fev. 2014. Disponível em: https://exame.abril.com.br/mundo/os-20-paises-com-os-maiores-gastos-militares-do-mundo/. Acesso em: 05 mar. 2018.

[184] STRATMANN, Thomas. *Campaign Finance*: A Review and as Assessment of The State of the Literature. Forthcoming, Oxford Handbook of Public Choice; GMU Working Paper in Economics. May 2017, n. 17-15. p. 15 Disponível em: https://papers.ssrn.com/sol3 /papers. cfm?abstract_id=2956460. Acesso em: 29 nov. 2017.

[185] SAMUELS, David. Financiamento de Campanhas no Brasil e Propostas de Reforma. *Suffragium – Tribunal Regional Eleitoral do Ceará*, Fortaleza, v. 3, n. 4, jan./jun. 2007, p. 22. Disponível em: http://bibliotecadigital.tse.jus.br/xmlui/handle/bdtse/752. Acesso em: 16 abr. 2018.

econômica que tenha como objetivo primordial à consecução do poder e à sua manutenção. Esses montantes monetários, de forma mediata ou imediata, provocam reflexos nos pleitos eleitorais, mas podem não ter consequência imediata, como na cooptação realizada pela Presidência da República e no apoio dos *lobbies* e dos grupos de pressão para o financiamento da atividade partidária e política.

No contexto brasileiro, o numerário necessário ao financiamento eleitoral provém dos *lobbies* e dos grupos de pressão, do presidencialismo de cooptação, da atuação direcionada da máquina pública, e, ainda, por intermédio de procedimentos, às vezes complexos, que fazem com que o dinheiro passe diretamente dos detentores de capital econômico para os detentores do capital político. A finalidade última desses agentes econômicos é a dominação da máquina pública para que, por intermédio dessas fontes de recursos, satisfaça os interesses dos detentores do poder econômico. Outrossim, querem que a política econômica implementada impeça uma redistribuição substancial de riquezas, permitindo-lhes que continuem a extrair vultosas somas por intermédio do capital rentista.

Apesar de utilizar mecanismos diferentes, o financiamento eleitoral, o presidencialismo de cooptação e a atuação dos *lobbies* e dos grupos de pressão apresentam a mesma finalidade, que é a captura da Administração Pública, fazendo com que esta se distancie dos interesses da sociedade. Ontologicamente a máquina pública é um elemento neutro, por essa razão não foi analisada de forma específica. Ela pode transformar-se em uma forma de desvio da constituição econômica quando o seu direcionamento passar a implementar políticas econômicas contrárias ao conteúdo constitucional, em razão de sua captura pelo poder econômico.

Apesar de os números do financiamento eleitoral serem exorbitantes, torna-se indispensável atentar-se a esta informação básica: que esses valores não representam o total efetivamente gasto, uma vez que essas estatísticas foram feitas com base na parte declarada do financiamento.[186] Entretanto, ainda que haja dúvidas sobre a credibilidade dos dados oficiais, em função da existência do caixa dois, é primordial perceber que esses valores já são ricas fontes de informações.[187]

---

[186] SAMUELS, David. Financiamento de Campanhas no Brasil e Propostas de Reforma. *In: Suffragium – Tribunal Regional Eleitoral do Ceará*, Fortaleza, v. 3, n. 4, jan./jun. 2007, p. 14. Disponível em: http://bibliotecadigital.tse.jus.br/xmlui/handle/bdtse/752. Acesso em: 16 abr. 2018.

[187] SPECK. Bruno Wihelm. O Dinheiro e a Política no Brasil. *Le Monde Diplomatique Brasil*, 04 maio 2010. Disponível em: http://diplomatique.org.br/o-dinheiro-e-a-politica-no-brasil/. Acesso em: 10 ago. 2017.

Diante dos dados expostos, torna-se evidente a formação de uma relação recíproca entre o poder econômico e os partidos e políticos, alcançando o poder decisional nas várias instâncias da Federação, o que faz com que a política econômica sofra uma influência premente dos interesses do poder econômico. É com esses acordes que se corporifica a associação entre o poder econômico e o poder político, que não se adequa aos ditames constitucionais.

Os dados de 2008 apontam que o custo médio anual da corrupção no Brasil representa de 1,38% a 2,3% do Produto Interno Bruto (PIB). Porém, o mais interessante é relacionar esses valores com a possibilidade de investimentos que não foram efetivados nas áreas de políticas públicas.[188]

Dessa forma, o que se percebe é que a relação entre o poder econômico e o poder político, saindo das esferas da legalidade, não ocorre apenas no financiamento eleitoral, perpassando por outros *loci* e em outros momentos que fogem do tempo eleitoral. Bastante simplista, mas não verdadeira, é a afirmação de que a vedação de contribuição por parte de pessoas jurídicas exterminará os ilícitos eleitorais. Como visto, está-se diante de uma questão muito complexa que não se resume no financiamento de campanhas.

A captura do poder político pelo poder econômico, que pode ocorrer por intermédio de meios lícitos ou ilícitos, provoca uma anomalia fulcral no funcionamento das sociedades democráticas, anulando a possibilidade de a soberania popular direcionar os caminhos que a sociedade deve palmilhar. O centro das decisões políticas desloca-se para os detentores do capital, que não se guiam pelos interesses sociais. Como resultado, a constituição econômica, sonhada pelos constituintes da Carta Cidadã, perde a possibilidade de sua concretização.

1.8 O desvio da constituição econômica pela interferência dos financiadores eleitorais

O desvio da constituição econômica pela interferência dos financiadores eleitorais, que representam ou são agentes do poder econômico, ocorre porque, por meio desse financiamento, eles influenciam as decisões políticas para cumprirem uma agenda que passa ao largo dos

---

[188] FEDERAÇÂO DAS INDUSTRIAS DE SÃO PAULO – FIESP. *Custo da Corrupção no Brasil Chega a R$69 bi por Ano.* 13 maio 2013. Disponível em: http://www.fiesp.com.br/noticias/custo-da-corrupcao-no-brasil-chega-a-r-69-bi-por-ano/. Acesso em: 07 jul. 2017.

interesses da população e que foram contempladas pela Constituição Cidadã. A razão desse desvio é que as diretrizes dos mandamentos constitucionais, principalmente os de natureza social, são mais direcionadas aos hipossuficientes e provocam um custo que reduz o montante da apropriação do capital social por parte da elite econômica.

A lógica do financiamento gira em torno do acesso às decisões políticas, o que proporciona proximidade com a Administração Pública, ensejando a seus agentes a obtenção de lucro com a implementação da política econômica e a participação nos contratos de bens e serviços. Isso não necessita, obrigatoriamente, de emprego de atividades ilícitas, nem, igualmente, de relações que destoem dos parâmetros normativos. Muitas pessoas jurídicas utilizam o financiamento eleitoral para evitar discriminações do poder político ou para conseguir acesso a benefícios estatais. Além do que, mas como exceção à regra, pessoas jurídicas financiam campanhas eleitorais por opção política, em virtude de relações pessoais ou para apoiar determinada diretriz econômica.

O substrato lógico que perpassa todas as diretrizes da constituição econômica tem o sentido de efetivar um estado de bem-estar social, propiciando que significantes contingentes da população brasileira possam ter acesso a bens considerados essenciais a uma existência digna,[189] o que, necessariamente, acarretará despesas para o Estado e uma política mínima de redistribuição. Por sua vez, a maior parte dos agentes econômicos, com ligações umbilicais com o sistema financeiro, apresenta como dogma a diminuição do tamanho dos entes estatais e a redução dos gastos públicos, o que impede o aprimoramento de qualquer política pública redistributiva que possa alcançar níveis razoáveis de eficiência.

Nesse diapasão, com a contradição de interesses entre os agentes econômicos e a constituição econômica, e com a cooptação do poder político para a realização de uma agenda distanciada dos interesses sociais, o sistema democrático entra em um caminho de disfunção, enfraquecendo sua legitimidade. A única opção para essa contradição dilacerante configura-se no fortalecimento da sociedade civil e nos mecanismos de mobilização popular, fazendo com que o poder político possa representar, igualmente, os interesses da maioria da população e com que o poder econômico seja apenas um dos partícipes do jogo democrático, sem drenar a maior parte dos recursos sociais.

---

[189] NORA, Luiz Fernando Zen; ARNOLDI, Paulo Roberto Colombo. O Estado e a Atuação em Parceria com a Sociedade Civil no Desenvolvimento de Ações de Interesse Público. *Scientia Iuris*, Londrina, v. 20, n. 2, jul. 2016, p. 56.

CAPÍTULO 1
OS DESVIOS DA CONSTITUIÇÃO ECONÔMICA | 53

Portanto, quanto maior for a organização de setores da sociedade civil – movimentos populares, instituições coletivas tradicionais como igrejas, sindicatos e partidos políticos – e, principalmente, quanto mais efetiva for a mobilização popular, menor será o empoderamento do poder econômico e maiores serão as possibilidades de implementação da constituição econômica.

Pensar que a força normativa da constituição econômica, por si só, é suficiente para a realização de suas diretrizes significa desconhecer que o normativo, para ter eficácia pragmática no fático, precisa de uma conexão entre esses dois microssistemas sociais. A efetivação suficiente de seus postulados demanda condições metajurídicas complexas, porém uma delas consiste na força de setores organizados da população para contrapor-se ao poder econômico e demandar a implementação dos postulados constitucionais, principalmente os de natureza social.

A capacidade do poder econômico de infiltração e de dominação no poder político é um fato incontestе. Diante da plenipotenciaridade de poderes que ostenta, ele consegue influenciar a vontade dos eleitores e, assim, influir na formação das diretrizes políticas.[190] No mesmo sentido, Jessé Souza, sociólogo e ex-presidente do Instituto de Pesquisa Econômica Aplicada (IPEA), afirmou que a crise política brasileira é uma crise calcada sobre dinheiro.[191]

O processo democrático está relacionado à possibilidade de os cidadãos alcançarem as instâncias de poder por meio do voto e, consequentemente, controlar as ações governamentais, consoante os anseios da opinião pública. É nesse sentido que o poder de financiar as campanhas eleitorais pode comprometer a soberania popular, representando a sobreposição do poder econômico frente ao legítimo processo eleitoral, o que cerceia a soberania popular, fazendo com que as decisões governamentais se distanciem dos interesses da sociedade. Desse modo, a elite econômica utiliza-se da aproximação com o poder político, por meio do financiamento de campanha, para ter acesso às decisões da política econômica e assim direcionar o seu sentido.

Como explica Ian Shapiro, estudos empíricos partem do pressuposto de que as propostas dos políticos são dimensionadas pelas agendas

---

[190] SOUZA, Washington Peluso Albino de. Conceito e Objeto do Direito Econômico. *Revista da Faculdade de Direito da Universidade Federal de Minas Gerais*, Belo Horizonte, n. 16, 1976, p. 30.

[191] PONTES, Felipe. Crise Política é sobre Dinheiro, diz Presidente do Ipea. *Agência Brasil – EBC*, 06 abr. 2016. Disponível em: http://agenciabrasil.ebc.com.br/politica/noticia/2016-04/crise-politica-e-sobre-dinheiro-diz-presidente-do-ipea. Acesso em: 10 ago. 2017.

dos financiadores de campanha.[192] Até mesmo nos Estados Unidos, os financiadores eleitorais tentam influenciar a política econômica e a decisão da *Citizens United*, provavelmente, afetou a formulação das políticas públicas, em razão do redirecionamento de prioridades governamentais, na medida em que os políticos mantiveram um senso aguçado nos financiadores e podem ser convencidos a mudar de opinião para obterem o dinheiro necessário a incrementar suas campanhas.[193]

Todavia, como deveras ressaltado, o desvio da constituição econômica não ocorre apenas por meio da interferência dos financiadores eleitorais. Uma influência marcante provém também das relações de cooptação exercida pela Presidência da República, prática que perpassa a um governo específico, da atuação sem regramento e limites éticos dos *lobbies*, dos grupos de pressão, da corrupção e da atuação direcionada da máquina pública.

Diante das múltiplas possibilidades de atuação do poder econômico para capturar o poder político, que não se reduz apenas ao financiamento eleitoral, como já fora mostrado, a melhor solução é fazer com que essa participação política aconteça dentro dos limites legais, com transparência, atuando a Justiça Eleitoral na missão de repreender os abusos que, por ventura, venham a ser verificados. Dessa forma, diante da dialética dos atores sociais, as forças produtivas deixarão de ser empecilho à concretização da constituição econômica.

1.9 O desvio da constituição econômica pela interferência do presidencialismo de coalizão e dos *lobbies* e grupos de pressão

A captura do poder político não se cristaliza apenas com o financiamento eleitoral de pessoas jurídicas. Em razão dos altos custos de campanha, os parlamentares aceitam a cooptação, realizada pelo Executivo, para a aprovação de sua pauta de governo, e a ajuda, oferecida pelos *lobbies* e pelos grupos de pressão, para o patrocínio de atividades partidárias, parlamentares e eleitorais. Essas duas fontes ajudam os

---

[192] SHAPIRO, Ian. *The State of Democratic Theory*. Princenton: Princenton University Press, 2003, p. 60.

[193] MATZ, Joshua; TRIBE, Laurence. Financiamento de Campanha: Siga o Dinheiro. *Estudos Eleitorais*, Brasília, v. 11, n. 2, maio/jul. 2016, p. 307. Trad. Adisson Leal e Cláudio Lucena. Disponível em: http://bibliotecadigital.tse.jus.br/xmlui/handle/bdtse/3601. Acesso em: 16 abr. 2018.

políticos a obterem estrutura de campanha e apoios políticos que lhes possibilitam vencer os pleitos eleitorais.

Igualmente, não se deve dizer, de maneira absoluta, que os recursos advindos dessas duas hipóteses serão direcionados ao financiamento eleitoral, mas é lícito afirmar que esses recursos são utilizados na atividade política cotidiana, podendo não infringir qualquer parâmetro normativo, obtendo desdobramentos eleitorais posteriores. A sua consequência imediata é aumentar a estrutura política e partidária desses parlamentares e candidatos. Não obstante, essas duas interferências estimulam o desvio da constituição econômica, contribuindo, da mesma forma que o financiamento eleitoral, para a captura do poder político pelo econômico. De forma substancial, o presidencialismo de coalisão e os *lobbies* e grupos de pressão não são antípodas à constituição econômica. O presidencialismo de coalisão, no Brasil, em razão de necessitar de uma maioria parlamentar conservadora, é obrigado a incorporar demandas mais refratárias aos direitos sociais, fazendo com que essa coalisão entre em confronto com mandamentos constitucionais. Quanto aos *lobbies* e grupos de pressão, quando representam grupos econômicos, existe essa incompatibilidade com a constituição econômica. Todavia, se forem ligados a organizações da sociedade civil, não existe essa contradição *a priori*.

Resta incontroverso que uma das funções primordiais do Poder Legislativo consiste no desempenho de sua tarefa normogenética, não obstante, também, configurar-se de grande importância sua função de servir como caixa de ressonância da sociedade, zelando para que as políticas públicas possam alcançar seus objetivos, no que propicia um liame entre a soberania popular e os mandatários atuantes no Congresso Nacional.[194] Essa função de dar vazão aos interesses da sociedade civil pode ser mitigada, ou totalmente obnubilada, se os parlamentares passarem a seguir as pautas econômicas do governo estabelecido, mesmo que sejam destoantes dos parâmetros da constituição econômica.[195]

Essa dicotomia de interesses pode ocorrer quando o Executivo segue uma pauta econômica distanciada dos fatores produtivos reais e das demandas de preservação das necessidades nacionais, preferindo acompanhar o caminho trilhado pelo sistema financeiro nacional e

---

[194] TORRENS, Antônio Carlos. Poder Legislativo e Políticas Públicas: Uma abordagem preliminar. *Revista de Informação Legislativa*, v. 50, n. 197, jan./mar. 2013, p. 192. Disponível em: http://www2.senado.leg.br/bdsf/handle/id/496980. Acesso em: 07 mar. 2018.

[195] SANTOS, Fabiano. *O Poder Legislativo no Presidencialismo de Coalizão*. Rio de Janeiro: Ed. UFMG, 2003. p. 17. (Coleção Origem).

internacional, que, de forma peremptória, distancia-se da maioria da população.[196]

Parte dos parlamentares é de fácil cooptação porque necessitam de obras públicas, de poder político e de liberação de suas emendas em seus redutos eleitorais, para que possam continuar suas carreiras políticas. A mencionada cooptação torna-se ainda mais fácil em razão de um multipartidarismo exacerbado, autofágico do sistema político, e da inconsistência ideológica da pós-modernidade (modernidade), em que as ideias de concepção de mundo se reduzem a pó.[197]

Todas essas demandas, que apresentam conteúdo econômico, servem de moeda de troca para que deputados federais e senadores possam alinhar-se aos ditames políticos formulados pelo Executivo. Diante do truísmo, de que as campanhas eleitorais são muito caras, e da tendência de restrição ao seu financiamento, um dos caminhos apontados para a conquista do poder político é a aproximação das esferas de poder, com a consolidação de apoios e com a realização de obras e serviços, para a obtenção de visibilidade, o aumento do número de correligionários e a expansão das bases eleitorais. Assim, a captura do poder político não ocorre apenas em razão do financiamento eleitoral, ela também pode ocorrer pelo presidencialismo de coalização, em que obras e serviços podem ser um instrumental sucedâneo da utilização do poder econômico no período eleitoral, cumprindo igual função. Assim, a redução do financiamento eleitoral faz com que a utilização da máquina pública, sem o alicerce de princípios republicanos, torne-se ainda mais premente para a captura do poder político.

Presidencialismo de coalizão é o traço peculiar da realidade brasileira que combina o sistema proporcional, o multipartidarismo, o presidencialismo imperial e a sustentação do Executivo com base

---

[196] BOBBIO, Norberto. *Estado, Governo, Sociedade:* Por Uma Teoria Geral da Política. 19. ed. Rio de Janeiro: Paz e Terra, 2014. p. 36.

[197] O Prof. Nelson Saldanha discorda do conceito de pós-modernidade: O termo moderno vai mencionado no título com o sentido que lhe deu a historiografia dos séculos XVIII e XIX, ou seja: aludindo ao mundo ocidental que se segue ao Renascimento, ao aparecimento do capitalismo e ao da Reforma. De dentro do moderno desdobra-se o "contemporâneo", ou surge como etapa posterior. Com esses conceitos, dispenso pessoalmente o rótulo de "pós-moderno", que muitos vêm utilizando para designar as coisas correspondentes à crise da modernidade. Para mim são, ainda, modernidade. Prefiro empregar para o tema o termo secularização, que se refere à passagem do padrão sociocultural teológico para o leigo) e logo depois racional): a passagem que se deu no mundo clássico mais ou menos nos séculos V e IV a C. e que ocorreu no Ocidente no trecho que abrange os séculos XVII e XVIII (SALDANHA, Nelson. O Racionalismo Moderno e a Teoria do Poder Constituinte. *Revista da ESMAPE.* Recife, v. 8. n. 18. jul./dez, 2003, p. 481).

em grandes coalizões.[198] A deficiência do presidencialismo de coalizão consiste em que ele é marcado pela instabilidade, baseando-se sua sustentabilidade no desempenho do governo e na disposição de respeitar os acordos pactuados.[199] Essa sistemática de funcionamento do sistema de governo presidencialista no Brasil é uma decorrência da multiplicação partidária, devido à ausência da cláusula de desempenho.[200] Apenas em 2017, e de forma fracionada, estabeleceu-se a cláusula de barreira no Brasil, exigindo-se o mínimo de 3% dos votos apenas em 2030.[201]

A Nova República acentuou, principalmente no último período, o histórico da fragmentação de forças políticas representadas no Congresso, o que dificulta a união em torno de uma política econômica que propicie a concretização da constituição econômica.[202] Todavia, o

---

[198] ABRANCHES, Sérgio Henrique Hudson de. Presidencialismo de Coalizão: O Dilema Institucional Brasileiro. *Revista de Ciências Sociais*, Rio de Janeiro. v. 31, n. 1, 1988, p. 21. Disponível em: https://politica3unifesp.files.wordpress.com/2013/01/74783229-presidencia lismo-de-coalizao-sergio-abranches.pdf. Acesso em: 24 ago. 2017.

[199] ABRANCHES, Sérgio Henrique Hudson de. Presidencialismo de Coalizão: O Dilema Institucional Brasileiro. *Revista de Ciências Sociais*, Rio de Janeiro, v. 31, n. 1, 1988, p. 22. Disponível em: https://politica3unifesp.files.wordpress.com/2013/01/74783229-presidencialis mo-de-coalizao-sergio-abranches.pdf. Acesso em: 24 ago. 2017.

[200] BRASIL. Congresso. Senado federal. Moraes: STF 'Substituiu Legislador' ao Derrubar Cláusula de Barreira para Partidos. *Senado Notícias*, 21 fev. 2017. Disponível em: https://www12.senado.leg.br/noticias/materias/2017/02/21/moraes-stf-substituiu-legislador2019-ao-derrubar-clausula-de-barreira-para-partidos. Acesso em: 15 fev. 2018.

[201] O funcionamento da Cláusula de Barreira será modificado com o passar do tempo, havendo uma gradação até 2030. A restrição será com relação ao acesso dos partidos a recursos do Fundo Partidário e ao tempo de rádio e TV na propaganda eleitoral. Só terá direito ao fundo e ao tempo de propaganda a partir de 2019 o partido que tiver recebido ao menos 1,5% dos votos válidos nas eleições de 2018 para a Câmara, distribuídos em pelo menos um terço das unidades da federação (nove unidades), com um mínimo de 1% dos votos válidos em cada uma delas. Em 2022 a Cláusula de desempenho terá uma exigência maior, tendo acesso somente aqueles que receberem 2% dos votos válidos obtidos nacionalmente para deputado federal em 1/3 das unidades da federação, sendo um mínimo de 1% em cada uma delas; ou tiverem elegido pelo menos 11 deputados federais distribuídos em 9 unidades. Em 2027 volta a existir um aumento nesse percentual, sendo o desempenho exigido ainda maior: 2,5% dos votos válidos nas eleições de 2026, distribuídos em 9 unidades da federação, com um mínimo de 1,5% de votos em cada uma delas. Alternativamente, poderá eleger um mínimo de 13 deputados em 1/3 das unidades. Em 2030 o percentual a ser cumprido é 3% dos votos válidos, distribuídos em pelo menos 1/3 das unidades da federação, com 2% dos votos válidos em cada uma delas. Se não conseguir cumprir esse requisito, a legenda poderá ter acesso também se tiver elegido pelo menos 15 deputados distribuídos em pelo menos 1/3 das unidades da federação (SENADO NOTÍCIAS. *Senado Aprova Cláusula de Barreira a partir de 2018 e Fim de Coligação para 2020*. 03 out. 2017. Disponível em: https://www12.senado.leg.br/noticias/materias/2017/10/03/aprovado-fim-das-coligacoes-em-eleicoes-proporcionais-a-partir-de-2020. Acesso em: 08 mar. 2018).

[202] ABRANCHES, Sérgio Henrique Hudson de. Presidencialismo de Coalizão: O Dilema Institucional Brasileiro. *Revista de Ciências Sociais*, Rio de Janeiro, v. 31, n. 1, 1988, p. 30. Disponível em: https://politica3unifesp.files.wordpress.com/2013/01/74783229-presidencialis mo-de-coalizao-sergio-abranches.pdf. Acesso em: 24 ago. 2017.

presidencialismo de coalização não foi uma exigência imposta pelas premissas históricas, consistiu em uma opção política que provocou a perpetuação de determinadas elites políticas no poder, em razão de sua conexão com o poder político estabelecido em Brasília.[203]

Denominado pelo ex-presidente Fernando Henrique Cardoso de "presidencialismo de cooptação," esse tipo de relacionamento entre o Executivo e o Legislativo trouxe instabilidade à sustentação parlamentar da Presidência da República, transformando as políticas públicas em um balcão de negócios para a concretização da maioria parlamentar pretendida.[204] Em consequência, o caráter deontológico da constituição econômica perde sua eficácia, ostentando, apenas, valor simbólico para a legitimação das instituições políticas.

O próprio relacionamento do Poder Legislativo com o Poder Executivo depende da interferência direta do poder econômico, deixando claro que os projetos iniciados são decididos com base em uma espécie de escambo, relações de troca executadas para alcançar determinados objetivos, quase sempre corporativos e clientelistas.[205] O resultado do presidencialismo brasileiro é um Executivo com imensos poderes administrativos, mas sem capacidade para poder formar uma maioria parlamentar estável.[206]

O presidencialismo de cooptação, com sua respectiva consequência no direcionamento de obras e verbas orçamentárias para deputados e senadores, consistindo em uma forma de assegurar o poder político sem a necessidade obrigatória de atuação no financiamento eleitoral, faz com que parte dos membros do Congresso Nacional se mostre disposta a arriscar a reeleição para sustentar governos com popularidade muito baixa. André Singer defende que essa medida não se configura como uma opção de risco porque nos rincões o eleitor vota nos candidatos a deputados e senadores que o prefeito indicar. Continua afirmando que os rincões são importantes, do ponto de vista populacional, pois, segundo o IBGE, 43% da população vive espalhada em 5.260 municípios,

---

[203] FIGUEIREDO, Argelina; LIMONGI, Fernando. *Executivo e Legislativo na Nova Ordem Constitucional*. 2. ed. Rio de Janeiro: Ed. FGV, 2001. p. 9.

[204] ESTADO DE SÃO PAULO. *Cássio Cunha Lima:* FHC Sugeriu Usar 'Presidencialismo de Cooptação' em Vídeo. 18 ago. 2017. Disponível em: https://istoe.com.br/cassio-cunha-lima-fhc-sugeriu-usar-presidencialismo-de-cooptacao-em-video/. Acesso em: 15 fev. 2018.

[205] SOUZA, de Josias. Temer Abre os Cofres por Aécio: R$200 milhões. *Uol Notícias*, 10 out. 2017. Disponível em: https://josiasdesouza.blogosfera.uol.com.br/2017/10/18/temer-abre-os-cofres-por-aecio-r-200-milhoes/?cmpid=copiaecola. Acesso em: 18 out. 2017.

[206] ANDERSON, Perry. Crisis en Brasil. *In:* GENTILI, Pablo *et al. Golpe en Brasil:* Genealogía de Una Farsa. Buenos Aires: Fundación Octubre, 2016. p. 42.

com até 100 mil habitantes, e 16% se encontram em municípios com apenas vinte mil moradores.[207] Dessa maneira, os congressistas são forçados a alinhar-se ao Presidente da República para que seu grupo político seja aquinhoado com a liberação de verbas e a realização de obras, o que se demonstra imperioso nesses locais cujos municípios vivem exclusivamente do FPM (Fundo de Participação dos Municípios).

David Samuels defende a tese de que, no Brasil, os mandatários, quando conseguem angariar obras e serviços para as suas áreas de atuação, não estão interessados apenas na obtenção de votos, em razão de seu trabalho, mas sua intenção é também conseguir contribuição para as campanhas.[208] Devido a essa atuação, os parlamentares conseguem financiamento eleitoral e podem apresentar um acervo de realizações à população, aumentando suas possibilidades de conquista e manutenção do poder político.[209] Segundo esse professor da Universidade de Minnesota, as obras e os serviços angariados pelos parlamentares podem não chegar ao conhecimento público, quando forem apropriadas por outros políticos, como prefeitos e deputados, e há probabilidade de ressentimento da parte do eleitorado que não foi atendido em suas demandas. Portanto, mesmo não se traduzindo de forma imediata em votos, essa atuação tem, também, a função de servir como forma de arrecadação de recursos que podem ser utilizados em períodos eleitorais ou na compra de apoios políticos.[210]

Ressalte-se que a tese esposada por David Samuels interliga o presidencialismo de cooptação ao financiamento eleitoral, propriamente, e não ao financiamento das atividades parlamentares e partidárias. Não obstante, o que se busca ressaltar é que as obras e os serviços realizados

---

[207] SINGER, André. O Mistério da Salvação de Temer. *Folha de S.Paulo*, 23 set. 2017. Disponível em: http://www1.folha.uol.com.br/colunas/andresinger/2017/09/1921140-o-miste rio-da-salvacao-de-temer.shtml. Acesso em: 23 set. 2017.

[208] Eis um exemplo de auferirem-se recursos monetários através de emendas orçamentárias: Um exemplo dessa prática irregular é o caso do ex-deputado federal João Caldas da Silva (PENAL), que foi condenado em 2014 pelo escândalo conhecido como a 'máfia das ambulâncias'. O Ministério Público Federal alegou que Silva direcionava emendas orçamentárias para determinados municípios com o objetivo de favorecer empresários e companhias que doaram para sua campanha. Os preços eram superfaturados em até 120% com relação a valores de mercado, com prejuízos estimados em 110 milhões de reais para os cofres públicos (ALESSI, Gil. Empresas Recuperam em Contratos até 39 Vezes o Valor Doado a Políticos. *El País*, 24 mar. 2015. Disponível em: https://brasil.elpais.com/brasil /2015/03/24/politica/1427231038_296730.html. Acesso em: 31 ago. 2017).

[209] SAMUELS, David J. Pork-Barreling is Not Credit-Claiming or Advertising: Reassessing the Sources of the Personal Vote in Brazil. *The Journal of Politcs*, v. 64, n. 3, aug. 2002, p. 847.

[210] SAMUELS, David J. Pork-Barreling is Not Credit-Claiming or Advertising: Reassessing the Sources of the Personal Vote in Brazil. *The Journal of Politcs*, v. 64, n. 3, aug. 2002, p. 847-849.

pelas emendas orçamentárias têm uma finalidade múltipla, pois, além de propiciar a arrecadação de recursos, que não são apenas utilizados nos períodos eleitorais, servem, ainda, para angariar votos e expandir os apoios políticos dos parlamentares.

Conforme exposto no parágrafo anterior, não é apenas para a obtenção de recursos financeiros, ou de votos decorrentes do reconhecimento das obras e serviços realizados, que os mandatários tentam conseguir a liberação de emendas parlamentares. Elas, também, têm a função de assegurar o apoio político de prefeitos, o que se configura imprescindível à eleição dos parlamentares. Os prefeitos, por terem recebido a verba liberada pela emenda, realizam as obras e com elas agradam aos seus eleitores e os mandatários conseguem a fidelidade desses líderes políticos para facilitar a obtenção de votos nas eleições.

A manutenção do grupo político dos parlamentares depende dos recursos liberados, bem como os prefeitos precisam dessas verbas para poderem realizar mais obras e prestar serviços, haja vista que o orçamento dos municípios mal comporta o pagamento da folha de servidores e o atendimento de suas necessidades básicas. Cria-se todo um círculo que liga o apoio dos deputados e senadores ao Presidente da República, visando à liberação de verbas e à obtenção de recursos para o financiamento eleitoral e a manutenção da base política nos municípios.

Em 2017, constatou-se a liberação de verbas e programas, por parte da Presidência, em valores que chegaram a 15,3 bilhões para Estados e Municípios. O Governo empenhou, numa média de 15 dias, um valor de 1,9 bilhão para emendas parlamentares de deputados federais, demonstrando, cabalmente, a existência de relações clientelistas e espúrias, com o fim de que parlamentares não votassem pela abertura do processo de *impeachment*.[211] Em maio de 2017, os pagamentos já começaram a tornar-se desiguais: aqueles que estavam a favor do Presidente, visando impedir a abertura do processo de *impeachment*, receberam o montante de 214 milhões, enquanto os favoráveis a sua investigação receberam 97 milhões.[212] Esses dados são atestatórios de que a liberação de emendas configura-se como moeda de troca, em

---

[211] BARRETTO, Eduardo *et al.* Antes de votação, Temer Distribuiu R$15 bilhões em Programas e Emendas. *O Globo*, 18 jul. 2017. Disponível: https://oglobo.globo.com/brasil/antes-de-votacao-temer-distribuiu-15-bilhoes-em-programas-emendas-21596676. Acesso: 18 ago. 2017.

[212] BORGES, Helena. Em um ano, Temer Pagou R$4.5 bilhões a mais do que Dilma em Emendas Parlamentares. *The Intercept Brasil*, 31 ago. 2017. Disponível em: https://theintercept.com/2017/08/31/em-um-ano-temer-pagou-r-4-5-bilhoes-a-mais-do-que-dilma-em-emendas-parlamentares/. Acesso em: 02 set. 2017.

virtude de que existia um objetivo claro de rejeitar as denúncias contra o então Presidente.

A liberação dos montantes citados serviu a uma variedade de políticas públicas, entre elas, o Presidente anunciou a quantia de R$11,7 bilhões para obras de iluminação pública, saneamento e gestão de resíduos sólidos. Além disso, destinou R$1,7 bilhão em recursos para a Saúde, objetivando compra de ambulâncias e gastos na atenção básica a 1.787 municípios.[213] A questão da liberação desses montantes, de forma tópica, atendendo as demandas individuais de parlamentares, aniquila a possibilidade de formulação de políticas públicas de forma eficiente, por meio das quais os recursos investidos podem ser maximizados, em decorrência da potencialização realizada pelo seu planejamento, pela coordenação e pelo estabelecimento de metas.

O que se quer esclarecer é que a concessão, ou não, de recursos para a execução de políticas públicas está condicionada a uma adesão aos ditames da Presidência da República, no que obriga a concordância do parlamentar com as medidas legislativas propostas. Dessa forma, o amplo poder do Executivo permite formar um governo de coalizão que pode cercear todo o teor deontológico da constituição econômica, servindo de mecanismo para o direcionamento da política econômica, sem parâmetros na soberania popular.

Os *lobbies* e os grupos de pressão que atuam sem disciplinamento, permitindo-se transitar entre os contornos pouco delimitados do binômio legalidade-ilegalidade, com grande desenvoltura, igualmente, atuam para desviar a política econômica dos parâmetros estabelecidos na Constituição Cidadã.[214] Os recursos materiais, por eles direcionados, permitem que os parlamentares ou candidatos possam, também, como nos outros casos mencionados anteriormente, dispor de numerário suficiente para conseguir ou manter o poder político, direcionando esses recursos para o período eleitoral ou para lapsos temporais que fogem do momento de escolha dos mandatários. Importante, então, que se compreendam as características, o funcionamento e as distinções entre *lobbies*, grupos de pressão e grupos de interesse, haja vista que apresentam conceitos distintos, mesmo dividindo o mesmo espaço no jogo democrático.[215]

---

[213] BARRETTO, Eduardo *et al.* Antes de votação, Temer Distribuiu R$15 bilhões em Programas e Emendas. *O Globo*, 18 jul. 2017. Disponível: https://oglobo.globo.com/brasil/antes-de-votacao-temer-distribuiu-15-bilhoes-em-programas-emendas-21596676. Acesso: 18 ago. 2017.

[214] Por hipótese alguma se tenta igualar conceitos tão distintos como constituição econômica e Constituição Cidadã.

[215] SANTANO. Ana Cláudia. O Tabu da Relação do *Lobby* e Políticas Públicas no Brasil. *Revista de Direito Econômico e Socioambiental*, Curitiba, v. 7, n. 2. jul./dez, 2016, p. 51. Disponível em:http://

A ideia de grupos de interesse traduz o agrupamento de cidadãos que possuem pontos de vista em comum e buscam realizá-los, escolhendo os melhores caminhos.[216] Ou seja, constitui-se uma associação, pública ou privada, que tenta influenciar a política econômica em direção à consecução de seus interesses.

A depender de como esses grupos de interesse se comportem, eles podem tornar-se grupos de pressão, passando a atuar, efetivamente, em prol da realização de seus objetivos. Os grupos de interesse podem manter-se inertes ou podem realizar determinadas condutas para atingir seus interesses, tornando-se, portanto, um grupo de pressão. Logo, afirma-se que o grupo de interesse é gênero, enquanto o de pressão é espécie.[217] Desse modo, esses grupos diferenciam-se pela conduta efetivamente exercida em função da realização do interesse, que é a razão de sua existência.

As definições de *lobby* são variadas e, em sentido amplo, referem-se ao esforço destinado a influenciar decisões das instâncias de poder governamentais, por meio de agentes específicos que atendam a esses interesses.[218] É bem verdade que o *lobby* pode surgir de um processo natural, da reunião de cidadãos com interesses convergentes.[219] Porém, o problema inicia-se quando esses procedimentos passam a ser utilizados como caminhos para efetivar interesses particulares de grupos econômicos.

Na realidade nacional, em que não há uma definição legal de *lobby*, a questão de seu campo de incidência mostra-se mais difícil; entretanto, o que chama a atenção é o *lobby* espúrio, que é feito para obter, ilicitamente, vantagens da Administração Pública. O instrumento

---

www2.pucpr.br/reol/pb/index.php/direitoeconomico?dd1=16464&dd99=view&dd98=pb. Acesso em: 16 abr. 2018.

[216] DALLARI, Dalmo de Abreu. *O Que é Participação Política?* São Paulo: Brasiliense, 1999, p. 85.

[217] BONAVIDES, Paulo. *Ciência Política*. 10. ed. São Paulo: Malheiros, 2000. p. 553.

[218] FARHAT, Said. *"Lobby". O Que é. Como se Faz: Ética e Transparência na Representação Junto a Governos*. São Paulo: Aberje, 2007. p. 51.

[219] Na verdade, o processo de formação de lobbies é muito natural desde o momento que um grupo resolve se organizar em torno a uma causa comum (tornando-se, assim, um grupo de interesse) e que inicia estratégias para influenciar o poder político em favor próprio (tornando-se grupos de pressão). Com a instrumentalização de recursos de poder e de influência nesses grupos de pressão, há a formação do lobby, que pode ou não ser completada com a integração de profissionais treinados (contratados ou não) para atuar exclusivamente no papel de lobistas (SANTANO. Ana Cláudia. O Tabu da Relação do *Lobby* e Políticas Públicas no Brasil. *Revista de Direito Econômico e Socioambiental*, Curitiba, v. 7, n. 2, jul./dez, 2016, p. 54. Disponível em:http://www2.pucpr.br/reol/pb/index.php/direitoeconomico?dd1=16464&dd99=view&dd98=pb. Acesso em: 16 abr. 2018).

não insólito utilizado para essa operacionalização é o oferecimento de vantagens, de vários tipos, para os detentores do poder político. O *lobby* em que não há troca de vantagens, ou compra de posicionamentos políticos, mas apenas a exposição de ideias e a pressão política, não afronta nenhum caráter normativo e constitui-se em um instrumento essencial de todo e qualquer regime democrático.

O funcionamento de grupos de pressão e de *lobby* pode representar um caminho de fortalecimento do processo democrático, mas, sem o devido regramento e fiscalização, pode desembocar em um instrumental para a prática de corrupção e de cooptação do poder político pelo poder econômico. Mesmo distanciados da época eleitoral, podem constituir-se em uma forma de buscar o numerário suficiente para a realização de várias práticas de abuso de poder econômico.

Além de provocar o desvio da constituição econômica, afastando-a das aspirações de amplos setores da sociedade, nada garante que os recursos oriundos do presidencialismo de coalizão e dos *lobbies* e grupos de pressão sejam utilizados nas campanhas eleitorais, através de uma infinidade de caminhos. Portanto, mesmo com o impedimento da doação de pessoas jurídicas, não há elementos factíveis de que os recursos oriundos dessas fontes não tenham consequências no processo eleitoral, seja através do caixa dois, seja através da compra de apoios políticos ou de qualquer outro meio.

Assim, não é difícil concluir que o processo de implementação da política econômica, por parte do Governo, fica comprometido, em virtude da forma como os parlamentares chegam às instâncias de poder e das formas de atuação do presidencialismo de coalizão e da interferência dos *lobbies* e grupos de pressão. A necessidade de financiamento de campanha faz com que os mandatários orientem suas condutas e seus posicionamentos no sentido de garantir os recursos necessários às suas reeleições. Sem fiscalização exaustiva, sanções devidas e transparência na prestação de contas, coloca-se o poder político em demasiada dependência do poder econômico.

1.10 O desvio da constituição econômica pela corrupção administrativa

Não será tratado, nesta parte, o sentido de corrupção administrativa com sua conotação extraída do Direito Penal ou de outras normas esparsas, como a Lei de Improbidade Administrativa, a Lei de Licitações ou a Lei Anticorrupção. Fazendo jus às palavras de Ricardo

Camargo, o conceito etimológico desse vocábulo será aqui empregado para designar as relações comuns, interligadas, entre a seara pública e a seara privada, com a intenção de direcionar a alocação de ativos públicos e participar de contratos com a administração, descurando-se dos imperativos legais.[220]

A corrupção possui diversos significados, variando de acordo com o contexto, e o mais pertinente à temática aqui abordada é o administrativo. Esse vocábulo, proveniente do latim *corruptio*, significa deterioração, decomposição física de algo, ou depravação de hábitos, costumes,[221] degradação moral e sedução.[222] Conforme a etimologia, a corrupção pode ser definida, no contexto aqui considerado, como o uso fraudulento ou abuso de prerrogativas públicas para ganhos privados. Em uma perspectiva econômica, ela aumenta os custos das transações negociais e favorece os mais aquinhoados, em detrimento dos mais despossuídos.[223]

É possível verificar quatro tipos de definição para o vocábulo corrupção. O primeiro concerne ao conjunto de práticas adotadas pelo funcionário público para benefício próprio ou de outrem; o segundo refere o âmbito privado, tomando em consideração as implicações de atos corruptos, no contexto do mercado, com a análise econômica de seus efeitos; o terceiro considera o impacto negativo, face ao interesse público; e o quarto tipo busca fundamentar sua definição em elementos sociológicos e históricos de tais comportamentos.[224]

Para o positivismo jurídico, a corrupção é uma decorrência da deslegitimação da ordem jurídica e da ineficácia das leis. A deficiência dessa concepção advém de um enfoque que descura a complexidade de seu fenômeno, que antecede a ordem jurídica e colabora com a sua criação.[225] Indubitavelmente, a corrupção provoca uma repulsa por parte

---

[220] CAMARGO, Ricardo Antônio Lucas. A Corrupção no Brasil à Luz do Direito Econômico. *Revista Acadêmica da Faculdade de Direito do Recife*. v. 87, n. 1, jan/jun. 2015, p. 75. Disponível em: https://periodicos.ufpe.br/revistas/ACADEMICA/article/view/1587/1213. Acesso em: 12 dez. 2016.

[221] HOUAISS, Antônio; VILLAR, Mauro de Salles. *Dicionário Houaiss da língua portuguesa*. Rio de Janeiro: Objetiva, 2001. v. 1, p. 557.

[222] MICHAELIS. *Dicionário Brasileiro da Língua Portuguesa*. (on-line). Disponível em: http://michaelis.uol.com.br/busca?id=we1w. Acesso em: 15 fev. 2018.

[223] GOEL, Rajeev K.; NELSON, Michael A. Causes of Corruption: History, Geography, and Government. *Journal of Policy Modeling*, Elsevier, v. 32(4), Jul. 2010. p. 434. Disponível em: https://ideas.repec.org/a/eee/jpolmo/v32yi4p433-447.html. Acesso em 10 jan. 2018.

[224] MENDIETA, *Villoria. Ética Pública y Corrupción*. Madri: Tecnos, 1999. p. 25.

[225] FILGUEIRAS, Fernando de Barros. Notas Críticas sobre o Conceito de Corrupção: Um Debate com Juristas, Sociólogos e Economistas. *Revista de Informação Legislativa*, Brasília,

de qualquer pessoa que se deixe reger sob o signo da ética. Porém, os problemas concernentes a essa questão não dizem respeito, unicamente, a esse campo do espírito. A seara pragmática também se constitui como uma opção de análise da corrupção, verificando seus efeitos na Administração Pública, seus reflexos nas relações econômicas e seu estorvo à constituição econômica. Não existe nenhum tipo de dúvida sobre o fato de que a corrupção é um verdadeiro flagelo.[226]

A corrupção é uma decisão racional porque é um instrumento com o qual se alcançam determinados objetivos, os quais, caso seguissem a legislação pertinente, seriam mais difíceis de obtê-los, ou apresentariam um custo maior para sua consecução. O incentivo imprescindível à corrupção é a vantagem, real ou presumida, na realização do ato.

Considerada como um fenômeno universal, constata-se que a corrupção se manifesta em todas as épocas, de diversos modos e intensidade e está presente em todos os sistemas políticos do mundo. Sustenta André Tavares que há uma forte característica econômica que ampara essas pretensões universalistas,[227] não podendo asseverar que é um fenômeno restrito às elites.[228] E o pior prognóstico é que ela nunca será extirpada totalmente,[229] podendo ser bastante mitigada por meio de medidas preventivas, sanções factíveis e severas, transparência da Administração Pública e, fundamentalmente, pela elevação do nível educacional.[230]

O grande perigo da corrupção é sua disseminação no tecido social, o que acarreta grande prejuízo para a eficácia da política

---

a. 41, n. 164, out./dez. 2004, p. 126, 129. Disponível em: http://www2.senado.leg.br /bdsf/bitstream/handle/id/1011/R164-08.pdf?sequence=4. Acesso em: 09 jul. 2017.

[226] ARRATIA, Alejandro. La Ineficaz Sabiduría Anticorrupción. *Revista Venezolana de Análisis de Coyuntura*, v. 14, n. 2, jul./dic. 2008, p. 101. Disponível em: http://www .redalyc.org/pdf/364/36414206.pdf. Acesso em: 30 set. 2017.

[227] TAVARES, André Ramos. Direitos Humanos Universais no Século XXI: *Uma Reconceitualização Necessária. In:* BERCOVICI, Gilberto; SOUZA, Luciano Anderson de; FERREIRA, Lauro Cesar Mazetto (Org.). *Desafios dos Direitos Humanos no Século XXI*. São Paulo: Quartier Latin, 2016. v. 1, p. 58.

[228] SEÑA, Jorge F. Malem. La Corrupcíon. Algumas Consideraciones Conceptuales y Contextuales. *Revista Vasca de Administración Pública*, n. 104-II, ene.-abr. 2016, p. 170. Disponível em: https://dialnet.unirioja.es/servlet/autor?codigo=125357. Acesso em: 04 jun. 2017.

[229] HAUK, Esther; Marti-SAEZ, Maria. On The Cultural Transmission of Corruption. *Journal of Economic Theory*, v. 107, 2002, p. 325. Disponível em: https://pdfs. semanticscholar.org/a5e7/773eff04d6fa5dede337e3e7238f0a8b439a.pdf. Acesso em: 09 jan. 2018.

[230] HAUK, Esther; Marti-SAEZ, Maria. On The Cultural Transmission of Corruption. *Journal of Economic Theory*, v. 107, 2002, p. 314. Disponível em: https://pdfs. semanticscholar.org/a5e7/773eff04d6fa5dede337e3e7238f0a8b439a.pdf. Acesso em: 09 jan. 2018.

econômica, aumentando o custo de produção e assim impedindo o desenvolvimento econômico e social.[231] Pode-se criar uma situação econômica para aqueles que não queiram participar de determinada prática corrupta, fazendo com que sejam excluídos de sua atividade, em razão de não poderem competir com as vantagens do concorrente que se utiliza dessas práticas.[232]

O incremento da corrupção provoca consequências na seara política, econômica e social, agravando, sob esses prismas, a exclusão social e as disfuncionalidades da sociedade. No campo econômico, a corrupção diminui os recursos públicos necessários ao atendimento das demandas sociais, contribui para a ineficiência da política econômica, aumenta a concentração de renda, dificulta a superação da pobreza e a supressão do subdesenvolvimento. Na esfera social, aumenta a desigualdade e a exclusão de grupos minoritários, incrementa a violência, eleva o número de doenças facilmente transmissíveis, quebra os laços de fraternidade social. No campo político, forceja o surgimento de lideranças sem vínculo com os interesses da população, alimenta o sentimento de descrença, desqualifica a importância das agremiações, diminui o número de partidários da democracia, facilita rupturas e quebras constitucionais.[233]

Não se concorda com os encômios direcionados aos influxos benfazejos da corrupção porque, mesmo que alguns de seus aspectos representem uma vantagem específica, suas consequências deletérias serão muito mais desvantajosas.[234] Segundo Nye, as vantagens proporcionadas pela corrupção fundamentam-se em três vetores: a promoção do desenvolvimento, através do aumento da taxa de formação de capital, da diminuição da burocracia e do corporativismo e o incentivo do empreendedorismo; o fortalecimento da integração nacional, por

---

[231] UNITED AGAINST CORRUPTION. *United Against Corruption for Development, Peace and Security*. Disponível em: http://www.anticorruptionday.org/. Acesso em: 10 mar. 2018.

[232] A corrução é responsável pela redução de 25% nos recursos direcionadas para a implementação de uma política econômica (MUTHUKRISHNA, Michael; *et al*. Corrupting Cooperation and How Anti-Corruption Strategies May Backfire. *Nature Human Behaviour*. a. 1, v. 7, n. 138, 2017, p. 2. Disponível em: www.nature.com/articles/s41562-017-0138. Acesso em: 14 ago. 2017).

[233] HEINRICH, Finn. Corruption and Inequality: How Populists Mislead People. *Transparency Internacional*, 25 jan. 2017. Disponível em: https://www.transparency.org/news/feature/corruption_and_inequality_how_populists_mislead_people. Acesso em: 27 dez. 2017.

[234] XEZONAKIS, G.; KOSMIDIS, S.; DAHLBERG, S. Can Electors Combat Corruption? Institutional Arrangements and Citizen Behaviour. *European Journal of Political Research*, v. 55, 2016. p. 172. Disponível em: https://onlinelibrary.wiley.com/doi/pdf/10.1111/1475-6765.12114. Acesso em: 23 nov. 2017.

intermédio da integração das elites com as demais classes sociais; e a melhoria da eficácia governamental na execução de suas atividades.[235]

Discorda-se que a corrupção tenha uma função de modernização do Estado, por meio da promoção ao desenvolvimento, do fortalecimento da integração nacional e da melhoria da eficácia governamental. Na verdade, a corrupção representa um entrave ao desenvolvimento econômico porque aumenta os custos dos bens e dos serviços, fazendo com que parte da riqueza produzida seja apropriada por aqueles que não tiveram nenhum tipo de relação com sua produção.[236] Além disso, para a prática da atividade ilícita de corrupção, há a necessidade do desenvolvimento de uma série de atividades também ilícitas com o fim de possibilitar sua realização, como a lavagem de dinheiro, o caixa dois, as fraudes fiscais etc.

Igualmente, não se concorda com a opinião de que a corrupção seja um elemento fundamental para a estabilidade de um sistema político porque ela pode servir para apaziguar as tensões sociais em um determinado lapso temporal. Entretanto, a longo prazo, ela estimula as contradições inerentes à sociedade e obstaculiza o desenvolvimento social.[237]

Não existe uma forma predeterminada para identificar-se um ato de corrupção administrativa, pois esta envolve múltiplas formas de incidência, desde que haja a prática de uma ilicitude para a obtenção de uma vantagem privada.[238] O que caracteriza as suas mais variadas formas é a obtenção de um benefício irregular, que não precisa ter conotação econômica direta, podendo ser político, social, corporativo etc., devido ao descumprimento de mandamento legal. Claro que deve haver um nexo de causalidade entre o descumprimento do dever legal e a intenção na obtenção do benefício irregular.

A corrupção administrativa apresenta reflexos ao regime democrático, sobretudo, porque acarreta uma perda paulatina de sua

---

[235] NYE, J. S. Corruption and Political Development. *The American Political Science Review*, v. 61, n. 2, jun. 1967, p. 419-421. Disponível em: https://www.jstor.org/stable/1953254?seq=1#page_scan_tab_contents. Acesso em: 20 dez. 2017.

[236] TULLOCK, Gordon. The Welfare Costs of Tariffs, Monopolies, and Theft. *Western Economic Journal*, a. 5, v. 3, Jun. 1967. p. 231. Disponível em: http://cameroneconomics.com/tullock%20 1967.pdf. Acesso em: 07 jan. 2018.

[237] VALDÉS, Ernesto Garzon. Acerca de La Calificación Moral de la Corrupción: Tan Sólo Una Propuesta. *Isonomía – Revista de Teoría y Filosofía del Derecho*. n. 21, oct. 2004, p. 11. Disponível em: http://www.cervantesvirtual.com/obra/acerca-de-la-calificacin-moral-de-la-corrupcin-tan-slo-una-propuesta-0/. Acesso em: 11 nov. 2017.

[238] TRANSPARENCY INTERNACIONAL. *Anti-Corruption Glossary*. Disponível em: https://www.transparency.org/glossary/term/corruption. Acesso em: 27 dez. 2017.

legitimidade, deteriorando a relação entre o cidadão e suas instituições.[239] Ela é um poderoso instrumento para distorcer o processo eleitoral porque estiola a vontade da população, fazendo com que os candidatos que se utilizam desses recursos tenham mais oportunidades que os demais. Como as eleições são disputas caras, os candidatos que apresentam elevada soma de dinheiro possuem maiores oportunidades de sucesso.[240]

A importância da corrupção administrativa, assim avaliada neste texto, consiste em mostrar que ela é uma das formas que o poder econômico encontra para capturar o poder político e descumprir os parâmetros estabelecidos pela constituição econômica, podendo utilizar parte dos recursos obtidos no processo eleitoral sem que o impedimento de doação de pessoas jurídicas represente um estorvo.

Ribeiro chama a atenção para a relação existente entre financiamento de campanha e corrupção política.[241] Claro que o financiamento de campanha pode ser uma porta aberta para a corrupção política, mas a corrupção poderá apoderar-se da máquina pública, não apresentando ligação direta com o período da eleição ou com o resultado da disputa do pleito.

A corrupção administrativa é uma das possibilidades de obtenção de financiamento, fazendo com que o suborno utilizado para obter vantagens da máquina administrativa substitua os recursos originados do financiamento eleitoral. Os seus recursos podem provir, principalmente, dos seguintes setores: obras, bens e serviços; licenças e autorizações para a prestação de bens e serviços; impostos, taxas e tributos; processos de fiscalização; empréstimos estatais.[242]

Bruno Speck traça uma analogia entre o financiamento político e a corrupção administrativa, em que nos dois casos servidores públicos beneficiam empresas privadas, acarretando danos ao erário público.

---

[239] MOISÉS, José Álvaro. A Corrupção Afeta a Qualidade da Democracia? *Em Debate:* Periódico de Opinião Pública e Conjuntura Política, Belo Horizonte, ano 2, n. 5, maio 2010, p. 35. Disponível em: http://bibliotecadigital.tse.jus.br/xmlui/handle/bdtse/3160. Acesso em: 17 abr. 2018.

[240] FORMIGA-XAVIER, Carlos Joel Carvalho. *A Corrupção Política e o Caixa 2 de Campanha no Brasil.* Dissertação (Mestrado). 127 f. 2011. Faculdade de Filosofia, Letras e Ciências Humanas da Universidade de São Paulo, São Paulo, 2011. p. 48. Disponível em: http://www.teses.usp.br/teses/disponiveis/8/8131/tde-26092011-135010/pt-br.php. Acesso em: 21 fev. 2018.

[241] RIBEIRO, Renato J. Financiamento de Campanha (Público *versus* Privado). *In:* AVRITZER, Leonardo; ANASTASIA, Fátima (Org.). *Reforma Política no Brasil.* Belo Horizonte: Ed. UFMG, 2006. p. 78.

[242] SPECK, Bruno Wilhelm. *O Financiamento Político e a Corrupção no Brasil.* São Paulo: Balão Editorial, 2012. p. 80-81. Disponível em: https://www.academia.edu/3556070/Bruno_Wilhelm_Speck_O_financiamento_pol%C3%ADtico_e_a_corrup%C3%A7%C3%A3o_no_Brasil. Acesso em: 23 mar. 2018.

Na corrupção administrativa, a finalidade primordial é a obtenção de vantagens para fins privados, enquanto, no financiamento eleitoral, consiste na obtenção de vantagens políticas. Igualmente, existe uma diferenciação temporal entre eles porque na corrupção administrativa o suborno está vinculado ao recebimento do benefício e não está adstrito ao período eleitoral.[243]

Como é bastante notório, a corrupção administrativa hoje é disseminada em todos os quadrantes do mundo, variando apenas em sua intensidade, o que levou o *Corruption Perceptions Index*, em 2016, a afirmar que nenhum país chegou perto da nota máxima de ausência de corrupção.[244] Levando-se em consideração esse axioma, há a possibilidade de constatar-se que o dinheiro não compra apenas eleições ou processos políticos, mas, igualmente, compra políticos e os influencia em suas decisões.[245] Então, para pôr fim à corrupção na política, mesmo partindo-se da falsa presunção de que é possível exterminá-la do processo eleitoral, teria, também, que pôr fim à Administração Pública, o que não é possível nem mesmo em governos ditatoriais, pois em qualquer forma de governo sempre irão existir órgãos para atender ao interesse público.

A Transparência Internacional, organização que estuda a corrupção, chegou a algumas conclusões:

a) Em uma pesquisa feita em 107 países, aproximadamente, uma em cada quatro pessoas admitiu ter pago suborno para ter acesso a serviços básicos. Em países considerados pobres, esse percentual sobe de uma a cada duas pessoas.

b) A organização também comprovou que o custo da corrupção vai além do pagamento de propina, da violação da lei ou do desvio de verba e que a corrupção atinge, diretamente, o direito e a possibilidade de as pessoas obterem, de fato, uma melhora na qualidade de vida.

---

[243] SPECK, Bruno Wilhelm. *O Financiamento Político e a Corrupção no Brasil*, p. 87. Disponível em: https://www.academia.edu/3556070/Bruno_Wilhelm_Speck_O_financiamento_pol%C3%ADtico_e_a_corrup%C3%A7%C3%A3o_no_Brasil. Acesso em: 23 mar. 2018.

[244] TRANSPARENCY INTERNACIONAL. *Corruption Perceptions Index 2016*. 25 jan. 2016. Disponível em: https://www.transparency.org/news/feature/corruption_perceptions_index_2016. Acesso em: 27 dez. 2017.

[245] SILVERBERG, Brett. Tuning Cash into Votes: The Law and Economics of Campaign Contributions. *University of Miami Business Law Review*, v. 25, n. 111, 2016, p. 115. Disponível em: https://repository.law.miami.edu/cgi/viewcontent.cgi?article=1286&context=umblr. Acesso em: 01 dez. 2017.

c) Os países em que o nível de corrupção é menor possuem melhor educação, saúde e acesso à água limpa e ao saneamento básico.[246]

Em um estudo bastante exaustivo, Marcus André Melo, juntamente com Lúcio Rennó e Ivan Jucá, chegaram à conclusão de que os políticos envolvidos em casos de corrupção utilizam os recursos materiais advindos da atividade política para evitar o efeito negativo de suas exposições nesses casos, ou seja, literalmente, comprando sua saída dessa repercussão negativa e, desse modo, contribuindo para atenuar os efeitos provocados pelo envolvimento em escândalos.[247] Esse estudo atesta que os recursos auferidos pela corrupção podem chegar até a imunizar os efeitos nefastos dos escândalos de corrupção, mostrando como essa fonte de financiamento detém tanto poder que chega a anular o *accountability* vertical, expressão que significa a fiscalização que os eleitores exercem em seus candidatos, punindo-os, caso se envolvam com a corrupção.[248]

Esses dados demonstram que a corrupção administrativa acarreta uma disfunção na efetivação da constituição econômica, pois um dos objetivos desta é alcançar o bem-estar social, diminuindo a pobreza, e propiciar taxas de emprego satisfatórias, por meio do desenvolvimento econômico. A corrupção administrativa impede a concretização das prerrogativas outorgadas pela constituição econômica, atingindo, de forma mais intensa, o auxílio aos necessitados.[249]

Dessa forma, os estudos realizados permitem auferir que o poder econômico emprega as mais variadas modalidades de corrupção

---

[246] TRANSPARENCY INTERNACIONAL. *Ending Corruption to end Poverty*. 25 sept. 2013. Disponível em: http://www.transparency.org/news/feature/ending_corruption_ to_end_ poverty. Acesso em: 10 mar. 2018.

[247] JUCÁ, Ivan; MELO, Marcus André; RENNÓ Lucio. The Political Cost of Corruption: Scandals, Campaign Finance, and Reelection in the Brazilian Chamber of Deputies. *Journal of Politics in Latin America*, v. 8, n. 2, 2016, p. 10. Disponível em: http://journals.sub.uni-hamburg.de/giga/jpla/article/view/957. Acesso em 11 jan. 2018.

[248] FORMIGA-XAVIER, Carlos Joel Carvalho. *A Corrupção Política e o Caixa 2 de Campanha no Brasil*. Dissertação (Mestrado em Ciência Política). 127 f. 2011. Faculdade de Filosofia, Letras e Ciências Humanas da Universidade de São Paulo, São Paulo, 2011. p. 48. Disponível em: http://www.teses.usp.br/teses/disponiveis/8/8131/tde-26092011-135010/pt-br.php. Acesso em: 21 fev. 2018.

[249] The framing is simple but the implications are huge: to end poverty, you have to end corruption. Transparency International has been using this argument since it was founded over 20 years ago (TRANSPARENCY INTERNATIONAL. *Why Governance Matters for Development*: Critics Listen Up! 25, jul. 2014. Disponível em: http://blog.transparency.org/2014/07/25/why-governance-matters-for-development-critics-listen-up/. Acesso em: 30 dez. 2017).

administrativa para obter o aumento arbitrário nos lucros e a manutenção do poder político, o que levou Guilherme Canedo a denominá-lo de pleno abuso de poder econômico.[250] Logo, compreende-se que a corrupção que envolve dinheiro público *é* um verdadeiro freio no processo de desenvolvimento social,[251] configurando-se como uma preocupação de alcance internacional.[252]

Obviamente, não se tem o escopo de retirar a importância dos financiadores do processo eleitoral como caminho para a captura do poder político e o consequente desvio da constituição econômica. Todavia, o poder econômico pode ter seus interesses atingidos por meio da corrupção da Administração Pública, sem que precise de recursos de pessoas jurídicas para o financiamento eleitoral.

---

[250] MAGALHÃES, Guilherme *A*. Canedo de. *O Abuso do Poder Econômico*: Apuração e Repressão. Rio de Janeiro: Artenova, 1975. p. 16.

[251] Um dos maiores e mais vergonhosos freios ao nosso desenvolvimento é a corrupção. Ela nos conduz ao atraso por gerar a primazia do conhecimento pessoal sobre a eficiência, obstando a entrada no mercado de empresários tecnicamente capacitados, mas que não conhecem os caminhos do poder; de outro lado, consolida-se a posição de estruturas economicamente incompetentes, mas que bem atendem aos interesses daqueles que detêm as chaves do mais endinheirado dos cofres: o cofre do estado (TOKARS, Fabio. Das Falhas de Mercado às Falhas de Estado. *Revista Jurídica*, Curitiba, n. 21, Temática n. 5, 2008, p. 155).

[252] Convenção Interamericana contra a Corrupção. Preâmbulo: Convencidos de que a corrupção solapa a legitimidade das instituições públicas e atenta contra a sociedade, a ordem moral e a justiça, bem como contra o desenvolvimento integral dos povos; considerando que a democracia representativa, condição indispensável para a estabilidade, a paz e o desenvolvimento da região, exige, por sua própria natureza, o combate a toda forma de corrupção no exercício das funções públicas e aos atos de corrupção especificamente vinculados a seu exercício; persuadidos de que o combate à corrupção reforça as instituições democráticas e evita distorções na economia, vícios na gestão pública e deterioração da moral social; reconhecendo que, muitas vezes, a corrupção é um dos instrumentos de que se serve o crime organizado para concretizar os seus fins; convencidos da importância de gerar entre a população dos países da região uma consciência em relação à existência e à gravidade desse problema e da necessidade de reforçar a participação da sociedade civil na prevenção e na luta contra a corrupção; reconhecendo que a corrupção, em alguns casos, se reveste de transcendência internacional, o que exige por parte dos Estados uma ação coordenada para combatê-la eficazmente; convencidos da necessidade de adotar o quanto antes um instrumento internacional que promova e facilite a cooperação internacional para combater a corrupção e, de modo especial, para tomar as medidas adequadas contra as pessoas que cometam atos de corrupção no exercício das funções públicas ou especificamente vinculados a esse exercício, bem como a respeito dos bens que sejam fruto desses atos; profundamente preocupados com os vínculos cada vez mais estreitos entre a corrupção e as receitas do tráfico ilícito de entorpecentes, que ameaçam e corroem as atividades comerciais e financeiras legítimas e a sociedade, em todos os níveis; tendo presente que, para combater a corrupção, é responsabilidade dos estados erradicar a impunidade e que a cooperação entre eles é necessária para que sua ação neste campo seja efetiva; e decididos a envidar todos os esforços para prevenir, detectar, punir e erradicar a corrupção no exercício das funções públicas e nos atos de corrupção especificamente vinculados a seu exercício.

Outrossim, a utilização da máquina pública, principalmente de forma ilícita através de práticas clientelistas e ao arrepio da lei, pode garantir a um governante a popularidade necessária para igualmente não implementar alguns tópicos da constituição econômica. Esse tipo de prática se configura mais usual em países periféricos em que a Constituição ainda não conseguiu se consolidar como uma invariável axiológica, galvanizando o interesse e o sentimento de amplos setores da população para a concretização de seus mandamentos.

CAPÍTULO 2

DIREITO ECONÔMICO E SUA MANIFESTAÇÃO NO FINANCIAMENTO ELEITORAL

2.1 O alto custo das campanhas eleitorais no Brasil

As campanhas eleitorais, na maior parte dos países, são bastante dispendiosas, e não poderia ser diferente, em razão de que se exige uma estrutura razoável para promovê-las. Há um considerável investimento nas formas de atrair a atenção dos eleitores e exige-se a profissionalização das pessoas envolvidas na campanha. No Brasil, a proporção dos gastos assume um patamar assustador, não apenas em razão das dimensões geográficas, mas, também, devido à ausência de estrutura das agremiações, do alto custo dos guias eleitorais e do significante número de cidadãos que vendem seu voto. O custo do financiamento é duplo. Além da necessidade de se montar uma estrutura para a captação lícita do voto, há ainda os gastos decorrentes de compra de votos e de apoios, que consiste em uma captação ilícita.

Mas esse cenário não representa apenas uma peculiaridade brasileira, pois o dinheiro investido nas campanhas, por exemplo, tem crescido, substancialmente, nos EUA. O dinheiro gasto, em 2004, por George Bush, por entidades não vinculadas a sua campanha, chegou ao montante de cerca de US$ 460 milhões e na campanha de Barack Obama esse valor já atingiu US$ 721 milhões, sofrendo um incremento de 56,7%, relativo a 2004.[253] Baseado em pesquisa do Centro de Políticas

---

[253] STRATMANN, Thomas, Campaign Finance: A Review and an Assessment of the State of the Literature. *Forthcoming, Oxford Handbook of Public Choice*. GMU Working Paper in

Responsáveis,[254] ONG que analisa os custos de campanha nos EUA, o custo médio de uma campanha presidencial norte-americana é de US$ 2,6 bilhões.[255] Em uma retrospectiva das duas últimas eleições, a candidata Hillary Clinton recebeu cerca de US$ 687 milhões (R$2,2 bilhões), enquanto Obama arrecadou US$ 721 milhões (R$2,3 bilhões), em 2012; já Donald Trump conseguiu o montante de cerca de US$ 307 milhões (R$982 milhões), quase US$150 milhões (R$480 milhões) a menos do que os alcançados, em 2012, pela equipe de Romney.[256] Na Alemanha, as eleições parlamentares, ocorridas em 2017, foram as mais caras de sua história, só na organização do pleito foram gastos noventa e dois milhões de euros, com custos crescentes relativos a correio e pagamento de mesários.[257]

Torna-se imperioso reconhecer um processo de profissionalização das pessoas envolvidas nas campanhas eleitorais, o que deixa, sem dúvida, toda a conjuntura mais cara. Quanto mais profissional for uma equipe, maior será o seu custo. Uma das áreas mais fáceis de perceber essa situação é aquela que se refere à propaganda eleitoral. No Brasil, é possível verificar o nascimento de um *marketing* político nas eleições, a partir do final da década de 1980.[258] Uma análise da eleição presidencial de 2014 deixa claro que a maior parte dos gastos eleitorais foi decorrente de programas para o horário eleitoral gratuito na televisão, considerado como uma oportunidade muito importante

---

Economics. n. 17-15, may 2017. p. 1 Disponível em: https://ssrn.com/abstract= 2956460. Acesso em 29 nov. 2017.

[254] BERMÚDEZ, Ángel. Quanto Custam as Eleições nos EUA e Como elas se Comparam com Outros Países. *BBC Brasil*, 07 nov. 2016. Disponível em: http://www.bbc.com/portuguese / internacional-37864609. Acesso em: 28 nov. 2017.

[255] No entanto, o estudo sobre os gastos eleitorais nos Estados Unidos esclarece que muitos dos recursos utilizados vêm de forma indireta por meio dos Comitês de Ação Política (PAC), organizações que objetivam arrecadar fundos para campanhas ou para causas específicas. Na eleição Trump x Clinton existiam 2.368 Super PACs registrados na Comissão Eleitoral Federal. A estimativa é de que os gastos desses grupos foram de cerca de US$ 980 milhões (R$3,1 bilhões) até 2 de novembro do ano eleitoral. Desse modo, quando somados esses gastos, o montante total aumenta muito ficando por volta de US$ 4,2 bilhões (R$13 bilhões), de acordo com a CPR. Isso significaria cerca de US$ 30 por potencial eleitor.

[256] BERMÚDEZ, Ángel. Quanto Custam as Eleições nos EUA e Como elas se Comparam com Outros Países. *BBC Brasil*, 07 nov. 2016. Disponível em: http://www.bbc.com/portuguese / internacional-37864609. Acesso em: 28 nov. 2017.

[257] DW BRASIL. *Eleição Será a Mais Cara da História Alemã*. 26 ago. 2017. Disponível em: http://www.dw.com/pt-br/elei%C3%A7%C3%A3o-ser%C3%A1-a-mais-cara-da-hist%C3%B3ria-alem%C3%A3/a-40252954. Acesso em: 26 jan. 2018.

[258] GONZAGA NETO. Admar. Regime Jurídico da Propaganda Política. *In:* KIM, Richard Pae; NORONHA, João Otávio de. *Sistema Político e Direito Eleitoral Brasileiros: Estudos em Homenagem ao Ministro Dias Toffoli*. São Paulo: Atlas, 2016. p. 4.

para arregimentar eleitores.[259] Além disso, existem inúmeras outras áreas envolvidas nesse encarecimento das campanhas, como o setor de mídia social, o *marketing*, o setor gráfico, o jurídico, a militância, o setor de transporte, o setor de pesquisas etc.[260] Essa constatação pode ser vislumbrada nos gastos decorrentes da última eleição presidencial dos principais candidatos, fazendo uma analogia dos custos de campanha com relação ao tempo no programa eleitoral gratuito dos principais candidatos: Dilma Rousseff, Aécio Neves, Marina Silva e Luciana Genro.

Candidato	Custo da Campanha de 2014	Tempo no Programa Eleitoral Gratuito
Dilma Rousseff	R$350,5 milhões	11 min e 40 seg.
Aécio Neves	R$223,4 milhões	4 min e 31 seg.
Marina Silva	R$43,9 milhões	1 min e 49 seg.
Luciana Genro	R$496 mil	51 seg.

Fonte: *Site* Brasil de Fato e Revista *Exame.*[261]

Nas eleições de 2018, em razão das consequências da recessão de 2015 e 2016 que ainda são evidentes, do maior número de candidatos, e principalmente em decorrência da proibição de contribuição de pessoas jurídicas, os custos das campanhas foram bem menores e, consequentemente, os valores dispendidos para a produção do horário gratuito eleitoral. Todavia, nota-se de forma clarividente que o mencionado horário perde a sua imprescindibilidade diante da crescente relevância das mídias sociais.

---

[259] [...] o maior gasto está na produção de programas para o horário eleitoral gratuito na televisão, que é o principal mecanismo para chegar aos eleitores. Isso justifica, segundo o professor, o gasto crescente das campanhas eleitorais. A importância do horário na televisão acaba por gerar também as coligações por interesse, que pretendem apenas aumentar o tempo destinado aos candidatos (GOMES, Maíra. O Alto Preço das Campanhas Eleitorais. *Brasil de Fato*, 21 jul. 2014. Disponível em: https://www.brasildefato.com.br/node/29214/. Acesso em: 28 nov. 2017).

[260] CONGRESSO EM FOCO. *Revistas: Por que as Campanhas Eleitorais Serão Tão Caras?* 12 jul. 2014. Disponível em: http://congressoemfoco.uol.com.br/noticias/revistas-por-que-as-campanhas-eleitorais-serao-tao-caras/. Acesso em: 29 nov. 2017.

[261] GOMES, Maíra. O Alto Preço das Campanhas Eleitorais. *Brasil de Fato*, 21 jul. 2014. Disponível em: https://www.brasildefato.com.br/node/29214/. Acesso em: 28 nov. 2017.
DESIDÉRIO, Beatriz Souza Mariana. Quanto Cada Candidato à Presidência Gastou na Campanha. *Exame*, 26 nov. 2014. Disponível em: https://exame.abril.com.br/brasil/quanto-cada-candidato-a-presidencia-gastou-na-campanha/. Acesso em: 28 nov. 2017.

Candidato	Custo da Campanha de 2018[262]	Tempo no Programa Eleitoral Gratuito[263]
Álvaro Dias	R$5.838.391,51	40 seg. + 52 inserções
Cabo Daciolo	R$9.591,37	8 seg. + 11 inserções
Ciro Gomes	R$24.359.713,60	38 seg. + 50 inserções
Eymael	R$828.391,87	8 seg. + 11 inserções
Fernando Haddad	R$37.503.104,50	2 min e 23 seg. + 188 inserções
Geraldo Alckmin	R$53.350.139,97	5 min e 32 seg. + 434 inserções
Guilherme Boulos	R$6.441.665,52	13 seg. + 17 inserções
Henrique Meireles	R$57.030.000,00	1 min e 55 seg. + 151 inserções
Jair Bolsonaro	R$2.456.215,03	8 seg. + 11 inserções
João Amoêdo	R$2.884.581,03	5 seg. + 7 inserções
João Goulart Filho	R$451.688,89	5 seg. + 7 inserções
Marina Silva	R$6.740.199,86	21 seg. + 28 inserções
Vera	R$548.596,35	5 seg. + 7 inserções

No entanto, os dados das prestações de contas, que referem apenas o dinheiro contabilizado, demonstram que a quantia empregada no processo eleitoral superou os parâmetros de razoabilidade. De acordo com o levantamento feito nas despesas declaradas ao Tribunal Superior Eleitoral, o custo chegou a R$5,1 bilhões, somando o gasto da campanha de todos os candidatos a deputado, senador, governador e presidente. Esse foi o maior dispêndio já registrado, quando comparado a outros pleitos, em 2002, por exemplo, o valor foi de R$792 milhões.[264] Saliente-se que esse custo exclui todos os valores que transitaram por

---

[262] Brasil. Tribunal Superior Eleitoral. Eleições Presidenciais 2018: Divulgação de Candidaturas e Contas Eleitorais. Disponível em: http://www.http://divulgacandcontas.tse.jus.br/divulga/#/. Acesso em: 25 fev. 2019.

[263] Brasil. MELO, Débora. Horário Eleitoral: TSE divulga tempo de TV dos candidatos à Presidência. Huffpost, 23 Ago. 2018. Disponível em: https://www.huffpostbrasil.com/2018/08/23/horario-éleitoral-tse-divulga-tempo-de-tv-dos-candidatos-a-presidencia_a_23508078/. Acesso em: 25 fev. 2019.

[264] ESTADO DE SÃO PAULO. *Campanhas Eleitorais Gastaram R$5 Bilhões em 2014.* 01 dez. 2014. Disponível em: http://epocanegocios.globo.com/Informacao/Resultados/noticia/2014/12/campanhas-eleitorais-gastaram-r-5-bilhoes-em-2014.html. Acesso em: 28 nov. 2017.

intermédio de caixa dois, sobre os quais não existe nenhuma informação em que se possa vislumbrar sua extensão. Nesses valores estão inclusos somente com militância o montante de, pelo menos, R$152 milhões, incluindo contratação de pessoas que fizeram a gravação de imagens para os programas do horário eleitoral na TV. Em decorrência desse superdimensionamento do *marketing* político, nas eleições de 2014, o valor gasto, de forma oficial, em campanha política, apenas referindo os dois principais marqueteiros, alcançou a cifra de R$138 milhões (João Santana, marqueteiro da candidata Dilma Rousseff, com R$78 milhões, e Paulo Vasconcelos, marqueteiro do candidato Aécio Neves, com R$60 milhões).

Desse modo, participar de uma campanha com chances reais de êxito não pode ser considerado uma empreitada de poucos recursos materiais, a não ser que haja um eleitorado cativo, o que não representa a maioria dos casos. Quanto maior a circunscrição eleitoral e quanto mais disputada, mais onerosa torna-se uma eleição. Por exemplo, ao compararmos os valores registrados, doados por empresas a candidatos de cada Estado nas últimas eleições gerais, é perceptível que, em São Paulo e Minas Gerais, os candidatos receberam um quantitativo muito superior àqueles do Acre e do Amapá, devido a questões econômicas e populacionais. Enquanto no Estado de São Paulo os candidatos receberam o valor de R$152.289.706, e os de Minas Gerais obtiveram o montante de R$85.564.189, os do Acre e do Amapá receberam, respectivamente, R$3.924.967 e R$1.013.750.[265]

Sem dúvida, existe um processo histórico para essa conjuntura, depois da formação dos Estados Nacionais, em que ainda não tinha ocorrido a extensão do voto, os partidos políticos, que sofriam resistências quanto a sua existência, eram formados por membros oriundos das classes mais abastadas, fato que ficou conhecido como "partido de quadros." Como o debate democrático era restrito, os componentes das agremiações eram cidadãos de notória reputação, fazendo com que seu prestígio, seu *status* e sua condição econômica legitimassem sua preponderância política. Nessa modalidade de partidos de quadros, não há uma preocupação com o vínculo social dos partidos. Os principais membros eram os chamados *notáveis*, que financiavam as atividades das organizações partidárias, despendendo altos recursos para conseguir votos.[266]

---

[265] ÀS CLARAS. *As Quinze Principais Doadoras e o Financiamento dos Estados*. Disponível em: http://www.asclaras.org.br/arvores/estados.html. Acesso em: 10 dez. 2017.

[266] DUVERGER, Maurice. *Os Partidos Políticos*. Rio de Janeiro: Zahar, 1970. p. 188.

Com a consolidação da democracia e a extensão do sufrágio, as agremiações passaram a necessitar de uma melhor estrutura para ganhar as disputas e para a arregimentação da militância. Os partidos começam a ser instituídos sob princípios ideológicos, com o intento de atrair maior número de adeptos e, consequentemente, diminuir os gastos, em razão de que a militância mobilizava-se e executava a maior parte das tarefas. Essas agremiações foram denominadas de "massa." Acrescente-se o fato de que o conteúdo ideológico aglutinava as pessoas, havendo um eleitorado que sempre seguia esses ideais. O vínculo não era pessoal, mas oriundo de uma ideologia trabalhada pelos partidos. Existia um participante ativo e militante, por meio do qual as bases ideológicas dos partidos penetravam em todos os âmbitos da vida de cada membro, constituindo-se um vínculo extremamente forte entre os eleitores e as agremiações.[267]

Quando esses partidos de massas perdem a aderência com seus eleitores, eles simplesmente deixam de existir ou enfraquecem-se, inviabilizando a execução das principais tarefas eleitorais. Foram várias as causas que provocaram a falência desses tipos de partido, principalmente a falência das metanarrativas, entretanto, o aprofundamento dessa análise foge dos objetivos aqui visados.[268]

Surgem os partidos denominados de *catch all*, aqueles que não têm um segmento específico de eleitores, buscando ampliar cada vez mais a abrangência de seu proselitismo. Sem uma estruturação orgânica, evidentemente, o custo das campanhas aumenta, exigindo que o financiamento eleitoral seja mais vultoso. Esses tipos de agremiações não buscam militantes, mas sim eleitores, por não se aterem a uma ideologia específica, frequentemente, flexibilizando seus posicionamentos políticos. Parte de seus seguidores são casuísticos e os votos são captados não pelas suas convicções, mas pelo marketing da campanha que visa às demandas mais acessíveis da sociedade, mesmo que sejam momentâneas.[269] Sem liames com os eleitores, os votos angariados custam bem mais caro, em razão da estrutura de campanha que se torna necessária. Existem, portanto, observações claras sobre essa modalidade de partido, entre elas, a que enuncia a possibilidade de seu acesso aos

---

[267] DUVERGER, Maurice. *Os Partidos Políticos*. Rio de Janeiro: Zahar, 1970. p. 218.

[268] HARDT, Michael; NEGRI, Antonio. *Empire*. Trad. Alessandro Pandolfi. Milano: Biblioteca Universale Rizzoli, 2003. p. 178-179.

[269] SERRA, Francesc de Carreras. Los Partidos em Nuestra Democracia de Partidos. *Revista Española de Derecho Constitucional*, Madrid, ano 24, n. 70, 2004, p. 94. Disponível em: https://dialnet.unirioja.es/ejemplar/91551. Acesso em: 30 jan. 2018.

vários grupos de interesses e de sua relação com estes, fomentando, inclusive, o financiamento eleitoral.[270]

Os candidatos que têm maior acesso a recursos financeiros são aqueles que detêm a maior possibilidade de sucesso eleitoral. Com essa afirmação, não se quer dizer que apenas o recebimento de elevadas somas de recursos financeiros seja o fator primordial para a aquisição de mandato eletivo, todavia, parte-se do pressuposto de que a aquisição do capital financeiro representa papel preponderante no desempenho eleitoral. Para isso, esses candidatos devem dispor de uma estrutura de campanha que permita a divulgação de seus nomes, toda uma estrutura política, jurídica e de *marketing*, o que custa muito dinheiro.

Não se deve esquecer o fenômeno *bandwagon*, cujo efeito é constatado na ciência política e que consiste em os eleitores votarem nas candidaturas que tenham maior chance de ganhar as eleições, visando não perderem seu voto. Esse efeito incide no comportamento social, por meio do qual os eleitores são levados a escolher o candidato que tem, aparentemente, as maiores chances de vencer o pleito eleitoral. Exercem preponderante influência sobre esse comportamento as pesquisas eleitorais, fazendo com que os primeiros lugares obtenham maior facilidade de adesão do eleitorado.[271] É possível verificar uma maior probabilidade de o efeito *bandwagon* ser disseminado pelos meios de comunicação, como a TV, que se configura decisiva nas disputas dos maiores colégios eleitorais.[272]

Como bem explica Bruno Wilhelm Speck, quanto mais recursos um candidato obtiver, maiores serão as oportunidades de ele eleger-se. O mencionado professor abre exceção a essa regra para candidatos que já dispõem de visibilidade pública e não precisam construir suas imagens em caras campanhas publicitárias e, também, para aqueles que se beneficiam dos votos de legenda, integrando partidos já consolidados na tradição política.[273]

---

[270] KIRCHHEIMER, Otto. The Transformation of the Western European Party Systems. *In:* LAPALOMBARA, Joseph; WEINER, Myron. *Political Parties and Political Development.* New Jersey: Princeton University Press, 1966. p. 348.

[271] SIMON, Herbert A. Bandwagon and Underdog Effects and the Possibility of Elections Predictions. *The Public Opinion Quarterly*, v. 18, n. 3, 1954, p. 250.

[272] AVELAR, Lúcia. As Eleições na Era da Televisão. *Revista de Administração de Empresas*, São Paulo, v. 32, n. 4, out. 1992. p. 47. Disponível em: http://dx.doi.org/10.1590/S0034-75901992000400005. Acesso em: 18 abr. 2018.

[273] SPECK, Bruno Wilhelm. O Dinheiro e a Política no Brasil. *Le Monde Diplomatique Brasil*, 04 maio 2010. Disponível em: http://diplomatique.org.br/o-dinheiro-e-a-politica-no-brasil/ Acesso em: 13 ago. 2017.

O mesmo sentido têm as palavras de Machado Pauperio, que, pela sua pertinência, rogam-se escusas pelo seu elastério: "À hereditariedade dos títulos de nobreza sucedeu a hereditariedade das fortunas, à hereditariedade do poder político sucedeu a hereditariedade do poder econômico. Por toda parte, levantou-se a aristocracia do dinheiro."[274] Diante dessas assertivas, tem-se como óbvia a importância do dinheiro no processo eleitoral.

Uma campanha política, para ser vitoriosa, necessita de que sua mensagem política seja bem recepcionada pelos eleitores, fazendo com que seus cidadãos se identifiquem com ela. Para o cumprimento dessa tarefa, são imprescindíveis os meios materiais. Mesmo que as redes sociais a tenham facilitado, pela maciça difusão, a alocação de recursos materiais e de dinheiro ainda é necessária, potencializando as chances de quem usufrui desses recursos.

Os custos de campanha, declarados, no Brasil, são bem mais altos do que em outros países.[275] Não se pode indicar uma única razão para esse alto custo de campanhas no Brasil. São vários os fatores que determinaram o aumento do preço do voto no Brasil, como a sofisticação dos meios de divulgação das ideias políticas, a existência da tradicional cultura clientelista, a grande extensão das circunscrições eleitorais, a competitividade eleitoral dentro dos próprios partidos políticos. Os meios e as técnicas necessárias para a conquista de novos simpatizantes demandam sempre maiores quantias. Quanto mais disputados forem os pleitos, maior será a tendência para o aumento de seus custos.[276]

Para as campanhas no Legislativo, a formatação do sistema eleitoral, representação proporcional em lista aberta, aumenta o custo porque elas são realizadas de forma individual, sem que, na maioria dos casos, os partidos possam ajudá-las de forma significativa, inclusive, seus

---

[274] Embora a oligarquia econômica não exerça muitas vezes diretamente o poder político, dirige indiretamente o governo por intermédio de uma classe intermediária, que manipula a opinião pública... É, aliás, também uma ilusão imaginar-se que o enfraquecimento do poder público possa proteger os cidadãos contra o Estado, como pensam muitos. Nesse caso, ficam os cidadãos simplesmente desarmados e desprotegidos, entregues de todo à oligarquia econômica (PAUPERIO, Arthur Machado. A Economia Desagradou o Direito. *Revista de Informação Legislativa*, Brasília, n. 90, abr./jun. 1987, p. 119-120).

[275] SAMUELS, David. Financiamento de Campanhas no Brasil e Propostas de Reforma. *Suffragium – Tribunal Regional Eleitoral do Ceará*, Fortaleza, v. 3, n. 4, jan./jun. 2007, p. 14. Disponível em: http://bibliotecadigital.tse.jus.br/xmlui/handle/bdtse/752. Acesso em: 16 abr. 2018.

[276] TOLEDO, José Roberto de; BUGARELLI, Rodrigo. Candidatos Eleitos Gastam em Média 11 Vezes Mais que Não Eleito. *Estado de São Paulo*, 07 nov. 2014. Disponível em: http://politica. estadao.com.br/noticias/geral,candidatos-eleitos-gastam-em-media-11-vezes-mais-que-nao-eleitos,1589206. Acesso em: 14 mar. 2018.

candidatos deverão competir contra seus próprios correligionários.[277] Para fazer-se distinguir os candidatos e amealhar-se um maior número de votos, é necessário que se sobressaiam os candidatos conhecidos, aqueles que detêm um eleitorado cativo, fechado, ou aqueles que tentam fidelizar o voto de forma clientelista, por meio de troca de favores.

O clientelismo consiste no recebimento de favores em troca de apoio político. Significa uma forma de degenerescência das instituições representativas, uma vez que essa relação mercantil, que não deixa de ser uma relação de troca, enfraquece a legitimidade do sistema político. Quanto maior for o descrédito dos partidos políticos, a descrença ideológica e o número de hipossuficientes, maior o campo de expansão das práticas clientelistas.[278]

A dimensão física das circunscrições representa outro problema, pois como são constituídas de grandes extensões, há necessidade de uma despesa maior com propaganda e estrutura, em geral, para realizar a campanha. Os deputados, federais e estaduais, têm a mesma circunscrição eleitoral que os senadores e governadores. Quanto maior for o Estado e o número da população, maior a quantidade de gastos necessários para ganhar a eleição.

Quando há uma única vaga de senador em disputa, aumenta-se o custo da campanha porque ela tende a ser mais acirrada. Quanto mais disputado for o processo eleitoral, maiores serão as despesas e maiores as demandas financeiras, o que aumenta a premência do financiamento.[279] Cada voto passa a ser considerado imprescindível à vitória. Nessa situação, os candidatos empenhar-se-ão ao máximo para obter resultados favoráveis no pleito.

Diante da desproporção geográfica e econômica do Brasil, algumas eleições para prefeitos e vereadores são mais dispendiosas e exigem maior número de votos para eleições de deputados federais e estaduais em determinados Estados. Por essa razão, não é possível

---

[277] PEREIRA, Rodolfo Viana; GELAPE, Lucas de Oliveira. Anacronismo do Sistema Proporcional de Lista Aberta no Brasil: Ocaso das Razões Originárias de sua Adoção. *Revista de Informação Legislativa*, v. 52, n. 205, jan./mar. 2015, p. 276. Disponível em: http://www2.senado.leg.br/bdsf/item/id/509952. Acesso em: 17 abr. 2018.

[278] AVELINO FILHO, George. Clientelismo e Política no Brasil: Revisitando Velhos Problemas. *Novos Estudos – CEBRAP*, n. 38, mar. 1994. p. 225. Disponível em: https://gvpesquisa.fgv.br/sites/gvpesquisa.fgv.br/files/arquivos/george_avelino_clientelismo_e_politica.pdf. Acesso em: 17 abr. 2018.

[279] SCOTT, James C. Corrupção Eleitoral: O Aparecimento das Máquinas Políticas. *Revista de Ciência Política*, Rio de Janeiro, v. 5, n. 3, jul/set, 1971, p. 43. Disponível em: http://bibliotecadigital.fgv.br/ojs/index.php/rcp/article/viewFile/59156/57602. Acesso em: 16 ago. 2017.

haver uma regra estabelecida, quando se analisam comparações entre Estados-membros.

É possível verificar tal disparidade com os números das eleições municipais de 2012, quando ainda era possível o financiamento por pessoas jurídicas, conforme se pode observar nestes dados: enquanto o candidato a prefeito (eleito) de São Paulo teve um gasto de R$40.084.066,58, o candidato à prefeitura de Manaus (também eleito) fez uso de R$12.118.811,91.[280]

Se compararmos os gastos efetuados nas campanhas municipais, para o cargo de prefeito, entre cidades de diferentes regiões do país, será possível verificar a diferença de gastos entre elas.

É perceptível que o custo das eleições é completamente diferente em cada região e até em cada cidade analisada, uma vez que cada pleito eleitoral é também fruto de um processo histórico de desenvolvimento que reflete peculiaridades próprias. Quanto maior a dimensão da cidade, maior a tendência para o aumento de gastos. Exemplo típico dessa situação ocorreu nas eleições municipais em que os dez maiores gastos de vereadores eleitos efetuaram-se na cidade de São Paulo.[281]

Por fim, em relação ao elevado percentual da população que é hipossuficiente, há uma tradição secular de compra de voto, manifesta por meio de várias práticas, que vicia e macula, irremediavelmente, o processo eleitoral brasileiro.

Em pesquisa encomendada pelo Tribunal Superior Eleitoral sobre as últimas eleições gerais, em 2014, foi comprovado que a prática da compra de voto ainda é uma realidade na política brasileira. O inacreditável número de 28% dos entrevistados corroborou que estes haviam tomado conhecimento dela ou a presenciaram.[282] Além disso, a pesquisa deixou claro que muitos eleitores ainda não conseguem conceber essa prática como criminosa, considerando-a com naturalidade. O Estado que registrou o maior número de eleitores que declararam ter conhecimento da compra de voto foi Roraima, com 71%, enquanto o Rio Grande do Sul tem o menor, com 18%.

---

[280] TRANSPARÊNCIA BRASIL. Às Claras 2012. Disponível em: http://www.asclaras.org .br/@index.php. Acesso em: 10 dez. 2017.

[281] ÀS CLARAS. *Transparência Brasil:* Eleições 2012. Disponível em: http://www.asclaras.org.br/@index.php. Acesso em: 10 dez. 2017.

[282] BRASIL. Tribunal Superior Eleitoral. *Pesquisa Revela que Compra de Votos Ainda é Realidade no País.* 02 fev. 2015. Disponível em: http://www.tse.jus.br/imprensa/noticias-tse/2015/Fevereiro/pesquisa-revela-que-compra-de-votos-ainda-e-realidade-no-pais. Acesso em: 10 dez. 2017.

Com a proibição de contribuição por parte das pessoas jurídicas, configura-se notório que houve uma diminuição dos gastos de campanha, o que também foi ajudado pela diferença da conjectura econômica entre as eleições de 2014 e 2018 e pelos reflexos punitivos da Lava Jato. Entretanto, foram também pululantes os gastos dispendidos que não foram computados no processo eleitoral, como grande parte de recursos que foram direcionados para a propaganda nas mídias sociais ou na própria estrutura de campanha, sem estarem declarados nas devidas prestações de contas.

2.2 Diferenças teleológicas: comportamento dos eleitores e comportamento das pessoas jurídicas

Em nenhum momento, propugna-se por uma análise do fenômeno eleitoral, por meio da perspectiva da Análise Econômica do Direito, visto que não se concorda com o fato de que seja um axioma o comportamento humano que visa, de forma racional, maximizar a utilidade dos bens, como defendido por Posner.[283] Esse tipo de análise concentra-se nos objetivos políticos e econômicos individuais, descurando-se de uma multiplicidade de influências, como, v.g., as sociais.[284] Critica-se a diretriz, proposta pela Análise Econômica do Direito, que reduz a complexidade das relações humanas a apenas seu aspecto econômico, no intuito de, por intermédio de uma "mutação antropológica", converter a relação dos homens com os bens em critério de identificação do cidadão, esquecendo que há valores que não são bens materiais, não obstante serem imprescindíveis à sociedade humana.[285]

Sob esse viés, indiscutivelmente, não se pode sustentar que o comportamento humano, na seara econômica, seja o mesmo da seara política.[286] Também não se configura como escopo da presente argumentação a análise da racionalidade do voto, pois se discorda de que ele seja simplesmente calcado em uma racionalidade de

---

[283] POSNER, Richard A. Pragmatic Adjudication. *In:* DICKSTEIN, Morris (Ed.). *The Revival of Pragmatism:* New Essays on Social Thought, Law and Culture. Durham; London: Duke University Press, 1998. p. 238.

[284] ANTHONY, Downs. *An Economic Theory of Democracy.* New York: Harper & Row, 1957. p. 6.

[285] DALLA VIA, Alberto. *Derecho Constitucional Económico.* 1. ed. Buenos Aires: Abeledo-Perrot, 1999. p. 87.

[286] ANTHONY, Downs. *An Economic Theory of Democracy.* New York: Harper & Row, 1957. p. 36.

custo-benefício.[287] Não se pode analisar a atividade política reduzindo-a a uma atividade estritamente econômica, pois ambas têm taxionomias diferentes, funcionamentos distintos e objetivos diversos. Não obstante, não existe impedimento em traçar uma analogia entre elas, mostrando que algumas regras vigentes no mercado influenciam a atividade de financiamento político de empresas privadas, embora não possam ser estendidas a outros segmentos do processo democrático.

Configura-se inapropriado apontar a existência de um mercado político de forma genérica e absoluta, pois suas relações são desenvolvidas sob regras do Direito Público. A soberania popular é um bem indisponível, a finalidade do processo eleitoral não é a obtenção do lucro e a atuação estatal se sobrepõe à atividade privada.[288] Não obstante, mesmo sem considerar o processo político como um mercado específico, não há impedimento em se aplicar algumas de suas regras ao financiamento realizado por intermédio de pessoas jurídicas, que utilizam postulados mercadológicos em sua atividade política.[289] A palavra mercadológico é aqui empregada no sentido de leis provenientes do mercado, enquanto a palavra mercado refere a produção capitalista, como designado por Eros Roberto Grau.[290]

Mesmo partindo-se dessa constatação, não se pode aceitar uma pretensa superioridade organizativa do mercado. Essa superioridade não existe e não pode estorvar a soberania popular. O Estado tem que atuar não apenas para suprir as deficiências do mercado, que incentiva os vários tipos de abuso de poder na seara eleitoral, mas para garantir,

---

[287] DIAS, Marcos Antônio. James Buchanan e a "Política" na Escolha Pública. *Ponto-e-vírgula*, n. 6, 2º sem. 2009, p. 214-215. Disponível em: https://revistas.pucsp.br /index.php/pontoevirgula/article/view/14047. Acesso em 05 dez. 2017.

[288] Ora o paralelo só pode ser mantido se se incorporarem as múltiplas diferenças do mercado político: a redução crua dos políticos e empresários, dos eleitores a consumidores, e do governo ao monopólio é de um simplismo excessivo. É fundamental esclarecer que estes factos não resultam necessariamente da aplicação à política da ideia do comportamento racional, são apenas resultado de uma generalização apressada do mercado que pode ser ápenas analógica (CORREIA, Carlos Pinto. A Teoria da Escolha Pública: sentido, limites e implicações (Cont.). *Boletim de Ciências Econômicas*. Faculdade de Direito da Universidade de Coimbra. v. 42, 1999, p. 571. Disponível em: https://digitalis.uc.pt/pt-pt/artigo/teoria_ da_escolha_p%C3% BAblica_sentido_limites_e_implica%C3%A7%C3%B5es_cont. Acesso em: 07 jul. 2017).

[289] As doações privadas para as campanhas seguem uma lógica de mercado (GONÇALVES, Benjamin; MAGRI, Caio; FERRO, Marina Martins (Coord.). *A Responsabilidade Social das Empresas no Processo Eleitoral*. São Paulo: Instituto Ethos, 2014. p. 30. Disponível em: https:// www3.ethos.org.br/wp-content/uploads/2014/08/A-Responsabilidade-das-Empresas-no-Processo-Eleitoral_20141.pdf. Acesso em 22 nov. 2017).

[290] GRAU, Eros Roberto. *O Direito Posto e o Direito Pressuposto*. 8. ed. São Paulo: Malheiros, 2011. p. 327.

também, que os candidatos disponham de paridade de armas e que o debate político possa ser o mais amplo possível.

Não se defende que o eleitor seja guiado em suas decisões por questões estritamente econômicas. As decisões políticas necessitam de muito mais variáveis do que de uma simples demanda de cunho monetário. E, decididamente, os eleitores não atuam, da mesma forma, na seara privada e pública, buscando a denominada potencialização de seus interesses. Muitas outras demandas fazem com que eles, em algumas situações, deixem de atuar para potencializar seus desideratos. As preferências eleitorais não podem estar enclausuradas apenas em variáveis econômicas ou em objetivos egoísticos. O eleitor não pode ser reduzido a um consumidor.[291]

Entre os diversos valores que circundam a vida humana, pelas premências da existência, o homem é levado a hierarquizá-los de acordo com seu interesse, fazendo com que essa escala axiológica obedeça à relação que se estabelece entre ele e um valor, seja material ou imaterial. Esses interesses podem ser conscientes ou inconscientes, livremente formulados ou impostos.

Faz-se necessário deslindar o conceito de interesse que, sem dúvida, acompanha o processo de escolha de um cidadão em sua condição de eleitor. Edouard Claparède compreende o conceito de interesse como o que importa. Segundo a etimologia, a palavra interesse significa estar entre, sendo interpretada, por alguns, como algo que tem a função de satisfazer um desejo oriundo de um sujeito que se concretiza por intermédio de um objeto.[292] O interesse pode ser entendido, então, conforme essa noção, como sintoma de uma necessidade, seja ela oriunda do meio externo, aspecto objetivo, seja oriunda do mundo psíquico, aspecto subjetivo. Todo interesse é, inclusive, momentâneo, uma vez que esvanece, quando satisfeito. Assim é que o cidadão, em cada momento, orienta sua conduta, conforme a consecução de seu maior interesse, que não necessariamente é financeiro.[293]

---

[291] RIBEIRO DA CRUZ, Antônio Augusto Bello. Teoria da Escolha Pública: Uma Visão Geral de seus Elementos sobre a Ótica de Gordon Tullock em sua Obra *"Government Failure"*. *Revista Virtual da Faculdade Milton Campos*. Online. v. 9, 2011, p. 3. Disponível em: http://www.mcampos.br/REVISTA%20DIREITO/PRODUCAOCIENTIFICA/artigos/antonioaugustocruzteoriadaescolhapublica.pdf. Acesso em 07 dez. 2018.

[292] NASSIF, Lílian Erichsen; CAMPOS, Regina Helena de Freitas. Édouard Claparède (1873-1940): Interesse, Afetividade e Inteligência na Concepção da Psicologia Funcional. *Memorandum*, Belo Horizonte, n. 9, out. 2005, p. 91. Disponível em: http://www.fafich.ufmg.br/~memorandum/a09/nassifcampos01.pdf. Acesso em: 18 abr. 2018.

[293] CLAPARÈDE, Édouard. *A Educação Funcional*. Trad. J.B. Damasco Penna. 2. ed. São Paulo: Companhia Editora Nacional, 1940. p. 79.

Esses interesses obedecem a muitas variáveis, não devendo ter seu valor reduzido, sob a preponderância de um apenas. Eles aproximam os eleitores de determinado candidato, justificando o motivo de sua escolha. No caso de pessoas jurídicas, esse interesse pode ser reduzido a uma variável preponderante, mas isso não é possível fazer no caso de pessoas físicas. São muitos e vários os interesses que entram em cena para determinar o comportamento dos eleitores, como, *v.g.*, a questão local, a ideologia, as afinidades pessoais, os fatores emocionais, a tradição política, o nível de informação, a ética dos candidatos etc.

Diante desses elementos complexos que circundam o fenômeno eleitoral, mesmo sabendo que a questão econômica exerce relevante influência, não se pode afirmar que o comportamento dos eleitores segue as regras mercadológicas.[294] Todavia, na análise do financiamento político, por parte das pessoas jurídicas, elas condicionam seu comportamento para agasalhar os interesses próprios, que podem ser econômicos e/ou políticos, embora todas essas atuações tenham que se revestir, como resultado último, em regra, de lucro para o financiador. E não poderia ser diferente, haja vista que o escopo das pessoas jurídicas, que não exercem atividade filantrópica, é buscar lucro em suas atividades, condição *sine qua non* para garantirem sua existência e escapar da concorrência predatória, mormente em uma sociedade capitalista regida pelas regras de mercado. O apoio político, quando não tem a finalidade de lucro, escapa das estruturas do racionalismo do mercado.

As pessoas físicas podem trabalhar sob a lógica do prejuízo, ou seja, investir em um candidato apenas por convicções políticas, sem a intenção de receber nenhum bem materialmente específico, mas uma empresa quase sempre terá o lucro como um de seus objetivos, imediatos ou mediatos, por ser critério elementar de sua manutenção no mercado. Quando o financiamento é realizado pela pessoa jurídica, com base em sua opção política, devido a relações pessoais ou em razão de apoio a determinada política econômica genérica, excepcionalmente o lucro deixa de ser o alicerce de sua atuação, mas o montante não pode ser vultoso, nem sua ocorrência frequente.

Quando os financiadores eleitorais são pessoas físicas, pode-se dizer que o lucro não será o móvel basilar que direcionará seu

---

[294] Em sentido contrário, Anthony Downs acredita que o eleitor, racionalmente, compara qual o partido que propiciou mais benefícios e ainda tem condições de fazer a ilação se a oposição tivesse no governo poderia fazer mais (ANTHONY, Downs. *An Economic Theory of Democracy*. New York: Harper & Row, 1957. p. 38-40).

comportamento, outras variáveis exercer-lhe-ão relevante influência, como a ideologia, a identificação, o vínculo pessoal etc. Todavia, com relação às pessoas jurídicas, na maior parte delas empresas, estabelecidas e condicionadas pelas regras de mercado, elas não poderiam, em sua matriz comportamental, ter outra variável determinante, a não ser a busca pelo lucro, sob pena de perderem espaço para a concorrência ou tornarem inviável sua existência econômica.

Para auferirem lucro, objetivo do financiamento da maior parte das pessoas jurídicas, suas atividades devem estar alicerçadas na relação custo-benefício, em que o custo envolvido na operação não pode ultrapassar o lucro obtido, ou sua potencialidade, procurando o melhor resultado diante de uma determinada alocação de valor pecuniário. Então, o financiamento eleitoral das pessoas jurídicas ocorre com candidatos que têm maior possibilidade de elegerem-se, estabelecendo proximidade com os círculos de decisão e proximidade de interesses com o financiador, como já foi asseverado nessas linhas.

A metodologia para a análise do financiamento eleitoral, por parte das pessoas jurídicas, necessariamente, apresenta um predominante componente racional econômico, verificando as escolhas políticas que podem possibilitar um retorno financeiro aos seus negócios.[295] Até mesmo o capital investido obedece a essa lógica, em razão de que nenhuma empresa direcionará uma soma de recursos que não possa ser reembolsada em determinado lapso temporal.

2.3 O financiamento eleitoral como processo racional

Conforme observado, o financiamento eleitoral das pessoas jurídicas, em regra, obedece a um procedimento racional, seguindo alguns postulados mercadológicos, haja vista que financiar o pleito eleitoral se configura como um investimento. Exceção que infelizmente não é frequente no Brasil são os casos de apoio a candidatos que defendem a mesma política econômica. Nesses casos, como não há uma relação sinalagmática de lucro direto, o montante utilizado no financiamento pode se ater aos parâmetros estabelecidos, quando há permissão legal.[296] Nesse sentido, dentro da práxis brasileira, a maior

---

[295] Não é objetivo dessa tese analisar o aspecto racional na decisão de votar, que se inicia com a reflexão utilitarista de Downs (ANTHONY, Downs. *An Economic Theory of Democracy.* New York: Harper & Row, 1957. p. 36).

[296] GOMES, Maíra. O Alto Preço das Campanhas Eleitorais. *Brasil de Fato*, 21 jul. 2014. Disponível em: https://www.brasildefato.com.br/node/29214/. Acesso em 28 nov. 2017.

parte das empresas que financiam um candidato, um partido ou uma coligação recebe uma contraprestação pela sua ajuda eleitoral, a qual pode ser lucro ou outra benesse, como a implementação de política econômica de seu interesse ou contratos feitos com o poder público.[297] Portanto, o financiamento eleitoral, constituindo-se como investimento, segue o caminho da observância da lógica racional mercadológica, uma vez que é primordial o conhecimento do mecanismo das regras básicas do mercado para auferir lucros em determinada área de atuação. À vista disso, é imprescindível o estudo da teoria racionalista moderna.

A noção de racionalidade está associada à própria caracterização do cidadão como ser pensante e autônomo, sendo a razão aquilo que define o homem como ser humano, diferenciando-o dos demais animais.[298] Consiste em um processo dialético, cujo resultado chega a um juízo valorativo por meio da inferência de uma proposição, decorrente de proposições antecedentes.[299] Dessa maneira, esse recurso à racionalidade vem contribuir com a independência intelectual do homem perante a religião em inúmeras áreas do saber, entre elas, o Direito e a Economia.

Um dos autores mais importantes sobre o tema da racionalidade é Max Weber, cuja ideia de racionalismo pode significar coisas bem diversas, inclusive, com reflexos no âmbito econômico.[300] Ele distingue a racionalidade formal e a material.[301] A primeira fundamenta a gestão econômica baseada em cálculos técnicos, sendo o valor numérico o diapasão de sua atuação, enquanto a segunda, muito mais complexa, baliza a realização de uma determinada ação social, economicamente

---

[297] SILVA, Paulo Galvez da; GARCIA, Euclides Lucas. Empreiteiras da Lava Jato Doaram R$277 Mil para 28 dos 32 Partidos. *Gazeta do Povo*, 27 nov. 2014. Disponível em: http://www.gazetadopovo.com.br/vida-publica/empreiteiras-da-lava-jato-doaram-r-277-mi-para-28-dos-32-partidos-egpx8vt2orj4e7n1qyu80iw5q. Acesso em 28 nov. 2017.

[298] O bom senso é a coisa mais bem distribuída do mundo: pois cada um pensa estar tão bem provido dele, que mesmo aqueles mais difíceis de se satisfazerem com qualquer outra coisa não costumam desejar mais bom senso do que têm, Assim, não é verossímil que todos se enganem; mas, pelo contrário, isso demonstra que o poder de bem julgar e de distinguir o verdadeiro do falso, que é propriamente o que se denomina bom senso ou razão, é por natureza igual em todos os homens, e portanto que a diversidade de nossas opiniões não decorre de uns serem mais razoáveis que os outros, mas somente de que conduzimos nossos pensamentos por diversas vias e não consideramos as mesmas coisas (DESCARTES, René. *Discurso do método*. Trad. Maria Ermantina Galvão. São Paulo: Martins Fontes, 1995. p. 5).

[299] ABBAGNANO, Nicola. *Dicionário de Filosofia*. São Paulo: Martins Fontes, 2000, p. 821.

[300] WEBER, Max. *Ensayos sobre Sociología de la Religión*. Madri: Taurus, 2001. v. 1, p. 20-21.

[301] WEBER, Max. *Economia e Sociedade: Fundamentos da Sociología Compreensiva*. 3. ed. Trad. Regis Barbosa e Karen Elsabe Barbosa. Brasília: Ed. UnB, 2000. v. 1, p. 52.

orientada, plasmada por postulados valorativos que podem ter características éticas, políticas, utilitaristas, entre outras.[302]

O conceito de racionalidade de Weber está ligado a sua investigação sobre o interesse, o qual consiste em ações sociais racionalmente orientadas para atingir objetivos almejados pelo sujeito. Ele menciona interesses materiais e ideais que condicionam as decisões dos cidadãos e sua posterior ação. O poder político, o prestígio social e os interesses econômicos fazem parte desse prisma material, até pela própria ideia de sociedade em Weber, constituída com base em interesses racionalmente motivados.[303]

A própria noção de Estado Moderno origina-se com base nesse arcabouço teórico, em decorrência da utilização de instrumentos racionais para aprimorar e desenvolver as estruturas sociais organizativas.[304] Essa instituição surge, inicialmente, em sua versão absolutista, entregando total poder ao monarca e, na versão seguinte, como Estado Liberal, fazendo uso da racionalidade visando ao lucro.[305] É fundamental que se analise esse percurso histórico para compreender que a teorização do funcionamento do mercado recebe contribuições do pensamento racionalista. Pode-se, inclusive, observar que o sujeito do liberalismo do século XVII é considerado racional e tópico em seus desejos, mas atrelado a *standards* que representam uma centralidade imprescindível à sua vida, como a liberdade e a propriedade.[306]

Justamente nessa passagem histórica, o liberalismo cristaliza-se como ideologia política e econômica, sendo possível visualizar a base para o entendimento das regras mercadológicas ainda hoje aplicadas. Cumpre lembrar que o racionalismo, como corrente do liberalismo, no sentido de operacionalizar o alcance de determinados interesses, constitui-se, portanto, como fundamento da organização econômica e

---

[302] SELL, Carlos Eduardo. Racionalidade e Racionalização em Max Weber. *Revista Brasileira de Ciências Sociais*, v. 27, n. 79, jun. 2012, p. 163. Disponível em: http://www.scielo.br/pdf / rbcsoc/v27n79/a10.pdf. Acesso em: 19 abr. 2018.

[303] WEBER, Max. *Economia e Sociedade: Fundamentos da Sociologia Compreensiva*. 3. ed. Trad. Regis Barbosa; Karen Elsabe Barbosa. Brasília: Ed. UnB, 2000. v. 1, p. 33.

[304] MORAIS, José Luiz Bolzan de; NASCIMENTO, Valéria Ribas do. *Constitucionalismo e Cidadania*: Por Uma Jurisdição Constitucional Democrática: Porto Alegre: Livraria do Advogado, 2010. p. 46-47.

[305] STRECK, Lenio Luiz; MORAIS, José Luiz Bolzan de. *Ciência Política e Teoria do Estado*. Porto Alegre: Livraria do Advogado, 2008. p. 25.

[306] CENCI; Ana Righi; BEDIN, Gabriel de Lima; FISCHER, Ricardo Santi. Do Liberalismo ao Intervencionismo: O Estado como Protagonista da (Des)Regulação Econômica. Constituição, Economia e Desenvolvimento. *Revista da Academia Brasileira de Direito Constitucional*, Curitiba, v. 3, n. 4, jan./jun. 2011, p. 79.

espacial da produção social.[307] Existe, nesse contexto, um enaltecimento das liberdades individuais, alicerçado na crença de que as ações dos cidadãos seriam movidas por uma mão invisível no sentido da realização do bem comum.[308]

Em uma sociedade capitalista, cujo pilar magno é a entronização do dinheiro, os processos que necessitam de relevante aporte de capital, sobretudo sendo geridos por entidades de Direito Privado, necessariamente, obedecem às regras desse sistema econômico, fazendo com que o lucro seja o objetivo primordialmente visado. Diante dessa constatação, como o processo eleitoral necessita de aportes monetários relevantes, as normativas desse processo, no que se refere às pessoas jurídicas, não poderiam deixar de ser regidas pelas regras do mercado.

A racionalidade do financiamento eleitoral está na busca do lucro, o qual orienta as condutas dos doadores, visando às possibilidades de investimento que proporcionem a maior rentabilidade do dinheiro investido. Todas as ações são pensadas e as consequências analisadas para a consecução desse desiderato, no sentido de potencializar o retorno do capital investido.

A dinâmica racional que orienta o financiamento eleitoral não é a da lógica maniqueísta do binômio legalidade/ilegalidade, mas, sim, a de algumas regras do mercado, que são mais complexas e não se resumem a um binômio.[309] Em síntese, deduz-se que o financiamento eleitoral das pessoas jurídicas, em regra, é realizado de forma racional, estabelecendo suas preferências através da busca do lucro.[310] Se alguns autores tentam justificar a decisão individual de votar, baseada em raciocínios utilitaristas, imagine-se o comportamento dos doadores que esperam auferir algum tipo de benefício.[311]

A principal razão para as empresas investirem nas campanhas eleitorais é transformar seu poder econômico em instrumental de

---

[307] CSABA DEÁK. *Verbetes de Economia Política e Urbanismo:* Racionalismo. Maio 2017. Disponível em: http://www.fau.usp.br/docentes/depprojeto/c_deak/CD/4verb/racio/index.html. Acesso em: 30 nov. 2017.

[308] SMITH, Adam. A *Riqueza das Nações:* Investigação sobre sua Natureza e suas Causas. Trad. Luiz João Baraúna. São Paulo: Nova Cultural, 1983. Coleção: Os Economistas, v. 1, p. 379.

[309] ABRAMO, Claudio Weber. Proibição Fantasiosa. *Folha de S.Paulo*, 19 jun. 2007. Disponível em: http://www1.folha.uol.com.br/fsp/opiniao/fz1906200709.htm. Acesso em: 19 abr. 2018.

[310] MARTINS, Rodrigo Caldeira de Almeida. *Análise Econômica do Comportamento Eleitoral em Portugal.* 214 f. 2010. Tese (Doutorado). Faculdade de Economia da Universidade de Coimbra, Coimbra, 2010. p. 121.

[311] MARTINS, Rodrigo Caldeira de Almeida. *Análise Econômica do Comportamento Eleitoral em Portugal.* 214 f. 2010. Tese (Doutorado). Faculdade de Economia da Universidade de Coimbra, Coimbra, 2010. p. 19.

influência sobre o poder político, possibilitando seu acesso aos centros de decisão dos ativos sociais.[312] Igualmente, os agentes privados investem em candidatos que defendem seus interesses, ou que agasalham a mesma visão ideológica da sociedade.[313] Mesmo não participando, diretamente, do círculo do poder, pode-se investir em candidatos da oposição, com o objetivo de que eles defendam e compartilhem posicionamentos comungados por ambos.

As pessoas jurídicas não investem nas campanhas eleitorais apenas para conseguir participar de negócios com a Administração Pública, visando aumentar a lucratividade em suas atividades, na busca de retorno imediato, apesar de essa ser a regra na realidade brasileira; igualmente, elas participam do financiamento eleitoral para eleger candidatos que defendam seus interesses, o que pode, de forma indireta, acarretar um aumento no retorno de seus negócios, não pela relação direta com a administração, mas porque pode auferir benefícios com as políticas públicas confeccionadas, o que significa a busca por um retorno mediato.

Desse modo, os detentores do capital econômico tornam-se investidores eleitorais para obter acesso e influenciar o poder político, angariando vantagens na implementação da política econômica ou nos favores da administração. Não obstante, o itinerário para o cumprimento desse fator teleológico pode ser uma fonte da prática de ilícitos eleitorais e penais, o que, segundo André Ramos Tavares, significa uma promiscuidade entre os poderes, entre o poder de caráter econômico e o poder de feição política.[314]

Conforme exposto, as pessoas jurídicas contribuem muito mais do que as pessoas físicas e o grande percentual de contribuições de pessoas jurídicas provém de setores fortemente influenciados por regramento governamental ou muito dependentes de contratos públicos

---

[312] MENEGUIM. Fernando B; NERY. Pedro Fernando. *Tópicos da Reforma Política sob a Perspectiva da Análise Econômica do Direito*. Brasília: Núcleo de Estudos e Pesquisas/CONLEG/Senado, mar. 2015, TD n. 170. Acesso em: 30 nov. 2017.

[313] Themístocles Cavalcanti define da seguinte maneira o conceito de ideologia: É o conjunto de ideias a respeito da sociedade, da vida, do governo e que se transforma, pela sua importância, pelo seu sentido dogmático, em credo de um grupo social, de um partido, de uma nacionalidade (CAVALCANTI, Themístocles. Reflexões sobre o Problema Ideológico. *Revista de Direito Público e Ciência Política*, Rio de Janeiro, v. 8, n. 3, set./dez. 1965, p. 84).

[314] TAVARES, André Ramos. Facções Privadas e Política Econômica Não Democrática da Ditadura Brasileira. *Revista Brasileira de Estudos Constitucionais – RBEC*, Belo Horizonte, v. 9, n. 32, maio/ago. 2015, p. 1048. Disponível em: http://bdjur.stj.jus.br/jspui/handle/2011/110634. Acesso em: 19 abr. 2018.

para a manutenção e expansão de seus empreendimentos, como bancos, construção civil, indústria pesada, concessionários públicos etc.[315]

A dinâmica que orienta a escolha das pessoas jurídicas na indicação de seus candidatos obedece a três vetores: a proximidade de interesses, que é realizada quando o candidato comunga dos mesmos posicionamentos do doador, o que assegura que sua atuação é pautada pela defesa das proposições almejadas por ambos; a importância política, consistindo na proximidade do candidato com os centros políticos de decisão, fazendo com que ele, efetivamente, tenha um papel ativo na formatação da política econômica; e o histórico de boas votações do candidato, ou seu reconhecimento pelo grande público, o que lhe assegura um capital eleitoral razoável e uma probabilidade alta de conseguir uma reeleição.[316]

Nesse mesmo sentido, posiciona-se Rodrigo Dolandi, reiterando que o segmento empresarial, a fim de conseguir ampliar suas conexões políticas, costuma investir em candidatos que possuem histórico de boas votações, proximidade de interesses e importância política.[317] Comenta que, se as empresas não investirem em candidatos com histórico de boas votações, sua taxa de sucesso declinará e todo seu investimento terá sido em vão. Observa, também, que os candidatos eleitos devem ter proximidade com os interesses defendidos pelos investidores, argumentando que, se não for assim, não defenderão as pautas que são ambicionadas, perdendo sentido a razão de seu financiamento. E, por fim, conclui que os candidatos eleitos devem ter importância política, para participarem das decisões e poderem influenciar o direcionamento das políticas públicas e que, sem essa relevância política, os eleitos podem

---

[315] SAMUELS, David. Financiamento de Campanhas no Brasil e Propostas de Reforma. *Suffragium – Tribunal Regional Eleitoral do Ceará*, Fortaleza, v. 3, n. 4, jan./jun. 2007, p. 12. Disponível em: http://bibliotecadigital.tse.jus.br/xmlui/handle/bdtse/752. Acesso em: 16 abr. 2018.

[316] WELCH, William P. The Economics of Campaign Funds. *Public Choice*, v. 20, 1974, p. 85. Disponível em: https://www.jstor.org/stable/30022783?seq=1#page_scan_tab_contents. Acesso em: 20 jan. 2018.

[317] A hipótese deste trabalho é que o segmento empresarial pode potencialmente conseguir uma amplitude em suas conexões políticas quanto maior for o financiamento de candidatos que se elegem e possuem estas características positivas: proximidade de interesses, importância política e histórico de boas votações (SANTOS, Rodrigo Dolandi dos. Grandes Empresários e Sucesso Eleitoral dos Candidatos nas eleições de 2002, 2006 e 2010. *Encontro Anual da Associação Nacional de Pós-Graduação e Pesquisa em Ciências Sociais*, p. 1. Disponível em: https://www.anpocs.com/index.php/papers-35-encontro/gt-29/gt13-16/979-grandes-empresarios-e-sucesso-eleitoral-dos-candidatos-nas-eleicoes-de-2002-2006-e-2010/file. Acesso em: 18 maio 2017).

até defender as bandeiras dos agentes privados, mas sem efetividade nas escolhas políticas realizadas.

2.4 Princípios mercadológicos e sua atuação no direito eleitoral

As relações originadas do financiamento eleitoral, por parte das pessoas jurídicas, na maioria dos casos, representam uma relação de troca. Por meio delas, esses entes buscam candidatos que apresentem condições de vencer as eleições para conseguirem proximidade com o poder e obterem atenção para seus pleitos; já os candidatos, por sua vez, almejam razoável apoio financeiro para aumentarem suas possibilidades eleitorais.[318] Ou seja: os candidatos necessitam de doações para conseguirem maior número de votos, de forma lícita, e, algumas vezes, de forma ilícita, e os financiadores fazem contribuições para obter favores dos eleitos.[319] Nessa relação sinalagmática, quanto maiores forem as chances de eleição do candidato, quanto maior for o seu prestígio político e melhor sua adequação aos interesses da elite econômica, mais fácil será conseguir a arrecadação necessária.

Se não houver mais possibilidade de as empresas considerarem o financiamento eleitoral como uma troca que lhe garanta lucro para seu investimento, ou os candidatos não necessitarem de seu apoio, esse tipo de relação deixa de existir e, em consequência, as demais regras mercadológicas perdem seu espaço de incidência. Ao invés de buscar panaceias voluntaristas, a legislação eleitoral deveria tentar um meio de fazer com que o financiamento eleitoral não fosse considerado uma relação de troca, o que faria com que o lucro deixasse de ser o objetivo fulcral da participação das empresas no processo eleitoral. Os interesses políticos das empresas, na maioria dos casos, submetem-se aos seus interesses mercadológicos, principalmente, em razão da quantidade do dinheiro investido.

---

[318] GONÇALVES, Benjamin; MAGRI, Caio; FERRO, Marina Martins (Coord.). *A Responsabilidade Social das Empresas no Processo Eleitoral*. São Paulo: Instituto Ethos, 2014. p. 30. Disponível em: https://www3.ethos.org.br/wp-content/uploads/2014/08/A-Responsabilidade-das-Empresas-no-Processo-Eleitoral_20141.pdf. Acesso em: 22 nov. 2017.

[319] STRATMANN, Thomas, Campaign Finance: A Review and an Assessment of the State of the Literature. *Forthcoming, Oxford Handbook of Public Choice*. GMU Working Paper in Economics. n. 17-15, may 2017, p. 5 Disponível em: https://ssrn.com/abstract=2956460. Acesso em 29 nov. 2017.

O conceito de mercado, com suas leis específicas, denominadas de leis mercadológicas, refere-se a uma relação entre compradores e vendedores, que lhes permite chegar a um acordo para efetuarem trocas comerciais, consoante com as leis da oferta e da procura, e, assim, impedir-lhes regramentos que acarretem disfuncionalidades ao sistema.

Para Natalino Irti, não há nenhuma dúvida de que o mercado consiste numa ordem, no sentido de que é disciplinado por regras próprias e apresenta uma previsibilidade quanto à conduta humana, em virtude dessas regras. Todavia, ele questiona como pode haver regularidade e previsibilidade em um sistema dominado pelas necessidades e vontades individuais. A solução vislumbrada baseia-se em que essas vontades individuais devem obedecer a um princípio geral que regule seus interesses e que possuam, também, um estatuto jurídico próprio. Elas precisam não de uma mão invisível, mas de pleno regramento de uma norma jurídica.[320]

A *jus mercatorum* tem a pretensão de tornar-se um disciplinamento universal.[321] No entanto, durante muito tempo, o conceito de mercado esteve atrelado somente a um aspecto espacial, no sentido de um local de comércio, negócio, feira.[322] O mercado é um lugar de reunião com finalidade de trocas de produtos, constituindo-se em uma verdadeira instituição com leis próprias e a partir desta é que se consolida como uma estrutura analítica.[323]

Dessa forma, também é necessário compreender o próprio conceito de economia, pois sua concepção, de forma geral, está associada à forma como os cidadãos e a sociedade decidem o emprego de recursos escassos. Essa decisão pode efetuar-se com ou sem o uso do dinheiro, mas sempre a partir de uma análise do custo e do benefício envolvido em cada situação.[324] Nesse acorde, a Economia constitui-se como ciência que administra e analisa um ponto de tensão social, qual seja, o encontro

---

[320] IRTI, Natalino. *L'Ordine Giuridico del Mercato*. Roma; Bari: Laterza, 2001. p. 7.

[321] GALGANO, Francesco. Pubblico e Privato Nella Regolazione dei Rapporti Economici. *In*: GALGANO, Francesco; GENGHINI, Riccardo (Direzione). *Trattato di Diritto Commerciale e di Diritto Pubblico Dell'Economia*. Volume primo. Padova: CEDAM, 1977. p. 36-38.

[322] PAULA. João Antônio de. O Mercado e o Mercado Interno no Brasil: Conceito e História. *História Econômica e História de Empresas*, Rio de Janeiro, v. 5(1), jan. 2002, p. 8. Disponível em: https://ideas.repec.org/a/abp/hehehe/v5y2002i1p7-39.html. Acesso em: 04 fev. 2018.

[323] NEALE, Walter. El Mercado en la Teoría y la Historia. *In*: POLANYI, Karl; ARENSBERG, Conrad; PEARSON, Harry. *Comercio y Mercado en los Imperio Antiguos*. Barcelona: Editorial Labor, 1976. p. 405.

[324] SAMUELSON, Paul Anthony. *Introdução à Análise Econômica*. 8. ed. Rio de Janeiro: Agir, 1975. p. 3.

entre os desejos ilimitados e os meios limitados, expondo uma relação onerosa de realocação de recursos.[325]

Obviamente, essa é uma definição ideal, portanto, deve-se levar em consideração outros aspectos, como o número de agentes econômicos envolvidos, recursos disponíveis, produtos, organização estatal etc. Essa multiplicidade de fatores faz surgir um sistema de preços que vai orientar a economia, ponto nodal da compreensão de mercado.

Para a compreensão da teoria do mercado, são imprescindíveis os estudos realizados por Adam Smith. Esse autor ultrapassa a noção teórica de mercado fundada na relação de troca, para explicar que não existe um funcionamento automático e artificial, mas sim a existência de interesses pessoais, transformando a noção de mercado em uma explicação da ordem social.[326] Ainda que exista um fundamento de teor egoísta nessa teoria, a ideia é que esses interesses individuais acabam colaborando para o interesse coletivo, no sentido da universalização do desejo de adquirir bens. O funcionamento do mercado, nesse aspecto, alicerça-se, fundamentalmente, no *self interest*, o qual escapa à inconveniência de julgamentos morais.[327]

Característica essencial das regras de mercado é o caráter impessoal de suas relações, o que permite que qualquer pessoa possa participar do procedimento de troca, desde que respeite as regras convencionadas para o respectivo negócio e impeça que idiossincrasias pessoais possam estorvar-lhe o funcionamento. Para a realização de um negócio vantajoso, as partes não desejam saber se há vinculação de empatia ou comunhão de princípios éticos, o seu desiderato é realizar a tratativa comercial, abstraindo-se de questões pessoais. Com o escopo único de obter lucro, ou com a satisfação do desejo na realização da troca, não há, nessas relações, qualquer liame de fraternidade, o que prepara um campo fértil para o forjamento de desigualdades, em que poucos levam vantagens em detrimento de muitos.[328]

O problema das relações de mercado serem impessoais e basea-rem-se unicamente na obtenção de lucro é que elas não se importam

---

[325] BARRE. Raymond. *Manual de Economia Política*. Rio de Janeiro: Fundo de Cultura, 1957. p. 25.

[326] SMITH, Adam. A Riqueza das Nações: *Investigação sobre sua Natureza e suas Causas*. Trad. Luiz João Baraúna. São Paulo: Nova Cultural, 1996. Coleção: Os Economistas, v. 1, p. 380.

[327] GANEM. Angela. O Mercado como Ordem Social em Adam Smith, Warals e Heyek. *Economia e Sociedade*, Campinas, v. 21, n. 1 (44), abr. 2012, p. 148. Disponível em: http://www.scielo.br/pdf/ecos/v21n1/06.pdf. Acesso em: 19 abr. 2018.

[328] WEBER, Max. *Economia e Sociedade: Fundamentos da Sociologia Compreensiva*. 3. ed. Trad. Regis Barbosa; Karen Elsabe Barbosa. Brasília: Ed. UnB, 2000. v. 1, p. 57.

com os interesses coletivos, ou afrontam dispositivos normativos, desde que tenham segurança de que não serão punidos. Quando transpostas essas estruturas para o financiamento eleitoral, o doador deixa de lado seus pruridos morais para sustentar suas condutas na obtenção do lucro. Este é o aforismo que os guia: negócios são negócios. As preocupações com parâmetros éticos são colocadas em nível secundário.

Tomando o financiamento eleitoral como um negócio, com objetivos predeterminados, igualmente, não se buscam aproximações pessoais, desde que o negócio possa ser lucrativo para as partes, o financiador e o candidato/coligação/partido; o que desvirtua, fundamentalmente, o regime democrático, retirando a substancialidade da participação popular.

Partindo-se do pressuposto defendido por muitos, mas, diga-se *en passant*, não agasalhado nesta obra, de que o mercado é uma estrutura que proporciona que as riquezas e os serviços, produzidos pela sociedade, sejam alocados da forma mais eficiente possível; fazendo com que essa maximização da eficiência coletiva possibilite o aumento do bem-estar de todos; consequentemente, os financiadores apenas procurarão candidatos que possam fazer com que o capital investido possa retornar em maiores proporções, independente da qualidade administrativa, ou moral, ostentada pelos envolvidos na disputa política.[329]

Para a existência do mercado, há o pressuposto essencial à existência de relações multitudinárias entre pessoas que estejam interessadas em realizar trocas entre si. Para que alcancem esse resultado, é imprescindível que cheguem a determinados acordos, obrigando-os a transigirem em suas posições, fazendo com que a barganha seja uma prática corriqueira. Cada troca pode ser considerada uma relação associativa, provisória, sem outras finalidades senão a de realizar uma transação comercial, que se extingue com a concretização da troca.[330] Nessas relações de troca, que é o alicerce do mercado, cada sujeito é levado, exclusivamente, à realização de seus próprios interesses, sem se preocupar com interesses alheios.

Todavia, e isso é muito importante para que as relações possam fluir normalmente, sem beligerâncias indesejadas, é necessário que as regras estipuladas pelo mercado sejam seguidas, pois, caso contrário, perde-se a boa-fé, que é considerada um ativo mercadológico,

---

[329] HEYWOOD, Andrew. *Ideologias Políticas:* Do Liberalismo ao Fascismo. São Paulo: Ática, 2010. v. 1, p. 61.

[330] WEBER, Max. *Economia e Sociedade: Fundamentos da Sociologia Compreensiva.* 3. ed. Trad. Regis Barbosa; Karen Elsabe Barbosa. Brasília: Ed. UnB, 2000. v. 1, p. 41.

podendo-se, ainda, estar sujeito a sanções legais. Por conseguinte, por meio dessa cláusula de abertura, pessoas entranhas podem interagir, realizando as trocas desejadas, desde que todos cumpram os regramentos estabelecidos. No convívio do mercado, todos os sujeitos têm assim seus direitos assegurados.[331]

Para que a predominância de interesses individuais e a ausência de laços éticos não estorvem o funcionamento pleno do mercado, produzindo iniquidades, é necessária sua organização, por meio de normatização estatal. Dessa forma, este pode comparecer como fiador dessas relações sociais, coordenando as expectativas recíprocas no alcance de objetivos desejáveis. Sem esse regramento eficiente do mercado pelo Estado, seu funcionamento tende a provocar sérias disfuncionalidades na sociedade, agravando, substancialmente, as relações sociais.[332] Em razão de haver relações mercadológicas no Direito Eleitoral, para evitar distorções à paridade de armas, a intervenção estatal evidencia-se como obrigatória.

A maior parte das empresas atuam no financiamento de campanha como se o processo eleitoral fosse um investimento, o que, inclusive, torna difícil atribuir uma definição precisa ao conceito de investimento financeiro.[333] No entanto, pode-se compreendê-lo como uso de capital que se aplica com o intuito de obter rendimentos. Em termos estritamente econômicos, investir é uma atividade que utiliza recursos para aumentar a riqueza ou o capital.[334]

Uma vez tomada a decisão de efetuar o financiamento eleitoral, caracterizando-o como um investimento, consequentemente, empreender-se-á a busca racional do lucro, consistindo este em um resultado positivo do investimento realizado. O lucro é considerado como um valor recebido a mais, por meio de uma negociação econômica, ou de qualquer outro tipo de relação de troca, acarretando uma mensuração monetária maior do que a antecedente.[335] Em linhas gerais, considera-se o

---

[331] WEBER, Max. *Economia e Sociedade: Fundamentos da Sociologia Compreensiva*. 3. ed. Trad. Regis Barbosa; Karen Elsabe Barbosa. Brasília: Ed. UnB, 2000. v. 1, p. 50.

[332] REIS, Bruno P. W. O Mercado e a Norma: O Estado Moderno e a Intervenção Pública na Economia. *Revista Brasileira de Ciências Sociais*, v. 18, n. 52, jun. 2003, p. 63. Disponível em: http://www.scielo.br/pdf/rbcsoc/v18n52/18066.pdf. Acesso em: 11 ago. 2017.

[333] SOUZA. Luís Gonzaga. *Ensaios de Economia*. Edição Eletrônica, 2004, p. 122. Disponível em: http://www.eumed.net/cursecon/libreria/2004/lgs-ens/lgs-ens.htm. Acesso: 05 jan. 2018.

[334] HEILBRONER. Robert L. *Elementos da Macroeconomia*. Rio de Janeiro, Zahar, 1981. p. 143.

[335] BRITO, Eliane Pereira Zamith; BRITO, Luiz Artur Ledur; MORGANTI, Fábio. Inovação e o Desempenho Empresarial: Lucro ou Crescimento. *RAE-eletrônica*, v. 8, n. 1, jan./jun. 2009, p. 11. Disponível em: http://rae.fgv.br/sites/rae.fgv.br/files/artigos/10.1590_S1676-56482009000100007.pdf. Acesso: 18 abr. 2018.

lucro como o rendimento alcançado pelo capital investido, normalmente levando-se em consideração a receita e a despesa de uma empresa em um dado espaço temporal. Importante lembrar que a produção excedente pode estar presente em qualquer sistema econômico, mas a concentração privada de apropriação do lucro é exclusiva do capitalismo.[336]

Para compreender-se o processo de formação do preço do voto, é necessário remontar à própria concepção de valor e da formação desses preços, tendo em vista que eles são expressões quantitativas dos valores, no caso da prefixação monetária do voto.[337] A obtenção de valores econômicos é alcançada graças à instrumentalização do mercado, fazendo com que valores de uso sejam transformados em valores de troca.[338]

O conceito de valor é fundamental à Economia por tratar-se de um atributo que se dá aos bens, servindo de indicador para sua valoração. Inicialmente, falava-se em um valor de uso e de troca, evoluindo-se, posteriormente, para a concepção de valor da força de trabalho, a partir dos estudos de William Petty e Adam Smith.[339] Não é possível, no entanto, definir, de forma pacífica, o conceito de valor, porém, sabe-se, nas mais variadas escolas de pensamento sobre esse tema, que a questão do valor está ligada à utilidade dos objetos,[340] ao custo de produção ou até mesmo à demanda.[341]

Adam Smith sustenta que a formação de um preço natural é consequência dos valores envolvidos na produção de um bem.[342] Por outro lado, os estudos de Kalecki concluíram que os preços de todos os produtos são condicionados pela demanda, sendo esse componente essencial na composição dos preços.[343] Entretanto, o que se tenta analisar, de fato, é o processo de formação dos preços que são envolvidos no

---

[336] SANDRONI, Paulo (Org.). *Novíssimo Dicionário de Economia*. São Paulo: Ed. Best Seller, 1999. p. 356.

[337] VIVAS AGUERO, Pedro Hubertus. *Avaliação Econômica dos Recursos Naturais*. 230 f. 1996. Tese (Doutorado). Faculdade de Economia, Administração e Contabilidade da Universidade de São Paulo, São Paulo, 1996, p. 26. Disponível em: doi:10.11606/T.12.1996.tde-09032004-221702. Acesso em: 19 ago. 2018.

[338] REICH, Norbert. *Mercado y Derecho*. Barcelona: Ariel Derecho, 1985. p. 25.

[339] SANDRONI, Paulo (Org.). *Novíssimo Dicionário de Economia*. São Paulo: Ed. Best Seller, 1999. p. 625.

[340] ROBINSON, Joan. A Função de Produção e a Teoria do Capital. *In:* HARCOURT, G. C.; LAING, N. F. *Capital e Crescimento Econômico*. Rio de Janeiro: Interciência, 1978. p. 36.

[341] NAPOLEONI, Claudio. *Diccionario de Economia Política*. Madrid: Ed. Castilla, 1962. p. 1599.

[342] SMITH, Adam. *A Riqueza das Nações:* Investigação sobre sua Natureza e suas Causas. Trad. Luiz João Baraúna. São Paulo: Nova Cultural, 1983, Coleção: Os Economistas, v. 1, p. 83.

[343] KALECKI, Michael. *Teoria da Dinâmica Econômica*. Trad. Paulo de Almeida. São Paulo: Nova Cultural, 1983. Coleção: Os Economistas, p. 7.

pleito eleitoral. Quando se considera o preço do voto, fala-se em uma conduta ilícita, de compra de voto, ou dos gastos necessários para que o candidato possa ganhar a adesão do eleitor. Entretanto, tanto em uma situação como em outra, é importante observar que existe uma relação de troca, em sua formação, que cria uma equivalência, ou valor, em decorrência de sua comercialização, todavia, vale lembrar, sem que seja possível estabelecer valores *a priori*.[344]

O custo do processo eleitoral é bancado por recursos federais, sendo todos os procedimentos organizados, de forma eficiente, pela Justiça Eleitoral. Quanto ao preço do voto, há um custo de transporte para o eleitor realizar sua escolha. Teoricamente, há transporte gratuito fornecido pela Justiça Eleitoral, mas sempre com oferta e condições não satisfatórias. O dia da eleição é sempre um feriado e se o cidadão estiver em trabalho, ou fora de seu domicílio eleitoral, pode justificar o voto. Dessa forma, não se pode afirmar que haja um custo legal relevante para o eleitor exercer seu poder-dever cívico, a não ser em Estados em que a seção eleitoral fique muito distante da residência do eleitor e naqueles em que não haja vias exequíveis de acesso, como na região Amazônica.[345] A valoração, quanto à sua utilidade, é indiscutível, haja vista que, sem votos, não se ganham as eleições. É, portanto, uma variável indispensável. Em relação à demanda, sofre as interferências das mesmas leis da oferta e da procura: quanto mais houver uma demanda e quanto mais limitada for a oferta, haverá pressões para o aumento de seu valor.

A economia e todo o funcionamento do mercado estão expostos a choques e flutuações e, para compreendê-los, é fundamental a análise dinâmica da oferta e da demanda.[346] A chamada demanda agregada constitui-se da quantidade de bens e serviços que famílias, governos, empresas querem adquirir, dependendo do nível de preços.[347] Em cada mudança do nível de preços existe uma alteração na demanda.

---

[344] MENGER, Carl. *Princípios de Economia Política*. Trad. Luiz João Baraúna. São Paulo: Nova Cultural, 1983. Coleção: Os Economistas, p. 331.

[345] AMAZONAS. Tribunal Regional Eleitoral. *Desafios e Distâncias de Uma Eleição Realizada na Amazônia*. 18 out. 2016. Disponível em: http://www.tre-am.jus.br/imprensa/noticias-tre-am/2016/Outubro/desafios-e-distancias-de-uma-eleicao-realizada-na-amazonia. Acesso em: 30 jan. 2018.

[346] NOBREGA, Mailson da; RIBEIRO, Alessandra. *A Economia:* Como Evoluiu e Como Funciona – Ideias que Transformaram o Mundo. São Paulo: Trevisan, 2016. p. 280.

[347] MANKIW. Gregory N. *Introdução à Economia:* Princípios de Micro e Macroeconomia. Rio de Janeiro: Elsevier, 2014. p. 693.

Fazendo-se a transposição dessa teoria para o processo eleitoral, conclui-se que, quando o pleito é muito disputado, havendo uma maior demanda pelo voto, a tendência é que seu custo também aumente, desde que, obviamente, existam os meios econômicos para provê-lo. Quanto mais desenvolvida for a sociedade, materialmente, menor será a possibilidade de compra de votos, não apenas por uma questão de custos, mas também de conscientização do papel da cidadania. Por outro lado, quanto maior for a situação de hipossuficiência material, com o aumento da taxa de analfabetismo, a compra de votos deixa de ser uma exceção e torna-se uma prática rotineira do processo eleitoral.[348]

Para a teoria instrumental da participação, baseada em uma visão utilitarista do comportamento humano, o processo decisório de voto radica-se em uma análise de custo-benefício, visando a que o esforço de ir às urnas seja recompensado. No cálculo individual do voto, a recompensa de votar (R) é determinada pelo valor do voto (P.B), diminuído pelos custos de votar (C) e pela satisfação proporcionada ao eleitor em razão de sua participação (D). Teoricamente, o custo do voto seguiria a seguinte equação: $R = P.B - C + D$.[349]

Essas formas economicistas de moldar o comportamento humano, em que pairam diversas variáveis, conscientes e inconscientes, mostram-se de difícil verificação empírica, haja vista a dificuldade de enquadramento dos fatos humanos em fórmulas pré-fixadas. Por exemplo, como se mensurar, matematicamente, o valor do voto, se ele flutua em relação à eleição e às circunstâncias sociopolíticas? Há alguma coisa mais subjetiva do que mensurar a satisfação proporcionada pelo voto do eleitor? Portanto, adotou-se o posicionamento de passar ao largo dessas discussões, que, apesar de importantes, não conferem ainda um norte seguro às pesquisas, ainda mais quando estão alheias à realidade brasileira.

Em uma análise econômica geral, sabe-se que a produção de riqueza está cada vez mais concentrada em pequenos conglomerados

---

[348] Qualquer agradinho, R$30, R$40, já ajeita o voto de um sujeito, resume Antônio a venda no varejo. O enredo da vida dele se confunde com a de outros malucos véios sem nada ["], como ele define os iletrados. Infância na roça, escola distante e descaso das autoridades e da família são o início da história, que se completa com a ineficiência dos programas estatais de ensino para jovens e adultos ["] (BERTOLOTTO. Rodrigo. Compra de Votos Vira Hábito na Cidade com Mais Analfabetos do Brasil. *UOL Eleições 2014*, 26 set. 2014. Disponível em: https://eleicoes.uol.com.br/2014/noticias/2014/09/26/compra-de-votos-vira-habito-na-cidade-com-mais-analfabetos-do-brasil.htm. Acesso em: 26 dez. 2017).

[349] RIKER, William H; ORDESHOOK, Peter C. A Theory of the Calculus of Voting. *American Political Science Review*, v. 62, n. 1, mar. 1968, p. 25-42. Disponível em: doi:10.1017/S000305540011562X. Acesso em: 25 jan. 2018.

porque são esses que auferem a maior parte do capital, principalmente em setores que são fortemente vinculados à organização estatal, como infraestrutura, por exemplo.[350] De igual maneira, como acontece na esfera econômica, ocorre na seara eleitoral, havendo a tendência de concentração de capital por certos candidatos ou partidos viabilizados pelos mesmos doadores.[351]

Essa tendência da concentração de contribuição eleitoral, promovida por poucos doadores, denomina-se de *Big Donors*. Ela ocorre nos grandes centros e nas eleições nacionais, muito mais do que nas pequenas cidades, como já foi demonstrado anteriormente. Quanto mais concentrado for o financiamento eleitoral, maiores serão as chances da obtenção de favores políticos não amparados legalmente, ou contrários aos interesses da maioria da população, e maior a distorção no resultado do pleito. Outrossim, essa concentração de arrecadação provoca um estorvo à liberdade de concorrência, em razão de que não são todos os candidatos que gozarão dos favores dos *Big Donors*. Devido à tendência citada de concentração de mercado, não há condição fática para a existência de uma pluralidade de grandes doadores.[352]

Um dos direcionamentos do financiamento eleitoral, juntamente com a proximidade dos deputados ao núcleo de poder, ou mesmo com o posicionamento ideológico, é a denominada taxa de sucesso, capital eleitoral apresentado pelo candidato, que pode ser vislumbrado pela retrospectiva das eleições ganhas e pela relevância dos cargos assumidos, consistindo nas reais possibilidades de o candidato, ou da coligação, vencer o pleito eleitoral. Quanto maior for essa taxa, maiores as oportunidades de financiamento político porque maiores serão as probabilidades de o candidato vencer as eleições e seus financiadores terem mais acesso ao poder. Esse sentido empregado no financiamento eleitoral difere do conceito utilizado no mercado de capitais, o conhecido *success fee*, compreendido como uma forma de remuneração em um

---

[350] PIKETTY, Thomas. *O Capital no Século XXI*. Trad. Monica Baumgarten de Bolle. Rio de Janeiro: Intrínseca, 2014. p. 11.

[351] [...] PT, PSDB e PMDB somam 68% dos recursos dos dez maiores doadores (GONÇALVES, Benjamin; MAGRI, Caio; FERRO, Marina Martins (Coord.). *A Responsabilidade Social das Empresas no Processo Eleitoral*. São Paulo: Instituto Ethos, 2014. p. 36. Disponível em: https://www3.ethos.org.br/wp-content/uploads/2014/08/A-Responsabilidade-das-Empresas-no-Processo-Eleitoral_20141.pdf. Acesso em: 30 jan. 2018).

[352] O mercado mundial, criado pelo capitalismo, ainda mais apertara os seus laços em virtude da grande produção, da produção monopolista. Os cartéis haviam assumido caráter internacional (BARROS, Alberto Moniz Rocha. *O Poder Econômico do Estado Contemporâneo e seus Reflexos no Direito*. São Paulo: Revista dos Tribunais, 1953. p. 42).

negócio, ou prestação de serviço, na qual o investimento é bem-sucedido, apresentando um resultado acima do esperado.[353]

Para balizar o financiamento eleitoral, o parâmetro da sua análise é o custo-benefício, que faz com que os financiadores procurem auferir um retorno maior do que o investimento realizado. Segundo a interpretação de John O'Neill, existe uma límpida relação entre essa procura pelo menor custo e melhores benefícios e a tomada de decisões e resoluções. Os conflitos são pautados pela racionalidade.[354] A análise custo-benefício configura-se como uma espécie de técnica para o estudo das melhores ferramentas a ser aplicadas na realização de um projeto, no caso, o investimento em uma candidatura que proporcione os maiores retornos aos negócios dos doadores.[355]

Na seara pública, a percepção da análise do mencionado princípio considera que os benefícios sociais foram consequências de determinados custos feitos pelo poder público. Nessa esteira, na teoria, o projeto a ser escolhido é aquele que depende de um menor custo com maiores benefícios, demonstrando uma diferença positiva no resultado.[356] Se eles guiassem seu comportamento pelo princípio da economicidade,[357] os doadores tomariam outros fatores em consideração, como parâmetros éticos e prejuízo ao capital imaterial da empresa.[358]

Além disso, em uma análise econômica e racional, é importante atentar para o fato de que existe uma reação a incentivos, no sentido de que determinados fatores levam os agentes econômicos, nesse caso os doadores, a mudarem ou tomarem certas decisões. Estruturas de incentivos ou punições certamente influenciam no nível de corrupção.[359]

---

[353] CAVALCANTE, Francisco; MISUMI, Jorge; YOSHIO; RUDGE. Luiz Fernando. *Mercado de Capitais*, Rio de Janeiro: Elsevier, 2009. p. 153.

[354] O'NEIL, John. *The Market: Ethics, Knowledge and Politics*. London/New York: Routledge, 1998. p. 36-37.

[355] DAVID, Rodreck; NGULUBE, Patrick; DUBE, Adock. A Cost-Benefit Analysis of Document Management Strategies Used at a Financial Institution in Zimbabwe: A Case Study. *South African Journal of Information Management*, v. 15, n. 2, jul. 2013. Disponível em: https://sajim.co.za/index.php/sajim/article/view/540/640. Acesso em: 08 jan. 2018.

[356] SANDRONI, Paulo (Org.). *Novíssimo Dicionário de Economia*. São Paulo: Best Seller, 1999. p. 151.

[357] FONSECA, João Bosco Leopoldino da. *Direito Econômico*. 5. ed. Rio de Janeiro: Forense, 2004. p. 35-36.

[358] KOURY, Suzy Cavalcante. O Princípio da Economicidade na Obra de Washington Peluso Albino de Souza. *Revista da Faculdade de Direito da Universidade Federal de Minas Gerais*, número esp. em Memória do Prof. Washington Peluso Albino de Souza, 2013, p. 9-10. Disponível em: https://www.direito.ufmg.br/revista/index.php/revista/article/viewFile/P.0304-2340.2013vWAp443/314. Acesso em: 29 jul. 2017.

[359] HAUK, Esther; SAEZ-MARTI, Maria. On The Cultural Transmission of Corruption. *Journal of Economic Theory*, n. 107, aug./out. 2002, p. 2. Disponível em: https://pdfs.semanticscholar.org/a5e7/773eff04d6fa5dede337e3e7238f0a8b439a.pdf. Acesso em 09 jan. 2018.

Se a legislação for permissiva, apresentando lacunas nas prestações de contas, sem o estabelecimento de sanções em casos de descumprimento, haverá um amplo campo para a prática das várias formas de financiamento ilícito. Todavia, se os incentivos legais forem eficientes, tornando o financiamento eleitoral destoante das regras um mau negócio, várias empresas afastar-se-ão dessa seara, ou suas doações serão restritas à manifestação de seus posicionamentos políticos, o que mitigaria o problema do financiamento eleitoral ilícito.

O financiamento eleitoral privado é possível apenas porque há um amplo leque de incentivo à sua concretização. Mesmo que não haja interesse do doador de obter qualquer tipo de vinculação com a Administração Pública, a proximidade do poder, por si só, mostrar-se-á um componente eficaz para influenciar no financiamento, já que pode influenciar na formação da política econômica. Isso sem contar que a realização de negócios com a administração constitui uma fonte de rendimento imprescindível em muitos setores da economia.

Essa mesma análise mercadológica, baseando-se no pressuposto da eficiência de alocação de recurso, não admite que uma pessoa jurídica possa investir valores financeiros, à exceção de um montante razoável, determinado por lei, para demonstrar seu apoio político, pois, nesse caso específico não se espera um retorno direto do capital investido, no que se impossibilita a alocação de grande numerário a fundo perdido.

Se houvesse probabilidade da imposição de sanções, no caso de financiamento ilícito, haveria um forte incentivo para inibir essa conduta, desencorajando-a. Quando os políticos aceitam financiamento de fontes ilícitas e os financiadores decidem realizar despesas contrárias às leis, assim o fazem de modo racional porque as possibilidades de punição são pouco exequíveis. Se fosse o contrário, ou seja, se houvesse probabilidade da punição, o incentivo para agir na ilegalidade não existiria, havendo, então, um incentivo para atuar dentro dos limites dos padrões legais.[360]

O capital material não é a única forma de produção de valor, existindo, igualmente, o capital imaterial, que consiste em outras valorações, como a *expertise* individual, a notoriedade da marca etc., que não podem ser, como tais, quantificadas.[361] Pierre Bourdieu assevera que as relações sociais produzem consequências que podem

---

[360] AVRITZER, Leonardo; ANASTASIA, Fátima (Org.). *Reforma Política no Brasil*. Belo Horizonte: Ed. UFMG, 2007. p. 149.

[361] GORZ, André. *O Imaterial*: Conhecimento, Valor e Capital. Trad. Celso Azzan Júnior. São Paulo: Annablume, 2005. p. 29.

ser capitalizadas, não podendo ser mensuradas, entretanto, apenas como capital material.[362]

O *rent-seeking* não é um princípio mercadológico que se aplica a todo o financiamento eleitoral, indistintamente, mas ele ganha necessidade de análise quando determinada estrutura normativa é aprovada por intermédio do trabalho de *lobbies* e grupos de pressão. Geralmente, estes oferecem promessas ou efetivação de financiamento da campanha eleitoral, para atender interesses específicos, sem a preocupação de haver o enquadramento com os ditames da constituição econômica, ou de afrontar os interesses da maioria da população. Esta expressão – *rent-seeking* – significa, literalmente, caçar renda. O primeiro a contribuir com sua conceituação foi Gondon Tullock, no artigo "The Welfare Costs of Tariffs, Monopolies and Theft", em 1997. Entretanto, sua denominação e definição foram dadas por Anne Krueger, no artigo "The Political Economy of the Rent Seeking Society", em 1974.[363] A partir daí, essa expressão passou a definir uma intervenção estatal que traz benefícios a certos setores econômicos, sem a imposição de uma contraprestação necessária.

É interessante sublinhar que não existe nesse termo somente a noção de maximização de lucros, que pode ser uma decorrência do aumento de produção ou de uma intensificação da demanda. A prática do *rent-seeking* implica um comportamento que procura maximizar retornos, sem realizar contraprestações devidas, o que não acrescenta um ganho ao bem-estar social, haja vista que não há a criação de nenhuma nova riqueza.[364] Como os *rent-seekers* retiram lucro sem a criação de nenhum outro valor ou aumento na produtividade, isso provoca um déficit nas relações econômicas, reduzindo a criação de novas riquezas, aumentando as disfuncionalidades e diminuindo os rendimentos auferidos pelo governo.

O *rent-seeking* provoca um mau deslocamento de recursos, acarretando disfuncionalidades ao sistema econômico, por meio da obtenção de privilégios governamentais. Ele provoca um custo social,

---

[362] BOURDIEU, Pierre. Le Capital Social. *Actes de la Recherche en Sciences Sociales*, v. 31, jan. 1980, p. 2-3. Disponível em: http://www.persee.fr/doc/arss_0335-5322_1980_num_ 31_1_2069. Acesso em: 25 jan. 2018.

[363] TULLOCK, Gordon. The Origin Rent-Seeking Concept. *International Journal of Business and Economics*, v. 2, n. 1, April, 2003, p. 5-6. Disponível em: https://pdfs.semanticscholar .org/f592/3b20daf2c356122a9cb6aff5afffddd7eaf5.pdf. Acesso em: 07 jan. 2017.

[364] MONZONI NETO, Mario Prestes. *Caçadores de Renda:* Uma Investigação sobre a Teoria do Rent Seeking. Dissertação (Mestrado). 119 f. 2001. Escola de Administração de Empresas de São Paulo da Fundação Getúlio Vargas – FGV/EAESP, São Paulo, 2001, p. 5.

welfare loss, em razão de que há o emprego de parte da riqueza, gerada pela sociedade, sem que este produza novos valores, uma vez que se baseia apenas na proteção governamental,[365] isso sem levar em consideração que, em muitos casos de *rent-seeking*, os agentes estatais querem propina.[366] O dinheiro gasto para a aprovação de normas, que são uma benesse estatal, estimula uma perda na eficiência de determinado setor econômico, que poderia ser direcionada para criar empregos, investimentos, arrecadação tributária etc.[367]

Desse modo, configuram-se como atividade de *rent-seeking* situações que demandam tempo, habilidades e/ou dinheiro, com a finalidade de garantir determinada renda econômica em atividades que favorecem somente uma das partes da relação.[368] Diante dessa exposição, pode-se vislumbrar as características dessa prática em algumas atividades que se desenvolvem na seara política, havendo interesse quando *lobbies* e grupos de pressão, mediante promessa ou efetivo financiamento de campanha, interferem no processo político para a aprovação de normas que criam benefícios que não são consentâneos com a constituição econômica.[369]

Como precursor do *rent-seeking*, Tullock também observou um paradoxo intrínseco ao seu funcionamento, que estimula sua ocorrência. Consiste no baixo custo do que é exigido para a implementação da medida protetiva governamental em comparação aos altos retornos que ele proporciona. Ou seja, há um investimento relativamente pequeno, se comparado ao retorno que a medida protetiva pode proporcionar. Exemplo hipotético de *rent-seeking* é o caso de determinado setor

---

[365] TULLOCK, Gordon. The Origin Rent-Seeking Concept. *International Journal of Business and Economics*, v. 2, n. 1, Apr. 2003, p. 3. Disponível em: https://pdfs.semanticscholar.org / f592/3b20daf2c356122a9cb6aff5afffddd7eaf5.pdf. Acesso em: 07 jan. 2017.

[366] TULLOCK, Gordon. *Rent-Seeking as a Negative-Sum Game. In:* BUCHANAN, James M.; TOLLISON, Robert D.; TULLOCK, Gordon. *Toward a Theory of the Rent-Seeking Societ.* College Station: Texas A & M University Press, 1980. p. 29.

[367] TULLOCK, Gordon. The Welfare Costs of Tariffs, Monopolies, and Theft. *Western Economic Journal*, v. 5, n. 3, jun. 1967, p. 231. Disponível em: http://cameroneconom ics.com/tullock%20 1967.pdf. Acesso em: 07 jan. 2018.

[368] VINCENZI, Lucas; NOVAIS, Raquel. O Comportamento *Rent-seeking* no Setor Público. *Liga de Mercado Financeiro*. Disponível em: http://lmfunesp.com.br/noticias/o-comportamento-rent-seeking-no-setor-p%C3%BAblico. Acesso em: 14 dez. 2017.

[369] [...] Podem ser citados como exemplos: esquemas de corrupção, chantagens, tráfico de influências e demais mecanismos ilícitos praticados por políticos e grandes empresários. As propinas representam a renda econômica obtida além da remuneração normal do servidor público corrupto [...] (VINCENZI, Lucas; NOVAIS, Raquel. O Comportamento *Rent-seeking* no Setor Público. *Liga de Mercado Financeiro*. Disponível em: http://lmfunesp. com.br/noticias/o-comportamento-rent-seeking-no-setor-p%C3%BAblico Acesso em: 14 dez. 2017).

industrial que recebe um incentivo fiscal de bilhões de reais com o compromisso de investimentos em inovação tecnológica e, ao invés de realizar esse compromisso, embolsa o dinheiro investido e utiliza as inovações produzidas em suas matrizes estrangeiras. O montante gasto na aprovação dessa medida, também de forma hipotética, não passaria de um percentual ínfimo em relação ao lucro produzido.

A alta lucratividade do *rent-seeking* configura-se um grande estímulo e uma grande preocupação porque a sua comprovação não é fácil, pois não existe legislação específica sobre a matéria e não há uma atenção da sociedade civil para fiscalizar essas relações espúrias. A preocupação é maior ainda pelas suas consequências para o Direito Eleitoral, pois como o paradoxo apontado permite um alto retorno do investimento alocado, e como há uma necessidade de fontes de financiamento eleitoral, mesmo que ilícitas, a incidência sobre o *rent-seeking* não pode ser desprezada.

O paradoxo pode ser verificado, ao analisarem-se os valores empenhados no financiamento de campanhas em relação às benesses recebidas, como, por exemplo, o crédito subsidiado do BNDES. Uma das maiores beneficiárias foi a Odebrecht, que obteve crédito de R$449,4 milhões em 412 empréstimos,[370] quando, em contrapartida, essa mesma empresa fez doações no valor de R$20.923.445 aos mais variados partidos nas eleições de 2014.[371] Denota-se uma grande disparidade entre o valor despendido em financiamento eleitoral e o montante recebido em condições especiais.

Essas regras mercadológicas, que podem ser transplantadas para o financiamento eleitoral, cumprem a função de oferecer diretrizes para balizar o comportamento dos doadores. Quanto maior o interesse do doador e sua possibilidade de auferir lucro ou vantagens, maior será o montante de sua contribuição, obviamente, condicionada à sua capacidade econômica e à perspectiva de retorno.

Pode parecer paradoxal, mas, mesmo que a contribuição das pessoas jurídicas seja direcionada para a obtenção de lucro, seguindo algumas regras ditadas pelo mercado, a solução não está em suprimir sua atuação no processo eleitoral. Elas desempenham um papel na

---

[370] DINIZ, Kézya. Contas Abertas: BNDES concedeu R$2,4 bi às empresas investigadas pela Lava Jato. *Política com K*, 21 nov. 2014. Disponível em: http://www.politicacomk.com.br / contas-abertas-bndes-concedeu-r-24-bi-as-empresas-investigadas-pela-lava-jato/. Acesso em: 15 jan. 2018.

[371] ÀS CLARAS. *Cinco Empreiteiras e Quatro Partidos*: Eleições 2014. Disponível em: http://www. asclaras.org.br/arvores/cinco.html. Acesso em: 15 jan. 2018.

sociedade e uma das formas de liberdade de expressão que elas exercem é o financiamento eleitoral. Caminho mais fecundo a ser trilhado é a redução dos incentivos financeiros, obrigando-as a atuar de forma legal, sem desequilibrar a disputa eleitoral e impedindo que o poder político seja capturado pelo poder econômico.

O direito ao voto não pode ser confundido com um bem individual, que é passível de mercancia. Ele ostenta uma dimensão metaindividual devido a sua dimensão pública, sendo compartilhado por todos, de forma inexorável. A vida em sociedade não admite solipsismos, essa sociabilidade irrefreável obriga a que todos compartilhem dos problemas e das soluções, não obstante cada um ter em vista determinados interesses e vantagens tópicas. Devido essa constatação apodítica, o financiamento eleitoral deve ser tratado com seriedade para não subverter a soberania popular, mas sem utilizar soluções fáceis que, fatalmente, servirão para agravar mais a problemática e fomentar o processo de criminalização da política.[372]

---

[372] Há um mal-estar generalizado com a política e ele é suscetível de uma variedade de diagnósticos (BEJARANO, Ana María. Crisis de la Política o Crisis de la Representación Política. *In:* JACKISCH, Carlota. *Representación Política y Democracia*. Buenos Aires: Konrad Adenauer – Ciedla, 1998. p. 94).

CAPÍTULO 3

PERFIL DO FINANCIAMENTO ELEITORAL NO BRASIL E SUAS PERSPECTIVAS

3.1 Financiamento político

O papel do dinheiro, na construção da democracia, é bastante complexo. Os recursos financeiros servem como um instrumento para proporcionar a liberdade de expressão e estruturar as eleições, arcando com os custos dessa tarefa, que não são ínfimos, e, por essa via, possibilitando a participação de um maior número de cidadãos. No entanto, a sua utilização desproporcional, ou sem um regramento eficiente, ocasiona vários tipos de abuso de poder, fazendo com que o regime democrático seja fragilizado pela quebra da paridade de armas.[373]

Existe um debate frequente sobre a conduta dos doadores, se agem com uma visão egotrópica ou sociotrópica. O prisma egotrópico afirma que o motivo do financiamento é o interesse pessoal do doador, no sentido de que o candidato defenderá os posicionamentos por ele agasalhados ou que lhe traga algum benefício. A perspectiva sociotrópica parte do pressuposto de que a doação é realizada para consubstanciar um interesse coletivo, que é compartilhado por parte dos cidadãos.[374] Mesmo uma percepção egotrópica pode trazer benefícios quando apoiem diretrizes políticas que estimulem crescimento e renda. Quando esses doadores atuam no financiamento eleitoral, gastando enormes valores,

---

[373] AVIS, Eric; *et al*. Money and Politics: The Effects of Campaign Spending Limits on Political Competition and Incumbency Advantage. *NBER Working Paper*, Cambridge, n. 23.508, jun. 2017, p. 1. Disponível em: http://www.nber.org/papers/w23508.pdf. Acesso em 20 jun. 2017.

[374] Em sentido análogo ao comportamento do eleitor, *vide*: MARTINS, Rodrigo Caldeira de Almeida. *Análise Económica do Comportamento Eleitoral em Portugal*. 214 f. 2010. Tese (Doutorado). Faculdade de Economia da Universidade de Coimbra, Coimbra, 2010. p. 37.

eles assim o fazem visando auferir benefícios, isto é, dentro de uma visão egotrópica, que não traz qualquer benefício para a sociedade. Entretanto, se os recursos estiverem dentro dos princípios legais e republicanos, sem aviltar a constituição econômica, não significa, necessariamente, um prejuízo às instituições democráticas. Não obstante, melhor opção é evitar a tendência à concentração.

Configura-se insofismável a existência de desigualdades econômicas nas sociedades, com reflexo no sistema eleitoral, causadas pela má distribuição de renda e pelos próprios mecanismos de acumulação do sistema capitalista. Essas são questões que tocam, diretamente, no problema do financiamento da política, pois o processo eleitoral ocorre em meio a essa disparidade de potencial financeiro, tendo como contexto fático situações conflituosas que envolvem eleitores, partidos e personalidades políticas.[375]

Por essa perspectiva, o financiamento político, imprescindível para a construção de um processo de aprofundamento das discussões sobre o caminho da sociedade, poderá, de forma contraditória, colocar certos valores democráticos em risco, caso o dinheiro tenha valor decisivo no processo eleitoral. Entre as questões mais emblemáticas está assegurar a isonomia de oportunidades aos cidadãos, fazendo com que cada eleitor vote de acordo com sua consciência, independentemente de pressões externas.[376] Destarte, faz-se necessário analisar os caminhos utilizados para concretizar o processo eleitoral e a própria efetivação da representação política. Partindo-se da ideia de um governo eleito democraticamente, com a finalidade de realizar os anseios sociais, depreende-se que o financiamento político no Brasil direciona-se para o funcionamento da vida partidária – o financiamento partidário – e para o financiamento das eleições – o financiamento eleitoral.

A compreensão do conceito de financiamento político passa, indiscutivelmente, pelos contornos de todo o processo de diálogo travado em uma sociedade política, desde o suporte financeiro, de que os partidos políticos precisam para alcançar adeptos de sua ideologia, até a sua organização logística, incluindo os recursos de que os candidatos precisam, para chegar até o eleitorado e explicar seus

---

[375] BOBBIO, Norberto; MATTEUCCI, Nicola; PASQUINO, Gianfranco. *Dicionário de Política*. 11. ed. Brasília: Ed. UnB, 1998. v. 1, p. 392.

[376] SPECK, Bruno Wilhelm. Análisis Comparativo sobre Financiamiento de Campanas y Financiamiento de Partidos Políticos – Brasil. *In:* GRINER, Steven; ZOVATTO, Daniel (Org.). *De las Normas a las Buenas Prácticas*: El Desafío del Financiamiento Político en América Latina. San José, Costa Rica: IDEA/OEA, 2004. p. 1.

objetivos e defender seus posicionamentos políticos. O financiamento político engloba todo o dinheiro utilizado para estruturar as atividades partidárias e as campanhas eleitorais.[377] Ele representa todos os recursos arrecadados por partidos políticos, militantes e candidatos, durante e fora das campanhas eleitorais, em razão da competição política.[378] O que se torna perceptível, então, é que o financiamento político é consequência de uma necessidade de garantir recursos para o processo de discussão política da sociedade, tanto no pleito eleitoral, quanto no financiamento da vida partidária.[379]

A importância do financiamento partidário revela-se na imprescindibilidade que as agremiações ostentam no exercício de sua função de canalização dos anseios da cidadania, tornando efetiva a sua participação. Ele é assunto relevante por contribuir para a constituição da coluna vertebral do Estado democrático.[380] O que se analisa nesse campo é que, apesar de a democracia não ter um preço, ela, sem dúvidas, possui um custo, e esse tipo de financiamento ocorre todos os anos, independentemente de que aconteçam ou não eleições.[381]

Imperioso que se compreenda o próprio sentido da existência dos partidos políticos que, antes de jurídico, é sociológico.[382] Essas agremiações, ao menos em nível teórico, têm a função de criar um enraizamento político e social que fundamenta a ligação direta com o cidadão eleitor, contribuindo para o alicerce da democracia.[383] A Constituição de 1988 certifica a importância dos partidos políticos como uma instituição que faz o trabalho de unir os afluentes do povo e do

---

[377] FALGUERA, Elin; JONES, Samuel; OHMAN, Magnus. *Financiamento de Partidos Políticos e Campanhas Eleitorais*: Um Manual sobre Financiamento Político. Rio de Janeiro: Ed. FGV, 2015. p. 23.

[378] SPECK, Bruno Wilhelm. *O Financiamento Político e a Corrupção no Brasil. In:* BIASON, Rita de Cássia (Org.). *Temas de Corrupção Política*. São Paulo: Balão Editorial, 2012. v. 1, p. 08. Disponível em: https://www.academia.edu/3556070/Bruno_Wilhelm_Speck_O_financiamento_pol%C3%ADtico_e_a_corrup%C3%A7%C3%A3o_no_Brasil. Acesso em: 23 mar. 2018.

[379] SPECK, Bruno Wilhelm. Reagir a Escândalos ou Perseguir Ideais? A Regulação do Financiamento Político no Brasil. *Cadernos Adenauer*, v. 6, n. 2, 2005, p. 125. Disponível em: http://www.kas.de/wf/doc/9795-1442-5-30.pdf. Acesso em: 25 out. 2017.

[380] PANEBIANCO, Ângelo. *Modelos de Partido*: Organização e Poder nos Partidos Políticos. São Paulo: Martins Fontes, 2005. p. 12.

[381] MOJOBI, E. H. África Francófona. *In:* CARRILLO, M. *et al. Dinero y Contienda Político-Electoral*. México: Fondo de Cultura Económica, 2003. p. 141.

[382] FERREIRA, Pinto. *Comentários a Lei Orgânica dos Partidos Políticos*. São Paulo: Saraiva, 1992. p. 33.

[383] KELSEN, Hans. *A Democracia*. 2. ed. São Paulo: Martins Fontes, 2000. p. 22.

Estado, com o intuito de desembocar na formação da vontade política, sendo o processo eleitoral a maior demonstração concreta dessa função.[384] A finalidade das agremiações partidárias é constituir um caminho em que seja possível a expressão da vontade dos grupos representados, diminuindo a estratificação de posições sociais que marcam uma sociedade pós-moderna.[385] Ainda que não se tenha a intenção de discorrer sobre a natureza dos partidos políticos, é imprescindível que se compreenda sua noção básica, no sentido da existência de uma coletividade que possui integrantes com ideias e crenças comuns, com o intuito de torná-las factíveis, quanto à tomada do poder político.[386]

A função dos partidos é propiciar as condições para um debate amplo de ideais, defendendo, cada um deles, as suas ideologias, como forma de atrair o maior número de simpatizantes. O limite ao seu proselitismo político é o respeito ao voto livre e consciente, um dos cânones do regime democrático.[387] No entanto, exige-se, para o alcance desse objetivo, o cumprimento de regras da taxionomia procedimental.[388] Para que se realize a tarefa de representação popular, é necessário que o sistema político atente às regras do jogo.[389] Quanto a essa questão, salienta-se que é o Direito Eleitoral que vai tornar possível a prática

---

[384] MENDES, Gilmar Ferreira; COELHO, Inocêncio Mártires; BRANCO, Paulo Gustavo Gonet. *Curso de Direito Constitucional.* 5. ed. São Paulo: Saraiva, 2010. p. 893.

[385] Acerca dos efeitos da Pós-Modernidade expõe David Lyon: a possibilidade mesma de adquirir conhecimento ou de fazer uma descrição do mundo é posta em dúvida. Enquanto antes se podia ver como a estrutura do conhecimento refletia a estrutura da sociedade que o produzia – pense nos estudos de Weber sobre a racionalidade burocrática na Alemanha em sua fase de modernização – o pós-moderno nega tal estrutura tanto no conhecimento como na sociedade. Adeus ao conhecimento elaborado no passado; em vez disso, boas-vindas aos discursos flexíveis (LYON, David. *Pós-Modernidade.* São Paulo: Paulus, 1998. p. 23).

[386] ALVIM, Frederico Franco. *Curso de Direito Eleitoral.* Curitiba: Juruá, 2016. p. 211.

[387] SILVA, José Afonso. *Curso de Direito Constitucional Positivo.* 10. ed. São Paulo: Malheiros, 1995. p. 138.

[388] Essencialidade dos partidos políticos, no Estado de Direito, tanto mais se acentua quando se tem em consideração que representam eles um instrumento decisivo na concretização do princípio democrático e exprimem, na perspectiva do contexto histórico que conduziu à sua formação e institucionalização, um dos meios fundamentais no processo de legitimação do poder estatal, na exata medida em que o Povo – fonte de que emana a soberania nacional – tem, nessas agremiações, o veículo necessário ao desempenho das funções de regência política do Estado. As agremiações partidárias, como corpos intermediários que são, posicionando-se entre a sociedade civil e a sociedade política, atuam como canais institucionalizados de expressão dos anseios políticos e das reivindicações sociais dos diversos estratos e correntes de pensamento que se manifestam no seio da comunhão nacional (BRASIL. Supremo Tribunal Federal. Mandado de Segurança nº 26.603/DF, Pleno. Relator: Min. Celso de Mello. Julg.: 04.10.2007. *DJE:* 16.10.2007).

[389] BOBBIO, Norberto. *O Futuro da Democracia:* Uma Defesa das Regras do Jogo. Rio de Janeiro, Paz e Terra, 2011. p. 66.

desse ritual democrático, tornando-se necessário, como postula Norberto Bobbio, que ocorram situações fáticas que propiciem a efetivação do debate mais amplo, com o maior número possível de cidadãos munidos de paridade de armas.[390] Isso porque o poder institucional estabelecido precisa obedecer às regras para que ocorra seu retorno à sociedade, uma vez que na democracia deve existir alternância e renovação.[391]

Ao contrário do financiamento partidário, que se protrai com uma incidência ininterrupta, o financiamento eleitoral está mais concentrado num período específico – o da realização das eleições – o que não quer dizer que esses recursos não possam ser canalizados bem antes do período eleitoral e, mesmo assim, ter influência no resultado do pleito, como se faz, *v.g.*, com a compra de apoio político, o que torna inócuas determinadas restrições que apenas adquirem eficácia em sua seara formal. Apesar de ser mais efêmero, o financiamento eleitoral exige maior dispêndio de recursos porque implica um elemento muito importante para o alcance e manutenção do poder político. Sua importância também é significativa porque seu montante pode produzir vários tipos de abusos de poder e configurar-se imprescindível para ganhar as eleições.

A política, como qualquer outra atividade humana, no atual arranjo da sociedade capitalista, tem um custo financeiro que precisa ser discutido dentro dessa conjuntura. Assim, chega-se à conclusão de que a temática sobre o financiamento dos pleitos eleitorais configura-se como o objeto de maior problematização na engrenagem da política. Nessa seara, pois, será possível assistir-se ao encontro de dois caminhos estruturais de uma organização social: a política e a economia, que possuem pontos de intercessão bastante flexíveis.[392]

Nesse campo de incidência, mostra-se imprescindível (re)analisar a questão econômica e a influência do dinheiro, efetivamente, na formação e no funcionamento do poder político. Daí se vislumbra toda a preocupação que envolve, igualmente, a sociedade e o legislador com o financiamento das campanhas eleitorais, atestando o real reconhecimento de que o poder financeiro pode tornar-se um elemento de desequilíbrio

---

[390] BOBBIO, Norberto. *O Futuro da Democracia:* Uma Defesa das Regras do Jogo. Rio de Janeiro, Paz e Terra, 2011. p. 19.

[391] SCHLICKMANN, Denise Goulart. *Financiamento de Campanhas Eleitorais.* 8. ed. Curitiba: Juruá, 2016. p. 23-26.

[392] MENDONÇA, Jorge Pessoa. A Relação entre a Política e a Economia: Suas Implicações no Sistema Financeiro. *Revista Análise Econômica,* Porto Alegre, ano 18, n. 33, mar. 2000, p. 97. Disponível em: http://seer.ufrgs.br/index.php/AnaliseEconomica/article/view/10644/6279. Acesso em: 15 abr. 2018.

na disputa eleitoral, impedindo que os mandamentos da constituição econômica possam ser efetivados.[393]

Não por outro motivo, um dos pontos mais sensíveis de todo o processo eleitoral, indubitavelmente, é o financiamento das campanhas, pois, se ele não for devidamente disciplinado, a parêmia da igualdade de oportunidades será obnubilada e deturpada pelo poder econômico. Os custos e benefícios para a sociedade devem ser a primeira baliza no regramento do financiamento eleitoral.[394] Nesse sentido, esclarece-se que, muitas vezes, a credibilidade do poder político está diretamente relacionada à modalidade do financiamento eleitoral adotado em um determinado país ou por um partido específico. Não é de hoje que se tenta limitar o poder de influência do dinheiro na política, fala-se em possibilidades de caminhos legais para conter essa relação ainda no século XIX, no Reino Unido, quando foram promulgadas inúmeras leis para disciplinar as contribuições para partidos e políticos.[395]

Dessa forma, é visível que a ordem jurídica brasileira passa por um período de instabilidade nas formas de financiamento eleitoral, até pelo próprio fato de a Constituição Federal de 1988, apesar de ser um texto analítico, não ter indicado nenhuma fonte de recursos para os pleitos,[396] somente outorgando-se aos partidos políticos o direito de acesso ao Fundo Partidário e ao horário eleitoral gratuito.[397]

---

[393] SALGADO, Eneida Desireé. Abuso do Poder Econômico e Financiamento das Campanhas Eleitorais. *Paraná Eleitoral: Revista Brasileira de Direito Eleitoral e Ciência Política*, Curitiba, n. 39, jan./mar. 2001, p. 15.

[394] ASHWORTH, Scott. Campaign Finance and Voter Welfare with Entrenched Incumbents. *American Political Science Review*, Princeton, v. 100, n. 1, feb. 2006, p. 55. Disponível em: http://home.uchicago.edu/~sashwort/campaign.pdf. Acesso em: 26 abr. 2018.

[395] RODRIGUES, Ricardo José Pereira. Financiamento de Partidos Políticos e Fundos Partidários: Subvenções Públicas em Países Selecionados. *Revista de Informação Legislativa*, v. 49, n. 193, jan./mar. 2012, p. 31. Disponível em: https://www12.senado.leg.br/ril/edicoes/49/193/ril_v49_n193_p31.pdf. Acesso em: 29 abr. 2018.

[396] A constituição de 1988 não contém, em qualquer de suas disposições constitucionais, um tratamento específico e exaustivo no que concerne ao financiamento de campanhas eleitorais. Deveras, diversamente do elevado grau de detalhamento com que cuidou de inúmeros aspectos da vida, o constituinte originário não entregou ao legislador um modelo pré-elaborado de arrecadação de fundos para as campanhas eleitorais. Poderia fazê-lo, mas verdadeiramente, não o fez (FUX, Luiz; FRAZÃO, Carlos Eduardo. *Novos Paradigmas do Direito Eleitoral*. Belo Horizonte: Fórum, 2016. p. 75).

[397] Art. 17 da Constituição de 1988: É livre a criação, fusão, incorporação e extinção de partidos políticos, resguardados a soberania nacional, o regime democrático, o pluripartidarismo, os direitos fundamentais da pessoa humana e observados os seguintes preceitos: [...] §3º Somente terão direito a recursos do Fundo Partidário e acesso gratuito ao rádio e à televisão, na forma da lei, os partidos políticos que alternativamente: I – obtiverem, nas eleições para a Câmara dos Deputados, no mínimo, 3% (três por cento) dos votos válidos, distribuídos em pelo menos um terço das unidades da Federação, com um mínimo de 2% (dois por

CAPÍTULO 3
PERFIL DO FINANCIAMENTO ELEITORAL NO BRASIL E SUAS PERSPECTIVAS | 115

Apesar de a Constituição Federal não ter estipulado um modelo de financiamento eleitoral específico, criou, porém, no entendimento de Daniel Sarmento, uma moldura que deve servir de orientação a essas regras.[398] Esse direcionamento está implícito, exatamente, no princípio democrático, republicano, e no princípio da igualdade política. Seu detalhamento foi deixado ao legislador infraconstitucional, que tem a missão de delinear todos os contornos quanto ao modo de os partidos políticos arrecadarem os valores necessários para custear suas campanhas.

O financiamento político é uma questão muito complexa, não apenas porque potencializa as chances para vencer o pleito, envolvendo escassos recursos financeiros etc., mas, igualmente, porque suas regras e limitações são realizadas por aqueles que apresentam interesse nos pleitos: os mandatários, cuja maior parte disputará, recorrentemente, as próximas eleições.[399] Ostentando interesse direto no pleito, os legisladores, em razão de seus próprios objetivos, têm a tendência de não assegurar paridade de armas a todos os atores políticos, mas sim de privilegiar os seus anseios específicos. Em razão desse fato, faz-se necessário que a sociedade civil e os cidadãos se mobilizem, a fim de que a legislação atinente à matéria possa ser a mais adequada possível ao desenvolvimento da democracia, e, desse modo, contorne aparentes soluções fáceis que podem aprofundar os malefícios provocados pela utilização ignominiosa do poder econômico.

3.2 Financiamento eleitoral

Inicialmente, urge compreender que a classificação do financiamento eleitoral ocorre em razão de sua origem, identificando de onde os recursos provêm, dividindo-os em público, privado e misto. Define-se o financiamento eleitoral como todos os recursos materiais que um candidato, partido ou coligação empregam com a finalidade

---

cento) dos votos válidos em cada uma delas; ou II – tiverem elegido pelo menos quinze Deputados Federais distribuídos em pelo menos um terço das unidades da Federação.

[398] SARMENTO, Daniel; OSORIO, Aline. Uma Mistura Tóxica: Política, Dinheiro e o Financiamento das Eleições. *In:* SARMENTO, Daniel. *Jurisdição Constitucional e Política.* Rio de Janeiro: Forense, 2015. p. 675.

[399] BRASIL. Congresso. Câmara dos Deputados. Câmara Aprova Criação de Fundo Público de Financiamento de Campanhas. *Câmara Notícias,* 05 out. 2017. Disponível em: http://www2. camara.leg.br/camaranoticias/noticias/POLITICA/545056-CAMARA-APROVA-CRIACAO-DE-FUNDO-PUBLICO-DE-FINANCIAMENTO-DE-CAMPANHAS.html. Acesso em: 14 mar. 2018.

de captar votos em uma disputa eleitoral.[400] São recursos arrecadados que têm o objetivo de custear as exigências materiais que se avolumam no período eleitoral, mas que são imprescindíveis para que se possa vencer as eleições.[401]

Bruno Speck define o financiamento eleitoral como os recursos materiais empregados pelos partidos e candidatos para organizar a campanha e convencer os eleitores a confiarem-lhe o voto.[402] Luiz Carlos Gonçalves prefere enfocar o fato de que ele representa um dos focos de corrupção, favores ilícitos e venalidade de muitos representantes no Brasil, adjetivando-o de forma essencialmente pejorativa.[403] O financiamento eleitoral ganha tonalidades sombrias quando ele se estrutura em uma troca de favores espúria, em que o desiderato não representa o apoio a determinada convicção política, mas a obtenção de lucro por meio de afrontas a mandamentos legais. Com o desenvolvimento dessa prática, os representantes do poder econômico terão uma participação superdimensionada na sociedade, enquanto os representantes da maioria da população, que não dispõem de recursos materiais nem relações com seus detentores, ficam sub-representados. Essa sub-representação política, ao mesmo tempo que estiola a democracia, configura-se como um estorvo para a concretização da constituição econômica.[404]

A questão do financiamento eleitoral ganha maior magnitude diante do fato incontestе de que o custo das campanhas eleitorais tem aumentado, exponencialmente, no Brasil, a cada novo pleito, independentemente das medidas tomadas para diminuir esse montante, como a redução do tempo de campanha, a proibição de showmícios, a distribuição de brindes etc.[405]

Devido ao custo do financiamento eleitoral ter aumentado exponencialmente, a discussão sobre suas fontes ganha um interesse ainda mais premente, já que, por essa razão, a maioria da população que

---

[400] GOMES, José Jairo. *Direito Eleitoral*. São Paulo: Atlas, 2013. p. 336.

[401] XAVIER, Allan Ferreira; SILVA, Matheus Passos. *O Financiamento de Campanha Eleitoral e a sua Influência na Representação Política*. Brasília: Vestnik, 2014. p. 10.

[402] SPECK, Bruno Wilhelm. O Financiamento de Campanhas Eleitorais. *In*: ANASTASIA, Fátima; AVRITZER, Leonardo (Org.). *Reforma Política no Brasil*. Belo Horizonte: Ed. UFMG, 2006. p. 153.

[403] GONÇALVES, Luiz Carlos dos Santos. *Direito Eleitoral*. 2. ed. São Paulo: Atlas, 2012. p. 155.

[404] MACHADO, Marcelo Passamani. O Financiamento das Campanhas Eleitorais: Perspectivas para uma Reforma Política. In: LEMBO, Cláudio; CAGGIANO, Monica Herman Salem (Coord.). *O voto nas Américas*. Barueri: Manole 2008. p. 198.

[405] Custo do voto no Brasil: 2002 – R$1,30; 2004 – 6.83; 2006 – 3.05; – 2008 – 11,79; 2010 – 5.53; 2012 – 20.61; 2014 – 7.90 (ÀS CLARAS. *Transparência Brasil*: Eleições 2012. Disponível em: http://www.asclaras.org.br/@index.php. Acesso em: 11 abr. 2017).

não dispõe desses recursos fica excluída de participar das eleições com chances reais de vitória. Sem as condições materiais devidas, a igualdade de representação política fica relegada a uma função mitológica.

É primordial que se observe as características metajurídicas que estão atreladas à questão do financiamento eleitoral. Pode-se verificar que esse é um tema que suscita complexidade, controvérsia, atualidade e recorrência.[406] Tem que se observar que a temática do financiamento eleitoral precisa ser analisada em conjunto com outras questões, tais como: princípios constitucionais ligados a formas de governo e representação política, a questão da cultura política, a circunscrição eleitoral em disputa e a própria organização econômica da sociedade.

Depreende-se desse contexto que as adversidades políticas e eleitorais não são solucionadas com a escolha de uma modalidade de financiamento. Está demonstrada a existência de dificuldades históricas, econômicas e sociológicas inerentes ao processo político brasileiro.[407] Conclui-se que o assunto é controverso por possuir abordagens muito diferentes. Cada tipo de financiamento pode ser fundamentado em argumentos muito específicos porque não é uma questão ontológica em que há uma modalidade superior. A superioridade de uma forma, em relação a outras, advém de questões extrajurídicas, ligadas a questões socioeconômicas, impossibilitando a análise de uma forma sem o contexto em que está inserido.[408] O sistema ideal seria aquele em que as pessoas pudessem competir sob igualdade de condições materiais, sem que houvesse o cometimento de qualquer abuso de poder.

O que é importante observar, de antemão, é que a preocupação, em relação ao peso do poder econômico na tomada de decisões dos cidadãos, mormente durante o pleito eleitoral, não é um fenômeno exclusivamente brasileiro. As escolhas entre os caminhos considerados adequados são múltiplas, desde a preferência pelo financiamento completamente público, até os casos em que a contribuição de particulares é livre. Para uma percepção ligeira do assunto, no México, 95% dos gastos da

---

[406] SANSEVERINO, Francisco de Assis Vieira. Financiamento de Campanha Eleitoral: Entre o Público e o Privado. In: RAMOS, André de Carvalho (Coord.). *Temas do Direito Eleitoral no Século XXI*. Brasília: Escola Superior do Ministério Público da União, 2012. p. 252.

[407] FILGUEIRAS, Fernando. A Tolerância à Corrupção no Brasil: Uma Antinomia entre Normas Morais e Prática Social. *Opinião Pública*, Campinas, v. 15, n. 2, nov. 2009, p. 388. Disponível em: http://dx.doi.org/10.1590/S0104-62762009000200005. Acesso em: 29 abr. 2018.

[408] OLIVEIRA, Elton Somensi de; TONIAL, Raíssa. Os Modelos de Financiamento de Campanha Eleitoral e o Contexto Político-Cultural Brasileiro. *Direito e Justiça – Revista de Direito da PUCRS*, Porto Alegre, v. 40, n. 1, jan./jun. 2014, p. 109. Disponível em: http://revistaseletronicas. pucrs.br/ojs/index.php/fadir/article/view/16553/10867. Acesso em: 29 abr. 2018.

campanha presidencial, de 2012, foram pagos pelo Estado. Na Espanha, o financiamento público assegura cerca de 80% dos gastos dos partidos.[409]

O financiamento eleitoral privado é aquele em que todas as suas fontes não têm origem pública,[410] mas, frequentemente, estão sujeitas a restrições, principalmente aquelas provenientes de fontes estrangeiras, pessoas jurídicas, instituições (semi)públicas e sindicatos.[411] Por outro lado, o financiamento público consiste na forma de arrecadação em que seus recursos provêm de entidades estatais. Ressalte-se que não existe nenhum sistema eleitoral que não tenha nenhum tipo de recurso público, pois eles são imprescindíveis para a organização e efetivação das eleições.

Segundo a legislação brasileira, os recursos financeiros que são arrecadados em campanha, mesmo sendo públicos ou privados, apenas podem ser provenientes das seguintes origens: recursos próprios dos candidatos, autofinanciamento; doações financeiras ou estimáveis em dinheiro de pessoas físicas; doações de outros partidos políticos e de outros candidatos; comercialização de bens e/ou serviços ou promoção de eventos de arrecadação, realizados diretamente pelo candidato, coligação ou pelo partido político; recursos próprios dos partidos políticos, desde que seja identificada e permitida sua origem; Fundo Partidário; Fundo Especial de Financiamento de Campanha; rendimentos decorrentes da locação de bens próprios dos partidos políticos, rendimentos gerados pela aplicação de suas disponibilidades.[412]

---

[409] STRUCK, Jean-Philip. Financiamento Público de Campanhas à Brasileira. *Carta Capital*, 11 ago. 2017. Disponível em: https://www.cartacapital.com.br/politica/financiamento-publico-de-campanhas-a-brasileira. Acesso em: 18 ago. 2017.

[410] FALGUERA, Elin; JONES, Samuel; OHMAN, Magnus (Ed.). *Financiamento de Partidos Políticos e Campanhas Eleitorais*: Um Manual sobre Financiamento Político. Rio de Janeiro: Ed. FGV, 2015. p. 285.

[411] FALGUERA, Elin; JONES, Samuel; OHMAN, Magnus (Ed.). *Financiamento de Partidos Políticos e Campanhas Eleitorais*: Um Manual sobre Financiamento Político. Rio de Janeiro: Ed. FGV, 2015. p. 292.

[412] Art. 17 da Resolução 23.553/2018: Os recursos destinados às campanhas eleitorais, respeitados os limites previstos, somente são admitidos quando provenientes de: I – recursos próprios dos candidatos; II – doações financeiras ou estimáveis em dinheiro de pessoas físicas; III – doações de outros partidos políticos e de outros candidatos; IV – comercialização de bens e/ou serviços ou promoção de eventos de arrecadação realizados diretamente pelo candidato ou pelo partido político; V – recursos próprios dos partidos políticos, desde que identificada a sua origem e que sejam provenientes: a) do Fundo Partidário, de que trata o art. 38 da Lei nº 9.096/1995; b) do Fundo Especial de Financiamento de Campanha (FEFC); c) de doações de pessoas físicas efetuadas aos partidos políticos; d) de contribuição dos seus filiados; e) da comercialização de bens, serviços ou promoção de eventos de arrecadação; f) de rendimentos decorrentes da locação de bens próprios dos partidos políticos.; VI – rendimentos gerados pela aplicação de suas disponibilidades; §1º Os rendimentos financeiros e os recursos obtidos com a alienação de bens têm a mesma natureza dos recursos investidos ou utilizados para

As fontes vedadas são determinadas pelas procedências de recursos, que são impedidas, terminantemente, de fazerem doações a campanhas eleitorais, em virtude de que sua atuação pode trazer gravames não apenas à igualdade de oportunidades eleitorais, mas também pode distorcer ainda mais o resultado eleitoral. Não houve um *telos* único para a sua vedação, mas existiu a intenção de prevenir a utilização de recursos públicos, impedir a prevalência de interesses externos, obstacular a interferência de entidades que gozam de favores estatais e evitar que entidades esportivas, religiosas ou sindicais cerceiem a livre escolha dos cidadãos.

Para cada pleito, forma-se uma lista dessas pessoas jurídicas, com base em um estudo elaborado pela Justiça Eleitoral, arrimado no Código de Classificação Nacional de Atividades Econômicas (CNAE) e no Código de Natureza Jurídica, vinculados ao número de inscrição no Cadastro Nacional da Pessoa Jurídica (CNPJ). Com base nesse banco de dados, não exaustivo, facilita-se apontar, na prestação de contas, aquelas que estão vedadas de contribuir eleitoralmente.[413] É importante destacar, aliás, como tradição histórica, por expressa vedação legal, que não se pode incluir doações financeiras de entidades ou governos estrangeiros, inclusive, por meio de publicidade de qualquer espécie.[414] Ou seja, o partido ou candidato não podem receber, de forma direta ou indireta, nenhum financiamento em dinheiro ou estimável em dinheiro dessas instituições.

Estão vedadas as doações das seguintes fontes: *órgão* da Administração Pública, direta ou indireta, ou fundação mantida com recursos provenientes do Poder Público; concessionário ou permissionário de serviço público; entidade de direito privado que receba, na condição de beneficiária, contribuição compulsória, em virtude de disposição legal; entidade de utilidade pública; entidade de classe ou sindical;

---

sua aquisição e devem ser creditados na conta bancária na qual os recursos financeiros foram aplicados ou utilizados para aquisição do bem; §2º O partido político não poderá transferir para o candidato ou utilizar, direta ou indiretamente, nas campanhas eleitorais, recursos que tenham sido doados por pessoas jurídicas, ainda que em exercícios anteriores (BRASIL. Supremo Tribunal Federal. ADI 4.650/DF. Relator: Min. Luiz Fux. Julg.: 30.10.2013. DJE: 06.11.2013).

[413] BRASIL. Tribunal Superior Eleitoral. *Fontes vedadas – Lista não exaustiva de fontes vedadas de doação em campanha*. Disponível em: http://www.tse.jus.br/eleitor-e-eleicoes/eleicoes/eleicoes-anteriores/eleicoes-2014/prestacao-de-contas-eleicoes-2014/fontes-vedadas-2013-lista-nao-exaustiva-de-fontes-vedadas-de-doacao-em-campanha. Acesso em: 03 abr. 2018.

[414] Art. 33 da Resolução 23.553/2018: É vedado a partido político e a candidato receber, direta ou indiretamente, doação em dinheiro ou estimável em dinheiro, inclusive por meio de publicidade de qualquer espécie, procedente de: I – pessoas jurídicas; II – origem estrangeira; III – pessoa física que exerça atividade comercial decorrente de permissão pública.

pessoa jurídica sem fins lucrativos que receba recursos do exterior; entidades beneficentes ou religiosas; entidades esportivas; organizações não governamentais que recebam recursos públicos; organizações da sociedade civil de interesse público. [415]

Por *óbvio*, o recurso recebido por candidato ou partido, oriundo de fontes vedadas, deve ser imediatamente devolvido ao doador, sendo proibida sua utilização ou aplicação financeira, sob pena de configuração de abuso de poder.[416]

Não sendo essas fontes consideradas como vedadas, depois do registro da candidatura e cumpridas as obrigações inerentes à escrituração eleitoral, legitimam-se os gastos, sujeitos ao registro e aos limites fixados legalmente. A Lei Eleitoral prevê os seguintes dispêndios, durante a campanha, com: confecção de material impresso de qualquer natureza; propaganda e publicidade direta ou indireta, por qualquer meio de divulgação; aluguel de locais para a promoção de atos de campanha eleitoral; despesas com transporte ou deslocamento de candidato e de pessoal a serviço das candidaturas; correspondências e despesas postais; despesas de instalação, organização e funcionamento de comitês de campanha e serviços necessários às eleições, remuneração ou gratificação de qualquer espécie paga a quem preste serviço a candidatos e a partidos políticos; montagem e operação de carros de som, de propaganda e de assemelhados; realização de comícios ou eventos destinados à promoção de candidatura; produção de programas de rádio, televisão ou vídeo, inclusive, os destinados à propaganda gratuita; realização de pesquisas ou testes pré-eleitorais; custos com a criação e

---

[415] Art. 24 da Lei nº 9.504/1997: É vedado, a partido e candidato, receber direta ou indiretamente doação em dinheiro ou estimável em dinheiro, inclusive por meio de publicidade de qualquer espécie, procedente de: I – entidade ou governo estrangeiro; II – órgão da Administração Pública direta e indireta ou fundação mantida com recursos provenientes do Poder Público; III – concessionário ou permissionário de serviço público; IV – entidade de direito privado que receba, na condição de beneficiária, contribuição compulsória em virtude de disposição legal; V – entidade de utilidade pública; VI – entidade de classe ou sindical; VII – pessoa jurídica sem fins lucrativos que receba recursos do exterior; VIII – entidades beneficentes e religiosas; IX – entidades esportivas; X – organizações não-governamentais que recebam recursos públicos; XI – organizações da sociedade civil de interesse público; §1º Não se incluem nas vedações de que trata este artigo as cooperativas cujos cooperados não sejam concessionários ou permissionários de serviços públicos, desde que não estejam sendo beneficiadas com recursos públicos, observado o disposto no art. 81; §4º O partido ou candidato que receber recursos provenientes de fontes vedadas ou de origem não identificada deverá proceder à devolução dos valores recebidos ou, não sendo possível a identificação da fonte, transferi-los para a conta única do Tesouro Nacional.

[416] Art. 33 da Resolução nº 23.553/2018: [...] §2º O recurso recebido por candidato ou partido oriundo de fontes vedadas deve ser imediatamente devolvido ao doador, sendo vedada sua utilização ou aplicação financeira.

CAPÍTULO 3
PERFIL DO FINANCIAMENTO ELEITORAL NO BRASIL E SUAS PERSPECTIVAS | 121

inclusão de páginas na internet e com o impulsionamento de conteúdos contratados diretamente de provedor da aplicação de internet, com sede e foro no País; multas aplicadas, até as eleições, aos candidatos e partidos políticos por infração do disposto na legislação eleitoral; doações para outros partidos políticos ou para outros candidatos; produção de *jingles*, vinhetas e slogans para propaganda eleitoral.

Diante de todo o exposto, configura-se indispensável repensar as fontes necessárias e possíveis para sustentar um pleito eleitoral, por óbvio, à luz de princípios como a liberdade de expressão, a paridade de armas, o princípio da legalidade e o da transparência, concebendo-se o pleito eleitoral como ação legitimadora do processo democrático.

Não se tenciona sustentar que o financiamento eleitoral seja, ontologicamente, algo deletério para a sociedade e a única causa de escândalos, pois há vários outros envolvendo a Administração Pública, sem limitar-se ao calendário eleitoral.[417] Como representa uma das conexões para a obtenção do poder e como não há eleições sem custos, sempre haverá atores econômicos interessados em financiar as campanhas, de forma lícita ou ilícita, enquanto for vantajoso para seus interesses, consistindo em uma ilusão a tentativa de extirpar o poder econômico do processo eleitoral.

3.2.1 Histórico do financiamento eleitoral no Brasil até 2015

As legislações eleitorais do Império e da Velha República não regulavam o financiamento das campanhas eleitorais. Essa temática não era, à época, importante porque além do art. 90 da Constituição Brasileira de 1824 determinar que a nomeação para os cargos eletivos (deputados, senadores e membros dos conselhos gerais das províncias) seria feita de forma indireta, havia a imposição do voto censitário, o que diminuía o número do eleitorado.[418] A restrição do corpo de eleitores, a aquiescência ao poder econômico e político e outras questões históricas limitavam o processo de disputa, o que fez, durante razoável lapso

---

[417] VILLAR, João Heliofar de Jesus. Corrupção: O Ovo da Serpente. *Folha de S.Paulo*, Tendências/Debates, 04 jan. 2010. Disponível em: http://www1.folha.uol.com.br/fsp/opiniao/fz0401201009.htm. Acesso em: 30 abr. 2018.

[418] Art. 90 da Constituição Brasileira de 1824: As nomeações dos Deputados, e Senadores para a Assembléa Geral, e dos Membros dos Conselhos Geraes das Provincias, serão feitas por Eleições indirectas, elegendo a massa dos Cidadãos activos em Assembléas Parochiaes os Eleitores de Provincia, e estes os Representantes da Nação, e Provincia.

temporal, com que a temática do financiamento de campanha não obtivesse a atenção necessária.[419]

Somente com a Constituição de 1946 foi que se instituiu um disciplinamento para o financiamento político, especificamente para os partidos.[420] Nesse período, já se pode falar em um primeiro regulamento que tratou, diretamente, do financiamento político-partidário – o Decreto-Lei nº 9.258/46. Este instituiu vedações, no que se refere ao recebimento de recursos financeiros provenientes de qualquer fonte estrangeira, além de introduzir outras normas que estão em vigor até hoje, como a proibição da propaganda eleitoral às vésperas da votação e a vedação da obtenção de financiamento junto a concessionárias de serviços públicos ou sociedades de economia mista.[421]

A importância dada ao financiamento de campanhas nesse período adveio de mudanças eleitorais importantes, como o estabelecimento de eleição direta para Presidente da República e o aumento do número de eleitores. Inicia-se uma discussão mais enfática sobre essa matéria, principalmente, depois do governo de Juscelino Kubitschek, em que as contribuições das empresas ganharam mais destaque, tendo em vista que nesse governo o Brasil passou por um processo mais intenso de industrialização, inclusive, com a construção da cidade de Brasília.[422]

O Código Eleitoral de 1950, em seu artigo 144, impediu os partidos políticos de receberem contribuições pecuniárias, ou estimável em dinheiro, de procedência estrangeira, recurso de autoridade pública, cuja proveniência fosse ilegal, bem como de sociedades de economia mista e empresas concessionárias de serviço público.[423]

---

[419] FIGUEIREDO FILHO, Dalson Britto *et al*. Financiamento de Campanha: Nível de Regulamentação em Perspectiva Comparada. *E-Legis – Revista Eletrônica do Programa de Pós-Graduação da Câmara dos Deputados*, ago. 2015, p. 37. Disponível em: http://e-legis.camara. leg.br/cefor/index.php/e-legis/article/view/215. Acesso em: 30 abr. 2018.

[420] TOFFOLI, José Antônio Dias. Quem Financia a Democracia no Brasil? *Revista Interesse Nacional*, a. 7, n. 28, jan./mar. 2015, p. 4.

[421] Art. 26 do Decreto-Lei nº 9.258/1946: Será cancelado o registro de partido político mediante denúncia de qualquer eleitor, de delegado de partido ou representação do Procurador Geral ao Tribunal Superior: a) quando se provar que recebe de procedência estrangeira orientação político-partidária contribuição em dinheiro ou qualquer outro auxílio. b) quando se provar que contrariando o seu programa pratica atos ou desenvolve atividade que colidam com os princípios democráticos ou os direitos fundamentais do homem, definidos na Constituição.

[422] CAMPOS, Pedro Henrique Pedreira. *A Ditadura dos Empreiteiros*: As Empresas Nacionais de Construção Pesada, suas Formas Associativas e o Estado Ditatorial Brasileiro, 1964-1985. 584 f. 2012. Tese (Doutorado em História). Instituto de Ciências Humanas e Filosofia da Universidade Federal Fluminense, Niterói, 2012, p. 61.

[423] Art. 144 do Código Eleitoral: É vedado aos partidos políticos: I – receber, direta ou indiretamente, contribuição ou auxílio pecuniário ou estimável em dinheiro de procedência estrangeira; II – receber de autoridade pública recursos de proveniência ilegal; III – receber,

CAPÍTULO 3
PERFIL DO FINANCIAMENTO ELEITORAL NO BRASIL E SUAS PERSPECTIVAS | 123

Em 1965, a Lei de Organização dos Partidos Políticos, nº 4.740/65, em seu art. 56, além de trazer as proibições descritas no art. 144 do Código Eleitoral de 1950, acrescentou a vedação do recebimento de contribuição, auxílios ou recursos procedentes de empresas privadas e de finalidade lucrativa. Destarte, foi a primeira vez que se proibiu as pessoas jurídicas de participarem do financiamento de campanhas políticas.[424] A proposta de proibição de doações de empresas foi, indiretamente, acolhida pelo Código Eleitoral de 1965, quando combateu a indevida influência do poder econômico sobre as campanhas.[425]

No artigo 54, incisos I e II, da Lei nº 4.740, de 1965, havia a fixação de quantias que poderiam ser apuradas para gastos com propaganda partidária e com candidatos.[426] Existia uma tendência ao controle financeiro, como, por exemplo, no que concernia aos limites para o recebimento de contribuições por parte de seus filiados.

Em decorrência da implementação de uma política nacional-desenvolvimentista, que começou nos anos cinquenta e sessenta do século passado, com forte presença do Estado na economia, a revisão da LOPP, em 1971, impediu que as contribuições recaíssem sobre recursos de autarquias, de empresas públicas e de fundações instituídas, em virtude de lei e também de contribuições de entidades de classe ou sindical. Havia naquele momento um grande número de empresas públicas que poderia ameaçar a idoneidade do processo eleitoral, uma vez que os candidatos da situação poderiam obter vantagem

---

direta ou indiretamente, qualquer espécie de auxílio ou contribuição das sociedades de economia mista e das empresas concessionárias de serviço público.

[424] Art. 56 da Lei nº 4.740/1965: É vedado aos partidos: I – receber, direta ou indiretamente, contribuição ou auxílio pecuniário ou estimável em dinheiro, procedente de pessoa ou entidade estrangeira; II – receber recurso de autoridades ou órgãos públicos, ressalvadas as dotações referidas nos incisos I e II do art. 60,e no art. 61; III – receber, direta ou indiretamente, qualquer espécie de auxílio ou contribuição das sociedades de economia mista e das emprêsas concessionárias de serviço público; IV – receber, direta ou indiretamente, sob qualquer forma ou pretexto, contribuição, auxílio ou recurso procedente de empresa privada, de finalidade lucrativa.

[425] Art. 237 do Código Eleitoral de 1965: A interferência do poder econômico e o desvio ou abuso do poder de autoridade, em desfavor da liberdade do voto serão coibidos e punidos.

[426] Art. 54 da Lei nº 4.740 de 1965: Os partidos organizarão as respectivas finanças, com vista às suas finalidades, devendo, em consequência, incluir nos seus estatutos preceitos que: I – habilitem a fixar e apurar as quantias máximas que poderá despender na propaganda partidária e na de seus candidatos; II – fixem os limites das contribuições e auxílios de seus filiados; §1º Os partidos deverão manter rigorosa escrituração de suas receitas e despesas, indicando-lhes a origem e aplicação; §2º Os livros de contabilidade do diretório nacional serão abertos, encerrados e em tôdas as fôlhas rubricadas no Tribunal Superior Eleitoral; §3º O Tribunal Regional Eleitoral e o juiz eleitoral exercerão a mesma atribuição quanto aos livros de contabilidade dos diretórios do respectivo Estado, do Distrito Federal e Territórios, e dos diretórios municipais das respectivas zonas.

nas disputas, decidindo-se pela proibição de financiamento por parte dessas empresas que refletiam a crescente intervenção do Estado na economia.[427] Destaque-se que a proibição de contribuições por entidades de classe ou sindical, instituída pela Lei Orgânica dos Partidos Políticos, em 1971, tem o desiderato de tentar impedir que os sindicatos possam utilizar sua estrutura para eleger seus representantes.

Com a redemocratização, nos anos oitenta, viabilizada pela mobilização popular e pela crise econômica, houve o fim da censura, o florescimento das liberdades democráticas e a consolidação do uso da televisão e das pesquisas eleitorais. Nessa efervescência democrática, com o aumento da competitividade política, a busca por mais recursos financeiros tornou-se uma tônica frequente. Para o poder econômico, abriu-se uma larga alameda para sua atuação.[428]

Após a eleição de 1989 e em razão do *impeachment* do presidente Fernando Collor, falou-se muito em financiamento de campanha, em virtude das notícias da grande quantidade de doações ilegais feitas para a campanha do então candidato eleito, ressaltando-se que, naquela eleição, ainda estava proibida a doação por parte de pessoas jurídicas.[429] Naquele período, as doações de empresas ainda eram vedadas, de acordo com a Lei Orgânica dos Partidos Políticos, Lei 5.682/71, contudo, sem obter nenhuma densidade de eficácia, haja vista o financiamento empresarial avolumado, direcionado à campanha de Fernando Collor.[430]

---

[427] SPECK, Bruno Wilhelm. Reagir a Escândalos ou Perseguir Ideais? A Regulação do Financiamento Político no Brasil. *Cadernos Adenauer*, v. 6, n. 2, 2005, p. 131. Disponível em: http://www.kas.de/wf/doc/9795-1442-5-30.pdf. Acesso em: 25 out. 2017.

[428] SOUZA, Cíntia Pinheiro Ribeiro de. A Evolução da Regulação do Financiamento de Campanha no Brasil (1945-2006). *Resenha Eleitoral*, Florianópolis, n. 3, jan./jun. 2013. Disponível em: http://www.tre-sc.jus.br/site/resenha-eleitoral/revista-tecnica/edicoes/n-3-janjun-2013/integra/2013/06/a-evolucao-da-regulacao-do-financiamento-de-campanha-no-brasil-1945-2006/indexb7dc.html?no_cache=1&cHash=9e86778cb4f0a1ef62855dfd15e012f4. Acesso em: 22 set. 2017.

[429] GÓES, Bruno. Nas Eleições de 1989, Houve Escândalos Mesmo Sem Doação Oficial de Empresas. *O Globo*, 28 set. 2015. Disponível em: http://acervo.oglobo.globo.com/em-destaque/nas-eleicoes-de-1989-houve-escandalos-mesmo-sem-doacao-oficial-de-empresas-17631225#ixzz4gKx6C1PW. Acesso em: 05 maio 2017.

[430] Art. 95 da Lei nº 5682/1971: O fundo especial de assistência financeira aos Partidos Políticos será constituído: (*Vide* Lei nº 7.373, de 1985) I – das multas e penalidades aplicadas nos têrmos do Código Eleitoral e leis conexas: (*Vide* Lei nº 6.767, de 1979) II – dos recursos financeiros que lhe forem destinados por lei, em caráter permanente ou eventual; III – de doações particulares, inclusive com a finalidade de manter o instituto a que se refere o artigo 118, número V. III – de doações de pessoa física, no limite, máximo de 200 (duzentas) vezes o maior salário mínimo do País, inclusive com a finalidade de manter os institutos de estudos e formação política; (Redação dada pela Lei nº 6.767, de 1979) IV – dotações orçamentárias da União.

Depois dos fatos ocorridos, tentou-se disciplinar o processo de disputa política, por meio de uma legislação eleitoral que pudesse diminuir os abusos praticados e garantir uma estabilidade normativa. A Lei nº 9.504/97 voltou a regular o financiamento de campanhas eleitorais.[431] Foram instituídas as contribuições de campanha de pessoas físicas, limitando a 10% dos rendimentos brutos auferidos no ano anterior à eleição. No caso de recursos próprios, foi colocado como limite o teto estabelecido pelo partido do candidato.[432] Além disso, foram permitidas as contribuições oriundas de pessoas jurídicas, desde que limitadas a 2% do faturamento bruto do ano anterior à eleição.[433]

Em 2006, foram acrescentadas novas vedações, proibindo-se as seguintes fontes de recursos: entidades beneficentes e religiosas; entidades esportivas ou organizações não governamentais (ONGs) que recebessem recursos públicos; e organizações da sociedade civil de interesse público.[434]

Em 2015, entra em vigor uma nova restrição ao financiamento político, por meio da ADI 4650, proposta pela Ordem dos Advogados do Brasil, através da qual o Supremo Tribunal Federal proibiu a contribuição de pessoas jurídicas, de forma absoluta, seja para o partido, seja para os candidatos ou as coligações.[435]

3.3 Financiamento público

O apoio ao financiamento público vem crescendo não apenas por causa dos custos das campanhas, mas, principalmente, para assegurar

---

[431] Art. 17 da Lei nº 9.504/1997: As despesas da campanha eleitoral serão realizadas sob a responsabilidade dos partidos, ou de seus candidatos, e financiadas na forma desta Lei.

[432] Art. 23 da Lei nº 9.504/1997: Pessoas físicas poderão fazer doações em dinheiro ou estimáveis em dinheiro para campanhas eleitorais, obedecido o disposto nesta Lei: §1º As doações e contribuições de que trata este artigo ficam limitadas a 10% (dez por cento) dos rendimentos brutos auferidos pelo doador no ano anterior à eleição.

[433] Redação originária do art. 81, §1º da Lei nº 9.504/1997.

[434] A Lei nº 11.300/2006 acrescentou incisos ao artigo 24 da Lei nº 9504/1997 para vedar as contribuições de: VIII – entidades beneficentes e religiosas; IX – entidades esportivas que recebam recursos públicos; X – organizações não-governamentais que recebam recursos públicos; XI – organizações da sociedade civil de interesse público.

[435] AÇÃO DIRETA DE INCONSTITUCIONALIDADE 4.650 DISTRITO FEDERAL. Decisão: O Tribunal, por maioria e nos termos do voto do Ministro Relator, julgou procedente em parte o pedido formulado na ação direta para declarar a inconstitucionalidade dos dispositivos legais que autorizavam as contribuições de pessoas jurídicas às campanhas eleitorais, vencidos, em menor extensão, os Ministros Teori Zavascki, Celso de Mello e Gilmar Mendes, que davam interpretação conforme, nos termos do voto ora reajustado do Ministro Teori Zavascki. Plenário, 17.09.2015 (BRASIL. Supremo Tribunal Federal. ADI 4.650/DF. Plenário. Relator: Min. Luiz Fux. Julg.: 17.08.2015. *DJE*: 24.09.2015).

um processo isonômico e evitar as várias modalidades de abuso de poder. O desinteresse dos cidadãos de participarem, ativamente, do financiamento eleitoral, assim como a redução do número de filiados das agremiações, produz desigualdade na competição, devido à utilização abusiva do poder econômico.[436] Ressalte-se que há uma queda generalizada nas fontes de arrecadação tradicionais, na participação da militância e na estrutura organizativa e operacional dos partidos políticos, não obstante o incremento das demandas financeiras. Esse cenário propulsiona as exigências para o financiamento estatal.[437] Os partidários da contribuição pública sustentam que, em respeito ao *telos* funcionalístico, exercido pelas agremiações partidárias, caberia ao Estado financiá-los para evitar uma intervenção do poder econômico de forma desmedida.[438]

Observa-se que essa modalidade de financiamento tem-se apresentado como uma alternativa para diminuir a preponderância do poder econômico e evitar os vários tipos de ilicitudes provocadas pela indevida utilização de recursos monetários, tendo tradição em vários países.[439] A ideia seria possibilitar um ambiente de isonômica competitividade, durante o pleito eleitoral, entre os diversos candidatos e partidos, bem como um processo mais transparente, no que se refere ao uso do dinheiro na política.

A característica fundamental do financiamento público é a utilização de valores financeiros provenientes do Estado, com a especificação de uma ou várias fontes determinadas de recursos, o que proporciona aos partidos políticos acesso ao financiamento estatal para o seu dia a dia e para os pleitos.[440] A importância desses recursos, para o financiamento

---

[436] KANAAN, Alice. Financiamento Público, Privado e Misto Frente à Reforma Política Eleitoral Que Propõe o Financiamento Público Exclusivo. *In:* RAMOS, André de Carvalho (Coord.). *Temas de Direito Eleitoral no Século XXI.* Brasília: Escola Superior do Ministério Público da União, 2012. p. 272.

[437] MUSUMECI, Toti S. *IL Costo Della Política ed il Finanziamento ai Partiti.* Padova: Cedam, 1999. p. 45.

[438] D'ALMEIDA, Noely Manfredini. Financiamento dos Partidos e Campanhas no Mundo. *Revista Paraná Eleitoral*, n. 39, jan. 2001, p. 3. Disponível em: http://egov.ufsc.br/portal/conteudo/financiamento-de-partidos-e-campanhas-no-mundo. Acesso em: 14 jul. 2017.

[439] ZOVATTO, Daniel. Financiamento de Partidos e Campanhas Eleitorais na América Latina: Uma Análise Comparada. *Opinião Pública*, Campinas, v. 11, n. 2, out. 2005, p. 299-300. Disponível em: http://www.scielo.br/pdf/op/v11n2/26417.pdf. Acesso em: 30 abr. 2018.

[440] LACOMBE, Marcelo; CARVALHO, Raphael; RODRIGUES, Ricardo. Glossário – Reforma Política. *Consultoria Legislativa*, Brasília: Câmara dos Deputados, Estudo, mar. 2015, p. 8. Disponível em: http://www2.camara.leg.br/atividade-legislativa/comissoes/comissoes-temporarias/especiais/55a-legislatura/pec-182-07-reforma-politica/documentos/outros-documentos/glossario-da-reforma-politica. Acesso em: 30 jul. 2017.

PERFIL DO FINANCIAMENTO ELEITORAL NO BRASIL E SUAS PERSPECTIVAS

eleitoral, difere de acordo com o contexto de cada país, condicionados pelas questões sócio-econômico-políticas, que são a motivação para a estruturação de cada uma de suas formas.[441] O financiamento público pode ser realizado de forma direta ou indireta, havendo critérios de distribuição específicos. O financiamento direto pode ser efetivado por meio de Fundo Partidário, bônus, subsídios, reembolso etc., enquanto o financiamento indireto faz-se pela prestação de serviços ou benefícios estatais.

A principal justificativa para o financiamento público é tentar dar isonomia aos partidos e aos candidatos que disputam os pleitos, propiciando que as habilidades pessoais e o debate político tornem-se o diferencial para a eleição dos representantes. Essa modalidade de financiamento, devido à carência dos mananciais financeiros públicos, diminui a quantidade de recursos utilizados no processo eleitoral e possibilita uma maior transparência aos recursos investidos. O grande problema apontado é que ele não garante, absolutamente, a vedação de recursos privados, que podem ser utilizados de forma lícita e/ou ilícita.

No Reino Unido, essa ajuda é simbólica, enquanto na Finlândia esse montante chega a quase 85%.[442] Na Alemanha, por exemplo, a linha dorsal dos financiamentos de campanha representa a tentativa de proteção dos partidos e candidatos contra a influência dos grandes doadores, sendo um dos primeiros países a adotar esse modelo de fonte de recursos, ainda em 1950.[443] O financiamento público ocorria, inicialmente, somente como uma espécie de reembolso dos gastos eleitorais, consistindo em um subsídio às doações privadas, chegando a perfazer 38% dos recursos privados. Posteriormente, ele deixou de ser apenas eleitoral, fazendo com que os recursos públicos sejam distribuídos, anualmente, para os partidos que tenham obtido 0,5% dos votos nacionais ou 1% dos votos, no Estado, na eleição anterior, no valor de 0,70 euros por voto.[444]

---

[441] VAN BIEZEN, Ingrid. Campaign and Party Finance. *In:* LEDUC, Lawrence; NIEMI, Richard. G.; NORRIS, Pipa. *Comparing Democracies:* Elections and Voting in Global Perspective, 3rd ed. London: Sage, 2010. p. 79-80.

[442] LACOMBE, Marcelo; CARVALHO, Raphael; RODRIGUES, Ricardo. Glossário – Reforma Política. *Consultoria Legislativa.* Brasília: Câmara dos Deputados, Estudo, mar. 2015, p. 8. Disponível em: http://www2.camara.leg.br/atividade-legislativa/comissoes/comissoes-temporarias/especiais/55a-legislatura/pec-182-07-reforma-politica/documentos/outros-documentos/glossario-da-reforma-politica. Acesso em: 30 jul. 2017.

[443] ARAÚJO, Caetano Ernesto Pereira de. Financiamento de Campanhas Eleitorais. *Revista de Informação Legislativa*, v. 41, n. 161, jan./mar. 2004, p. 63. Disponível em: http://www2. senado.leg.br/bdsf/item/id/931. Acesso em: 30 abr. 2018.

[444] BACKES, Ana Luiza. Financiamento Partidário e Eleitoral: Alemanha, França, Portugal e Espanha. *Consultoria Legislativa*, Brasília: Câmara dos Deputados, Estudo, mar. 2013, p. 7

Na França, optou-se pelo financiamento público e proibiram-se, em 1995, as contribuições de pessoas jurídicas. O repasse dos recursos públicos é feito, após a eleição, aos partidos e aos candidatos que obtiverem acima de 5% dos votos da circunscrição. Esse reembolso constará de 47,5 % do limite estabelecido para as despesas, desde que suas contas de campanha sejam aprovadas.[445] Permitem-se as doações de pessoas físicas no valor de 4.600 euros, bem como é lícita a doação partidária até 7,5 mil euros (R$21,8 mil) por ano.[446] Em Portugal, também há distribuição regular de recursos para os partidos, de maneira proporcional aos resultados obtidos nas eleições anteriores, sendo permitidas as doações de origem privada, mas não de pessoa jurídica.[447]

Na legislação brasileira, existe determinação de que o financiamento de campanhas eleitorais com recursos públicos seja disciplinado em lei específica.[448] O financiamento público no Brasil ocorre nas seguintes modalidades: Fundo Especial de Assistência Financeira aos Partidos Políticos (Fundo Partidário);[449] custeio da propaganda eleitoral gratuita, no rádio e na televisão;[450] renúncia fiscal dos partidos políticos, uma vez que é vedado aos entes federativos instituir impostos sobre patrimônio, renda ou serviços dos partidos políticos, inclusive de suas fundações;[451] Fundo Especial de Financiamento de Campanha (FEFC).

Disponível em: http://bd.camara.gov.br/bd/handle/bdcamara/16399. Acesso em: 15 mar. 2018.

[445] BACKES, Ana Luiza. Financiamento Partidário e Eleitoral: Alemanha, França, Portugal e Espanha. *Consultoria Legislativa*, Brasília: Câmara dos Deputados, Estudo, mar. 2013, p. 11. Disponível em: http://bd.camara.gov.br/bd/handle/bdcamara/16399. Acesso em: 15 mar. 2018.

[446] CÔRREA, Alessandra *et al*. Financiamento de Campanhas: Modelos nos EUA, França e Grã-Bretanha Geram Polêmica. *BBC Brasil*, 15 jul. 2013. Disponível em: http://www.bbc. com /portuguese/celular/noticias/2013/07/130710_financiamento_eleicoes_dg.shtml. Acesso em: 06 jul. 2017.

[447] BACKES, Ana Luiza. Financiamento Partidário e Eleitoral: Alemanha, França, Portugal e Espanha. *Consultoria Legislativa*, Brasília: Câmara dos Deputados, Estudo, mar. 2013, p. 11. Disponível em: http://bd.camara.gov.br/bd/handle/bdcamara/16399. Acesso em: 15 mar. 2018.

[448] Art. 79 da Lei nº 9.504/1997: O financiamento das campanhas eleitorais com recursos públicos será disciplinada em lei específica.

[449] Art. 38 da Lei nº 9.096/1995: O Fundo Especial de Assistência Financeira aos Partidos Políticos (Fundo Partidário) é constituído por: I – multas e penalidades pecuniárias aplicadas nos termos do Código Eleitoral e leis conexas; II – recursos financeiros que lhe forem destinados por lei, em caráter permanente ou eventual; [...] IV – dotações orçamentárias da União [...].

[450] Art. 99 da Lei nº 9.504/1997: As emissoras de rádio e televisão terão direito a compensação fiscal pela cedência do horário gratuito previsto nesta Lei.

[451] Art. 150 da Constituição Federal de 1988: Sem prejuízo de outras garantias asseguradas ao contribuinte, é vedado à União, aos Estados, ao Distrito Federal e aos Municípios; VI – instituir impostos sobre: c) patrimônio, renda ou serviços dos partidos políticos, inclusive

A principal finalidade do Fundo Partidário não é a sua destinação às campanhas eleitorais, apesar de não haver essa vedação legal. Sua função prioritária destina-se a garantir a manutenção da atividade partidária, configurando-se como recursos para o seu cotidiano, servindo a uma série de atividades, como: pagamento de pessoal, manutenção das sedes, material de expediente, gastos com transporte, cursos de formação, propaganda partidária etc.[452] Ele é dividido entre todos os partidos registrados no Tribunal Superior Eleitoral: 5% de forma igualitária entre as agremiações, enquanto que 95% são distribuídos, proporcionalmente, de acordo com a votação obtida na eleição anterior à Câmara dos Deputados.[453]

Importante esclarecer que a aprovação da cláusula de desempenho, por intermédio da Emenda Constitucional 97/2017, muda essa forma de distribuição. Será preciso um número mínimo de parlamentares eleitos, ou votos válidos, para que os partidos tenham acesso ao Fundo Partidário, ao tempo de rádio e televisão e ao Fundo Especial de Financiamento de Campanha. A cláusula de desempenho, também denominada de cláusula de barreira, consiste em certos requisitos que o partido tem que obter para que possa gozar de benefícios estatais.[454]

Esse percentual será modificado de forma gradativa. Inicialmente, ficou estabelecido que teria direito ao fundo e ao tempo de propaganda, a partir de 2019, o partido que houvesse recebido ao menos 1,5% dos votos válidos nas eleições de 2018, para a Câmara dos Deputados,

---

suas fundações, das entidades sindicais dos trabalhadores, das instituições de educação e de assistência social, sem fins lucrativos, atendidos os requisitos da lei;

[452] ALMEIDA, Renato Ribeiro de. *Financiamento Público da Atividade Partidária no Brasil.* Tese (Doutorado). 2017. Faculdade de Direito da Universidade de São Paulo, São Paulo, 2017. p. 40.

[453] Na Argentina 20% do Fundo Partidário é distribuído por todos os partidos; enquanto que 80% é dividido entre os partidos que obtiveram ao menos 1% para a Câmara dos Deputados. No Reino Unido para um partido receber recursos do Fundo Partidário ele precisa conseguir no mínimo duas cadeiras no parlamentou ou uma cadeira e no mínimo 150.00,00 votos nas eleições passadas. Saliente-se ainda que apenas aos partidos na oposição é dado um valor para manutenção dos escritórios, gabinete de líder e custos de viagem (RODRIGUES, Ricardo José Pereira. Financiamento de Partidos Políticos e Fundos Partidários: Subvenções Públicas em Países Selecionados. *Revista de Informação Legislativa*, v. 49, n. 193, jan./mar. 2012, p. 43. Disponível em: https://www12.senado.leg.br/ril/edicoes/49/193/ril_v49_n193_p31.pdf. Acesso em: 29 abr. 2018).

[454] Conforme sintetizado por David Fleishcher, trata-se de artifício utilizado para impedir a existência de partidos pequenos, colmatando a redução de partidos representados na Câmara Baixa, dentro do sistema de representação proporcional (FLEISCHER, David. Reforma Política no Brasil: Os Partidos Políticos em Questão. *In:* MULHOLLAND, Timothy; RENNÓ, Lúcio R (Org.); CINTRA, Antônio Octávio; FARIA, Dóris de; COSTA, Tania (Coorg.). *Reforma Política em Questão.* Brasília: Ed. UnB, 2008, p. 164).

distribuídos em, pelo menos, um terço das unidades da federação, nove unidades, com um mínimo de 1% dos votos válidos em cada uma delas. A segunda opção, para os que não conseguissem cumprir esse parâmetro, seria eleger, pelo menos, nove deputados federais, distribuídos em um mínimo de nove unidades da federação, para ter acesso ao fundo. Já em 2022, a exigência aumenta: terão acesso ao fundo e ao tempo de TV, a partir de 2027, aqueles que receberem 2% dos votos válidos, obtidos nacionalmente, para deputado federal em um terço das unidades da federação, sendo um mínimo de 1% em cada uma delas; ou tiverem elegido pelo menos onze deputados federais distribuídos em nove unidades. Em 2027, o acesso já dependerá de outro percentual de desempenho: 2,5% dos votos válidos nas eleições de 2026, distribuídos em nove unidades da federação, com um mínimo de 1,5% de votos em cada uma delas. Ou eleger um mínimo de treze deputados em um terço das unidades.

Nas eleições de 2030, a cláusula de desempenho, imposta a partir de 2031, sobe para um mínimo de 3% dos votos válidos, distribuídos em, pelo menos, um terço das unidades da federação, com 2% dos votos válidos em cada uma delas. Caso não haja cumprimento desse requisito, pelo partido, a legenda poderá ter acesso, se tiver elegido pelo menos quinze deputados, distribuídos em, pelo menos, um terço das unidades da federação.[455]

Não há sustentação razoável para que se possa afirmar que os partidos que receberam baixa densidade de votos, por não possuírem base social, continuem recebendo dinheiro público. A teoria de que representam minorias ideológicas não é aceitável porque se configura como um argumento capcioso, pois podem continuar a divulgar suas convicções sem contribuição estatal. Esse arrazoado, entretanto, não leva à conclusão de que esses partidos não devam existir. Devem, mas sem receberem dinheiro público, até obterem determinada legitimação social, ou que se tenham estruturado sob a forma de federação partidária.[456]

Em relação com o gasto de outros países, os recursos do Fundo Partidário não são desprezíveis. O gasto, em 2016, correspondeu a 0,01%

---

[455] BRASIL. Congresso. Senado Federal. Senado Aprova Cláusula de Barreira a partir de 2018 e Fim de Coligação para 2020. *Senado Notícias*, 03 out. 2017. Disponível em: http://www12.senado.leg.br/noticias/materias/2017/10/03/aprovado-fim-das-coligacoes-em-eleicoes-proporcionais-a-partir-de-2020. Acesso em: 10 out. 2017.

[456] BOLOGNESI, Bruno. Dentro do Estado, Longe da Sociedade: A Distribuição do Fundo Partidário em 2016. *Newsletter*: Observatório de Elites Políticas e Sociais no Brasil. NUSP/UFPR, v. 3, n. 11, jul. 2016, p. 11. Disponível em: http://observatory-elites.org/wp-content/uploads/2012/06/newsletter-Observatorio-v.-3-n.-11.pdf. Acesso em: 30 abr. 2018.

do PIB. No mesmo ano, Portugal gastou o equivalente a 0,006% do PIB, enquanto o Reino Unido direcionou o montante a 0,003% do PIB.[457] O Fundo Partidário, em 2014, era de 308 milhões, com uma previsão de aumento de 820 milhões em 2017.[458]

É importante mencionar a recente modificação, introduzida pela Lei nº 13.487/2017, que criou o Fundo Especial de Financiamento de Campanhas.[459] Esse fundo será destinado, especificamente, às campanhas eleitorais, sendo constituído por dotações orçamentárias da União em ano eleitoral. Faz-se necessário esclarecer que o projeto de lei orçamentária, para 2018, apresentou reserva para campanhas eleitorais, sendo destinados, para tal finalidade, ao menos 30% das verbas impositivas dos parlamentares.[460] Caso esses recursos não sejam utilizados nas campanhas eleitorais, deverão ser devolvidos ao Tesouro Nacional, integralmente, por meio de Guia de Recolhimento da União (GRU), no momento da prestação de contas.[461]

---

[457] BOLOGNESI, Bruno. Dentro do Estado, Longe da Sociedade: A Distribuição do Fundo Partidário em 2016. *Newsletter:* Observatório de Elites Políticas e Sociais no Brasil. NUSP/UFPR, v. 3, n. 11, jul. 2016, p. 04. Disponível em: http://observatory-elites.org/wp-content/uploads/2012/06/newsletter-Observatorio-v.-3-n.-11.pdf. Acesso em: 30 abr. 2018.

[458] BRAGON, Ranier. Câmara Aumentará Verbas Públicas para Campanhas Eleitorais em 2018. *Folha de S.Paulo*, 02 abr. 2017. Disponível em: http://www1.folha.uol.com.br/poder/2017/04/1871903-camara-aumentara-verbas-publicas-para-campanhas-eleitorais-em-2018.shtml. Acesso em: 10 out. 2017.

[459] Art. 1º da Lei nº 13.487/2017: A Lei nº 9.504, de 30 de setembro de 1997, passa a vigorar com as seguintes alterações: Do Fundo Especial de Financiamento de Campanha (FEFC). Art. 16-C. O Fundo Especial de Financiamento de Campanha (FEFC) é constituído por dotações orçamentárias da União em ano eleitoral, em valor ao menos equivalente: I – ao definido pelo Tribunal Superior Eleitoral, a cada eleição, com base nos parâmetros definidos em lei; II – a 30% (trinta por cento) dos recursos da reserva específica de que trata o inciso II do §3º do art. 12 da Lei nº 13.473, de 8 de agosto de 2017.

[460] Art. 12 da Lei nº 13.473/2017: A Reserva de Contingência, observado o inciso III do caput do art. 5º da Lei de Responsabilidade Fiscal, será constituída, exclusivamente, de recursos do Orçamento Fiscal, equivalendo, no Projeto e na Lei Orçamentária de 2018, a, no mínimo, dois décimos por cento da receita corrente líquida constante do referido Projeto; §3º O Projeto de Lei Orçamentária de 2018 conterá reservas específicas para atendimento de: II – programações decorrentes de emendas de bancada estadual de execução obrigatória e de despesas necessárias ao custeio de campanhas eleitorais.

[461] Art. 19 da Resolução nº 23.553/2017: O Fundo Especial de Financiamento de Campanha (FEFC) será disponibilizado pelo Tesouro Nacional ao Tribunal Superior Eleitoral e distribuído aos diretórios nacionais dos partidos políticos na forma disciplinada pelo Tribunal Superior Eleitoral: §1º Inexistindo candidatura própria ou em coligação, é vedada a distribuição dos recursos do Fundo Especial de Financiamento de Campanha (FEFC) para outros partidos políticos ou candidaturas desses mesmos partidos; §2º Os recursos provenientes do Fundo Especial de Financiamento de Campanha (FEFC) que não forem utilizados nas campanhas eleitorais deverão ser devolvidos ao Tesouro Nacional, integralmente, por meio de Guia de Recolhimento da União (GRU), no momento da apresentação da respectiva prestação de contas.

A Lei nº 13.488/2017 acrescentou o artigo 16-D à Lei nº 9.504/97, delineando a distribuição do Fundo Especial de Financiamento de Campanha da seguinte forma: 2% divididos, igualitariamente, entre todos os partidos, com estatutos registrados no Tribunal Superior Eleitoral; 35% divididos entre os partidos que tenham, pelo menos, um representante na Câmara dos Deputados, na proporção do percentual de votos por eles obtidos na última eleição geral, para a Câmara dos Deputados; 48% divididos entre os partidos, na proporção do número de representantes na Câmara dos Deputados, consideradas as legendas dos titulares; 15% divididos entre os partidos, na proporção do número de representantes no Senado Federal, consideradas as legendas dos titulares.[462]

Fonte: Congresso Nacional[463]

---

[462] Art. 16-D da Lei nº 9.504/1997: Os recursos do Fundo Especial de Financiamento de Campanha (FEFC), para o primeiro turno das eleições, serão distribuídos entre os partidos políticos, obedecidos os seguintes critérios: I – 2% (dois por cento), divididos igualitariamente entre todos os partidos com estatutos registrados no Tribunal Superior Eleitoral; II – 35% (trinta e cinco por cento), divididos entre os partidos que tenham pelo menos um representante na Câmara dos Deputados, na proporção do percentual de votos por eles obtidos na última eleição geral para a Câmara dos Deputados; III – 48% (quarenta e oito por cento), divididos entre os partidos, na proporção do número de representantes na Câmara dos Deputados, consideradas as legendas dos titulares; IV – 15% (quinze por cento), divididos entre os partidos, na proporção do número de representantes no Senado Federal, consideradas as legendas dos titulares;§1º (VETADO); §2º Para que o candidato tenha acesso aos recursos do Fundo a que se refere este artigo, deverá fazer requerimento por escrito ao órgão partidário respectivo.

[463] PORTAL G1. *Reforma Política:* Veja o Que Muda nas Regras da Eleição 2018. 05 out. 2017. Disponível em: https://g1.globo.com/politica/noticia/reforma-politica-veja-o-que-muda-nas-regras-da-eleicao-2018.ghtml. Acesso em: 30 out. 2017.

CAPÍTULO 3
PERFIL DO FINANCIAMENTO ELEITORAL NO BRASIL E SUAS PERSPECTIVAS | 133

O financiamento público também é utilizado para permitir o acesso aos meios de comunicação, por meio da veiculação de propaganda eleitoral,[464] como forma de propiciar a cada partido e a cada candidato a oportunidade de difundir suas propostas e seus programas à sociedade, o que, igualmente, sustenta o pluralismo político e incrementa as discussões públicas.[465] Esse modelo permite que as agremiações tenham acesso gratuito ao rádio e à televisão, oferecendo oportunidade para que os partidos possam participar do debate político das questões sociais.[466]

É importante destacar que as empresas de comunicação têm o direito de exigir compensação fiscal, ao ceder minutos gratuitos para as propagandas eleitorais. Em 2016, foram, pelo menos, 576 milhões de reais destinados ao abatimento de tributos devidos pelas emissoras,[467] representando uma participação expressiva do Estado no custeio do sistema partidário-eleitoral.[468]

O financiamento público também provém na forma de imunidade tributária, outorgada aos partidos políticos, conforme o art. 150 da CF. Considera-se que ela alcança um rol de instituições sobre as quais o Estado é incompetente para tributar, permitindo-lhes que possam ampliar sua atuação para atender os desideratos que propiciaram sua criação.[469] A limitação do poder de tributar os partidos políticos está alinhada ao propósito de defender a cidadania – expressão direta da soberania popular – conferindo-lhes autonomia partidária, para que essas entidades possam desenvolver suas funções sem interferência do

---

[464] Importante ratificar que com a criação do Fundo Especial de Financiamento Eleitoral foi extinto no Brasil o financiamento público da propaganda partidária.

[465] Art. 17 da Constituição Federal de 1988: É livre a criação, fusão, incorporação e extinção de partidos políticos, resguardados a soberania nacional, o regime democrático, o pluripartidarismo, os direitos fundamentais da pessoa humana e observados os seguintes preceitos: §3º – Os partidos políticos têm direito a recursos do Fundo Partidário e acesso gratuito ao rádio e à televisão, na forma da lei.

[466] PETHS, Lucas Lisboa; LEAL, Paulo Roberto Figueira. Horário Gratuito de Propaganda Eleitoral e Propaganda Partidária Gratuita: Do Surgimento à Personalização na Televisão Brasileira. *Revista Parágrafo*, São Paulo, v. 2, n. 1, 2013, p. 90-91.

[467] STRUCK, Jean-Philip. Financiamento Público de Campanhas à Brasileira. *Carta Capital*, 11 ago. 2017. Disponível em: https://www.cartacapital.com.br/politica/financiamento-publico-de-campanhas-a-brasileira. Acesso em: 18 ago. 2017.

[468] CAMPOS, Mauro Macedo. *Democracia, Partidos e Eleições:* Os Custos do Sistema Partidário-eleitoral no Brasil. 238 f. 2009. Tese (Doutorado em Ciência Política). Faculdade de Filosofia e Ciências Humanas da Universidade Federal de Minas Gerais, Belo Horizonte, 2009, p. 22. Disponível em: http://www.bibliotecadigital.ufmg.br/dspace/handle/1843/BUBD-89HGUM. Acesso em: 24 abr. 2018.

[469] MACHADO, Hugo de Brito. *Curso de Direito Tributário*. 24. ed. São Paulo: Malheiros, 2004. p. 296.

Estado.[470] Nesse sentido, Paulo de Barros Carvalho compreende que essa imunidade justifica-se pela importância das agremiações partidárias para a organização política da sociedade.[471]

3.3.1 Posicionamentos contrários ao financiamento público

Os corifeus do financiamento público defendem esse tipo de fonte de recursos como um caminho para a moralização da política, haja vista terem desconfiança em relação à contribuição de pessoas jurídicas.[472] Essa percepção chegou ao auge com a decisão do Supremo Tribunal Federal, ocorrida em 2015, que proibiu a contribuição de pessoas jurídicas. A ideia sugerida seria substituir a predominância do financiamento privado pela primazia do financiamento público, com o argumento de que os recursos privados podem ensejar relações espúrias com a Administração Pública, enquanto os recursos públicos estão livres de acordos e expectativas mercantis. No entanto, surge, *a priori*, uma primeira crítica ao financiamento, oriundo de fontes públicas, já que advém a indagação sobre a forma de distribuição desses recursos.[473]

Representando uma das principais posições contra o financiamento público, há uma corrente que sustenta que o financiamento privado não é um problema quando realizado em um volume razoável, de forma descentralizada, sem provocar concentração em poucos doadores, e é realizada com transparência.[474] Segundo ela, a possibilidade de financiamento privado, dentro das condições mencionadas anteriormente, possibilita um engajamento político maior, exigindo que

---

[470] SOARES, Rafael Morgental. *A Imunidade Tributária dos Partidos Políticos.* 120 f. 2015. Dissertação (Mestrado em Direito). Faculdade de Direito da Universidade Federal do Rio Grande do Sul, Porto Alegre, 2015. p. 115.

[471] CARVALHO, Paulo de Barros. *Curso de Direito Tributário.* 14. ed. São Paulo: Saraiva, 2002. p. 179.

[472] SPECK, Bruno Wilhelm. Reagir a Escândalos ou Perseguir Ideais? A Regulação do Financiamento Político no Brasil. *Cadernos Adenauer,* v. 6, n. 2, 2005, p. 154. Disponível em: http://www.kas.de/wf/doc/9795-1442-5-30.pdf. Acesso em: 25 out. 2017.

[473] SPECK, Bruno Wilhelm. Reagir a Escândalos ou Perseguir Ideais? A Regulação do Financiamento Político no Brasil. *Cadernos Adenauer,* v. 6, n. 2, 2005, p. 127. Disponível em: http://www.kas.de/wf/doc/9795-1442-5-30.pdf. Acesso em: 25 out. 2017.

[474] SANTANO, Ana Cláudia. Menos Proibições e Mais Transparência: As (Falsas) Promessas Sobre a Vedação de Doações de Pessoas Jurídicas no Financiamento de Campanhas Eleitorais. *Revista Ballot,* Rio de Janeiro, v. 1, n. 1, maio/ago. 2015, p. 200. Disponível em: https://www.researchgate.net/publication/324043670_Menos_proibicoes_e_mais_transparencia_as_falsas_promessas_sobre_a_vedacao_de_doacoes_de_pessoas_juridicas_no_financiamento_de_campanhas_eleitorais. Acesso em: 10 dez. 2017.

as propostas dos representantes estejam em sintonia com a sociedade.[475] Ou seja, ela parte da premissa de que a qualidade do financiamento não está adstrita à condição maniqueísta de ser público ou privado, mas à condição de que ele aprimore e facilite a representação da sociedade da forma mais plural possível.

Os que defendem o financiamento público afirmam que um benefício decorrente deste consistiria em promover uma competição política, de forma equânime, possibilitando que os competidores atuem com igualdade de condições. Todavia, sabe-se que esse tipo de financiamento ocasiona outros problemas, como, por exemplo: quanto à determinação dos critérios para a distribuição dos recursos; quanto às fontes de financiamento; quanto à aplicação desse numerário em outras demandas sociais; e quanto ao marco temporal para aferi-lo. O Brasil adotou o critério de repartição do Fundo Partidário em razão do tamanho da bancada, da data da eleição, na Câmara dos Deputados, o que dificulta o financiamento de partidos recém-criados.[476] Por outro lado, o Fundo Especial de Financiamento de Campanha tentou compatibilizar esses dois critérios.[477]

Com a preponderância do financiamento público, principalmente havendo impedimento à doação de pessoas jurídicas, inegavelmente, o dinheiro direcionado ao financiamento eleitoral diminui de forma abrupta. Não obstante, enseja-se a possibilidade de uma atuação mais incisiva do poder político, o que favorece os detentores da máquina pública, que levarão vantagem em relação aos outros concorrentes, principalmente nas localidades em que houver um maior número de hipossuficientes.

O perigo de um modelo primordialmente público de financiamento de partidos consiste em dar ensejo a que esses entes, que são

---

[475] SANTANO, Ana Cláudia. Menos Proibições e Mais Transparência: As (Falsas) Promessas Sobre a Vedação de Doações de Pessoas Jurídicas no Financiamento de Campanhas Eleitorais. *Revista Ballot*, Rio de Janeiro, v. 1, n. 1, maio/ago. 2015, p. 185. Disponível em: https://www.researchgate.net/publication/324043670_Menos_proibicoes_e_mais_transparencia_as_falsas_promessas_sobre_a_vedacao_de_doacoes_de_pessoas_juridicas_no_financiamento_de_campanhas_eleitorais. Acesso em: 10 dez. 2017.

[476] SPECK, Bruno Wilhelm. Reagir a Escândalos ou Perseguir Ideais? A Regulação do Financiamento Político no Brasil. *Cadernos Adenauer*, v. 6, n. 2, 2005, p. 128. Disponível em: http://www.kas.de/wf/doc/9795-1442-5-30.pdf. Acesso em: 25 out. 2017.

[477] Já o Fundo Especial de Financiamento de Campanha apresenta um critério que tenta compatibilizar as bancadas eleitas e as atuais: 35% dos recursos é dividido entre os partidos que tenham pelo menos um representante na Câmara dos Deputados, na proporção do percentual de votos por eles obtidos na última eleição geral para a Câmara dos Deputados; 48% divididos entre os partidos, na proporção do número de representantes na Câmara dos Deputados em 28 jul. 2017.

intermediários da relação Sociedade-Estado, sejam absolvidos, incorporados materialmente ao Estado, deixando sua posição de catalizadores políticos para servirem como instrumentos para a perpetuação dos detentores de poder. Alerta Ana Cláudia Santano para o fato de que essa vinculação excessiva pode impedir o exercício de diversos direitos fundamentais, constitucionalmente estabelecidos, como a liberdade partidária, a autonomia das agremiações e o pluralismo político.[478]

Dessa maneira, é possível notar que o financiamento público pode causar uma desnaturação da função de liame entre o governo e o poder exercido pelos partidos políticos, uma vez que as atividades partidárias podem voltar-se para a realização dos interesses governamentais, deixando de estar a serviço dos interesses sociais.[479] Indubitavelmente, haveria o fortalecimento de uma elite partidária, que, controlando os recursos estatais, controlaria, facilmente, as engrenagens das agremiações, em razão de que direcionariam a maior parte dos recursos para os candidatos de sua predileção.

Os partidos políticos apresentam o desiderato de expressar visões da sociedade adotadas por segmentos da população, tendo a finalidade de influenciar e fazer cumprir os seus anseios sociais por meio do mandato de seus representantes.[480] Ao permitir-se que os partidos políticos não precisem do amparo da militância para o financiamento político, põe-se em xeque a própria ideia de uma representação política, perdendo-se o liame entre os correligionários e as agremiações.[481] No mais, pela própria formação do sistema de repasse de verbas, é provável que se estabeleça uma rede de partidos com verbas razoáveis e outras com numerário insignificante. Dá-se o

---

[478] SANTANO, Ana Cláudia. Parecer jurídico: Projeto de Lei 6.368/2016, Câmara dos Deputados. *Revista Eletrônica Direito e Política*, Programa de Pós-Graduação *Stricto Sensu* em Ciência Jurídica da UNIVALI, Itajaí, v. 12, quadrimestre, 2017, p. 464-465. Disponível em: https://siaiap32.univali.br/seer/index.php/rdp/article/view/10689. Acesso em: 30 abr. 2018.

[479] KANAAN, Alice. Financiamento Público, Privado e Misto Frente à Reforma Política Eleitoral Que Propõe o Financiamento Público Exclusivo. *In*: RAMOS, André de Carvalho (Coord.). *Temas de Direito Eleitoral no Século XXI*. Brasília: Escola Superior do Ministério Público da União, 2012. p. 287.

[480] BARBOSA, Caroline Vargas. O Financiamento Público de Campanha Político-partidária e a Crise de Representatividade Contemporânea: Análise à Luz de Aspectos Constitucionais. *Revista Jus Navigandi*, Teresina, a. 16, n. 3029, 17 out. 2011. Disponível em: http://jus.com.br/revista/texto/20234. Acesso em: 25 set. 2017.

[481] Para Bobbio a representação política é uma representação eletiva: Não é suficiente, porém, um tipo qualquer de eleições. Trata-se de eleições competitivas e que ofereçam um mínimo de garantias de liberdade para expressão de sufrágio (BOBBIO, Norberto; MATTEUCCI, Nicola; PASQUINO, Gianfranco. *Dicionário de Política*. 12. ed. Brasília: Ed. UnB, 2002. v. 2, p. 1002).

nome de partidos cartéis ao mencionado fenômeno, o que dificulta o surgimento de novas agremiações e inviabiliza a própria competição eleitoral.[482]

A vedação do financiamento por parte de empresas privadas e o inexorável aumento de fundos públicos permitem a aproximação de nosso sistema aos moldes da cartelização.[483] Logo, o financiamento público pode incentivar a formação de "partidos cartel", em que os beneficiados pelos critérios de acesso e distribuição dos recursos públicos podem optar por um comportamento típico de cartel, agindo em conjunto para dificultar a divisão das subvenções com outras agremiações políticas distintas das aquinhoadas.[484]

Devido à multiplicidade mórbida do número de agremiações, os partidos brasileiros estão no caminho da cartelização do sistema político, fazendo com que seus interesses impeçam o desenvolvimento do regime democrático, o que provoca o afastamento de suas bases sociais.[485] Assim, o aumento do Fundo Partidário, ou a criação do Fundo Especial de Financiamento Eleitoral, não significa uma oxigenação do sistema; representa, apenas, mais dinheiro para a manutenção de estruturas partidárias que defendem o interesse de determinadas lideranças políticas, ou seja: configura-se no oxigênio para a manutenção do *status quo*.

A principal característica da cartelização no sistema político consiste em que as agremiações não mais precisam da militância para manter e expandir suas atividades partidárias, em virtude de que utilizam, preponderantemente, dinheiro público na manutenção de seus afazeres cotidianos, inclusive, para a contratação de pessoal. Por consequência, quando se fala em cartelização percebe-se um verdadeiro embate com um princípio basilar da democracia representativa: o

---

[482] GUEDES, Nuno. O Partido-cartel: Portugal e as Leis dos Partidos e Financiamento de 2003. *Centro de Investigação e Estudos de Sociologia (CIES) e-Working Paper*, Lisboa, n. 17, 2006, p. 5. Disponível em: https://repositorio.iscte-iul.pt/handle/10071/181?mode=full. Acesso em: 30 abr. 2018.

[483] ALMEIDA, Renato Ribeiro de. *Financiamento Público da Atividade Partidária no Brasil*. Tese (Doutorado). 2017. Faculdade de Direito da Universidade de São Paulo, São Paulo, 2017, p. 95.

[484] SANTANO, Ana Cláudia. Parecer jurídico: Projeto de Lei 6.368/2016, Câmara dos Deputados. *Revista Eletrônica Direito e Política*, Programa de Pós-Graduação *Stricto Sensu* em Ciência Jurídica da UNIVALI, Itajaí, v. 12, quadrim., 2017, p. 492. Disponível em: https://siaiap32. univali.br/seer/index.php/rdp/article/view/10689. Acesso em: 30 abr. 2018.

[485] BOLOGNESI, Bruno. Dentro do Estado, Longe da Sociedade: A Distribuição do Fundo Partidário em 2016. *Newsletter*: Observatório de Elites Políticas e Sociais no Brasil. NUSP/UFPR, v. 3, n. 11, jul. 2016, p. 02. Disponível em: http://observatory-elites.org/wp-content/uploads/2012/06/newsletter-Observatorio-v.-3-n.-11.pdf. Acesso em: 30 abr. 2018.

pluralismo político. Se há direcionamentos e privilégios no financiamento, configura-se lógico que haverá uma dificuldade na alteração dos ocupantes nos espaços de poder e, portanto, limitação do diálogo entre concepções diversas.

Ainda, a adoção da preponderância do financiamento público apresenta outra consequência nefasta, que é dificultar que pessoas desconhecidas e sem vinculação a elites partidárias possam disputar, com chances efetivas, os pleitos eleitorais, pois as agremiações, seguramente, privilegiarão os membros componentes do *status quo*, impedindo um rejuvenescimento da representação política. Em razão de que os partidos dispõem de autonomia para o regramento dos seus assuntos internos, dentro dos limites ofertados pela Constituição, a distribuição do montante monetário não será feita de forma isonômica, mas de acordo com o desiderato dos dirigentes.

O estabelecimento da preponderância do financiamento público contribuirá, ainda mais, para a deslegitimação do sistema político brasileiro, e que se ressalte: esse não é um fenômeno local, mas uma consequência que, infelizmente, atinge os cinco continentes, sem excluir as democracias consolidadas. Por exemplo, a utilização de significativos recursos públicos não impediu que, na Alemanha, na década de noventa, recursos não contabilizados fossem utilizados na campanha, ou que, na Espanha, na década de oitenta, houvesse a aceitação de doação ilegal de empresas.[486]

O ceticismo da sociedade brasileira, em relação à classe política, aumentará, na medida em que suas demandas não forem atendidas e os casos de corrupção forem revelados, o que evidenciará que a sociedade financia uma função pública que não atende aos objetivos desejados. Com demandas substanciosas em vários serviços públicos, considerados como essenciais, a maior parte da sociedade brasileira rejeitará que recursos públicos sejam gastos em campanha.

Várias questões assomam, diante da realidade brasileira: Será que um sistema de financiamento, preponderantemente público, poderia isolar o poder econômico, evitando sua influência no processo eleitoral? Se essa alternativa fosse, realmente, concretizável, os candidatos com maior proximidade às fontes financiadoras perderiam seus privilégios e

---

[486] TRANSPARENCY INTERNATIONAL. Accountability and Transparency in Political Finance: Why, How and What for? *Working Paper*, n. 1, 2008, p. 08. Disponível em: http://issuu.com/transparencyinternational/docs/2008_1_politicalfinance_en?mode=window&printButtonEnabled=false&shareButtonEnabled=false&searchButtonEnabled=false&backgroundColor=%23222222. Acesso em: 18 dez. 2017.

o resultado das eleições seria, por conseguinte, menos influenciado pelas estruturas de campanha? Seria factível, com esse financiamento, a criação de um sistema político em que a possibilidade de eleição estivesse mais concentrada nas virtudes dos candidatos do que no amparo do poder financeiro? Todavia, tornar o sistema eleitoral imunizado, com relação ao influxo monetário, configura-se em uma tarefa impossível, mormente em países periféricos que apresentam altas taxas de desigualdade e de exclusão. Diante de todas essas hipóteses, pode-se afirmar que as distorções do processo eleitoral não provêm apenas da fonte de financiamento, seja ela pública ou privada. Distorções também podem prosperar na distribuição dos recursos ou na forma como são gastos, mesmo provenientes de fundos públicos.[487]

3.4 Financiamento privado

O financiamento privado de campanha fundamenta-se em contribuições pecuniárias ou em bens valorados monetariamente, que procedem de pessoas físicas ou jurídicas, mas sem contar com a participação de numerário público, visando arcar com os gastos de campanha por parte de partidos, coligações e candidatos. Desde a decisão proferida na ADI nº 4.650, proibindo a contribuição de pessoas jurídicas, atualmente, no Brasil, o financiamento eleitoral apenas pode ser realizado por meio de recursos de pessoas físicas e recursos públicos.[488]

Defendem Vania Siciliano Aieta e Torquato Jardim que a possibilidade de fazer-se doação a um candidato configura-se como um direito político, legítimo, exercício da cidadania, e ele consiste em um dos direitos humanos mais tradicionais, em regra, inalienáveis.[489] Uma das defluências dos direitos políticos consiste na participação dos cidadãos nas decisões governamentais, por meio da qual eles envidam esforços físicos e meios financeiros para eleger o(s) candidato(s) de sua preferência,

---

[487] TRANSPARENCY INTERNATIONAL. Accountability and Transparency in Political Finance: Why, How and What for? *Working Paper*, n. 1, 2008, p. 01. Disponível em: http://issuu.com/transparencyinternational/docs/2008_1_politicalfinance_en?mode=window&print ButtonEnabled=false&shareButtonEnabled=false&searchButtonEnabled=false&background Color=%23222222. Acesso em: 18 dez. 2017.

[488] ARAÚJO, Sergei Medeiros. O Financiamento Público nas Eleições Brasileiras. *In:* RAMOS, André de Carvalho (Coord.). *Temas de Direito Eleitoral no Século XXI.* Brasília: Escola Superior do Ministério Público da União, 2012. p. 320.

[489] AIETA, Vânia Siciliano; JARDIM, Torquato. Considerações sobre a Problemática do Financiamento de Campanha Diante do Fenômeno da Corrupção. *Revista de Jurisprudência do TRE-RJ*, Rio de Janeiro, v. 5, 2015, p. 49.

o que contribui para o aprofundamento do processo democrático. Então, o financiamento privado tem as mesmas prerrogativas da liberdade de manifestação política – emanação dos direitos políticos dos cidadãos – obviamente que seguindo os parâmetros normativos para impedir os acintes substanciais ao processo democrático.[490]

Outra justificativa para esse tipo de financiamento é que, como os partidos políticos são entes de Direito Privado, de acordo com o que promana, explicitamente, a Carta Magna configura-se como um paradoxo exigir o seu financiamento e o das eleições, preponderantemente, por intermédio dos cofres públicos. A razão é que, pela sua taxionomia, essas instituições não devem atrelar-se, umbilicalmente, ao erário público.[491] Se as agremiações são um dos pilares do regime democrático, devido à sua natureza privada, inexiste fundamentação para tolher sua liberdade de procurar recursos para o financiamento das atividades políticas, principalmente, no período eleitoral.

O financiamento privado está ligado ao próprio exercício de cidadania de seu titular, considerando o desejo de associar-se e contribuir com o financiamento de um candidato que representa suas aspirações e seu posicionamento ideológico, que tanto pode ser exercido pelas pessoas físicas como jurídicas. Aliás, as pessoas físicas podem exercer sua cidadania contribuindo para a campanha ou através de sua militância; já as pessoas jurídicas, que não ostentam direitos políticos, apenas podem participar das eleições manifestando seus posicionamentos, e através do financiamento eleitoral, obviamente, que dentro das regras do jogo e sem distorcer o resultado do pleito.

Quanto maior for o número de pessoas físicas que realizarem o financiamento eleitoral, maior será a legitimidade desse candidato

---

[490] AGRA, Walber de Moura. *Financiamento Eleitoral no Brasil*. Enciclopédia jurídica da PUC-SP. Celso Fernandes Campilongo, Alvaro de Azevedo Gonzaga e André Luiz Freire (Coord.). Tomo: Direito Administrativo e Constitucional. Vidal Serrano Nunes Jr. Maurício Zockun, Carolina Zancaner Zockun, André Luiz Freire (coord. de tomo). São Paulo: Pontifícia Universidade Católica de São Paulo, 2017. Disponível em: https://enciclopediajuridica. pucsp.br/verbete/150/edicao-1/financiamento-eleitoral-no-brasil. Acesso em: 15 abr. 2018.

[491] Nesse sentido Ana Cláudia Santano afirma: Em sendo assim, não há como compatibilizar, desde o ponto de vista jurídico, um modelo exclusivamente público de financiamento de partidos políticos, com esta natureza jurídica das agremiações partidárias. Como pessoas jurídicas de direito privado, os partidos possuem plena prorrogativas de buscar fontes privadas de arrecadação de recursos, não necessariamente de outras pessoas jurídicas, mas sim de origem privada (SANTANO, Ana Cláudia. Parecer jurídico: Projeto de Lei 6.368/2016, Câmara dos Deputados. *Revista Eletrônica Direito e Política*, Programa de Pós-Graduação *Stricto Sensu* em Ciência Jurídica da UNIVALI, Itajaí, v. 12, quadrim., 2017, p. 491. Disponível em: https://siaiap32.univali.br/seer/index.php/rdp/article/view/10689. Acesso em: 30 abr. 2018).

e mais elevada sua chance de vitória, pois a contribuição individual não se reduz a apenas um montante em dinheiro, mas configura-se, também, como uma forma de manifestação política, que, com certeza, é secundada por outras manifestações em apoio ao candidato.

Um importante exemplo é o sistema norte-americano, em que um número não desprezível de eleitores também exerce sua cidadania, por meio de doações privadas, despendidas em pequenos valores, cujo clímax foi atingido na primeira eleição de Barack Obama, em 2008. Um terço dos US$ 750 milhões de dólares arrecadados foi realizado por inúmeros eleitores que contribuíram com menos de US$ 200 dólares.[492] A transparência dessas doações é garantida por órgãos da sociedade civil que fiscalizam todo o processo de doação, como o *Center for Responsive Politics*, o *National Institute of Money in Politics* e a *Sunlight Foundation Analisam*. É importante atentar para esse dado fático, pois, mesmo com as diferenças entre duas realidades distintas, a defesa de candidatos ou os partidos nas eleições podem apresentar um alto poder de mobilização e engajamento por parte da população, refletindo-se nas doações de pequeno valor.[493]

O financiamento privado pode ser feito de forma direta, pela doação dos cidadãos, ou de maneira indireta, quando a contribuição destinar-se à realização de um serviço ou ao fornecimento de um bem, não exatamente em dinheiro, mas quantificável como tal.[494] As pessoas físicas podem doar até 10% de seu rendimento bruto, no ano anterior ao da campanha (§1º do art. 23 da Lei nº 9.504/97, atualizada pela Lei nº 13.165/2015).[495] Além de doações em dinheiro, elas podem contribuir com a cessão de bens móveis, limitada ao valor de R$4.000,00 (quatro mil reais) por cedente, não se submetendo à emissão de recibo eleitoral. Quando o imóvel for de propriedade do candidato, a cessão não pode

---

[492] SPECK, Bruno Wilhelm. Financiamento Eleitoral no Brasil e nos EUA. *Valor Econômico*, 10 ago. 2012. Disponível em: https://www.academia.edu/1864404/Bruno_Wilhelm_Speck_Financiamento_eleitoral_no_Brasil_e_nos_EUA. Acesso em: 04 maio 2017.

[493] SPECK, Bruno Wilhelm. Financiamento Eleitoral no Brasil e nos EUA. *Valor Econômico*, 10 ago. 2012. Disponível em: https://www.academia.edu/1864404/Bruno_Wilhelm_Speck_Financiamento_eleitoral_no_Brasil_e_nos_EUA. Acesso em: 04 maio 2017.

[494] Art. 17 da Resolução nº 23.553/2017: Os recursos destinados às campanhas eleitorais, respeitados os limites previstos, somente são admitidos quando provenientes de: I – recursos próprios dos candidatos; II – doações financeiras ou estimáveis em dinheiro de pessoas físicas.

[495] Art. 23 da Lei nº 9.504/1997: Pessoas físicas poderão fazer doações em dinheiro ou estimáveis em dinheiro para campanhas eleitorais, obedecido o disposto nesta Lei: §1º As doações e contribuições de que trata este artigo ficam limitadas a 10% (dez por cento) dos rendimentos brutos auferidos pelo doador no ano anterior à eleição.

ultrapassar o limite de R$40.000,00, de acordo com o §2º do art. 29 da Resolução de nº 23.553/2017, igualmente sem necessitar de recibo fiscal.[496]

Cada eleitor, independentemente da renda ou do fato de ser esta escriturada na prestação de contas, pode realizar gastos para apoiar candidato, partido ou coligação de sua preferência. Esses gastos não serão contabilizados e podem alcançar o valor máximo de R$1.064,10, sendo, por isso, chamados de gastos independentes.[497] É bom lembrar que esses valores não são ligados diretamente ao candidato, partido ou coligação, o que os torna, muitas vezes, alvo de muitas críticas, uma vez que podem dificultar o controle das finanças eleitorais ou mesmo facilitar a instituição de uma rede de doadores de maneira fraudulenta.[498]

Porém, é necessário esclarecer que, até a decisão do Supremo Tribunal Federal, na ADI nº 4.650, com a vedação das doações por pessoas jurídicas, estas eram as que mais contribuíam com os recursos financeiros para candidatos e partidos, enquanto as doações de pessoas físicas representavam uma parcela insignificante frente ao montante geral. Por exemplo, na lista dos maiores doadores aos candidatos nas eleições de 2012, os 10 primeiros lugares foram alcançados pelas pessoas jurídicas, situação esta que não se modificou nas eleições de 2014.[499] Nas últimas eleições gerais, os dez maiores doadores também foram empresas, sendo os cinco primeiros lugares ocupados por grandes empreiteiras.[500]

Outra fonte importante de recursos para as campanhas são os recursos próprios dos candidatos, denominado de autofinanciamento. Por outorga legal, o candidato pode custear toda sua campanha, dependendo da disponibilidade financeira e obedecendo ao valor máximo que pode ser gasto em cada cargo disputado. Ressalte-se que não se

---

[496] Art. 23 da Lei nº 9.504/1997: Pessoas físicas poderão fazer doações em dinheiro ou estimáveis em dinheiro para campanhas eleitorais, obedecido o disposto nesta Lei: §7º O limite previsto no §1º deste artigo não se aplica a doações estimáveis em dinheiro relativas à utilização de bens móveis ou imóveis de propriedade do doador ou à prestação de serviços próprios, desde que o valor estimado não ultrapasse R$40.000,00 (quarenta mil reais) por doador.

[497] Art. 46 da Resolução nº 23.553/2017: Com a finalidade de apoiar candidato de sua preferência, qualquer eleitor pode realizar pessoalmente gastos totais até o valor de R$1.064,10 (mil e sessenta e quatro reais e dez centavos), não sujeitos à contabilização, desde que não reembolsados.

[498] COSTA, Adriano Soares da. *Instituições do Direito Eleitoral:* Teoria da Inelegibilidade – Direito Processual Eleitoral. 10. ed. Belo Horizonte: Fórum, 2016. p. 753.

[499] ÀS CLARAS. *Transparência Brasil:* Eleições 2012. Disponível em http://www.asclaras.org. br/@index.php. Acesso em: 25 jul. 2017.

[500] SILVA, Paulo Galvez da. Os 10 Maiores Doadores de Campanha nas Eleições 2014. *Gazeta do Povo*, 03 set. 2014. Disponível em: https://www.pragmatismopolitico.com.br/2014/09/os-10-maiores-doadores-de-campanha-nas-eleicoes-2014.html. Acesso em: 07 abr. 2018.

podem gastar valores que ultrapassem o teto máximo permitido, sob pena de configurar-se abuso de poder econômico. Além disso, a Lei das Eleições e a Resolução do TSE confirmam que gastar recursos além dos limites estabelecidos submete os responsáveis ao pagamento de multa no valor equivalente a 100% (cem por cento) da quantia que exceder o limite estabelecido.[501] Não obstante, essa forma de doação configura-se como um privilégio para aqueles bem aquinhoados da sociedade, pois lhes permite financiar toda a campanha, sem que se preocupem com a busca de apoio material e o desequilíbrio da igualdade da disputa.

Na reforma eleitoral de 2017, houve a tentativa de reduzir o autofinanciamento para limites mais realistas, sem ater-se ao limite previsto para cada cargo.[502] O Presidente da República vetou tais limitações, mas o Congresso Nacional derrubou o veto, restabelecendo-se limites ao autofinanciamento para não privilegiar os candidatos mais ricos.[503] Todavia, em razão do princípio da anualidade,[504] que tem a função de garantir a segurança jurídica, as limitações ao autofinanciamento não têm vigência para as eleições de 2018, podendo os candidatos financiar suas campanhas até o limite de cada cargo.[505]

Os gastos eleitorais não são mais definidos pelo Tribunal Superior Eleitoral, mas sim por lei eleitoral específica, baseada no número de

---

[501] Art. 8º da Resolução nº 23.553/2017: Gastar recursos além dos limites estabelecidos sujeita os responsáveis ao pagamento de multa no valor equivalente a 100% (cem por cento) da quantia que exceder o limite estabelecido, a qual deverá ser recolhida no prazo de cinco dias úteis contados da intimação da decisão judicial, podendo os responsáveis responder ainda por abuso do poder econômico, na forma do art. 22 da Lei Complementar nº 64/1990, sem prejuízo de outras sanções cabíveis.

[502] BRASIL. Congresso. Senado Federal. Proposta de Reforma Eleitoral é Sancionada com Veto à Censura na internet. *Senado Notícias*, 07 out. 2017. Disponível em: https://www12.senado. leg.br/noticias/materias/2017/10/07/proposta-de-reforma-eleitoral-e-sancionada-com-veto-a-censura-na-internet. Acesso em: 25 out. 2017.

[503] RODRIGUES, Marcelo Abelha. Perguntas, Respostas e Reflexões em Torno do Autofinanciamento da Campanha Eleitoral das Eleições de 2018. *Migalhas*, 02 mar. 2018. Disponível em: http://www.migalhas.com.br/dePeso/16,MI275389,11049-Perguntas+respostas+e+reflexoes+em+torno+do+autofinanciamento+da.Acesso em: 13 abr. 2018.

[504] Art. 16 da Constituição Federa de 1988: A lei que alterar o processo eleitoral entrará em vigor na data de sua publicação, não se aplicando à eleição que ocorra até um ano da data de sua vigência.

[505] A norma consubstanciada no art. 16 da Constituição da República, que consagra o postulado da anterioridade eleitoral (cujo precípuo destinatário é o Poder Legislativo), vincula-se, em seu sentido teleológico, à finalidade ético-jurídica de obstar a deformação do processo eleitoral mediante modificações que, casuisticamente introduzidas pelo Parlamento, culminem por romper a necessária igualdade de participação dos que nele atuam como protagonistas relevantes (partidos políticos e candidatos), vulnerando-lhes, com inovações abruptamente estabelecidas, a garantia básica de igual competitividade que deve sempre prevalecer nas disputas eleitorais (BRASIL. Supremo Tribunal Federal. ADI nº 3.345/DF. Relator: Min. Celso de Mello. Julg. 25.08.2005. *DJE*: 20.08.2010).

eleitores.[506] Para as eleições de 2018, os valores máximos permitidos são os seguintes: Presidente da República – teto de R$70 milhões em despesas de campanha e, em caso de segundo turno, o limite será de R$35 milhões; Governador – o limite de gastos vai variar de R$2,8 milhões a R$21 milhões e será fixado de acordo com o número de eleitores de cada Estado, apurado no dia 31 de maio do ano da eleição; Senador – o limite vai variar de R$2,5 milhões a R$5,6 milhões e será fixado conforme o eleitorado de cada Estado, também apurado na mesma data; Deputado Federal – teto de R$2,5 milhões; Deputado Estadual ou Deputado Distrital – limite de gastos de R$1 milhão.[507] Este é um outro absurdo da legislação: em um país em que os Estados-membros têm dimensões diferentes, com diversidade de contextos socioeconômicos,

---

[506] BRASIL. Tribunal Superior Eleitoral. *Reforma Política Regulamenta Distribuição de Fundo Eleitoral para as Eleições 2018.* 10 out. 2017. Disponível em: http://www.tse.jus.br/imprensa/noticias-tse/2017/Outubro/reforma-politica-regulamenta-distribuicao-de-fundo-eleitoral-para-as-eleicoes-2018. Acesso em: 29 out. 2017.

[507] Art. 4º da Resolução nº 23.553/2017: Nas eleições para Presidente da República em 2018, o limite de gastos de campanha de cada candidato será de R$70.000.000,00 (setenta milhões de reais): Parágrafo único. Na campanha para o segundo turno, se houver, o limite de gastos de cada candidato será de 50% (cinquenta por cento) do valor estabelecido no caput.
Art. 5º da Resolução nº 23.553/2017: O limite de gastos nas campanhas dos candidatos às eleições de Governador e Senador em 2018 será definido de acordo com o número de eleitores de cada Unidade da Federação apurado no dia 31 de maio de 2018: §1º Nas eleições para Governador, serão os seguintes os limites de gastos de campanha de cada candidato; I – nas Unidades da Federação com até um milhão de eleitores: R$2.800.000,00 (dois milhões e oitocentos mil reais); II – nas Unidades da Federação com mais de um milhão de eleitores e até dois milhões de eleitores: R$4.900.000,00 (quatro milhões e novecentos mil reais); III – nas Unidades da Federação com mais de dois milhões de eleitores e até quatro milhões de eleitores: R$5.600.000,00 (cinco milhões e seiscentos mil reais); IV – nas Unidades da Federação com mais de quatro milhões de eleitores e até dez milhões de eleitores: R$9.100.000,00 (nove milhões e cem mil reais); V – nas Unidades da Federação com mais de dez milhões de eleitores e até vinte milhões de eleitores: R$14.000.000,00 (catorze milhões de reais); VI – nas Unidades da Federação com mais de vinte milhões de eleitores: R$21.000.000,00 (vinte e um milhões de reais); §2º Nas eleições para Senador, serão os seguintes os limites de gastos de campanha de cada candidato: I – nas Unidades da Federação com até dois milhões de eleitores: R$2.500.000,00 (dois milhões e quinhentos mil reais); II – nas Unidades da Federação com mais de dois milhões de eleitores e até quatro milhões de eleitores: R$3.000.000,00 (três milhões de reais); III – nas Unidades da Federação com mais de quatro milhões de eleitores e até dez milhões de eleitores: R$3.500.000,00 (três milhões e quinhentos mil reais); IV – nas Unidades da Federação com mais de dez milhões de eleitores e até vinte milhões de eleitores: R$4.200.000,00 (quatro milhões e duzentos mil reais); V – nas Unidades da Federação com mais de vinte milhões de eleitores: R$5.600.000,00 (cinco milhões e seiscentos mil reais); §3º Nas campanhas para o segundo turno de Governador, onde houver, o limite de gastos de cada candidato será de 50% (cinquenta por cento) dos limites fixados no §1º.
Art. 6º da Resolução nº 23.553/2017: Nas eleições para Deputado Federal, Estadual ou Distrital em 2018, o limite de gastos será de: I – R$2.500.000,00 (dois milhões e quinhentos mil reais) para as campanhas dos candidatos às eleições de Deputado Federal; II – R$1.000.000,00 (um milhão de reais) para as de Deputado Estadual ou Distrital.

padronizar o gasto de deputados federais e estaduais, com circunstâncias extremamente distintas, significa um estímulo ao caixa dois.

Ainda de acordo com a legislação eleitoral, constituem-se como meios de arrecadação de recursos financeiros a comercialização de bens e/ou serviços ou a promoção de eventos de arrecadação, ambos realizados, diretamente, pelo candidato ou pelo partido político. Com relação à promoção de eventos, exige-se o aviso, com antecedência mínima de cinco dias, à Justiça Eleitoral, que pode decidir pela necessidade de sua fiscalização.[508] Será considerado doação tudo que for levantado no evento, sendo, então, submetido aos limites legais. Quanto à comercialização de bens e serviços, deve-se especificar o seu objeto, para que não haja possibilidade de beneficiar, indevidamente, os eleitores. Ponto importante dessa modalidade de financiamento é a identificação dos doadores, para que haja um processo de transparência nas campanhas eleitorais. Também serão considerados como receitas de campanha os valores obtidos por meio de outras fontes, permitidas legalmente, como os recursos captados pelos partidos políticos.[509]

Os próprios partidos podem ser doadores, para os candidatos, contanto que seja comprovado que os recursos são provenientes das fontes permitidas, quais sejam: o Fundo Partidário, o Fundo Especial de Financiamento de Campanhas, as doações de pessoas físicas, as contribuições dos filiados e a comercialização de bens e serviços, bem como a promoção de eventos.[510]

Estratégia que não garante a transparência na doação eleitoral consiste em, ao invés de transferir recursos diretamente para a conta dos candidatos, realizar essa transferência para os diretórios partidários, tanto de seus próprios partidos, quanto dos partidos coligados. Observam Rodolfo Viana e Luísa Vidal que a transferência das doações dos partidos

---

[508] Art. 32 da Resolução nº 23.553/2017: Para a comercialização de bens e/ou serviços e/ou a promoção de eventos que se destinem a arrecadar recursos para campanha eleitoral, o partido político ou o candidato deve: I – comunicar sua realização, formalmente e com antecedência mínima de 5 (cinco) dias úteis, à Justiça Eleitoral, que poderá determinar sua fiscalização; II – manter à disposição da Justiça Eleitoral a documentação necessária à comprovação de sua realização e de seus custos, despesas e receita obtida.

[509] Art. 1º da Resolução nº 23.553/2017: [...] §2º A aplicação dos recursos captados por partidos políticos para as campanhas eleitorais deverá observar o disposto nesta Resolução.

[510] Art. 17 da Resolução nº 23.553/2017: Os recursos destinados às campanhas eleitorais, respeitados os limites previstos, somente são admitidos quando provenientes de: I – recursos próprios dos candidatos; II – doações financeiras ou estimáveis em dinheiro de pessoas físicas.

para as campanhas, quando oculta o nome do doador na prestação de contas eleitorais, não aparece nas contas dos candidatos e comitês.[511]

A possibilidade de doações ocultas era comum até 2012, por meio da chamada triangulação dos partidos, ou seja: elas eram repassadas por empresas ou pessoas físicas às legendas e aos comitês financeiros, que, por sua vez, encaminhavam-nas aos candidatos sem vinculação com a fonte original do recurso.[512] Os partidos políticos especificavam o montante doado a seus candidatos, mas sem identificar sua origem, devendo apenas contabilizar o recurso na prestação de contas anual.[513] Na última campanha em que foi possível tal conjuntura, 2012, dos R$212,4 milhões arrecadados por 26 prefeitos eleitos nas capitais, R$158 milhões ocorreram da forma acima explanada, perfazendo um total de 74%.[514]

Tendo em vista a alta proporção de doações ocultas, o Tribunal Superior Eleitoral editou, em 2014, a Resolução 23.406/14, dispondo sobre a arrecadação e os gastos de recursos por partidos políticos, candidatos e comitês financeiros, assim como estatuiu a necessidade de informar a fonte originária, ao repassá-las aos candidatos.[515] Em 2015, apesar da

---

[511] PEREIRA, Rodolfo Viana; VIDAL, Luísa Ferreira. Big Donors Brasileiros: Retrato das 10 (Dez) Empresas que Mais Doaram para as Campanhas e para os Diretórios Nacionais dos Partidos Políticos dos Candidatos à Presidência da República nas Eleições de 2010. *In*: COSTA, Mônica Aragão M. F. Costa; GUERRA, Arthur Magno e Silva; RIBEIRO, Patrícia Henriques (Org.). *Direito Eleitoral*: Leituras Complementares. Belo Horizonte: D'Plácido, 2014, p. 399.

[512] O Supremo Tribunal Federal, na ADI 5.394, afastou qualquer possibilidade de doação oculta em razão, dentro outras motivações, de acinte ao princípio da transparência (BRASIL. Supremo Tribunal Federal. ADI 5.394/DF. Relator: Min. Alexandre de Moraes. Plenário. Julg. 22.03.2018. *DJE*: 05.04.2018).

[513] A minirreforma eleitoral de 2015, Lei nº 13.165/2015, trouxe a possibilidade de que os valores transferidos pelos partidos políticos oriundos de doações possam ser registrados na prestação de contas dos candidatos como transferência dos partidos e, na prestação de contas dos partidos, como transferência aos candidatos, sem individualização dos doadores. Em razão da desnecessidade de individualização, o Conselho Federal Da Ordem Dos Advogados Do Brasil – CFOAB – ajuizou ação direta de inconstitucionalidade perante o STF (ADI 5.394), que ainda em 2015, por unanimidade e nos termos do voto do Relator, deferiu a cautelar para suspender, até o julgamento final da ação, a eficácia da expressão "sem individualização dos doadores", constante da parte final do §12 do art. 28 da Lei Federal nº 9.504/1997. No dia 22.03.2018, foi retomada a discussão acerca do mérito da presente demanda e o colegiado seguiu o voto do relator, julgando procedente o pedido e declarando a inconstitucionalidade da expressão "sem individualização dos doadores".

[514] MAAKAROUN, Bertha. Doação Oculta: A 'Promiscuidade' entre Políticos e Doadores que Sumiu da Reforma Política. *Em.com.br – Política*, 17 ago. 2017. Disponível em: https://www.em.com.br/app/noticia/politica/2017/08/17/interna_politica,892586/doacao-oculta-a-promiscuidade-entre-politicos-e-doadores.shtml. Acesso em: 20 out. 2017.

[515] Art. 20 da Resolução nº 23.406/2014: As doações recebidas pelos partidos políticos, inclusive aquelas auferidas em anos anteriores ao da eleição, poderão ser aplicadas nas campanhas eleitorais de 2014, desde que observados os seguintes requisitos: I – identificação da sua origem e escrituração contábil individualizada das doações recebidas.

tentativa de legalizar as doações ocultas na minirreforma eleitoral, o STF confirmou a sua impossibilidade, deixando claro que as informações sobre doadores interessam à sociedade como um todo.[516]

Uma das principais modificações da minirreforma de 2017, prevista na Lei nº 13.488/17, foi permitir a possibilidade de utilização do *crowdfunding*, denominada de "vaquinha eletrônica", uma forma moderna de contribuição, que permite a disseminação do financiamento popular, de forma rápida e eficiente, desde que haja eleitores dispostos a contribuir. [517] Em virtude de não estar indicada no art. 20 da Resolução nº 23.463/2015, que elencou todas as condições e possibilidades para efetuar doação ao financiamento eleitoral, de forma exauriente, e também porque não havia segurança de que os recursos auferidos seriam identificados,[518] o Tribunal Superior Eleitoral considerou ilegal a "vaquinha eletrônica" para as eleições de 2016.[519]

Como dito anteriormente, a internet e, especificamente, as redes sociais tornaram-se o instrumental de discussões políticas e difusão de informações, ensejando o encontro de pessoas que compartilham

---

[516] O conhecimento do nome dos doadores denuncia maior ou menor propensão do candidato a abandonar suas convicções ideológicas. É necessário garantir ao eleitor possibilidade de fazer esse juízo antes da escolha nas urnas (SANTOS, Frederico Fernandes dos. STF Derruba Doações Ocultas de Campanha. *Jus Brasil*, 2016. Disponível em: https://ffsfred.jusbrasil.com. br/noticias/255403071/stf-derruba-doacoes-ocultas-de-campanha. Acesso em: 25 out. 2017).

[517] XAVIER, Gustavo Luiz. Comissão da Reforma Política Reúne-se na Quarta para Votar Financiamento de Campanha. *Câmara Notícias*, 04 ago. 2017. Disponível em: http://www2.camara.leg.br/camaranoticias/noticias/POLITICA/538647-COMISSAO-DA-REFORMA-POLITICA-REUNE-SE-NA-QUARTA-PARA-VOTAR-FINANCIAMENTO-DE-CAMPANHA.html. Acesso em: 11 set. 2017.

[518] Art. 20 da Resolução 23.463/2015: Para arrecadar recursos pela internet, o partido e o candidato deverão tornar disponível mecanismo em página eletrônica, observados os seguintes requisitos: I – identificação do doador pelo nome e pelo CPF; II – emissão de recibo eleitoral para cada doação realizada, dispensada a assinatura do doador; III – utilização de terminal de captura de transações para as doações por meio de cartão de crédito e de cartão de débito; §1º As doações por meio de cartão de crédito ou cartão de débito somente serão admitidas quando realizadas pelo titular do cartão; §2º Eventuais estornos, desistências ou não confirmação da despesa do cartão serão informados pela administradora ao beneficiário e à Justiça Eleitoral.

[519] A decisão ocorreu por meio de uma sessão administrativa, onde o Plenário do Tribunal Superior Eleitoral, em resposta à consulta feita pelo deputado federal Jean Wyllys (PSol/RJ) concluiu que não era possível arrecadar recursos de campanha por meio de páginas na internet de financiamento coletivo, pois haveria a remuneração para intermediários, e não há essa previsão legal. "A legislação diz que o candidato, partido político ou coligação pode ter na página da internet mecanismo para que o eleitor possa, pela internet, fazer a doação. Não admite intermediários, que inclusive seriam remunerados por isso" – Ministro Henrique Neves (BRASIL. Tribunal Superior Eleitoral. *Sites de Financiamento Coletivo Não Podem Arrecadar para Campanha*. 22 maio 2014. Disponível em: http://www.tse.jus.br/imprensa/noticias-tse/2014/Maio/recursos-de-campanha-nao-podem-ser-arrecadados-por-paginas-de-financiamento-coletivo. Acesso em: 15 mar. 2018).

opiniões e que podem apoiar coletivamente, de forma financeira, um mesmo projeto, que pode ser político, social ou empresarial. Hoje, acredita-se que o *crowdfunding* é uma nova forma de mobilização política.[520] Ele passou a ser o caminho para as forças políticas que não são beneficiadas pelas formas tradicionais de financiamento, assim como uma oportunidade de maior participação popular na política.

Os pré-candidatos podem realizar arrecadação eleitoral por meio do *crowdfunding*, a partir de 15 de maio do ano eleitoral, e o dinheiro só será liberado se houver o registro da candidatura.[521] Os *sites* que desejarem oferecer o serviço precisam seguir as seguintes regras: 1) Fazer cadastro prévio na Justiça Eleitoral; 2) Exigir identificação de doadores e registrar as quantias; 3) Disponibilizar e atualizar, em tempo real, a lista de doadores, com as respectivas contribuições; 4) Emitir os recibos das doações e enviá-los também à Justiça Eleitoral.[522]

Partindo-se do pressuposto de que qualquer forma de arrecadação de recursos, para campanhas eleitorais e para partidos políticos, exige transparência absoluta na identificação dos doadores, todo *crowdfunding*, obrigatoriamente, deve conter mecanismos que garantam a transparência da arrecadação, contendo todas as informações consideradas essenciais.

Além disso, o financiamento coletivo deve atender à exigência do cadastro prévio na Justiça Eleitoral pela instituição arrecadadora.

---

[520] SANTANO, Ana Cláudia. Como Sobreviver na Selva: Fontes Alternativas de Financiamento de Campanhas Eleitorais. *In*: PEREIRA, Rodolfo Viana; SANTANO, Ana Claudia (Org.). *Conexões Eleitoralistas*. Belo Horizonte: Abradep, 2016, p. 53. Disponível em: http://bit.ly/2dCrveB. Acesso em: 03 mar. 2018.

[521] Art. 23 da Lei nº 9.504/1997: [...] IV – instituições que promovam técnicas e serviços de financiamento coletivo por meio de sítios na internet, aplicativos eletrônicos e outros recursos similares, que deverão atender aos seguintes requisitos: a) cadastro prévio na Justiça Eleitoral, que estabelecerá regulamentação para prestação de contas, fiscalização instantânea das doações, contas intermediárias, se houver, e repasses aos candidatos; b) identificação obrigatória, com o nome completo e o número de inscrição no Cadastro de Pessoas Físicas (CPF) de cada um dos doadores e das quantias doadas; c) disponibilização em sítio eletrônico de lista com identificação dos doadores e das respectivas quantias doadas, a ser atualizada instantaneamente a cada nova doação; d) emissão obrigatória de recibo para o doador, relativo a cada doação realizada, sob a responsabilidade da entidade arrecadadora, com envio imediato para a Justiça Eleitoral e para o candidato de todas as informações relativas à doação; e) ampla ciência a candidatos e eleitores acerca das taxas administrativas a serem cobradas pela realização do serviço; f) não incidência em quaisquer das hipóteses listadas no art. 24 desta Lei; g) observância do calendário eleitoral, especialmente no que diz respeito ao início do período de arrecadação financeira, nos termos dispostos no §2º do art. 22-A desta Lei; h) observância dos dispositivos desta Lei relacionados à propaganda na internet.

[522] VENTURINI, Lilian. Como a Reforma Política Mexe com o Dinheiro das Campanhas. *Nexo*, 15 ago. 2017. Disponível em: https://www.nexojornal.com.br/expresso/2017/08/15 / Como-a-reforma-pol%C3%ADtica-mexe-com-o-dinheiro-das-campanhas. Acesso em: 11 set. 2017.

CAPÍTULO 3
PERFIL DO FINANCIAMENTO ELEITORAL NO BRASIL E SUAS PERSPECTIVAS | 149

A identificação deve ser contínua, com a disponibilização, em sítio eletrônico, de lista dos doadores e das respectivas quantias doadas. Estas deverão ser atualizadas, instantaneamente, a cada nova doação e seu endereço eletrônico bem como sua identificação da instituição arrecadadora deverão ser informados à Justiça Eleitoral. Da mesma forma, será obrigatória a emissão de recibo para o doador, relativo a cada doação realizada, sob a responsabilidade da entidade arrecadadora.[523]

---

[523] Art. 23 da Resolução nº 23.553/2017: O financiamento coletivo, se adotado, deverá atender aos seguintes requisitos: I – cadastro prévio na Justiça Eleitoral pela instituição arrecadadora, observado o atendimento, nos termos da lei e da regulamentação expedida pelo Banco Central do Brasil, dos critérios para operar arranjos de pagamento; II – identificação obrigatória, com o nome completo e o número de inscrição no cadastro de pessoas físicas (CPF) de cada um dos doadores, o valor das quantias doadas individualmente, forma de pagamento e as datas das respectivas doações; III – disponibilização em sítio eletrônico de lista com identificação dos doadores e das respectivas quantias doadas, a ser atualizada instantaneamente a cada nova doação, cujo endereço eletrônico, bem como a identificação da instituição arrecadadora, devem ser informados à Justiça Eleitoral, na forma por ela fixada; IV – emissão obrigatória de recibo para o doador, relativo a cada doação realizada, sob a responsabilidade da entidade arrecadadora; V – envio imediato para a Justiça Eleitoral, na forma por ela estabelecida, e para o candidato de todas as informações relativas à doação; VI – ampla ciência a candidatos e eleitores acerca das taxas administrativas a serem cobradas pela realização do serviço; VII – não incidência em quaisquer das hipóteses de vedação listadas no art. 33 desta resolução; VIII – observância do Calendário Eleitoral para arrecadação de recursos, especialmente quanto aos requisitos dispostos no art. 3º desta resolução; IX – movimentação dos recursos captados na conta bancária "Doações para Campanha"; X – observância dos dispositivos da legislação eleitoral relacionados à propaganda na internet; §1º O cadastramento prévio a que se refere o inciso I deste artigo ocorrerá mediante: I – preenchimento de formulário eletrônico disponível na página do Tribunal Superior Eleitoral na internet; II – encaminhamento eletrônico dos seguintes documentos comprobatórios: a) requerimento assinado pelo administrador responsável pelas atividades da instituição arrecadadora; b) cópia dos atos constitutivos em sua versão vigente e atualizada, revestidos das formalidades legais, que devem conter previsão para o exercício da atividade e certidão de pessoa jurídica emitida pela Receita Federal do Brasil; c) declaração emitida pelo administrador responsável que ateste a adequação dos sistemas utilizados pela instituição arrecadadora e passíveis de verificação para efetuar a identificação do doador, a divulgação dos valores arrecadados e o atendimento a reclamações dos doadores; III – documentos de identificação de sócios e administradores, incluindo identidade, CPF e comprovante de residência no caso dos administradores; IV – declarações individuais firmadas pelos sócios e administradores da plataforma atestando que não estão inabilitados ou suspensos para o exercício de cargo em instituições financeiras e demais entidades autorizadas a funcionar pela CVM e pelo Banco Central do Brasil; §2º O recibo a que se refere o inciso IV do caput deste artigo deve ser emitido pela instituição arrecadadora como prova de recebimento dos recursos do doador, contendo: I – identificação do doador, com a indicação do nome completo, CPF e endereço; II – identificação do beneficiário, com a indicação do CNPJ ou CPF, na hipótese de pré-candidato, e a eleição a que se refere; III – valor doado; IV – data de recebimento da doação; V – forma de pagamento; VI – identificação da instituição arrecadadora emitente do recibo, com a indicação da razão social e do CNPJ; §3º O prazo a ser observado para o repasse de recursos arrecadados pela instituição arrecadadora ao beneficiário, bem como a destinação dos eventuais rendimentos decorrentes de aplicação financeira, deve ser estabelecido entre as partes no momento da contratação da prestação do serviço; §4º A partir de 15 de maio do ano eleitoral, é facultada aos pré-candidatos a

3.4.1 Posicionamentos contrários ao financiamento privado

Assim como foi necessário ponderar sobre as vantagens e desvantagens do financiamento exclusivamente público, também será necessário analisar as questões polêmicas que fazem parte do financiamento privado.

A crítica mais comum consiste em que o financiamento privado pode ser utilizado como moeda de troca para conseguir favores e privilégios com a classe política, estorvando a concretização da constituição econômica. Havendo favorecimento de partidos ligados ao *establishment*, o poder político será seduzido e dominado pelo poder econômico, o que impedirá a realização plena do pluralismo político. Os partidos com maior condição financeira sempre ostentam melhores chances nas disputas eleitorais, em virtude de seu poderio material, fazendo com que a alternância de poder seja diminuta e os centros de decisão se distanciem da vontade popular, seja no financiamento público, seja no privado. O risco é que o financiamento privado construa suas bases em expectativas recíprocas, em que a doação é realizada para a obtenção de favores públicos, o que, obviamente, contraria os primados legais, mas beneficia os mandatários que recebem essa vantagem. Nessa perspectiva, o objetivo da doação não consiste no apoio a um candidato que possa defender os posicionamentos do doador, mas sim na obtenção de benesses, que, normalmente, têm uma valoração financeira. O financiamento eleitoral é considerado como um investimento que apresenta lucro extremamente generoso.

Perdendo o debate político sua importância e sendo as eleições decididas em razão da preponderância do financiamento privado, as pessoas, sem alto poder aquisitivo e estando distantes do poder político, não terão chances reais de participar do pleito, provocando o engessamento da representação política porque, nessas condições, não há possibilidade de surgimento de novas lideranças. Forma-se, então, um círculo vicioso de reprodução da estrutura de poder.[524] Enfim,

---

arrecadação prévia de recursos nesta modalidade, mas a liberação de recursos por parte das entidades arrecadadoras fica condicionada ao cumprimento, pelo candidato, dos requisitos dispostos nos incisos I a III do art. 3º desta resolução; §5º Na hipótese prevista no parágrafo anterior, se não for efetivado o registro da candidatura, as entidades arrecadadoras deverão devolver os valores arrecadados aos doadores na forma das condições estabelecidas entre a entidade arrecadadora e o pré-candidato.

[524] Empregou-se essa palavra no sentido de um microssistema autônomo. Nesse sentido vide: (GUERRA FILHO, Willis Santiago. *Autopoiese do Direito na Sociedade Pós-Moderna:* Introdução a Uma Teoria Social Sistêmica. Porto Alegre: Livraria do Advogado, 1997. p. 48).

o que se verifica é que o financiamento privado, sem o regramento devido, dificulta a alternância da representação política, que é uma das condições de confiabilidade do regime republicano, e contribui para distorcer o processo democrático, pois a vontade dos mandatários não terá sintonia com a vontade social.[525]

Esse afastamento da maioria da população deteriora o processo democrático, provocando um *gap* entre os interesses dos representantes e dos representados. O financiamento privado, utilizado de forma excessiva, faz com que ele deixe de ser um instrumental para a materialização da opção política das pessoas jurídicas, incrementando as discussões políticas, para tornar-se um obstáculo ao sucesso eleitoral da maior parte dos cidadãos. Além disso, provoca uma distorção da democracia, deslegitimando-a, consideravelmente, porque os eleitores passam a votar por direcionamentos outros que não os da sua vontade própria, impedindo-lhes a liberdade de votar e o sufrágio consciente.

A falta de disciplinamento adequado do financiamento privado, somada aos altos custos de campanha e ao lucro proporcionado pelas doações, impede que as pessoas comprometidas com as demandas sociais possam atingir o poder. Retira-se o teor meritocrático da representação para atrelar a possibilidade de sucesso na disputa baseada no aspecto monetário. As chances do candidato afastam-se dos critérios concernentes aos seus predicativos pessoais, ao seu trabalho voltado para a comunidade ou à sua convicção ideológica, para basear-se, preponderantemente, nos seus recursos materiais. Além disso, como foi demonstrado anteriormente, o custo de uma campanha está cada vez mais elevado, o que provoca uma demanda acirrada por mais financiamento, até mesmo o oriundo de fontes consideradas ilícitas e, ainda, a posterior omissão de declaração à Justiça Eleitoral.[526] Essa constatação empírica torna-se mais grave diante da inexistência de conjectura fática que cerceie o abuso de poder no processo eleitoral. Devido à incerteza de sanção contra os delitos cometidos pelo candidato,

---

[525] O processo democrático consolida-se através da alternância do poder e a oposição adquire mais consistência nos seus projetos à medida em que vislumbra reais condições de alcançar o poder pelas vias democráticas convencionais (EMERIQUE, Lilian Márcia Balmant. O Direito de Oposição Política no Estado Democrático de Direito. *In*: ENCONTRO PREPARATÓRIO PARA O CONGRESSO NACIONAL DO CONPEDI, 15, 2006, Recife, *Anais...* Recife: CONPEDI, 2006, p. 13-14. Disponível em: https://www.conpedi.org.br/manaus/ arquivos/ Acesso em: 04 maio 2018).

[526] KANAAN, Alice. Financiamento Público, Privado e Misto Frente à Reforma Política Eleitoral Que Propõe o Financiamento Público Exclusivo. *In*: RAMOS, André de Carvalho (Coord.). *Temas de Direito Eleitoral no Século XXI*. Brasília: Escola Superior do Ministério Público da União, 2012. p. 299.

em decorrência do lucro auferido pelos financiadores ser elevado, e em razão das vantagens decorrentes da utilização desses ilícitos, principalmente com a compra de votos, o processo meritocrático da representação eleitoral restará, deveras, comprometido.

Não se pode negar que as constantes denúncias de corrupção do processo eleitoral demonstram, sem dúvida, uma influência do poder econômico sobre o poder político. Existe realmente o risco de uma ingerência excessiva das pessoas físicas que ostentam grandes fortunas e de grandes grupos econômicos no resultado eleitoral. Entretanto, ninguém tem segurança em afirmar que os recursos oriundos da proibição de contribuição de pessoas jurídicas não sejam direcionados ao caixa dois, diante da atratividade que esses recursos representam para candidatos e doadores. Agasalha-se a tese de que a vedação do financiamento privado não é o remédio para a interferência excessiva do poder econômico na vida pública.

3.5 Financiamento de pessoas jurídicas

No centro dessa preocupação sobre o financiamento eleitoral é importante discutir sobre a procedência de grande parte das doações e sobre as questões que as envolvem. Obviamente, desse modo, percorrer-se-ão os caminhos traçados pelas relações entre as pessoas jurídicas e a classe dirigente. É necessário compreender o âmbito de atuação dessas entidades no ambiente político para discutir sobre a possibilidade de sua participação no processo democrático.

É importante recordar que as doações feitas por pessoas jurídicas já foram proibidas em outros momentos históricos no Brasil; inclusive, a vedação de doação de pessoas jurídicas foi um incentivo ao financiamento ilegal, nas eleições de 1989, e a posteriores atos de corrupção que motivaram o processo de *impeachment* do Presidente Collor de Mello.[527] Em decorrência desses fatos, observou-se que a vedação à

---

[527] Na ADI nº 1076/DF, julgada em 15.06.1994, o Ministro Sepulveda Pertence expôs sua argumentação nesse sentido: [...] 9. Dispensa comentários o rotundo fracasso dessa tentativa ingênua de expungir do financiamento das campanhas eleitorais o dinheiro da empresa privada: além da ineficácia notória, a vedação gerou o efeito perverso do acumpliciamento generalizado dos atores da vida política com a prática das contribuições empresariais clandestinas, fruto, na melhor das hipóteses, da sonegação fiscal. 10. Assim como ocorrera na América, sob o estrépito de Watergate, era previsível que, também no Brasil, os escândalos dos últimos anos, universalizando a consciência da sua hipocrisia, sepultariam o velho modelo proibitivo. 11. Não é que seja desejável que empresas de finalidade lucrativa custeiem a disputa do poder político. Mas é inevitável que o façam. Desse modo, a alternativa real não é permitir ou proibir simplesmente. É proibir nominalmente, fingindo ignorar a

doação dessas entidades abriu espaço para uma estrutura de incentivo às doações ilícitas.[528]

Dentre as pessoas jurídicas que, comumente, realizam doações políticas, as que mais se sobressaem são as empresas, em virtude de seu faturamento e de seus interesses em realizar negócios com a Administração Pública. São elas as maiores financiadoras e, consequentemente, as mais beneficiadas nas relações com os entes estatais. Para elas, o financiamento eleitoral é considerado um investimento, que deve produzir o maior lucro possível.

Portanto, configura-se imperioso compreender, efetivamente, a influência dessas pessoas jurídicas sobre as campanhas eleitorais e em toda a estruturação do financiamento político, pois existem consequências substanciais e diretas, tanto da liberação de sua atuação nos pleitos, quanto de sua vedação.

É importante esclarecer que essas doações não são aleatórias porque se baseiam, preponderantemente, na possibilidade de auferir a maior rentabilidade pecuniária possível, sendo direcionada a candidatos que atendam aos interesses dos doadores, que possuam histórico de boa votação e tenham acesso aos centros de decisão política, como demonstrado acima.

Mesmo não sendo detentoras de direitos políticos, as pessoas jurídicas possuem a prerrogativa de liberdade de expressão e de poder participar do processo democrático, direito de manifestação política, haja vista que são essenciais ao desenvolvimento econômico. O direito de liberdade de expressão de que gozam permite que elas participem das decisões políticas, expondo seus interesses, desde que não obnubilem a constituição econômica e respeitem as demais demandas da sociedade.

---

inoperância fatal da vedação utópica, ou render-se à realidade inevitável da interferência do poder econômico nas campanhas eleitorais, a fim de tentar discipliná-la, limitá-la e fazê-la transparente[...] (BRASIL. Supremo Tribunal Federal. ADI 1.076/DF. Relator: Min. Sepúlveda Pertence. Julg.: 15.06.1994. *DJE*: 07.12.2000).

[528] Merecem consideração à parte as propostas de proibir toda forma de aporte privado e estabelecer a exclusividade do financiamento público. A nosso ver, a pura e simples proibição dos aportes privados tem duas consequências claras e negativas. Em primeiro lugar, esses aportes continuarão a existir por meios ilegais, canalizando-se de forma encoberta e fora de qualquer possibilidade de controle e transparência. Com efeito, sempre haverá grupos ou indivíduos interessados em apoiar financeiramente partidos ou candidatos e que ante a proibição encontrarão meios eficazes de ocultar a rota do dinheiro, por meio de contas bancárias no estrangeiro, pessoas interpostas ou triangulação de fundos (RUBIO, Delia Ferreira. Financiamento de Partidos e Campanhas: Fundos Públicos *versus* Fundos Privados. *Novos Estudos – CEBRAP*, São Paulo, n. 73, nov. 2005, p. 11. Disponível em: http://dx.doi.org/10.1590/S0101-33002005000300001. Acesso em: 01 maio 2018.)

Devido a esse debate, demonstra-se importante o deslinde dos conceitos de direitos políticos, bem como de liberdade de expressão, para que se compreenda a necessária e constitucional participação das pessoas jurídicas no processo de financiamento de campanhas eleitorais, inclusive, como um componente do aperfeiçoamento do espírito democrático.

Uma acepção ampla de direitos políticos ou cívicos refere-se às prerrogativas e aos deveres inerentes à cidadania, quando delega ao cidadão a função de participar, direta ou indiretamente, do governo, da organização do Estado e das decisões administrativas.[529] A Constituição Federal, em seu artigo 14, esclarece as condições do exercício dos direitos políticos como manifestação da soberania popular, o que permite uma intervenção da população nas esferas governamentais.[530] Esses direitos políticos apresentam, portanto, uma natureza jurídica fundamental, condensada no direito de sufrágio, que nas democracias contém o apanágio de ser universal, livre, direto e periódico.[531] Ora, não se pode negar que a titularidade dos direitos políticos está ligada ao aspecto da participação do cidadão, consolidando uma função democrática que ostenta a taxionomia de direito fundamental.[532]

No que se refere à liberdade de expressão, o inciso IX do art. 5º da Constituição Federal deixa claro sua proteção e sua classificação como direito fundamental.[533] Celso Ribeiro Bastos observa que a liberdade de expressão merece uma proteção jurídica, por ir além da esfera íntima do cidadão, havendo necessidade de garantir mecanismos que a efetivem.[534] Para Manoel Gonçalves Ferreira Filho, a razão dessa garantia

---

[529] GOMES, José Jairo. Direitos Políticos. *Revista Brasileira de Estudos Políticos*, Belo Horizonte, n. 100, p. 103-130, jan./jun. 2010, p. 106. Disponível em: https://pos.direito.ufmg.br/rbep/index.php/rbep/article/view/111/107. Acesso em: 01 maio 2018.

[530] Art. 14 da Constituição Federal de 1988: A soberania popular será exercida pelo sufrágio universal e pelo voto direto e secreto, com valor igual para todos, e, nos termos da lei, mediante: I – plebiscito; II – referendo; III – iniciativa popular.

[531] GUEDES, Néviton. Natureza Jurídica dos Direitos Políticos. *In*: CANOTILHO, J.J. Gomes *et al.* (Coord.). *Comentários à Constituição do Brasil*. São Paulo: Saraiva/Almedina, 2014. p. 659.

[532] CANOTILHO, J. J. Gomes. *Direito Constitucional e Teoria da Constituição*. 7. ed. Coimbra: Almeida, 2003. p. 290.

[533] Art. 5º da Constituição Federal de 1988: Todos são iguais perante a lei, sem distinção de qualquer natureza, garantindo-se aos brasileiros e aos estrangeiros residentes no País a inviolabilidade do direito à vida, à liberdade, à igualdade, à segurança e à propriedade, nos termos seguintes: IX – é livre a expressão da atividade intelectual, artística, científica e de comunicação, independentemente de censura ou licença.

[534] BASTOS, Celso Ribeiro. *Curso de Direito Constitucional*. 19. ed. São Paulo: Saraiva, 1998. p. 187.

constitucional é permitir a exposição do pensamento, propiciando o desenvolvimento da dialética do convencimento.[535] Logo, a ideia é compreender que os direitos fundamentais não se configuram somente como direitos subjetivos, mas também como uma ordem objetiva de direitos, condição que agasalha a liberdade de expressão de pensamento como prerrogativa, tal como a disposição concernente às pessoas jurídicas, como reza o art. 19, alínea 3, da Lei Fundamental alemã.[536]

No mesmo sentido, manifestou-se o professor Canotilho, que considera que alguns direitos fundamentais não são direitos do homem, sendo plenamente factível que pessoas coletivas sejam seus titulares.[537] Corrobora essa compreensão Gilmar Ferreira Mendes, ao sustentar que está superada a atribuição dos direitos fundamentais somente relativos às pessoas físicas.[538] Conforme esse argumento, mesmo sem gozar de direitos políticos, na acepção de poder votar e ser votado, as pessoas jurídicas têm o direito fundamental de liberdade de expressão de pensamento e de participação no processo político, não na condição de cidadão, mas como partícipe da sociedade em que compartilha direitos e obrigações.

Percebe-se, portanto, que as doações realizadas por pessoas jurídicas a partidos ou candidatos representam uma participação dessas entidades no debate político e consistem na concretização de sua prerrogativa de liberdade de expressão, bem como de manifestação política, contribuindo para o aperfeiçoamento da democracia, quando respeitam os parâmetros legais. A vedação às doações feitas por pessoas jurídicas significa uma limitação da expressão de ideias políticas, pois até mesmo a divulgação de determinados posicionamentos pode ser enquadrada como financiamento para beneficiar determinado candidato. Impedir que uma pessoa jurídica financie um partido ou candidato pode dificultar o próprio processo democrático, que depende desse diálogo efetivo. O mais paradoxal é que essa exclusão pode incentivar o caixa

---

[535] FERREIRA FILHO, Manoel Gonçalves. *Curso de Direito Constitucional*. 29. ed. São Paulo: Saraiva, 2002. p. 290.

[536] Art. 19, alínea 3 da Lei Fundamental Alemã: (Restrição dos direitos fundamentais – Via judicial): (3) Os direitos fundamentais também são válidos para as pessoas jurídicas sediadas no país, conquanto, pela sua essência, sejam aplicáveis às mesmas.

[537] CANOTILHO, J.J. Gomes. *Direito Constitucional e Teoria da Constituição*. 2. ed. Coimbra: Almedina, 1998. p. 364. Segundo o autor: a extensão dos direitos e deveres fundamentais às pessoas colectivas (pessoas jurídicas) significa que alguns direitos não são 'direitos do homem', podendo haver titularidade de direitos fundamentais e capacidade de exercício por parte de pessoas não identificadas com cidadãos de 'carne e osso'.

[538] MENDES, Gilmar Ferreira; COELHO, Inocêncio Mártires; BRANCO. Paulo Gustavo Gonet. *Hermenêutica Constitucional e Direitos Fundamentais*. Brasília: Brasília Jurídica, 2002. p. 165.

dois e outras condutas ilícitas, deixando um importante segmento da sociedade sem mecanismos institucionais para posicionar-se no processo político.

Para Néviton Guedes, a proibição de doação por parte das pessoas jurídicas representa uma redução em seu direito de expressão de pensamento, excluindo do debate político corporações e empresas que contribuem, com emprego e arrecadação tributária, na solução dos problemas sociais. Continua o seu raciocínio, asseverando que, com a proibição das pessoas jurídicas de financiar o processo eleitoral, veda-se a esses entes a participação no debate público, na medida em que terão suprimido a capacidade de tornar as suas demandas uma temática de discussão política.[539]

Esse caráter antípoda entre o princípio da liberdade e o da igualdade, no financiamento eleitoral, é muito mais aparente que fático, a não ser que não se determine limites ou imponha-se que o financiamento adentre em searas ilícitas, pois, dessa forma, inexoravelmente, a liberdade dos mais ricos preponderará diante da igualdade política dos mais pobres. Alinhando-se ao sustentado por Schockley, essa aparente antinomia deve ser substituída por uma liberdade isonômica, em que os atores políticos possam influenciar o processo democrático – não com a mesma influência daquela, o que se demonstraria um falso pressuposto – sem cometer, portanto, abuso de poder e sem ferir a integridade do processo eleitoral.[540]

Não há dúvida de que as pessoas jurídicas não são titulares de direitos políticos, contudo, também é incontroverso que elas são dotadas de direito à liberdade de expressão e de participação política, que compreende atividades distintas, como defender posicionamentos políticos ou contribuir com recursos financeiros no processo eleitoral.[541] Da mesma forma que as atividades de militância configuram-se como

---

[539] GUEDES, Néviton. Empresas e o Direito de Participar do Debate Político-eleitoral. *Revista Consultor Jurídico*, 26 maio 2014. Disponível em: http://www.conjur.com.br/2014-mai-26/empresas-direito-participar-debate-politico-eleitoral. Acesso em: 11 mar. 2017.

[540] SCHOCKLEY, John S. Money in Politics: Judicial Roadblocks to Campaign Finance Reform. *Symposium:* Campaign Finance Reform. Spring, v. 10, n. 679, 1983, p. 698-699. Disponível em: https://static1.squarespace.com/static/591ccf16db29d6afe8606726/t/598e337203596e7caf474 2f7/1502491585180/Shockley.pdf. Acesso em: 01 dez. 2017.

[541] SANTANO, Ana Cláudia. Menos Proibições e mais Transparência: As (Falsas) Promessas sobre a Vedação de Doações de Pessoas Jurídicas no Financiamento de Campanhas Eleitorais. *Revista Ballot*, Rio de Janeiro, v. 1, n. 1, maio/ago. 2015, p. 184. Disponível em: https://www.researchgate.net/publication/324043670_Menos_proibicoes_e_mais_transparencia_as_falsas_promessas_sobre_a_vedacao_de_doacoes_de_pessoas_juridicas_no_financiamento_de_campanhas_eleitorais. Acesso em: 10 dez. 2017.

CAPÍTULO 3
PERFIL DO FINANCIAMENTO ELEITORAL NO BRASIL E SUAS PERSPECTIVAS | 157

atividade política, resta inconteste que a utilização de recursos financeiros também representa uma forma dessa atividade. A participação ativa na política não se resume ao voto, sendo este um aspecto individual e tópico de um processo muito mais complexo e rico, em que setores da sociedade se organizam para atingirem objetivos comuns.[542]

Destituídas de interesses *quid pro quo* ou de outros interesses espúrios, as pessoas jurídicas contribuem com dois objetivos específicos: tentar obter políticas favoráveis a seus interesses, com a função de *rent creation*, e tentar evitar a efetivação de políticas que prejudiquem os seus interesses, o que se denomina de *rent extraction*.[543]

Há posicionamentos que equiparam o dinheiro à liberdade de expressão, o denominado *Money Talks*. Partem do pressuposto de que as contribuições de campanha seriam uma forma dos doadores expressarem suas opiniões políticas e manifestarem seu apoio, propiciando que os candidatos, por meio de recursos materiais, possam difundir suas propostas na sociedade.[544] De acordo com esse posicionamento, qualquer regramento ao financiamento de campanha é inconstitucional porque afronta a liberdade de expressão.[545]

---

[542] DALLARI, Dalmo de Abreu. *O Que é Participação Política*. São Paulo: Brasiliense, 1999. p. 85 (Coleção Primeiros Passos).

[543] Juntos, *rent creation and rent extraction* são modelos econômicos de regulamentação de atividade, os quais são ambos baseados no pagamento de políticos em troca de serviços, no que explica o porquê interesses privados são pagos e como eles são pagos. "Dinheiro não compra apenas eleições, dinheiro também compra políticos, mesmo aqueles que não têm a intenção de se vender" (SILVERBERG, Brett. Tuning Cash into Votes: The Law and Economics of Campaign Contributions. *University of Miami Business Law Review*, v. 25, n. 111, 2016, p. 116. Disponível em: https://repository.law.miami.edu/cgi/viewcontent.cgi?article =1286&context=umblr. Acesso em: 01 dez. 2017).

[544] SMITH, Bradley A. Money Talks: Speech, Corruption, Equality and Campaign Finance. *The Georgetown Law Journal*, v. 86, n. 1, oct. 1997, p. 45 e 58.

[545] Um caso emblemático nessa discussão está presente nos Estados Unidos, onde a legislação, desde as reformas em 1974, proíbe doações diretas de empresas e sindicatos aos candidatos nas campanhas e estabelece tetos máximos para doações individuais. Entretanto, posteriormente, a Suprema Corte, na decisão Buckley *vs*. Valeo, derrubou a imposição de tetos para limitação de gastos de candidatos, alegando que isso limitaria a liberdade de expressão dos candidatos, garantida na Primeira Emenda da Constituição americana (SCHOCKLEY, John S. Money in Politics: Judicial Roadblocks to Campaign Finance Reform. *Symposium:* Campaign Finance Reform. Spring, v. 10, n. 679, 1983, p. 692. Disponível em: https://static1.squarespace.com/static/591ccf16db29d6afe8606726/t/598e337203596e7caf4742f7/1502491585180/Shockley.pdf. Acesso em: 01 dez. 2017). Certo tempo depois, houve o estabelecimento de outras limitações quanto ao financiamento de campanha política por parte da Lei McCain-Feingold, em 2002, mas que vem sendo derrogadas por decisões da Suprema Corte. Esta lei impôs limites em relação à quantidade de dinheiro que poderia ser arrecadada pelos partidos políticos e seus comitês. No caso *Citizens United*, com decisão proferida em 2010, a Suprema Corte dos Estados Unidos, por um quórum apertado de cinco votos a quatro, aboliu algumas restrições para o financiamento eleitoral (Citizens United v. Federal Election Commission, 558 U.S. 71 (2014)). Dessa forma, permitiu-se o gasto de empresas em campanhas, sem

No posicionamento contrário, estão aqueles que não confundem dinheiro com liberdade de expressão, mas apenas sinalizam limitações ao uso da propriedade, ocasionando uma mitigação à liberdade de expressão e à propaganda eleitoral. Para Wright, o dinheiro não pode ser confundido com a liberdade de expressão, haja vista que é um instrumento destinado à expansão da propaganda política.[546]

Guiando-se por meio de um regramento sério, a contribuição eleitoral, por parte das empresas, constitui-se em um ato simbólico para expressar um posicionamento, o que representa um sentimento ou interesse de seu agente. É revestida de uma conduta comunicativa relevante, em virtude de que sinaliza que o doador apoia o candidato e comunga com ele da totalidade ou de parte de suas propostas. Sustenta Aline Osório que o dinheiro é uma forma utilizada pelo sujeito para manifestar os seus próprios interesses, consistindo, nesse caso, de uma conduta expressiva ou simbólica, com o escopo de transmitir uma mensagem.[547]

Bastante perceptíveis são os problemas decorrentes do impedimento do financiamento de campanhas por pessoas jurídicas, pois, ainda que não votem, exercem importante papel na edificação do espírito político na sociedade, assim como são também atingidas por qualquer política econômica.[548] Importante salientar que a vedação não

---

limitação, desde que fosse independente da coordenação dos partidos e candidatos, mas que pudessem influenciar o resultado das eleições, baseando-se na liberdade de expressão, no que concedeu isonomia aos direitos de expressão outorgados aos cidadãos. Dessa forma, as empresas e os cidadãos podem produzir e veicular propaganda eleitoral a favor ou contra candidatos sem limites financeiros, apenas vedando-se a doação direta a eles e a coordenação de suas atividades (WEDY, Gabriel; FREITAS, Juarez. Eleições nos EUA Podem Afetar Financiamento de Campanha. *Revista Consultor Jurídico*, 25 jul. 2015. Disponível em: https://www.conjur.com.br/2015-jul-25/eleicoes-eua-podem-afetar-financiamento-campanha. Acesso em: 15 mar. 2018).

[546] WRIGHT, J. Skelly. *Money and the Pollution of Politics: Is The First* Amendment an *Obstacle to Political Equality? Columbia Law Review*, v. 82, n. 4, may. 1982, p. 609.

[547] OSORIO, Aline. *Direito Eleitoral e Liberdade de Expressão*. Belo Horizonte: Fórum, 2017. p. 355.

[548] Tal protagonismo das pessoas jurídicas não pode ser associado a uma narrativa negativa da sua relação com a política e a sua mobilização é sinal de saúde do sistema democrático como um todo, afinal, elas também são agentes ativos da sociedade, possuem demandas a serem atendidas pelo Estado, bem como se organizam em prol de suas causas. Natural que queiram participar por completo da democracia (SANTANO, Ana Cláudia. Menos Proibições e Mais Transparência: As (Falsas) Promessas sobre a Vedação de Doações de Pessoas Jurídicas no Financiamento de Campanhas Eleitorais. *Revista Ballot*, Rio de Janeiro, v. 1, n. 1, maio/ago. 2015, p. 186. Disponível em: https://www.researchgate.net/publication/324043670_Menos_proibicoes_e_mais_transparencia_as_falsas_promessas_sobre_a_vedacao_de_doacoes_de_pessoas_juridicas_no_financiamento_de_campanhas_eleitorais. Acesso em: 10 dez. 2017).

se refere apenas às empresas, mas a todas as pessoas jurídicas, conceito este muito mais abrangente.[549]

As pessoas jurídicas, então, gozam de capacidade política de fato e de direito, possuindo demandas e interesses específicos que podem não representar as mesmas premências da sociedade, mas que têm a obrigatoriedade de submeterem-se aos ditames do jogo democrático. Além do necessário e razoável reconhecimento de que não se faz política sem dinheiro, saliente-se que as pessoas jurídicas representam importantes interesses da sociedade, que não podem ser excluídas da disputa político institucionalizada, sob pena de aumentar as ilicitudes do sistema eleitoral.

Tentar impedir as pessoas jurídicas de exercerem sua liberdade de expressão e de participação política nos pleitos, marginalizando-as das escolhas, ao mesmo tempo que se avilta o processo democrático, contribui para que sua interferência ocorra à margem da lei, o que incrementa o nível de corrupção e pode ocasionar danos ao desenvolvimento econômico.

Proibiu-se o financiamento de pessoas jurídicas, como se esse estorvo normativo fosse suficiente para impedir o financiamento eleitoral. Partiu-se do pressuposto de que esse impedimento é factível na normalidade, mas, mesmo que não houvesse caixa dois, essa vedação não seria a melhor solução para impedir as várias modalidades de abuso de poder. Olvidou-se que corrupção eleitoral é diferente de corrupção política, sendo esta bem mais genérica e diversificada.[550]

3.6   *Big Donors*

Os maiores doadores das campanhas eleitorais são chamados de *Big Donors*, que, historicamente, no Brasil, são grandes empresas, responsáveis pela maior parte do financiamento eleitoral. Nas eleições de 2014, esses dados foram comprovados com a lista das pessoas jurídicas

---

[549] Art. 44 do Código Civil/2002: São pessoas jurídicas de direito privado: I – as associações; II – as sociedades; III – as fundações; IV – as organizações religiosas; V – os partidos políticos; VI – as empresas individuais de responsabilidade limitada (Obviamente, que os partidos políticos podem realizar doação para seus candidatos).

[550] LOPES, Elizabeth; VENCESLAU, Pedro. Mendes: Corrupção Não Tem a Ver com Financiamento Eleitoral, mas com Método de Governança. *O Estado de São Paulo*, 14 set. 2015. Disponível em: http://politica.estadao.com.br/noticias/geral,mendes-corrupcao-nao-tem-a-ver-com-financiamento-eleitoral--mas-com-metodo-de-governanca-,1761861.Acesso em: 15 mar. 2018.

que mais fizeram doações a candidatos e partidos, como construtoras, bancos e empresas de setores que exigem regulação estatal.[551]

Objetivo de todo sistema de financiamento eleitoral é impedir a concentração de grandes doadores, o que faz com que um pequeno número possa controlar o financiamento e assim influenciar, demasiadamente, no resultado das eleições, aumentando o nível de distorção do sistema representativo. Claro que os candidatos não são iguais, em suas potencialidades, havendo diferenças quanto às qualidades pessoais e ao nível de notoriedade social. Todavia, a legislação eleitoral deve evitar que a desigualdade econômica seja determinante nas eleições, possibilitando que os candidatos possam disputar o pleito com paridade de armas.[552]

Uma disputa eleitoral em que todos os participantes tenham as mesmas oportunidades, em que todos disponham dos mesmos recursos econômicos, configura-se uma quimera, em razão de outras peculiaridades que estão ínsitas ao processo. Przeworski observa que os participantes da competição eleitoral investem recursos econômicos, organizacionais e ideológicos desiguais nas disputas, chegando à conclusão de que os detentores de maiores somas de recursos têm mais probabilidades de vencer os conflitos submetidos ao processo democrático.[553]

Importa destacar que os *Big Donors*, muitas vezes, são obrigados a contribuírem para evitar represálias políticas. Seguindo ideias agasalhadas pelo mercado e com repercussões no financiamento eleitoral, as empresas não somente buscam apropriar-se de rendas e privilégios, por meio de participação nas campanhas, mas também, ao direcionar recursos monetários para a disputa, tentam impedir que políticos possam retirar, via regulação ou tributação, rendas e vantagens já concedidas a elas. Dessa forma, descarta-se uma percepção unilateral que entende o Estado apenas como vítima da atuação interessada dessas pessoas jurídicas.[554]

---

[551] ÀS CLARAS. *As Quinze Principais Doadoras e o Financiamento dos Partidos:* Eleições 2014. Disponível em: http://www.asclaras.org.br/arvores/partidos.html. Acesso em: 06 mar. 2018.

[552] VARGAS, Alexis Galiás de Souza. *Princípios Constitucionais do Direito Eleitoral*. 228 f. 2009. Tese (Doutorado em Direito). Pontifícia Universidade Católica de São Paulo, São Paulo, 2009. p. 147. Disponível em: https://tede2.pucsp.br/handle/handle/8641. Acesso em: 09 abr. 2018.

[553] PRZEWORSKI, Adam. *Democracia e Mercado:* Reformas Políticas e Econômicas no Leste Europeu e na América Latina. Rio de Janeiro, Relume Dumará, 1994. p. 26-27.

[554] McCHESNEY, Fred S. *Money for Nothing:* Politicians, Rent Extraction and Political Extortion. Cambridge/Mass: Harvard University Press, 1997. p. 216.

Nesse cenário de interesses, torna-se difícil uma disputa eleitoral alicerçada em um ambiente de igualdade e paridade. Com a intenção de modular um pleito equânime, tenta-se, por meio de estruturas normativas, evitar que determinados candidatos possam levar vantagens pela prática de abuso de poder. Dentre essas modalidades de abuso de poder, destaca-se a preponderância das prerrogativas monetárias, que está presente em vários tipos: no abuso do poder econômico e político, na compra de votos, no caixa dois ou na arrecadação ou gastos ilícitos de campanha.

Como enfatiza Bruno Reis, o poder público tem a atribuição complexa e paradoxal de intervir, constantemente, no mercado, para modulá-lo o quanto possível quanto à concretização de um sistema de "concorrência perfeita", em decorrência de que há uma tendência concentradora das próprias forças mercadológicas que inviabilizam parâmetros funcionais de concorrência.[555] Esse mesmo processo de concentração ocorre com o financiamento eleitoral, em que os grandes doadores, os denominados *Big Donors*, são responsáveis pela maior parte das doações nas eleições, fazendo com que, diante do seu poderio financeiro, eles consigam influenciar o resultado dos pleitos. Essa concentração nefasta de financiamento não é verificada apenas em nível federal, repetindo-se nas searas estaduais e municipais. Para evitar-se essa concentração, necessita-se estipular limites reais para essas pessoas jurídicas, abrangendo todas as empresas que compõem a *holding* ou o grupo empresarial, pois, caso contrário, esses grandes conglomerados monopolizariam as doações.[556]

Mesmo sendo um dos objetivos prementes dos sistemas eleitorais democráticos, factualmente, configura-se muito difícil vedar, completamente, a interferência do poder econômico em uma sociedade periférica. O escopo mais plausível é evitar grandes distorções devido ao emprego

---

[555] REIS, Bruno P. W. O Mercado e a Norma: O Estado Moderno e a Intervenção Pública na Economia. *Revista Brasileira de Ciências Sociais*. v. 18. n. 52. jun. 2003, p. 55. Disponível em: http://www.scielo.br/pdf/rbcsoc/v18n52/18066.pdf. Acesso em: 12 ago. 2017.

[556] O Holding está ligado a atividade administrativa e não produtiva de uma sociedade. Portanto, são sociedades não operacionais que tem seu patrimônio composto de ações de outras companhias. São constituídas ou para o exercício do poder de controle ou para a participação relevante em outras companhias, visando nesse caso, constituir a coligação. Em geral, essas sociedades de participação acionária não praticam operações comerciais, mas apenas a administração de seu patrimônio. Quando exerce o controle, a holding tem uma relação de dominação com as suas controladas, que serão suas subsidiárias (CARVALHOSA, Modesto. *Comentários à Lei de Sociedades Anônimas:* Lei n. 6.404, de 15 de dezembro de 1976, com as Modificações da Lei n.11.638, de 28 de dezembro de 2007. 3 ed. São Paulo: Saraiva, 2009. v. 4, t. II, p. 14).

ilícito do poder econômico, fazendo com que a liberdade de concorrência entre os candidatos possa ser a mais isonômica possível.

O financiamento das campanhas eleitorais no Brasil é extremamente concentrado, muito mais que nos outros países. Mesmo que os recursos procedam, majoritariamente, do setor privado, somente uma fração mínima de empresas, 1%, participa do financiamento eleitoral. E, ainda, dentro desse pequeno grupo, apenas cerca de mil empresas são responsáveis por 50% a 80% do total das doações.[557] Muitas empresas prescreveram regramentos institucionais proibindo qualquer tipo de contribuição política. Esse número, com absoluta certeza, aumentará, em virtude de que os entes privados e públicos não querem envolver-se com empresas que sofrem investigação e também porque há um prejuízo para a reputação da empresa em caso de corrupção, o que afasta os clientes efetivos e potenciais.[558]

Esse cenário, de assaz concentração, somente se relativiza nas campanhas municipais, até mesmo pelo fato de o valor despendido ser muito inferior, em virtude da existência de municípios com ínfima população, da inexistência de grandes empresas, da maior participação de doações de pessoas físicas e porque parte significativa do montante gasto provém de financiamento próprio, o que faz com que a concentração de doações de empresas tenha uma menor relevância.[559]

---

[557] A assertiva de que as empresas privadas financiam as eleições no Brasil não descreve a situação corretamente, uma vez que as doações são provenientes de um número limitado delas. Menos de 20 mil empresas fizeram contribuições para as campanhas eleitorais no Brasil em 2010. Nas eleições municipais foram aproximadamente 50 mil. São poucas, se compararmos esses números aos milhares de empresas brasileiras. O IBGE registrou em 2010 a existência de 5,1 milhões de empresas. As doadoras, portanto, representam algo em torno de 1%. Os outros 99% não fazem doações durante as eleições (GONÇALVES, Benjamin; MAGRI, Caio; FERRO, Marina Martins (Coord.). *A Responsabilidade Social das Empresas no Processo Eleitoral*. São Paulo: Instituto Ethos, 2014. p. 36. Disponível em: https://www3.ethos.org.br/wp-content/uploads/2014/08/A-Responsabilidade-das-Empresas-no-Processo-Eleitoral_20141.pdf. Acesso em 22 nov. 2017).

[558] Em pesquisa realizada pelo instituto Ethos, com relação as eleições de 2010 e 2012, a grande maioria das empresas, a grande maioria de empresas brasileiras, 82,6% não contribuíram para eleições ou para partidos políticos. E, o que chamou atenção, 58,7% do total, tem políticas institucionais que proíbem qualquer tipo de contribuição política (GONÇALVES, Benjamin; MAGRI, Caio; FERRO, Marina Martins (Coord.). *A Responsabilidade Social das Empresas no Processo Eleitoral*. São Paulo: Instituto Ethos, 2014. p. 37. Disponível em: https://www3.ethos.org.br/wp-content/uploads/2014/08/A-Responsabilidade-das-Empresas-no-Processo-Eleitoral_20141.pdf. Acesso em: 22 nov. 2017).

[559] A vantagem – talvez a única neste momento – sobre o seguinte pleito municipal é que, comprovadamente, as pessoas físicas aportam mais recursos nessas campanhas, pela proximidade entre os candidatos e a comunidade. Considerando está maior probabilidade de obtenção de valores, por menores que sejam, aliada ao baixíssimo limite de gastos fixado pela Justiça Eleitoral, quiçá seja possível realizar algum tipo de campanha. Certamente, será uma campanha muito distante da realidade brasileira até então, e que provavelmente não

CAPÍTULO 3
PERFIL DO FINANCIAMENTO ELEITORAL NO BRASIL E SUAS PERSPECTIVAS | 163

Hodiernamente, o que chama atenção, além dessa relação discutível, é que estes *Big Donors* não se vinculam a apenas uma candidatura, mas também financiam os mais diversos concorrentes, para auferir benefícios e impedir represálias,[560] sendo beneficiados independentemente de quem vença o pleito.[561] Levantamento feito sobre as eleições de 2014 demonstra que a mesma empresa doava altas quantias para partidos em posições opostas. Ao analisar-se, por exemplo, as doações do Grupo JBS, no valor de R$251.012.322, percebe-se que essa quantia foi distribuída para partidos como o PMDB, PSDB, DEM, PT e PCdoB.[562] No entanto, é importante que se atente para o fato de que esses valores sofrem um *deficit*, pois só é possível analisar-se a parte legalizada e transparente, sendo impossível contabilizarem-se os recursos que não são registrados, oriundos do caixa dois. A existência do caixa dois pode ser constatada pelas denúncias de corrupção e dinheiro não contabilizado, utilizados no financiamento de campanhas eleitorais, dados esses já anteriormente mencionados.[563]

---

será suficiente para cumprir a sua tarefa de divulgação de candidatos e de agendas políticas à sociedade. Porém, a legislação não oferece maiores alternativas" (SANTANO, Ana Cláudia. Como Sobreviver na Selva: Fontes Alternativas de Financiamento de Campanhas Eleitorais. *In*: PEREIRA, Rodolfo Viana; SANTANO, Ana Claudia (Org.). *Conexões Eleitoralistas*. Belo Horizonte: Abradep, 2016. p. 38. Disponível em: http://bit.ly/2dCrveB. Acesso em: 03 mar. 2018).

[560] PEREIRA, Rodolfo Viana; VIDAL, Luísa Ferreira. Big Donors Brasileiros: Retrato das 10 (Dez) Empresas que Mais Doaram para as Campanhas e para os Diretórios Nacionais dos Partidos Políticos dos Candidatos à Presidência da República nas Eleições de 2010. *In*: COSTA, Mônica Aragão M. F. Costa; GUERRA, Arthur Magno e Silva; RIBEIRO, Patrícia Henriques (Org.). *Direito Eleitoral*: Leituras Complementares. Belo Horizonte: D'Plácido, 2014, p. 401.

[561] No entanto, eles não se vinculam a uma única campanha e fazem doações em prol de candidatos diversos concorrentes (PEREIRA, Rodolfo Viana; VIDAL, Luísa Ferreira. Big Donors Brasileiros: Retrato das 10 (Dez) Empresas que Mais Doaram para as Campanhas e para os Diretórios Nacionais dos Partidos Políticos dos Candidatos à Presidência da República nas Eleições de 2010. *In*: COSTA, Mônica Aragão M. F. Costa; GUERRA, Arthur Magno e Silva; RIBEIRO, Patrícia Henriques (Org.). *Direito Eleitoral*: Leituras Complementares. Belo Horizonte: D'Plácido, 2014. p. 399).

[562] ÀS CLARAS. *As Quinze Principais Doadoras e o Financiamento dos Partidos*: Eleições 2014. Disponível em: http://www.asclaras.org.br/arvores/partidos.html. Acesso em: 06 jul. 2017.

[563] Reiterou o Min. Gilmar Mendes que um sistema de doações de pessoas físicas abre espaço para a corrupção, sustentando que nas eleições municipais de 2016, as primeiras após a vedação do STF, há suspeitas de fraudes nas transações de cerca de 300 mil das 730 mil pessoas que doaram. "O fato é que estamos hoje com sistema imperfeito. A doação de pessoas físicas não é suficiente. Os recursos públicos também parecem não ser suficientes", disse Mendes. "O sistema hoje está de pé quebrado, é preciso encontrar uma maneira de sanar" (CARTA CAPITAL. Para Gilmar Mendes, R$3,6 Bi de Fundo Público Não é Suficiente para Custear Eleições. *Justificando*, 24 ago. 2017. Disponível em: http://justificando.cartacapital. com.br/2017/08/24/para-gilmar-mendes-r-36-bi-de-fundo-publico-nao-e-suficiente-para-custear-eleicoes/. Acesso em: 11 set. 2017).

A problemática posta, referente a esses grandes doadores, é que eles concentram grande parte do financiamento privado, fazendo com que os mandatários fiquem reféns de seu beneplácito para obterem o financiamento de suas eleições e, também, fazendo com que, em troca, eles consigam favores da Administração Pública, a despeito de suas demandas serem ou não do interesse da maioria da população.

Outra hipótese de concentração de doação – inclusive permitida nas eleições de 2016, quando já havia o impedimento de financiamento eleitoral, por parte de pessoas jurídicas, com a única restrição de respeitar o teto de gastos estipulado – refere-se à possibilidade de os candidatos poderem financiar totalmente as suas próprias campanhas. Essa permissão legislativa expressa uma teratologia, no mínimo, um paradoxo, pois o argumento para impedir-se o financiamento de pessoas jurídicas consiste em tentar-se diminuir, principalmente, as variadas modalidades de abuso de poder, mas com essa regulação permitiu-se, evidentemente, que candidatos endinheirados possam gastar até o limite máximo. Com isso, dificultou-se o acesso ao financiamento eleitoral, à exceção dos candidatos abastados, aos quais, desse modo, possibilitou-lhes abusar de seu predomínio econômico.

Exemplo expresso foi a candidatura de João Doria, que utilizou R$4,4 milhões de seu patrimônio para sua disputa, vitoriosa, ao cargo de prefeito de São Paulo. Da mesma forma, Vitorio Medioli utilizou o montante de R$4,5 milhões para tornar-se prefeito de Betim/MG e Rodrigo Pacheco, R$4,7 milhões para o pleito eleitoral da prefeitura de Belo Horizonte/MG. Na lista dos 10 maiores doadores de 2016, figuram Carlos Enrique Amastha (PSB, prefeito de Palmas/TO, R$4,4 milhões), Luiz Binotti (PSD, prefeito de Lucas do Rio Verde/MT, R$3,2 milhões), Alcides Ribeiro Filho (Professor Alcides, PSDB, candidato derrotado à prefeitura de Aparecida de Goiânia/GO, R$2,26 milhões), Vanderlan Vieira Cardoso (PSDB, candidato derrotado à prefeitura de Goiânia/GO, R$2,2 milhões) e Alexandre Kalil (PHS, prefeito de Belo Horizonte/MG, R$2,2 milhões). Nessa lista de financiamento eleitoral, de 2016, apenas dois não estavam na disputa: os gêmeos Pedro e Alexandre Grendene, que doaram, respectivamente, R$2,48 milhões e R$1,82 milhão no último pleito.[564]

---

[564] CARAZZA, Bruno. Doações (I)limitadas de Campanhas: A Lei do Mais Rico nas Eleições Brasileiras. *Folha de S.Paulo*, 20 jun. 2017. Disponível em: http://oespiritodasleis.blogfolha. uol.com.br/2017/06/20/doacoes-ilimitadas-de-campanhas-a-lei-do-mais-rico-nas-eleicoes-brasileiras/. Acesso em: 28 out. 2010.

O mesmo fato foi constatado na política norte-americana. O *The New York Times* publicou pesquisa sobre o perfil desses grandes doadores para campanhas eleitorais. A conclusão foi de que apenas 158 famílias, em conjunto com as empresas que possuem ou controlam, doaram quase metade do dinheiro utilizado na fase inicial da campanha presidencial. Essas famílias contribuíram, com US$ 250.000 ou mais, com a campanha até 30 de junho, de acordo com os mais recentes registros, enquanto as outras 200 famílias deram mais de US$ 100.000.[565] A mesma pesquisa traça o perfil dessas famílias: a maioria constrói seus próprios negócios e possui interesses muito específicos, ao fazer doações para campanhas eleitorais para a Presidência. Basicamente, a ideia é apoiar candidatos, em sua maioria republicanos, que têm o comprometimento de flexibilizar a regulação, reduzir os impostos sobre rendimentos, ganhos de capital e heranças e reduzir os programas de direitos.[566]

3.7 Vedação ao financiamento eleitoral por contribuição de pessoas jurídicas

Inicialmente, é importante que se analise as bases argumentativas que fundamentaram a restrição ao financiamento de pessoas jurídicas. A questão esteve presente em um ambiente de discussões reduzidas ao Supremo Tribunal Federal, na análise da Ação Direta de Inconstitucionalidade nº 4650, sem que houvesse uma maior participação da sociedade organizada ou de debates jurídicos mais aprofundados, com bases em dados empíricos.

A ação foi proposta pelo Conselho Federal da Ordem dos Advogados do Brasil (OAB), com o intuito de declarar a inconstitucionalidade de qualquer dispositivo legal que permitisse doação eleitoral de pessoas jurídicas, autorizando apenas o financiamento decorrente de recursos públicos ou oriundos de pessoas físicas. O

---

[565] CONFESSORE, Nicholas; COHEN, Sarah; YOURISH, Karen. Just 158 Families Have Provided Nearly Half of the Early Money for Efforts to Capture the White House. *The New York Times*, 10 oct. 2015. Disponível em: https://www.nytimes.com/interactive/2015/10/11 / us/politics/2016-presidential-election-super-pac-donors.html?mcubz=3. Acesso em: 11 set. 2017.

[566] Embora tais medidas ajudem a proteger suas próprias riquezas, os doadores descrevem seu abraço mais abrangente, como o meio mais seguro de promover o crescimento econômico e preservar um sistema que permita aos outros prosperar também (CONFESSORE, Nicholas; COHEN, Sarah; YOURISH, Karen. Just 158 Families Have Provided Nearly Half of the Early Money for Efforts to Capture the White House. *The New York Times*, 10 oct. 2015. Disponível em: https://www.nytimes.com/interactive/2015/10/11/us/politics/2016-presidential-election-super-pac-donors.html?mcubz=3. Acesso em: 11 set. 2017).

Supremo, por maioria, e, nos termos do voto do Ministro Relator, Luiz Fux, julgou procedente, em parte, o pedido formulado na mencionada ação de controle objetivo, para declarar a inconstitucionalidade dos dispositivos legais que autorizavam as contribuições de pessoas jurídicas às campanhas eleitorais.

A argumentação da ação balizou-se na proteção ao princípio da isonomia, no princípio democrático e no princípio republicano. Com relação ao princípio da igualdade, o requerimento da OAB fundamentou-se no sentido de que existia uma violação por acentuar as desigualdades políticas e sociais existentes, uma vez que a própria legislação, então vigente, possibilitava que os mais favorecidos economicamente tivessem um poder decisivo nos resultados eleitorais.[567]

Já no que se refere ao princípio democrático, a sua violação foi alicerçada no pressuposto de que, sem a existência da igualdade política, não se pode pressupor a existência de um regime democrático que faculte a todos os cidadãos o mesmo direito de interferir nas decisões políticas. Assim, em um regime em que um cidadão singular pode sobrepor sua vontade acima dos interesses coletivos, estar-se-á, fragorosamente, afrontando a soberania popular e, portanto, a democracia.

Dahl aponta um entrelaçamento entre igualdade social e igualdade política, na medida em que o governo outorga prerrogativas a seus cidadãos para que eles tenham os mesmos direitos políticos e assim possam influenciar as decisões, propiciando uma melhor divisão dos ativos sociais. Havendo forte distorção na representação dos órgãos públicos, a política econômica dominante apartar-se-á dos imperativos deontológicos da constituição econômica, privilegiando os setores mais abastados da sociedade, aprofundando a desigualdade e acarretando um ciclo vicioso de aprofundamento da miséria.[568]

O terceiro pilar de embasamento da mencionada ação direta de inconstitucionalidade está ligado à proteção do princípio republicano. É interessante, assim, atentar para o fato de que esse princípio foi elencado em sua forma mais extensa, pois não se restringiu a tratar da instituição de uma República Federativa, mas teve, também, o escopo de cristalizar o truísmo que consiste em pensar que os governantes e agentes públicos devem administrar a coletividade, sendo o povo o real titular da coisa pública (*res publica*). A acepção do termo República, tomada em seu conceito mais amplo, no que exprime sua maior

---

[567] BRASIL. Supremo Tribunal Federal. ADI 4.650/DF. Relator: Min. Luiz Fux. Julg.: 30.10.2013. *DJE*: 06.11.2013.

[568] DAHL, Robert A. *Poliarquia*: Participação e Oposição. São Paulo: Edusp, 1977. p. 25.

densidade, compreende não apenas a proteção ao patrimônio público, mas, igualmente, um senso *ético* de relacionamento da coisa pública em seus vários aspectos.[569] Argumentou-se que, no cenário político atual, o financiamento privado, por meio de empresas particulares, fomenta práticas antirrepublicanas, o que pode fazer com que interesses individuais direcionem os posicionamentos da Administração Pública. A principal intenção, ao propor a citada ação, teve por fim demonstrar que as pessoas físicas e jurídicas não estão no mesmo patamar perante a política, uma vez que a pretensão e o direito de exercer influência no processo político-eleitoral, nessa perspectiva, pertencem aos cidadãos.

O voto do relator, Luiz Fux, iniciou com o esclarecimento do âmbito de atuação do Supremo Tribunal Federal, devido ao fato de que o assunto trata de atribuições do poder político. Pontuou que é sabido que cabe à Suprema Corte atuar na defesa dos pressupostos do regime democrático, o que inclui a questão da reforma política e do financiamento de campanha, em razão de que se trata de uma discussão importante dentro da democracia, que causa impacto direto no pleito eleitoral. Nesses moldes, postulou-se a defesa de uma postura mais ativa do Supremo Tribunal Federal em matérias como essa, que se constitui na base do Estado Democrático brasileiro.[570]

De acordo com o que foi aduzido pela Ordem dos Advogados do Brasil, o relator também compreendeu que a doação feita por pessoas jurídicas atenta contra a própria noção de cidadania. Argumentou-se, com esteio em José Afonso da Silva, que o exercício da cidadania necessita de três modalidades de atuação cívica: o direito de votar, o direito de ser votado e o direito de atuar na formação da vontade política, por meio de instrumentos da democracia direta, como o plebiscito, o referendo e a iniciativa popular de leis, tendo-se em vista o fato de que essas modalidades são inerentes às pessoas naturais.[571]

Nesse sentido, a redação do voto do relator funda-se na ideia de que as pessoas jurídicas não exercem direitos políticos e autorizá-las para desempenhar esse papel é fenômeno contrário ao espírito democrático. Inclusive, utilizou-se dos ensinamentos de Dworkin para fundamentar a ideia de que a essência das pessoas jurídicas não permite o desempenho dos direitos políticos, assim como elas não emitem opiniões próprias

---

[569] AGRA, Walber de Moura. *Republicanismo*. Porto Alegre: Livraria do Advogado, 2005. p. 60.

[570] BRASIL. Supremo Tribunal Federal. ADI 4.650/DF. Relator: Min. Luiz Fux. Julg.: 30.10.2013. *DJE*: 06.11.2013.

[571] SILVA, José Afonso. *Curso de Direito Constitucional Positivo*. 10. ed. São Paulo: Malheiros, 1995. p. 138.

e não podem, portanto, ter voz na política.[572] Além disso, citou o encarecimento do processo eleitoral, sem que, no entanto, houvesse uma maior circulação de ideias e propostas.[573]

Porém, ainda conforme entendimento do ministro, essas empresas destinam seus financiamentos aos candidatos e partidos com os quais detêm uma relação específica, construindo, assim, um arranjo para a realização de interesses pessoais. Ademais, entendeu-se que a proibição das doações pelas pessoas jurídicas não ensejará problemas para os partidos, pois ainda contam com o Fundo Partidário e com o direito à propaganda eleitoral gratuita. Por fim, pontuou o relator que a proibição das doações de pessoas jurídicas, de forma alguma, vem ferir o princípio da liberdade de expressão das empresas, como foi sustentado.[574]

É relevante confrontar essa última parte da argumentação do relator com parte do voto do Ministro Gilmar Mendes, que se apegou à tese de defesa da liberdade de expressão. Segundo o ministro, a questão mais importante, e que exige especial atenção, não é a que discorre sobre os direitos políticos das sociedades empresariais, mas antes a que compreende que essas pessoas morais possuem liberdade de expressão, que deve ser respeitada.

Por meio dos votos favoráveis à vedação do financiamento de campanha por pessoas jurídicas, evidenciou-se a necessidade de um diálogo institucional, haja vista o Supremo Tribunal Federal não ter condições de promover uma reforma política. O sistema proporcional de lista aberta é identificado como indutor de aumento de gastos. Ainda, argumentou-se que o sistema de doações empresariais, por si só, não é inconstitucional, mas que o contexto brasileiro o torna inviável.[575]

---

[572] DWORKIN, Ronald. The "Devastating" Decision. *The New York Review of Books*, 25 feb. 2010. Disponível em: http://www.public.iastate.edu/~jwcwolf/Law/DworkinCitizensUnited.pdf. Acesso em: 01 maio 2018.

[573] BRASIL. Supremo Tribunal Federal. ADI 4.650/DF. Relator: Min. Luiz Fux. Julg.: 30.10.2013. *DJE*: 06.11.2013.

[574] Examinando as informações acerca dos principais doadores de campanhas no país, eliminam-se quaisquer dúvidas quanto à ausência de perfil ideológico das doações por empresas privadas. Da lista com as dez empresas que mais contribuíram para as eleições gerais em 2010, a metade (cinco) realizou doações para os dois principais candidatos à Presidência e a suas respectivas agremiações. O que se verifica, assim, é que uma mesma empresa contribui para a campanha dos principais candidatos em disputa e para mais de um partido político, razão pela qual a doação por pessoas jurídicas não pode ser concebida, ao menos em termos gerais, como um corolário da liberdade de expressão (BRASIL. Supremo Tribunal Federal. ADI 4.650/DF. Relator: Min. Luiz Fux. Julg.: 30.10.2013. *DJE*: 06.11.2013. p. 28).

[575] BRASIL. Supremo Tribunal Federal. ADI 4.650/DF. Relator: Min. Luiz Fux. Julg.: 30.10.2013. *DJE*: 06.11.2013.

Em posicionamento minoritário, também se argumentou no sentido de que somente deveriam ser vedadas as contribuições de pessoas jurídicas que tivessem contratos onerosos celebrados com a Administração Pública. Destarte, infere-se que as pessoas jurídicas que contribuírem com campanhas políticas deveriam ser proibidas de celebrar contratos com a Administração Pública até o término da gestão subsequente.

Ficou evidente, para alguns ministros, que as pessoas jurídicas de direito privado têm interesses legítimos que devem ser atendidos e protegidos. O decano do Pretório Excelso compreendeu que deve haver um controle intenso para que não ocorra abuso de poder econômico, porém não há nada na Constituição que obste o financiamento de campanhas por empresas privadas.[576]

A demonstração dos principais pontos, debatidos na Suprema Corte, fez-se importante para que se esclarecessem as linhas argumentativas em cotejo, uma vez que o debate ressurgiu justamente em momento de grave instabilidade sócio-político-econômica, na qual a função do Supremo Tribunal Federal de protetor da Constituição Federal revela-se muito mais imperiosa. Nesses momentos de crise institucional, o Pretório Excelso precisa guiar-se com ponderação, seguindo os preceitos constitucionais, sob pena de agravar mais ainda os problemas. Nesse sentido, Ana Cláudia Santano afirma que essas mudanças em torno da questão do financiamento de campanhas, em um período de crise política, podem ser muito arriscadas, em virtude da falta de uma reflexão mais profunda.[577]

Apesar da importância dessa discussão, urge compreender que a regulação de uma matéria como essa exige uma análise que escapa ao mundo meramente jurídico. Essa temática influencia a política, na medida em que as regras das suas disputas e as balizas do sistema eleitoral são modificadas. Por isso, não se pode desenvolver uma análise

---

[576] Afirmou o Ministro Celso de Mello em seu voto: A Lei Maior não veda a influência, o que a lei fundamental veda é exercício abusivo do poder econômico. Pessoas jurídicas de direito privado têm interesses legítimos, cuja veiculação deve ser amparada e protegida pelo sistema jurídico. É preciso que isso se faça às claras, para permitir que se faça o efetivo controle, que cabe ao Ministério Público, a outros partidos e candidatos (BRASIL. Supremo Tribunal Federal. ADI 4.650/DF. Relator: Min. Luiz Fux. Julg.: 30.10.2013. *DJE*: 06.11.2013. Disponível em: http://www.stf.jus.br/portal/cms/verNoticiaDetalhe.asp?idConteudo=300015. Acesso em: 15 mar. 2018).

[577] SANTANO, Ana Cláudia. O Tubo de Ensaio do Financiamento de Campanhas Eleitorais no Brasil. *Revista Consultor Jurídico*, 08 jun. 2017. Disponível em: http://www.conjur.com.br/2017-jun-08/ana-santano-tubo-ensaio-financiamento-campanhas-eleitorais. Acesso em: 11 set. 2017.

epistemológica eminentemente normativa, ou operada por meio de um corte axiológico, já que uma reanálise zetética faz-se imprescindível.[578] Deve-se observar a influência do poder econômico sobre os resultados eleitorais, mas, principalmente, as consequências das suas restrições, no que se refere ao aumento do uso de fontes financeiras ilícitas.

Ao analisar-se a decisão do Supremo Tribunal Federal sobre essa temática, é indispensável que se discuta sobre o próprio papel desse corte no campo jurídico e político. O seu limite de atuação, principalmente quanto a essa decisão, é bastante controverso, tornando necessário que se recorra às questões de judicialização da política e ativismo judicial.[579]

Imperioso compreender que o processo de judicialização ocorre quando chegam ao Poder Judiciário discussões sobre questões pertencentes, originariamente, às esferas políticas tradicionais, o Congresso Nacional e o Poder Executivo.[580] São questões complexas que destoam dos parâmetros legais preestabelecidos, necessitando de uma decisão discricionária por parte do Poder Legislativo, haja vista tratar-se de uma questão essencialmente política.[581] A judicialização da política consiste em um fenômeno no qual os juízes e os tribunais expandem suas decisões em questões que não lhes eram pertinentes e fazem-no mesmo na ausência de parâmetros legais.[582] Ela acontece em searas em que o Legislativo e o Executivo mostram-se inertes,[583] o que propicia uma aproximação entre o Direito e a Política.[584]

---

[578] "o enfoque zetético visa saber o que é uma coisa, já o enfoque dogmático preocupa-se em possibilitar uma decisão e orientar a ação" (FERRAZ JÚNIOR, Tercio Sampaio. *Introdução ao Estudo do Direito:* Técnica, Decisão, Dominação. 4. ed. São Paulo: Atlas, 2003. p. 41).

[579] VALLE, Vanice Regina Lírio do. *Ativismo Jurisdicional e o Supremo Tribunal Federal.* Laboratório de Análise Jurisprudencial do STF. Curitiba: Juruá, 2009. p. 19.

[580] BARROSO, Luís Roberto. Judicialização, Ativismo Judicial e Legitimidade Democrática. *Revista Atualidades Jurídicas – Revista Eletrônica do Conselho Federal da OAB,* 4. ed., jan./fev. 2009, p. 3. Disponível em: http://www.oab.org.br/editora/revista/users/revista/1235066670174218181901. pdf. Acesso em: 24 jul. 2017.

[581] CAPPELLETTI, Mauro. *Juízes Legisladores?* Porto Alegre: Sergio Antônio Fabris, 1993. p. 42.

[582] CASTRO, Marcos Faro de. O Supremo Tribunal Federal e a Judicialização da Política. Instituto de Ciência Política e Relações Internacionais. *In:* ENCONTRO ANUAL DA ANPOCS, 20, 1996, Brasília, *Anais...* Brasília: Universidade de Brasília, p. 3-4 Disponível em: https://www.anpocs.com/index.php/encontros/papers/20-encontro-anual-da-anpocs/gt-19/gt03-5/5342-mfaro-o-supremo/file. Acesso em: 13 abr. 2018.

[583] CASTRO, M.F. de. Dívida Externa, Globalização da Economia e Direitos Humanos. *Arquivos do Ministério da Justiça,* n. 184, ano 47, jul./dez. 1994, p. 130.

[584] De forma precisa, Torbjörn Vallinder define o processo de judicialização da política: A expansão da atuação dos tribunais e dos juízes acarreta a consequente redução de atuação das esferas política e administrativa, isto é, a transferência da produção normativa do Poder Legislativo, do Executivo e das agências administrativas para os tribunais; significa da mesma forma a expansão do método de produção normativa da jurisdição constitucional e do Poder Judiciário para fora de sua seara de atuação específica. Portanto, pode-se

CAPÍTULO 3
PERFIL DO FINANCIAMENTO ELEITORAL NO BRASIL E SUAS PERSPECTIVAS | 171

Já a ideia de ativismo judicial, que pode ser congregada à noção de judicialização, está ligada a uma atuação mais intensa do Judiciário, quanto à decisão de casos que acarretam uma interferência direta no âmbito dos demais Poderes. Nesse sentido, o ativismo pode ser visto como um desrespeito aos limites normativos da função jurisdicional, principalmente quanto ao princípio da inércia judicial.[585] Nesse mesmo viés, assevera-se que o ativismo judicial é uma atitude – a escolha de um modo específico e proativo de atuar – que desenvolve atividades sem o devido comedimento, desrespeitando, assim, as garantias constitucionais.[586] Consiste em uma intromissão indevida do Judiciário, em que sua atuação não está em simetria com os mandamentos legais, podendo sua conduta mais incisiva prejudicar uma das partes do processo.[587]

Dessa maneira, verifica-se que a decisão do STF sobre o financiamento de campanhas alcança uma matéria que está sob a alçada do Poder Legislativo, que é objeto, inclusive, de discussões sobre uma reforma política estrutural no país. Por essa razão, destacaram-se, no voto do relator, as questões conjunturais da realidade brasileira, deixando claro que questões como a corrupção e, por consequência, o financiamento dos pleitos eleitorais necessitam de uma verdadeira reforma política.[588]

Obviamente, temas como esse fogem da competência do Poder Judiciário, pois necessita de um diálogo efetivo com a sociedade, exigindo participação de seus representantes políticos. Essa situação foi exposta

---

dizer que o processo de judicialização da política essencialmente consiste em modificar o procedimento de alguma coisa para a forma de um procedimento judicial (VALLINDER, Torbjorn. When the Courts go Marching in. *In: TATE, C. Neal; VALLINDER, Torbjorn (Ed.). The Global Expansion of Judicial Power.* New York: New York University Press, 1995. p. 13).

[585] RAMOS, Elival da Silva. *Ativismo Judicial:* Parâmetros Dogmáticos. São Paulo: Saraiva, 2010. p. 138.

[586] BARROSO, Luís Roberto. Judicialização, Ativismo Judicial e Legitimidade Democrática. *Revista Atualidades Jurídicas– Revista Eletrônica do Conselho Federal da OAB,* 4. ed., jan./ fev. 2009, p. 5 Disponível em: http://www.oab.org.br/editora/revista/users/revista /1235066670174218181901.pdf Acesso em: 24 jul. 2017.

[587] GOMES, Luiz Flávio. O STF está Assumindo Um "Ativismo Judicial" sem Precedentes? *Revista Jus Navigandi,* Teresina, ano 14, n. 2164, 4 jun. 2009. Disponível em: https://jus.com. br/artigos/12921. Acesso em: 10 dez. 2012.

[588] Desde a promulgação da Carta cidadão de 1988, o país talvez viva o seu momento de maior estabilidade institucional. Viu-se não apenas a consolidação de estabilização da economia com fim da hiperinflação, mas também a melhoria dos indicadores sociais e a redução das desigualdades regionais. Tais avanços, embora inquestionáveis e dignos de aplausos, não eliminam algumas patologias crônicas ainda entranhadas na democracia brasileira. E a correção desses desvios e disfunções perpassa necessariamente por uma urgente Reforma Política (BRASIL. Supremo Tribunal Federal. ADI 4.650/DF. Relator: Min. Luiz Fux. Julg.: 30.10.2013. *DJE:* 06.11.2013).

pelo Ministro Gilmar Mendes na redação do seu voto na ADI, por meio do qual argumentou que esse tema seria da esfera do Poder Legislativo, uma vez que a Constituição não define o modelo de financiamento das campanhas eleitorais, vedando, apenas, o recebimento de recursos financeiros de entidade ou governo estrangeiros (art. 17, II, CF).[589]

Segundo o min. Carlos Velloso, não há vedação ao retorno do financiamento de pessoas jurídicas no período eleitoral porque essa fonte de financiamento não se enquadra como uma cláusula pétrea, elencada de forma exauriente no art. 60, §4º, da Constituição Cidadã. Da mesma forma, tal retorno não seria considerado como uma desconsideração ao Supremo Tribunal Federal, sendo suficiente que houvesse o seu estabelecimento na Carta Cidadã, estabelecendo regras de controle e fiscalização.[590]

3.8 Financiamento eleitoral no Brasil depois da decisão da proibição por contribuição de pessoas jurídicas

A consequência mais perceptível da vedação de doação por parte das pessoas jurídicas foi verificada na dificuldade muito grande de arrecadação no pleito eleitoral de 2016. Diante desse quadro insofismável, pode-se chegar a duas conclusões, haja vista que os custos não foram diminuídos no mesmo patamar: a) as campanhas foram realizadas com menos dinheiro; b) maiores foram os recursos empregados nas campanhas eleitorais, por intermédio do caixa dois. Interessante é que essas duas conclusões, que não são autoexcludentes, ocorreram nas eleições de 2016, na maior parte dos municípios brasileiros.[591]

É um dado indiscutível que o montante direcionado para o financiamento eleitoral, nas eleições de 2016, foi menor do que o

---

[589] Assim sendo, incumbiria ao Poder Legislativo a disciplina da matéria, a qual, afinal, é das mais complexas entre as enfrentadas pelos países democráticos. Por essa razão, é que se reconhece, em toda parte, que não há, no campo da disciplina do financiamento de partidos políticos e de campanhas eleitorais, regramentos definitivos (BRASIL. Supremo Tribunal Federal. ADI 4.650/DF. Relator: Min. Luiz Fux. Julg.: 30.10.2013. *DJE*: 06.11.2013).

[590] VELLOSO, Carlos. O Tema Não Constitui Cláusula Pétrea. *O Estado de S.Paulo*, 25 ago. 2017. Disponível em: http://politica.estadao.com.br/noticias/geral,analise-o-tema-nao-constitui-clausula-petrea,70001949620. Acesso em: 01maio 2018.

[591] UOL. Foi a Eleição que Teve Mais Caixa 2 da História, diz Nelson Marchezan. *Uol Eleições 2016*, 31 out. 2016. Disponível em: https://eleicoes.uol.com.br/2016/noticias/2016/10/31/foi-a-eleicao-que-teve-mais-caixa-2-da-historia-diz-nelson-marchezan.htm. Acesso em: 31 dez. 2017.

obtido nas eleições de 2012.[592] Até o dia 2 de setembro de 2016, 51% dos 16,3 mil candidatos a prefeito não declararam nenhuma doação. O restante declarou até aquele dia R$248 milhões, o que demonstra uma queda de 46%.[593] Todavia, inexistem elementos para aferir o montante que passou pelo caixa dois. Sabe-se, escudando-se no depoimento de Marcelo Odebrecht, que parte substancial dos recursos eleitorais não é escriturada na contabilidade de campanha.[594] Não obstante, uma das questões fundamentais do financiamento de campanha não diz respeito ao dinheiro que é contabilizado, e que, normalmente, não corresponde à totalidade dos gastos, mas sim ao montante arrecadado por fora da contabilização, ou seja: o numerário que passa longe das prestações de contas e que, muitas vezes, destina-se à realização dos gastos ilícitos, como a compra de apoio político, à compra de votos e a outros pagamentos que não aparecem nos registros públicos.

Exemplo da irracionalidade da limitação de gastos nas eleições de 2016, que foi realizada sem balizas fáticas, pode ser constatado na imposição do limite irreal de, no máximo, R$10.000,00, para vereadores nas cidades que têm até dez mil habitantes. Esse fato apenas provocou o aumento vertiginoso do caixa dois nesse pleito.[595] Da mesma forma, foi perceptível um aumento do autofinanciamento, abrindo espaço para uma diferenciação entre candidatos com grandes patrimônios, haja vista que 77.986 mil candidatos fizeram doações a si próprios. Essa é uma das máculas mais afrontosa ao princípio de paridade de armas, em virtude de que o próprio dispositivo normativo privilegia os

---

[592] A forte retração econômica de 2016 e as consequências das investigações da Lava Jato também são fatores que influenciaram o menor fluxo legal de recursos.

[593] VENTURINI, Lilian; MARIANI, Daniel. O que as Eleições de 2016 Já Revelaram sobre o Novo Modelo de Financiamento de Campanha. *Nexo*, 08 set. 2016. Disponível em: https://www.nexojornal.com.br/expresso/2016/09/08/O-que-as-elei%C3%A7%C3%B5es-de-2016-j%C3%A1-revelaram-sobre-o-novo-modelo-de-financiamento-de-campanha. Acesso em: 20 set. 2017.

[594] Em depoimento na Operação Lava Jato, o empresário Marcelo Odebrecht asseverou, com base em planilhas de sua empresa, que ¾ do financiamento de campanhas era feito por caixa dois. Nesse sentido, seguindo numericamente essa declaração, a eleição de 2014, com o gasto declarado de 5,1 bilhões, estaria orçada, em valores reais, em uma quantia próxima a R$20 bilhões (O GLOBO. *Com Caixa Dois, Campanha de 2014 Teria Custado R$20 Bilhões.* 12 abr. 2017. Disponível em: https://blogs.oglobo.globo.com/na-base-dos-dados/post/com-caixa-dois-campanha-de-2014-teria-custado-r-20-bilhoes.html. Acesso em: 28 nov. 2017).

[595] Art. 1º da Resolução nº 23.459/2015: O limite de gastos nas campanhas eleitorais dos candidatos às eleições para prefeito e vereador em 2016 será definido com base nos valores previstos no Anexo, que representam os maiores gastos declarados, na respectiva circunscrição, na eleição de 2012, observado o seguinte: §1º Nos municípios de até dez mil eleitores, o limite de gastos será de R$100.000,00 (cem mil reais) para prefeito e de R$10.000,00 (dez mil reais) para vereador, ou o estabelecido no caput se for maior.

candidatos que têm um maior poder aquisitivo, o que demonstra como a legislação concedeu um benefício legitimado à parte mais aquinhoada da sociedade. O quadro abaixo ilustra bem a situação de aumento no valor do financiamento próprio dos candidatos:

Fonte: Jornal *Nexo*.[596]

Desse modo, é inegável que uma das consequências dessa vedação foi acarretar um benefício para os candidatos mais ricos, inclusive com esses dados mostrados acima. Afora essa distorção legal, foram identificadas possíveis irregularidades em 34% dos 114.526 doadores avaliados: pessoas físicas, com nomes de doadores que já morreram; doações acima do limite permitido; e beneficiários do Bolsa Família. Esses fatos levantam suspeitas quanto a eficiência dessa legislação em tornar o sistema eleitoral mais íntegro.[597]

Segundo Bruno Bolognesi, três são os movimentos esperados pela proibição do financiamento eleitoral nas campanhas: o primeiro

---

[596] VENTURINI, Lilian; MARIANI, Daniel. O que as Eleições de 2016 Já Revelaram sobre o Novo Modelo de Financiamento de Campanha. *Nexo*, 08 set. 2016. Disponível em: https://www.nexojornal.com.br/expresso/2016/09/08/O-que-as-elei%C3%A7%C3%B5es-de-2016-j%C3%A1-revelaram-sobre-o-novo-modelo-de-financiamento-de-campanha. Acesso em: 20 set. 2017.

[597] VENTURINI, Lilian; MARIANI, Daniel. O que as Eleições de 2016 Já Revelaram sobre o Novo Modelo de Financiamento de Campanha. *Nexo*, 08 set. 2016. Disponível em: https://www.nexojornal.com.br/expresso/2016/09/08/O-que-as-elei%C3%A7%C3%B5es-de-2016-j%C3%A1-revelaram-sobre-o-novo-modelo-de-financiamento-de-campanha. Acesso em: 20 set. 2017.

consiste no aumento do caixa dois nos pleitos; o segundo implica a tentativa de aumentar a captação de recursos de militantes e/ou simpatizantes; o terceiro refere o aumento do montante destinado ao Fundo Partidário.[598] Com a vedação de contribuição de pessoas jurídicas, haverá uma tendência à inibição da atuação de grandes conglomerados econômicos e financeiros, de forma legal, contudo, por razões óbvias: não se pode prever se eles ficarão distantes dos processos eleitorais.[599]

A Fundação Getúlio Vargas (FGV) publicou um estudo, revelando que as pessoas físicas que doavam para as campanhas da prefeitura do Rio de Janeiro, em 2016, eram ligadas a pessoas jurídicas. Do total de 59 doadores a candidatos à prefeitura da cidade do Rio, somente um não tinha nenhuma relação com empresas, enquanto todos os outros ocupavam cargos diversos, como o de sócio, diretor, administrador ou presidente de pessoas jurídicas que tinham interesses econômicos com a prefeitura. A análise foi feita por meio do cruzamento dos CPFs e dos CNPJs ativos, demonstrando o envolvimento de 643 empresas, no total, e, em sua maioria, do setor de engenharia, computando o número de 259, o que perfaz 40,3% do total.[600]

É perceptível que continua existindo uma influência forte das doações de pessoas jurídicas nas campanhas, inclusive, dos mesmos setores – construção civil, distribuição de mercadorias, infraestrutura e dos que demandam regulação – que eram os que mais contribuíam, antes da vedação imposta pela ADI, e que continuam contribuindo de forma ilegal. Nesse sentido, o estudo concluiu que não só a interferência

---

[598] O mencionado autor assevera que não se sabe ao certo se haverá o aumento do caixa dois; que o aumento da contribuição da militância é pouco provável; mas inexoravelmente já se pode sentir o aumento do Fundo de Assistência Especial de Contribuição aos Partidos Políticos (BOLOGNESI, Bruno. Dentro do Estado, Longe da Sociedade: A Distribuição do Fundo Partidário em 2016. *Newsletter:* Observatório de Elites Políticas e Sociais no Brasil. NUSP/UFPR, v. 3, n. 11, jul. 2016, p. 02. Disponível em: http://observatory-elites.org/wp-content/uploads/2012/06/newsletter-Observatorio-v.-3-n.-11.pdf. Acesso em: 30 abr. 2018).

[599] LIMA, Martonio Mont'Alverne Barreto. O Financiamento das Campanhas Eleitorais em 2016. *In:* MORAES, Filomeno; SALGADO, Eneida Desiree; AIETA, Vânia Siciliano (Org.). *Justiça Eleitoral, Controle das Eleições e Soberania Popular.* Curitiba: Íthala, 2016, v. 1, p. 373.

[600] As doações empresariais a candidatos estão proibidas, mas a influência de empresas em campanhas continua, com o mesmo predomínio de empreiteiras que se via nas eleições anteriores. A conclusão é de pesquisa inédita da Diretoria de Análise de Políticas Públicas da Fundação Getulio Vargas (FGV-Dapp), que, a pedido do GLOBO, cruzou CPFs de doadores de candidatos à prefeitura do Rio com CNP's ativos (DUARTE, Alessandra. Empresas Driblam Lei para Doar a Campanhas Eleitorais. *O Globo,* 18 set. 2016. Disponível em: https://oglobo.globo.com/brasil/empresas-driblam-lei-para-doar-campanhas-eleitorais-20132632#ixzz4r6pEleTW. Acesso em 28 ago. 2017).

do setor privado continua alta, mas também que a possibilidade de controle sobre essas transações diminuiu.[601]

O que essas informações demonstram é que o pressuposto indelével de transparência no financiamento eleitoral encontra-se seriamente maculado, devido à proibição de contribuição de pessoas jurídicas, haja vista que a doação dessas entidades continuará a existir em razão da lucratividade do investimento. A maioria dos políticos continua a perseguir e aceitar essas formas de financiamento porque são essenciais à sua sobrevivência eleitoral.

Para as eleições de 2018, uma das consequências da proibição de financiamento das pessoas jurídicas, segundo o DIAP – Departamento de Assessoria Intersindical Parlamentar – será a presença de um menor índice de renovação do Congresso Nacional, abaixo da média de 49% dos últimos cinco pleitos. Dentre outros motivos, aponta o DIAP que os atuais parlamentares têm maiores chances de reelegerem-se porque ostentam um maior poder de barganha com os partidos, por causa do tempo de TV e devido aos recursos do Fundo Eleitoral e do Fundo Especial para Financiamento de Campanha, que serão utilizados para o financiamento de suas candidaturas.[602]

Com a citada proibição, os recursos públicos exercerão um papel imprescindível quanto ao incentivo às candidaturas, em decorrência da escassez de recursos lícitos das pessoas jurídicas para o financiamento eleitoral.[603] Como esses recursos públicos serão distribuídos de forma

---

[601] Antes, com doações empresariais, era mais fácil traçar qual setor financiava quem. Agora, tivemos de fazer esse cruzamento para encontrar esse caminho. Não há nada de errado na doação de uma pessoa física, mas essa nova regra eleitoral foi um retrocesso na transparência. E sem ter conseguido o objetivo de tornar a disputa mais equânime, porque a distribuição de recursos dos maiores doadores pessoa física foi desigual. É uma eleição assimétrica (DUARTE, Alessandra. Empresas Driblam Lei para Doar a Campanhas Eleitorais. *O Globo*, 18 set. 2016. Disponível em: https://oglobo.globo.com/brasil/empresas-driblam-lei-para-doar-campanhas-eleitorais-20132632#ixzz4r6pEleTW. Acesso em 28 ago. 2017).

[602] MATAIS, Andreza. Renovação do Congresso Deve Ser Menor em 2018. *O Estado de S.Paulo*, 31 dez. 2017. Disponível em: http://politica.estadao.com.br/blogs/coluna-do-estadao/renovacao-do-congresso-deve-ser-menor-em-2018/. Acesso em: 31.12.2017.

[603] Afora a proibição de contribuição de pessoas jurídicas, houve a imposição do teto máximo de gastos que reduziu, formalmente, os gastos de campanha para 70% no primeiro turno e 50% no segundo turno.
Art. 1º da Resolução nº 23.459/2015: O limite de gastos nas campanhas eleitorais dos candidatos às eleições para prefeito e vereador em 2016 será definido com base nos valores previstos no Anexo, que representam os maiores gastos declarados, na respectiva circunscrição, na eleição de 2012, observado o seguinte: I – nas eleições para prefeito, para o primeiro turno, o limite será de: a) setenta por cento do maior gasto declarado para o cargo em 2012, na circunscrição eleitoral em que houve apenas um turno; b) cinquenta por cento do maior gasto declarado para o cargo em 2012, na circunscrição eleitoral em que houve dois turnos;

CAPÍTULO 3
PERFIL DO FINANCIAMENTO ELEITORAL NO BRASIL E SUAS PERSPECTIVAS | 177

discricionária pelos partidos, podendo estabelecer suas próprias regras, os maiores beneficiados serão os detentores de mandatos e os componentes da estrutura partidária que queiram candidatar-se. Mais uma vez, por outras vias, um novo acinte à integridade do processo eleitoral. E o mais interessante é que a proibição, de forma indireta, a bem da verdade, beneficiará uma das piores composições parlamentares da história.[604]

Verdade que o dinheiro público, como principal fonte de financiamento eleitoral, representa uma tentativa de combate contra as mais variadas formas de abuso de poder. Se, realmente, todo o dinheiro utilizado na campanha apenas partisse das fontes de financiamento permitidas, não haveria problema. Ocorre que essa hipótese é irrealizável. A forma como esse financiamento vai ser implantado e, igualmente, as circunstâncias sócio-político-econômicas podem não eliminar a apropriação do poder político pelo poder econômico e, ainda, aumentar a deslegitimação do sistema representativo.

A forma abrupta e impositiva, sem que houvesse uma discussão com a sociedade, com que foi criado o Fundo Especial de Financiamento da Democracia, pode contribuir, mais ainda, para a deslegitimação da representação popular, reforçando aspectos nocivos, como a falta de renovação política, o apadrinhamento partidário, o desvio de recursos e a falta de sintonia com a sociedade. Esse é outro problema, concernente à fiscalização, que, atualmente, encontra várias lacunas. Se a fiscalização do fundo especial de financiamento eleitoral não for muito rígida, ela não diminuirá o financiamento do caixa dois, o que aprofundará ainda mais a crise na representação política brasileira.

Diante dessa conjuntura, enfim, é imperioso que se reflita sobre a possibilidade do retorno da contribuição das pessoas jurídicas, limitada formal e materialmente e, ainda, passível de sanções mais eficientes por parte do Judiciário. Não se pode, por meio de um processo de alquimia, eliminar as demandas de financiamento do processo eleitoral, que continuarão a existir, mesmo com as modernidades tecnológicas, bem como não se pode negar o interesse de pessoas jurídicas de participar do processo democrático. De todo modo, elas não podem monopolizar a agenda política, descumprindo, deliberadamente, a constituição

---

II – para o segundo turno das eleições para prefeito, onde houver, o limite de gastos será de trinta por cento do valor previsto no inciso I.

[604] ALMEIDA, Rodrigo de. Chamar de 'Pior da História' o Atual Congresso é Saudosismo Frágil. *Poder 360*, 28 fev. 2017. Disponível em: https://www.poder360.com.br/opiniao / congresso/chamar-de-pior-da-historia-o-atual-congresso-e-saudosismo-fragil/. Acesso em: 30 dez. 2017.

econômica. Colocar o financiamento eleitoral dentro da demarcação legal da sociedade, fazendo com que suas demandas enriqueçam o debate democrático, responsabilizando-a pelos recursos doados, parece ser a opção mais factível para o aprimoramento de nosso sistema eleitoral, respeitando-se, assim, nossas injunções fáticas.

3.9 Limitações na sistemática da prestação de contas

Na experiência brasileira, a obrigatoriedade da prestação de contas de campanha foi inaugurada pela Lei nº 8.713/93. Em seguida, a Lei nº 9.100/95 permitiu a uniformização dos registros contábeis e das contas utilizadas para escrituração. A Lei nº 9.504/97, por sua vez, inovou o sistema, ao atribuir à Justiça Eleitoral o regramento referente à prestação de contas das eleições majoritárias, trazendo o modelo para as eleições proporcionais em anexo da própria lei.[605]

Apesar de ter sofrido modificações procedimentais substanciosas, ao longo dos anos, o sistema de prestação de contas de campanha tem como essência a materialização do dever de transparência e o direito à informação, para tentar assegurar a necessária paridade de armas no pleito eleitoral, requisito imprescindível à integridade das eleições.[606]

Estudo da *Transparency Internacional* aponta alguns parâmetros para a eficiência de uma legislação. Começa observando que todos os recursos têm que estar discriminados, da forma mais detalhada possível, para facilitar sua identificação e evitar possíveis fraudes, permitindo a publicidade de doadores e de donatários. Recomenda a realização de relatório de acompanhamento dos gastos e da arrecadação, de forma clara, exigindo que sua divulgação seja a mais rápida possível. Para a eficiência dessa prestação de contas, afirma ser necessária a fiscalização

---

[605] SCHLICKMANN, Denise Goulart. *Financiamento de Campanhas Eleitorais*. 8. ed. Curitiba: Juruá, 2016. p. 399.

[606] É inconstitucional, por afronta aos princípios democrático, republicano, da cidadania, do pluripartidarismo, da transparência, da publicidade, da moralidade para exercício do mandato, da probidade administrativa, da legitimidade das eleições contra influência do poder econômico e da proporcionalidade, norma que determine ocultação de informações relativas a doadores em prestação de contas de campanhas eleitorais. 2. Os eleitores têm direito de saber quais são os doadores de partidos e candidatos, a fim de que possam decidir o voto com base em informações relevantes (BRASIL. Ministério Público Federal. Parecer n. 213.940/2015-AsJConst/SAJ/PGR, de 19 de outubro de 2015. Dispõe sobre a Medida cautelar na ADI 5.394/DF. Disponível em: file:///C:/Users/WA-03/Downloads/texto_307970601.pdf . Acesso em 10 maio 2018).

dos órgãos estatais e de toda a sociedade, sem a qual essa exigência não passará de apenas mais um requisito formal.[607]

Convém, desde já, salientar que existem duas espécies de prestação de contas de relevância para a Justiça Eleitoral: as realizadas, anualmente, pelos partidos políticos, que devem ser entregues até o dia 30 de abril do ano seguinte, com o balanço contábil do exercício anterior, regida pela Lei nº 9.096/95, e a outra referente aos recursos arrecadados e aplicados em campanha por partidos, coligações e candidatos nos anos eleitorais.[608] Vale observar que a primeira modalidade, referente às prestações de contas anuais dos partidos políticos, não tem relevância para o estudo ora apresentado.

A prestação de contas é procedimento de natureza jurisdicional. Ela tramita perante a Justiça Eleitoral, estando prevista, normativamente, na Lei nº 9.504/1997, atualmente instrumentalizada pela Resolução nº 23.553/2017 do TSE.[609] Tem por fim demonstrar a origem dos recursos eleitorais e a forma como foram efetivados os gastos, objetivando impedir o abuso de poder e assegurar a paridade, para que todos os cidadãos tenham condições de disputar os pleitos eleitorais.[610]

Trata-se de procedimento obrigatório, quanto aos candidatos e partidos, que permite que a Justiça Eleitoral conheça a origem dos recursos arrecadados e sua aplicação na campanha eleitoral, verificando sua regularidade.[611] José Jairo Gomes sustenta que sem a prestação de contas não seria possível o exercício pleno da cidadania, uma vez que

---

[607] TRANSPARENCY INTERNATIONAL. Accountability and Transparency in Political Finance: Why, How and What for? *Working Paper*, n. 1, 2008, p. 2. Disponível em: http://issuu.com/transparencyinternational/docs/2008_1_politicalfinance_en?mode=window&printButtonEnabled=false&shareButtonEnabled=false&searchButtonEnabled=false&backgroundColor=%23222222. Acesso em: 18 dez. 2017.

[608] Art. 32 da Lei nº 9.096/1995: O partido está obrigado a enviar, anualmente, à Justiça Eleitoral, o balanço contábil do exercício findo, até o dia 30 de abril do ano seguinte: §1º O balanço contábil do órgão nacional será enviado ao Tribunal Superior Eleitoral, o dos órgãos estaduais aos Tribunais Regionais Eleitorais e o dos órgãos municipais aos Juízes Eleitorais; §2º A Justiça Eleitoral determina, imediatamente, a publicação dos balanços na imprensa oficial, e, onde ela não exista, procede à afixação dos mesmos no Cartório Eleitoral.

[609] Atualmente, inexiste razoabilidade na discussão acerca da natureza jurídica da prestação de contas. Com o advento da Lei n. 12.034/09, fora estabelecida expressamente a possibilidade de interpor recursos para os Tribunais Regionais Eleitorais e para o Tribunal Superior Eleitoral, não havendo mais que se falar em natureza meramente administrativa do procedimento de prestação de contas.

[610] VELLOSO, Carlos Mário da Silva; AGRA, Walber de Moura. *Elementos de Direito Eleitoral*. 5. ed. São Paulo: Saraiva, 2016. p. 307.

[611] SANTOS, Josaphá Francisco dos. A Prestação de Contas de Campanha Perante a Justiça Eleitoral. *In*: CARVALHO NETO, Tarcisio Vieira de; FERREIRA, Telson Luís Cavalcante (Coord.). *Direito Eleitoral*: Aspectos Materiais e Processuais. São Paulo: Migalhas, 2016. p. 180.

restariam subtraídas do cidadão as informações essenciais à formação de sua consciência político-moral.[612] Visando a tal fim, todos os valores envolvidos na campanha devem ser declarados, como forma de garantir a lisura da prestação de contas e, assim, do processo eleitoral.

Considerando que os custos das campanhas estão relacionados com a necessidade de convencimento do eleitorado, a arrecadação e aplicação dos recursos devem ser objeto de acurada atenção do legislador pátrio. O procedimento de prestação de contas de campanha deve ser, minuciosamente, previsto em lei, a fim de garantir a transparência preconizada pelo sistema eleitoral e a segurança jurídica dos que estão obrigados a prestar contas, razão pela qual a análise tem que estar lastreada em dispositivos legais e nas resoluções pertinentes do Tribunal Superior Eleitoral, impedindo que ilações e presunções sejam os alicerces que regem as sanções.

Uma vez extinta a figura do comitê financeiro, por força da revogação operacionalizada pela Lei nº 13.165/15, a realização da prestação de contas passa a ser da responsabilidade dos candidatos, seja em eleição majoritária ou proporcional, que deverão procurar a *expertise* em profissionais contábeis e advogados especialistas na matéria, haja vista que uma prestação de contas imprecisa pode acarretar sérios problemas.

O encaminhamento da prestação de contas ao órgão jurisdicional competente pode ser realizado pelo próprio candidato ou pelo partido político, hipótese em que os candidatos devem enviar a prestação de contas às agremiações, que apenas resumirão as informações apresentadas e encaminhá-las-ão à Justiça Eleitoral.[613] O candidato poderá responsabilizar-se, diretamente, ou por intermédio de pessoa por ele designada, pela administração financeira de sua campanha.[614] Todavia, se indicar um terceiro, será solidariamente responsável com

---

[612] GOMES, José Jairo. *Direito Eleitoral*. 8. ed. São Paulo: Atlas, 2012. p. 298.

[613] Art. 29 da Lei nº 9.504/1997: Ao receber as prestações de contas e demais informações dos candidatos às eleições majoritárias e dos candidatos às eleições proporcionais que optarem por prestar contas por seu intermédio, os comitês deverão: I – (revogado); (Redação dada pela Lei nº 13.165, de 2015); II – resumir as informações contidas na prestação de contas, de forma a apresentar demonstrativo consolidado das campanhas; (Redação dada pela Lei nº 13.165, de 2015); III – encaminhar à Justiça Eleitoral, até o trigésimo dia posterior à realização das eleições, o conjunto das prestações de contas dos candidatos e do próprio comitê, na forma do artigo anterior, ressalvada a hipótese do inciso seguinte; IV – havendo segundo turno, encaminhar a prestação de contas, referente aos 2 (dois) turnos, até o vigésimo dia posterior à sua realização (Redação dada pela Lei nº 13.165, de 2015).

[614] Art. 48 da Res. nº 23.553/2017: [...] §1º O candidato fará, diretamente ou por intermédio de pessoa por ele designada, a administração financeira de sua campanha usando recursos repassados pelo partido, inclusive os relativos à quota do Fundo Partidário ou do Fundo

PERFIL DO FINANCIAMENTO ELEITORAL NO BRASIL E SUAS PERSPECTIVAS

a pessoa indicada, bem como com o profissional de contabilidade que se obriga pela veracidade das informações.[615] Em ambas as hipóteses, o meio eletrônico de elaboração e encaminhamento é o Sistema de Prestação de Contas Eleitorais (SPCE), disponibilizado na página da Justiça Eleitoral, na internet. Trata-se de um sítio eletrônico, criado pelo Tribunal Superior Eleitoral, para assegurar a publicidade e transparência das prestações de contas, permitindo que a sociedade e os envolvidos no pleito eleitoral possam fiscalizar os gastos de campanha.[616]

O candidato que renunciar à candidatura, desistir dela, for substituído, ou tiver o registro indeferido pela Justiça Eleitoral, tem a obrigação de prestar contas em relação ao período que participou da campanha, mesmo que não tenha havido nenhuma arrecadação ou qualquer tipo de gasto. O mesmo ocorre se o candidato falecer ou tiver o registro de candidatura cancelado.[617]

Como mencionado anteriormente, todas as receitas e os gastos eleitorais são divulgados em página específica na internet, possibilitando que todos os participantes do pleito, bem como a população, saibam da origem dos recursos e da forma como acontecem os gastos. Os recursos recebidos devem ser publicados em até 72 horas, contadas a partir do recebimento da doação, e disponibilizados em até 48 horas pelo Tribunal Superior Eleitoral, na sua página da internet.[618] A prestação de contas

---

Especial de Financiamento de Campanha (FEFC), recursos próprios ou doações de pessoas físicas (Lei nº 9.504/1997, art. 20).

[615] Art. 48 da Res. nº 23.553/2017: [...] §2º O candidato é solidariamente responsável com a pessoa indicada no §1º e com o profissional de contabilidade de que trata o §4º deste artigo pela veracidade das informações financeiras e contábeis de sua campanha (Lei nº 9.504/1997, art. 21).

[616] Art. 57 da Res. nº 23.553/17: A elaboração da prestação de contas deve ser feita e transmitida por meio do SPCE, disponibilizado na página da Justiça Eleitoral na internet.

[617] Art. 48 da Res. nº 23.553/17: [...] §8º O candidato que renunciar à candidatura, dela desistir, for substituído ou tiver o registro indeferido pela Justiça Eleitoral deve prestar contas em relação ao período em que participou do processo eleitoral, mesmo que não tenha realizado campanha. §9º Se o candidato falecer, a obrigação de prestar contas, na forma desta resolução, referente ao período em que realizou campanha, será de responsabilidade de seu administrador financeiro ou, na sua ausência, no que for possível, da respectiva direção partidária. §10. O candidato que tiver seu registro de candidatura cancelado, não conhecido ou considerado inapto está desobrigado de prestar contas à Justiça Eleitoral. §11. A ausência de movimentação de recursos de campanha, financeiros ou estimáveis em dinheiro, não isenta o partido político e o candidato do dever de prestar contas na forma estabelecida nesta resolução.

[618] Art. 50 da Res. nº 23.553/2017: [...] §2º Os relatórios de campanha de que trata o inciso I do caput serão informados à Justiça Eleitoral, por meio do SPCE, em até 72 (setenta e duas) horas contadas a partir da data de recebimento da doação, considerando-se data de recebimento a de efetivo crédito nas contas bancárias de campanha, sempre que a arrecadação for realizada por cartão de crédito ou mecanismo de financiamento coletivo; §3º O relatório financeiro de

parcial de campanha precisa ser encaminhada ao SPCE, entre os dias 09 e 13 de setembro, constando o registro de toda a movimentação financeira, desde seu início até o dia 8 de setembro. Sua divulgação é realizada no dia 15 de setembro do ano eleitoral.[619]

A apresentação intempestiva da prestação de contas parcial ou sua entrega fora das exigências legais, sem justificativa satisfatória, caracteriza uma infração grave, que deve ser analisada na apreciação da prestação de contas final. A ausência de informações é uma mácula, de acordo com a quantidade e os valores políticos e sociais envolvidos, os quais materializam sua gravidade.[620]

No que tange ao prazo de apresentação das contas, é de até trinta dias contados da realização do pleito.[621] O candidato que participa do segundo turno deverá encaminhar a prestação de contas, referente aos dois turnos, até o vigésimo dia posterior à realização da eleição.[622] O atraso no envio não implica na perda do mandato, mas impede a diplomação dos eleitos enquanto perdurar a omissão.[623]

---

campanha será disponibilizado pelo Tribunal Superior Eleitoral na sua página na internet em até 48 (quarenta e oito) horas, ocasião em que poderão ser divulgados também os gastos eleitorais declarados, bem como as doações estimáveis em dinheiro.

[619] Art. 50 da Res. nº 23.553/2017: [...] §4º A prestação de contas parcial de campanha deve ser encaminhada por meio do SPCE, pela internet, entre os dias 9 a 13 de setembro do ano eleitoral, dela constando o registro da movimentação financeira e/ou estimável em dinheiro ocorrida desde o início da campanha até o dia 8 de setembro do mesmo ano; §5º No dia 15 de setembro do ano eleitoral, o Tribunal Superior Eleitoral divulgará, na sua página na internet, a prestação de contas parcial de campanha de candidatos e partidos políticos com a indicação dos nomes, do CPF ou CNPJ dos doadores e dos respectivos valores doados (Lei nº 9.504/97, art. 28, §4º, inciso II, e §7º).

[620] Art. 50 da Res. nº 23.553/17: [...] §6º A não apresentação tempestiva da prestação de contas parcial ou a sua entrega de forma que não corresponda à efetiva movimentação de recursos pode caracterizar infração grave, a ser apurada na oportunidade do julgamento da prestação de contas final; §7º A ausência de informações sobre o recebimento de recursos financeiros de que trata o inciso I do caput deve ser examinada, de acordo com a quantidade e os valores envolvidos, na oportunidade do julgamento da prestação de contas, podendo, conforme o caso, levar à sua rejeição.

[621] Art. 29 da Lei nº 9.504/97: Ao receber as prestações de contas e demais informações dos candidatos às eleições majoritárias e dos candidatos às eleições proporcionais que optaram por prestar contas por seu intermédio, os comitês deverão: [...] III – encaminhar à Justiça Eleitoral, até o trigésimo dia posterior à realização das eleições, o conjunto das prestações de contas dos candidatos e do próprio comitê, na forma do artigo anterior, ressalvada a hipótese do inciso seguinte.

[622] Art. 29 da Lei nº 9.504/97: Ao receber as prestações de contas e demais informações dos candidatos às eleições majoritárias e dos candidatos às eleições proporcionais que optaram por prestar contas por seu intermédio, os comitês deverão: [...] IV – havendo segundo turno, encaminhar a prestação de contas, referente aos 2 (dois) turnos, até o vigésimo dia posterior à sua realização.

[623] Art. 29 da Lei nº 9.504/97: [...] §2º A inobservância do prazo para encaminhamento das prestações de contas impede a diplomação dos eleitos, enquanto perdurar.

Desde já, consigne-se que o exame feito pela Justiça Eleitoral é de mérito, julgando a prestação de contas de acordo com o material apresentado e assim ultrapassando as questões formais, com o escopo de verificar se houve ilicitudes no financiamento eleitoral. Se for entendido que as contas não foram prestadas, não existirá a consolidação da coisa julgada, sendo permitido, por conseguinte, tão somente a apresentação posterior das contas, com o intuito de fazer cessar o impedimento de obter a certidão de quitação eleitoral.

A Justiça Eleitoral verificará a regularidade das contas de campanha, decidindo: a) pela aprovação, quando estiverem regulares; b) pela aprovação com ressalvas, quando verificadas falhas que não lhes comprometam a regularidade; c) pela desaprovação, quando verificadas falhas que lhes comprometam a regularidade; d) pela não prestação, quando não apresentadas as contas após a notificação emitida pela Justiça Eleitoral.[624]

Destarte, a decisão pela aprovação das contas pode ser graduada, aprovadas em sua totalidade ou com ressalvas. Nesses casos, elas não devem conter vícios que lhes comprometam a validade. Como consequência de ambas as hipóteses, o candidato terá o diploma concedido.[625] Saliente-se, oportunamente, que a aprovação com ressalvas da prestação de contas não obsta que seja determinada a devolução de recursos recebidos de fonte vedada, ou sua transferência para a conta única do Tesouro Nacional, assim como os recursos de origem não identificada.[626]

A desaprovação, no entanto, abrange toda a prestação de contas, acontecendo quando há vício que denote grave mácula na lisura da contabilidade eleitoral. A consequência da desaprovação das contas consiste na remessa de cópia dos autos ao Ministério Público, para que ajuíze as ações cabíveis. No que tange ao candidato, é possível que haja

---

[624] Art. 30 da Lei nº 9.504/1997: A Justiça Eleitoral verificará a regularidade das contas de campanha, decidindo: I – pela aprovação, quando estiverem regulares; II – pela aprovação com ressalvas, quando verificadas falhas que não lhes comprometam a regularidade; III – pela desaprovação, quando verificadas falhas que lhes comprometam a regularidade; IV – pela não prestação, quando não apresentadas as contas após a notificação emitida pela Justiça Eleitoral, na qual constará a obrigação expressa de prestar as suas contas, no prazo de setenta e duas horas.

[625] Art. 82 da Res. nº 23.553/2017: A aprovação com ressalvas da prestação de contas não obsta que seja determinada a devolução dos recursos recebidos de fonte vedada ou a sua transferência para a conta única do Tesouro Nacional, assim como dos recursos de origem não identificada, na forma prevista nos arts. 33 e 34 desta resolução.

[626] [...] Contas aprovadas, com ressalva, determinando-se a devolução do valor das despesas não comprovadas ao Erário (BRASIL. Tribunal Superior Eleitoral. Prestação Contas nº 92167. Relatora: Min. Maria Thereza Rocha Assis Moura. Julg.: 14.04.2016. *DJE*: 06.05.2016).

investigação acerca de abuso de poder econômico ou de infração às normas de arrecadação e gastos, bem como de eventual ação criminal. Ademais, não há que se falar em perda automática do mandato ou do diploma. O candidato será diplomado e tomará posse, sendo importante ressaltar que a sanção imposta pela desaprovação da prestação de contas da campanha não implica, necessariamente, na caracterização do abuso de poder econômico.[627]

O prazo prescricional para a aplicação das sanções devidas, com relação à prestação de contas, é de cinco anos, contados da data obrigatória de sua apresentação, não podendo ser aplicado nenhum tipo de sanção, caso a prestação de contas não tenha sido julgada, pelo juízo ou Tribunal competente, após cinco anos de sua apresentação.[628]

O julgamento pela não prestação de contas ocorre após o exaurimento do prazo estipulado para a prestação de contas. Constatada a omissão, a Justiça Eleitoral notificará o candidato da obrigação de fazê-lo, no prazo de setenta e duas horas, após o que, permanecendo a omissão, as contas serão imediatamente julgadas como não tendo sido prestadas.[629] O julgamento pela não prestação de contas impede que o candidato obtenha a certidão de quitação eleitoral até o final da legislatura,[630] o que afetará a diplomação, quando eleito, ou um futuro

---

[627] [...] 3. A não apresentação oportuna das contas de campanha de 2010 e de 2012 enseja o impedimento da quitação eleitoral até o final das respectivas legislaturas, conforme preveem os arts. 41, I, da Res.-TSE nº 23.217 e 53, I, da Res.-TSE nº 23.376. 4. A apresentação extemporânea das contas de campanha, após a decisão que as julgou não prestadas, não afasta a ausência da condição de elegibilidade referente à quitação eleitoral, pois a apresentação somente será considerada para fins de regularização do cadastro eleitoral ao final da legislatura à qual o candidato concorreu, conforme disciplinado pelo TSE [...] (BRASIL. Tribunal Superior Eleitoral. Ag-REspe. nº 273-76/MT. Relator: Min. Henrique Neves. Julg. 23.09.2014. *DJE*: 23.09.2014).

[628] Art. 25, parágrafo único da Lei nº 9.504/1997: A sanção de suspensão do repasse de novas quotas do Fundo Partidário, por desaprovação total ou parcial da prestação de contas do candidato, deverá ser aplicada de forma proporcional e razoável, pelo período de 1 (um) mês a 12 (doze) meses, ou por meio do desconto, do valor a ser repassado, na importância apontada como irregular, não podendo ser aplicada a sanção de suspensão, caso a prestação de contas não seja julgada, pelo juízo ou tribunal competente, após 5 (cinco) anos de sua apresentação.

[629] Art. 30 de da Lei nº 9.504/1997: A Justiça Eleitoral verificará a regularidade das contas de campanha, decidindo: IV – pela não prestação, quando não apresentadas as contas após a notificação emitida pela Justiça Eleitoral, na qual constará a obrigação expressa de prestar as suas contas, no prazo de setenta e duas horas.

[630] [...] Contas julgadas não prestadas. Eleições 2012. Quitação eleitoral. Ausência. [...] 1. Na hipótese, o agravante teve suas contas de campanha relativas ao pleito de 2012 julgadas como não prestadas, o que impede a obtenção de quitação eleitoral, conforme jurisprudência consolidada desta Corte Superior [...] (BRASIL. Tribunal Superior Eleitoral. Ag em REspe. nº 00245-59. 2014.6.19.0000. Rio de Janeiro. Classe 32. Relatora: Min. Maria Thereza de Assis Moura; Julg. 02.10.2014. *DJE* 02.10.2014).

registro de candidatura nesse período. Saliente-se que a apresentação das contas, após a decisão que as julgou como não prestadas, tem a função de regularizar o cadastro eleitoral e faz cessar os efeitos dessa restrição, de modo prospectivo.

Da decisão que julgar as contas prestadas pelos candidatos cabe recurso ao órgão superior da Justiça Eleitoral, no prazo de três dias, a contar da publicação no Diário Oficial.[631] Tratando-se de decisão de órgão de primeiro grau, o recurso será o inominado, permitindo a reanálise pelo Tribunal Regional Eleitoral respectivo. Acaso a decisão seja de órgão de segundo grau, tratar-se-á de Recurso Especial, sendo premente a presença de juízo proferido contra disposição expressa da Constituição ou de lei, ou a ocorrência de divergência na interpretação de lei entre dois ou mais Tribunais Eleitorais, conforme art. 121, §4º, I e II, da CRFB/88.[632] As decisões do Tribunal Superior Eleitoral são irrecorríveis, salvo as que contrariem a Constituição Federal.

Entretanto, a sistemática da prestação de contas, instituída desde 1993, apresenta ainda várias lacunas, o que a impede de ser considerada como um instrumento idôneo para garantir a transparência e o direito à informação sobre os recursos arrecadados e gastos nas campanhas eleitorais.

Para Daniel Falcão, um dos motivos para a fragilidade do sistema de prestação de contas é o fato de que a sua análise é realizada de forma precária.[633] Para Speck, o fenômeno do caixa dois indica a vulnerabilidade do sistema de prestação de contas, justamente porque demonstra sérias falhas quanto à fiscalização da prestação de contas e punição de transgressores.[634]

A principal nódoa do sistema de prestação de contas instituído no Brasil é que ela não reflete, com fidedignidade, os gastos eleitorais efetivamente realizados. Como se afirmou ao longo desse texto, em

---

[631] Art. 30 da Lei nº 9.504/1997: [...] §5º Da decisão que julgar as contas prestadas pelos candidatos caberá recurso ao órgão superior da Justiça Eleitoral, no prazo de 3 (três) dias, a contar da publicação no Diário Oficial.

[632] Art. 30 da Lei nº 9.504/1997: [...] §6º No mesmo prazo previsto no §5º, caberá recurso especial para o Tribunal Superior Eleitoral, nas hipóteses previstas nos incisos I e II do §4º do art. 121 da Constituição Federal.

[633] REIS, Daniel Gustavo Falcão Pimentel dos. *Financiamento da Política no Brasil.* 239 f. 2010. Dissertação (Mestrado em Direito do Estado). Faculdade de Direito da Universidade de São Paulo, São Paulo, 2010. Disponível em: doi:10.11606/D.2.2010.tde-28092010-113713. Acesso em: 23 abr. 2018. p. 73.

[634] SPECK, Bruno Wilhelm. O Financiamento de Campanhas Eleitorais. *In:* ANASTASIA, Fátima; AVRITZER, Leonardo. *Reforma Política no Brasil.* Belo Horizonte: UFMG, 2006. p. 158.

vários momentos, os recursos financeiros registrados não transparecem o numerário que é utilizado através do caixa dois.[635] Não se pode precisar o real montante de recursos que são oriundos dessa via, mas configura-se como um dado tautológico que consiste em um montante bastante considerável. Se o sistema de prestação de contas não se adequar à realidade, apresentando, situações surrealistas, como impor limites de gastos muito abaixo da realidade, sem a diminuição dos custos, ele continuará como uma peça eleitoral de funcionalidade simbólica, que, mesmo alicerçado nos melhores desideratos, permanecerá muito distante de refletir a realidade.

A própria legislação específica, acerca de prestação de contas, apresenta alguns *gaps* que precisam ser suprimidos, como se houvesse a intenção de construir trajetos para elidir a eficácia da contabilidade eleitoral.

A possibilidade de não ser preciso contabilizar doação até o valor máximo de R$1.064,00, caracterizado como gasto de militante para candidato, partido ou coligação, tornou-se um instrumento para a justificação de gastos não registrados. Melhor alvitre seria elidir esse dispositivo, que representa uma solução à imputação de haver gastos não contabilizados de campanha.[636] Na arrecadação com eventos, como jantares, deveria ser obrigatória a fiscalização da Justiça Eleitoral para evitar que recursos oriundos do caixa dois pudessem ser legalizados.[637]

Indubitavelmente, a maior anomalia jurídica foi permitir a utilização pelo candidato de recursos próprios para campanha até o limite de gastos legalmente estabelecido para o cargo em disputa, sendo essa a normativa vigente para as eleições de 2018. Por meio desse permissivo legal, positivou-se uma forma de acinte à paridade de armas, ao permitir-se que candidatos aquinhoados levem ampla vantagem na disputa, outorgando-se ao poder econômico um privilégio incomensurável nas disputas eleitorais. Nessa trilha, em mais uma normativa que beneficia os detentores do poder econômico, autorizaram-se empréstimos

---

[635] SAMUELS, David. Financiamento de Campanhas no Brasil e Propostas de Reforma. *Suffragium – Tribunal Regional Eleitoral do Ceará*, Fortaleza, v. 3, n. 4, jan./jun. 2007. Disponível em: http://bibliotecadigital.tse.jus.br/xmlui/handle/bdtse/752. Acesso em: 23 mar. 2018.

[636] Art. 22 da Res. nº 23.553/2017: [...] §1º As doações financeiras de valor igual ou superior a R$1.064,10 (mil e sessenta e quatro reais e dez centavos) só poderão ser realizadas mediante transferência eletrônica entre as contas bancárias do doador e do beneficiário da doação.

[637] Art. 17 da Res. nº 23.553/2017: Os recursos destinados às campanhas eleitorais, respeitados os limites previstos, somente são admitidos quando provenientes de: [...] IV – comercialização de bens e/ou serviços ou promoção de eventos de arrecadação realizados diretamente pelo candidato ou pelo partido político.

pessoais a candidatos que tenham bens para caucionar esses valores, até o registro da candidatura, ou que se enquadram na capacidade de pagamento decorrente dos rendimentos de sua atividade financeira.[638]

Além de todos esses estorvos mencionados, de forma exemplificativa, contribui ainda para a limitação da eficiência da sistemática da prestação de contas a ausência de sedimentação no imaginário coletivo da obrigatoriedade de transparência dos gastos eleitorais, que é uma questão cultural, que demanda tempo; bem como a carência de qualificação de pessoal.

A obrigatoriedade da prestação de contas eleitoral surgiu apenas em 1993, passando por diversas alterações que dificultam sua consolidação como imperativo deontológico. Necessita-se de uma simplificação das regras, de forma clara, evitando-se mudanças frequentes que acarretam dúvidas na forma de sua realização. À medida que o Poder Judiciário for exercendo a sua função de fiscalização de forma mais eficiente, bem como houver sanções para o descumprimento da prestação de contas pelas partes envolvidas no processo eleitoral, inevitavelmente, sua eficácia será, gradativamente, densificada. Um dos obstáculos a essa trajetória é a carência de pessoal qualificado para realizar e fiscalizar as prestações de contas. Como antes elas tinham mais uma conotação simbólica, nunca houve a preocupação com a formação de quadros técnicos para desempenhar, satisfatoriamente, essa função, incumbindo-se advogados e contadores que não tinham o mínimo de *expertise* para esse mister. Essas duas questões serão minoradas, quando houver uma maior conscientização de sua obrigatoriedade, clareza e objetividade nos procedimentos exigidos.

---

[638] Art. 18 da Res. nº 23.553/2017: A utilização de recursos próprios que tenham sido obtidos mediante empréstimo somente é admitida quando a contratação ocorra em instituições financeiras ou equiparadas autorizadas a funcionar pelo Banco Central do Brasil, e, no caso de candidatos, quando cumpridos os seguintes requisitos cumulativos: I – estejam caucionados por bem integrante do seu patrimônio no momento do registro de candidatura; II – não ultrapassem a capacidade de pagamento decorrente dos rendimentos de sua atividade econômica.

CAPÍTULO 4

FORÇA NORMATIVA DA CONSTITUIÇÃO ECONÔMICA E FINANCIAMENTO DE PESSOAS JURÍDICAS

4.1 Da impossibilidade de impedir-se a interferência do poder econômico no processo eleitoral

O campo de incidência da expressão "processo eleitoral" é bastante extenso, compreendendo as múltiplas relações que se estabelecem entre o Poder Judiciário e os candidatos, os partidos políticos, as coligações, o Ministério Público e os cidadãos, com a finalidade de garantir o direito fundamental ao sufrágio. Configura-se como um procedimento complexo, que começa meses antes do pleito, com os debates sobre a pauta política, passando pelas convenções, registro, propaganda, contencioso eleitoral, votação e a diplomação dos eleitos.[639] Ou seja, o processo eleitoral não começa apenas após as convenções e o período de campanha. Normalmente, no início do ano eleitoral ele já desponta com toda sua pujança. Conclui-se, quase como uma tautologia, que não adianta apenas impedir a incidência do poder econômico no período eleitoral.[640]

Todavia, não se pode confundir a expressão processo eleitoral com "processo contencioso eleitoral" porque indicam fenômenos jurídicos

---

[639] GOMES, José Jairo. *Direito Eleitoral*. 6. ed. São Paulo: Atlas, 2011. p. 204.

[640] Porém, para que todas as heterogeneidades se façam presentes nesse processo democrático é necessário que a escolha dos representantes e partidos políticos ocorra com a menor influência possível de fatores como o econômico, e de outra sorte, seja a expressão de uma discricionariedade consciente dos cidadãos (FREITAS, Juliana Rodrigues; BLAGITZ, Patrícia. Financiamento Público de Campanha Eleitoral e a Negativa ao Princípio da Maioria. *Revista Ballot*, Rio de Janeiro, v. 1, n. 1, maio/ ago. 2015, p. 254. Disponível em: https://doi.org/10.12957/ballot.2015.17908. Acesso em: 24 abr. 2018).

distintos. Consoante Rodolfo Viana, o processo eleitoral consiste em atos dimensionais que implicarão na formação e manifestação da vontade eleitoral, ao passo que o processo contencioso eleitoral alude ao processo inexoravelmente jurisdicional, desprovido de qualquer feição administrativa ou executiva.[641]

É imperiosa a definição do campo de incidência da expressão "processo eleitoral" para demonstrar sua extensão, não podendo ser concebido apenas como período da campanha. Nesse diapasão, mesmo se fosse possível isolar, completamente, a influência do poder econômico em todo o processo eleitoral e não apenas na campanha, ele, seguramente, interferiria nas decisões políticas, escoando seus recursos em períodos antecedentes ou posteriores ao processo eleitoral. Inclusive, porque o dinheiro não serve apenas para comprar eleições, mas, também, presta-se a fins políticos, independentemente se o faz durante o período do pleito ou fora dele.[642]

O dinheiro não consiste em um pressuposto imprescindível para vencer pleitos eleitorais, entretanto, ajuda muito, por exemplo, fazendo com que as propostas do candidato sejam conhecidas por mais eleitores e que ele tenha maior estrutura de campanha e assim maior visibilidade, sem mencionar os ilícitos que lhes podem ser atribuídos e que afetam o resultado do pleito. Como o dinheiro configura-se em um apanágio para poucos, obviamente que as distorções aumentam, fazendo com que a isonomia eleitoral não possa ser alcançada. A maior disponibilidade de verba para ser gasta na campanha tem o objetivo de seduzir o eleitor para vinculá-lo a um candidato.[643] E o pior é que os recursos materiais representam o instrumento que propicia os mais variados abusos de poder, fazendo com que os candidatos com mais numerário tenham maiores vantagens na disputa.[644]

---

[641] PEREIRA, Rodolfo Viana. *Tutela Coletiva no Direito Eleitoral:* Controle Social e Fiscalização das Eleições. Rio de Janeiro: Lumen Juris, 2008. p. 23.

[642] SILVERBERG, Brett. *Turning Cash into Votes: The Law and Economics of Campaign Contributions. University of Miami Business Law Review*, v. 25:111, n. 1, nov. 2016, p. 115. Disponível em: https://repository.law.miami.edu/umblr/vol25/iss1/5/. Acesso em: 01 dez. 2017.

[643] CAMPOS, Mauro Macedo. *Democracia, Partidos e Eleições:* Os Custos do Sistema Partidário-Eleitoral no Brasil. 238 f. 2009. Tese (Doutorado em Ciência Política). Faculdade de Filosofia e Ciências Humanas da Universidade Federal de Minas Gerais, Belo Horizonte, 2009. p. 16. Disponível em: http://www.bibliotecadigital.ufmg.br/dspace/handle/1843/BUBD-89HGUM. Acesso em: 24 abr. 2018.

[644] MIGUEL, Luís Filipe. Não Há Eleições Limpas com a Força do Dinheiro. *Carta Capital – Justificando*, 29 jun. 2017. Disponível em: http://justificando.com/2017/06/29/nao-ha-eleicao-limpa-com-forca-do-dinheiro/. Acesso em: 30 jan. 2017.

Sustenta Bruno Reis que nenhum regime democrático, em país algum, poderá gabar-se de haver extinguido o abuso econômico nos processos eleitorais, pois, diz ele: "O poder econômico e o poder político são como sistemas de vasos comunicantes, contra os quais se podem construir diques mais ou menos eficazes, mas nunca perfeitamente isolantes."[645] A metáfora utilizada ilustra muito bem essa situação, que não é peculiar ao Brasil, que se apresenta problemática em todos os sistemas democráticos do mundo, diferenciando-se aí apenas em sua relevância.

Contesta-se o argumento capcioso de que a proibição de financiamento por parte de pessoas jurídicas acabaria com os principais problemas referentes aos ilícitos eleitorais. Essa assertiva não é verdadeira e, ao mesmo tempo, configura-se como casuística, haja vista que esconde outras questões pertinentes à análise desse tema, deveras complexo. Todas as vezes em que as pessoas jurídicas precisarem atuar para receber favores do Estado, assim o farão, ainda mais se essa relação consubstanciar-se como insofismável à sua sobrevivência e a seu crescimento.

Para conseguir qualquer tipo de vantagem, seja com a Administração Pública, seja em contratos privados, as empresas, em regra, lançam mão de qualquer tipo de estratagema, seja lícito ou não. Exemplo disso é o caso de corrupção envolvendo a FIFA, instituição que dirige as associações responsáveis pelo esporte mais popular do mundo, que é o futebol.[646] Os dirigentes da FIFA são acusados de atuarem em parcerias ilegais com empresas de *marketing* esportivo, por meio do pagamento de propinas, dificultando a possibilidade de outros grupos empresariais, que não participaram da negociata, terem acesso aos contratos. A acusação diz respeito ao pagamento de propina para conseguir direitos de transmissão de campeonatos de futebol.[647]

Verificou-se um constante processo de corrupção que ultrapassa a questão eleitoral, por meio da investigação de empresas condenadas pelo SEC (Security Exchange Commission), órgão que regula o mercado

---

[645] REIS, Bruno P. W. A Lava-Jato é o Plano Cruzado do Combate à Corrupção. *Novos Estudos – CEBRAP*, abr. 2017. Disponível em: http://novosestudos.uol.com.br/a-lava-jato-e-o-plano-cruzado-do-combate-a-corrupcao/. Acesso em: 07 set. 2017.

[646] REEVELL, James. Entenda o Escândalo de Corrupção na Fifa. *BBC News*, 27 maio 2015. Disponível em: http://www.bbc.com/portuguese/noticias/2015/05/150527_entenda_fifa_lab. Acesso em: 17 nov. 2017.

[647] ALESSI, Gil. Corrupção e Propina no Futebol Uniram Globo, Marin e Del Nero, Diz Delator. *El País*, 16 nov. 2017. Disponível: https://brasil.elpais.com/brasil /2017/11/15/ politica/1510763200_510957.html. Acesso em: 20 nov. 2017.

de capitais nos EUA.[648] Grandes empresas cometeram atos de corrupção, como a Siemens da Alemanha, que recebeu uma multa de US$ 800 milhões, em 2008. As investigações concluíram que, entre 2001 e 2007, a mencionada empresa pagou US$ 1,4 bilhão em propinas a autoridades de diversos países, como Iraque, Venezuela e Argentina, assim como ocorreu no Brasil, onde houve o envolvimento no escândalo de formação de cartel nas obras e compras governamentais do metrô de São Paulo.[649] Pode-se ainda citar os casos da Mercedes Benz, Daimler AG, que admitiu ter subornado autoridades em 22 países, entre eles, China, Tailândia, Grécia e Iraque, sendo multada em US$ 185 milhões, em 2010; da empresa Total, da França, que recebeu multa de US$ 398 milhões, em 2013, por pagar US$ 60 milhões em propina a autoridades iranianas; da Alcoa, dos EUA, que foi multada em US$ 384 milhões, em 2014, por pagar US$ 110 milhões em subornos para obter contratos no Barein, dentre outros inúmeros casos.[650]

Todos esses exemplos deixam evidente que, mesmo em escala global, é muito difícil impedir que o poder econômico deixe de atuar junto ao poder político, ou, até mesmo, em esferas de decisões privadas, para a consecução de seus interesses, ainda que essas demandas sejam legais. Os casos mencionados acima não têm nenhum tipo de envolvimento com campanhas, o que indica que se constitui em um falso axioma afirmar-se que a maior parte da corrupção ocorre, preponderantemente, nas disputas eleitorais.[651]

---

[648] COSTAS, Ruth. Lava-Jato: Dez Empresas que Pagaram Milhões nos EUA por Corrupção. *BBC Brasil*, 26 nov. 2016. Disponível: http://www.bbc.com/portuguese/noticias/2014/11/141 117_investigacoes_petrobras_sec_ru. Acesso em: 20 nov. 2017.

[649] REVISTA FÓRUM. Siemens Denuncia Formação de Cartel nas Obras do Metrô de São Paulo. 14 jul. 2013. Disponível em: https://www.revistaforum.com.br/siemens-denuncia-formacao-de-cartel-nas-obras-do-metro-de-sao-paulo/. Acesso em: 28 mar. 2018.

[650] REEVELL, James. Entenda o Escândalo de Corrupção na Fifa. *BBC News*, 27 maio 2015. Disponível em: http://www.bbc.com/portuguese/noticias/2015/05/150527_entenda_fifa_lab. Acesso em: 17 nov. 2017.

[651] A divulgação das delações de Marcelo Odebrecht e de seu pai, Emílio Odebrecht, em abril, colocou em xeque a ideia de que existe uma fronteira entre Estado e empresas privadas no Brasil. Independentemente da orientação política, a Odebrecht mostrou que é possível corromper autoridades públicas, com o pagamento de propinas – chamadas de "ajuda" ou "investimento" pelos empresários, nos depoimentos –, e garantir que seus interesses sejam atendidos. Para isto, bastava ter flexibilidade para se adaptar ao interlocutor. A corrupção praticada por Emílio não é a mesma de Marcelo. Enquanto o pai mantinha o estilo de baiano conciliador, respeitoso das hierarquias e tido como interessado em grandes questões do futuro do país, o filho abraçou sua herança germânica e colocou a praticidade à frente dos relacionamentos. Em comum, ambos tinham apenas uma característica: o capitalismo de laços (OLIVEIRA, Regiane. Corrupção Empresarial Coloca em Xeque o Modelo de Capitalismo Brasileiro: Devassa da Lava Jato em Megacompanhias como a Odebrecht e JBS

A proibição de contribuição de pessoas jurídicas impossibilitará, apenas, a transparência, aumentando o caixa dois e as condutas ilícitas atinentes à disputa eleitoral, criminalizando o processo político sem a obtenção de vantagem factível. Se o poder econômico não puder capturar o poder político no período eleitoral, tentará assim fazê-lo no período anterior ou posterior ao pleito, continuando esses interesses a estorvar a constituição econômica. Outrossim, como assaz mencionado, as fontes financeiras, para a dominação do poder político, não provêm apenas dos financiadores eleitorais, tais recursos são oriundos, também, da corrupção, dos *lobbies*, ou seja, de uma cadeia de nexos com o setor produtivo.

Com o desiderato de expurgar o poder econômico do processo eleitoral, ao longo de nossa história, tentaram-se várias soluções jurídicas, desde a criminalização da compra de votos, 41-A, até a proibição de doações de pessoas jurídicas, por meio de decisão judicial do STF, em 2015. Infelizmente, nenhuma delas provocou o resultado esperado. Em relação à questão da eficácia das reformas políticas, que são pululantes antes das eleições, Jairo Nicolau sustenta que se criou uma mistificação em torno dessa temática, em virtude de que se vende uma ideia inatingível que seria a refundação da política, sendo fantasioso imaginar que modificações de regras eleitorais possam exercer esse papel.[652]

Milton Friedman sustenta que o aumento da burocracia e as dificuldades econômicas, de modo geral, propiciam um terreno fértil para comportamentos imorais e ilícitos.[653] O prêmio Nobel de Economia, de 1976, defende que quanto mais um bem apresentar valor econômico, mais se pagará por ele, mesmo que ocorram impedimentos legais.[654] Diante desse pressuposto, o excesso de rigor, concernente a bens materiais e serviços, não se mostra como a melhor opção desejável. Um caso importante que pode ilustrar essa situação é o da Lei Seca, implementada nos Estados Unidos, no período de 1920 a 1933, em razão da 18º Emenda, que proibiu toda a fabricação, transporte e venda de

---

Mostra "Laços" do Sistema. *El País*, 06 jul. 2017. Disponível em: https://brasil.elpais.com/brasil/2017/04/16/politica/1492379258_129387.html. Acesso em: 20 nov. 2017).

[652] NICOLAU, Jairo. Poder. Nenhuma Reforma Política Acabará com a Corrupção, Diz Cientista Político. *Folha de S.Paulo*, 18 out. 2017. Disponível em: http://www1.folha.uol.com.br/poder/2017/10/1927902-nenhuma-reforma-politica-acabara-com-a-corrupcao-diz-cientista-politico.shtml. Acesso em 18 out. 2017.

[653] FRIEDMAN, Milton & FRIEDMAN, Rose. Livre Para Escolher. Trad. Ligia Filgueiras. 1 ed. Rio de Janeiro: Record, 2015, recurso digital. 5727 a 5797 de 7075.

[654] FRANÇA, Felipe Melo. Décadas Atrás, Friedman Já Discutia os Incentivos das Instituições à Corrupção. *Mercado Popular: Economia Livre e Justiça Social*, 18 set. 2015. Disponível: http://mercadopopular.org/2015/09/friedman-corrupcao/. Acesso em: 20 nov. 2017.

bebidas alcoólicas para consumo. O efeito causado foi o contrário do esperado, em virtude de que não acabou com o consumo de álcool e com os problemas sociais inerentes, como a violência e a pobreza. O que houve foi o aumento de outros gravames sociais, como a corrupção e a violência, o enriquecimento de organizações criminosas e a completa desmoralização dessa política de proibição. Em 1933, a mencionada emenda foi revogada, durante o mandato do presidente Roosevelt.[655]

Situações como essas demonstram que a complexidade social e política não permite confundir a vedação com a não existência do fato. É necessário pensar em outras alternativas, no campo do financiamento de campanha, que não se restrinjam à imposição de proibições, acarretando o incremento do excesso de burocracia e a própria criminalização da política, sem apresentar resultados satisfatórios.[656]

A imposição de formalismos jurídicos, como se houvesse a intenção de realizar uma convalidação, poderá impedir a interferência do poder econômico em uma seara em que há a possibilidade de auferirem-se ganhos extraordinários?[657] A resposta, peremptoriamente, será negativa. Como explicitou Ciro Gomes, em entrevista à *Folha de S.Paulo*, não se pode partir de uma concepção moralista e inferir que o poder econômico não se relaciona com o poder político porque o Supremo Tribunal Federal, em 2015, decidiu que essa conexão não iria acontecer.[658]

---

[655] CORRÊA, Gasparino. Consumo vs. Tráfico: Não Aprendemos Nada com Al Capone. *Carta Capital – Justificando*, 27 maio 2015. Disponível em: http://justificando.cartacapital.com.br/2015/05/27/consumo-vs-trafico-nao-aprendemos-nada-com-al-capone/. Acesso em: 28 mar. 2018.

[656] A excessiva burocracia do Estado brasileiro, com inúmeras tramitações e mil e uma autoridades oficiantes em cada postulação também ajuda a alimentar esse estado de coisas inconstitucionais, onde o ato de ofício dos servidores públicos privilegia quem paga. Enfim, nada tem com a doação de empresas para campanhas, porque se houve direcionamento de licitações, por exemplo, é porque o regime jurídico-administrativo de controle e repressão falhou. Mas, no Brasil é assim mesmo: para problemas complexos, soluções simples (COSTA, Antonielle. Mudança no Financiamento de Campanha Vai Aumentar o "Caixa 2" e o Uso de "Laranjas", Diz Especialista em Direito Político. *Ponta na Curva*, 27 jun. 2016. Disponível em: http://www.pontonacurva.com.br/entrevista-da-semana/mudanca-no-financiamento-de-campanha-vai-aumentar-o-caixa-2-e-o-uso-de-laranjas-diz-especialista-em-direito-politico/429. Acesso em: 20 nov. 2017).

[657] AFTALIÓN, Enrique R.; VILANOVA, José; RAFFO, Julio. *Introducción Al Derecho*. 3. ed. Bueno Aires: Abeledo-Perrot, 1999. p. 481.

[658] PESSOA, Gabriela Sá. Dória será 'Carta Fora do Baralho' até Dezembro, Diz Ciro Gomes. *Folha de S.Paulo*, 10 out. 2017. Disponível em: http://www1.folha.uol.com.br/poder/2017/10/1927572-doria-sera-carta-fora-do-baralho-ate-dezembro-diz-ciro-gomes.shtml. Acesso em: 16 out. 2017.

CAPÍTULO 4
FORÇA NORMATIVA DA CONSTITUIÇÃO ECONÔMICA E FINANCIAMENTO DE PESSOAS JURÍDICAS | 195

A separação entre o fático e o normativo, no mundo do Direito, é uma premissa há muito assente. A teoria tridimensional é uma demonstração clássica dessa problemática, afirmando que o fato é proveniente do agir humano, enquanto a norma é a concretização dos valores no plano da conduta social. O fato, o valor e a norma seriam elementos importantíssimos para explicar o fenômeno jurídico.[659] Cada vez em que o normativo distanciar-se da realidade, ou seja, em que se apartarem a normalidade da normatividade, haverá um *gap* normativo que provocará a diminuição da eficácia do Direito, fazendo com que sua atuação assemelhe-se a uma folha de papel, no sentido lassalliano.[660]

Seguindo esse raciocínio, difícil acreditar que a simples vedação do financiamento eleitoral por pessoas jurídicas seja a solução para a corrupção que assola as instituições brasileiras, em razão de que existem valores e premências financeiras que não serão suprimidas, apenas deslocadas para outras searas para cobrirem o financiamento eleitoral.[661] Como o processo eleitoral exige recursos financeiros, abre-se a comporta para que o poderio material do poder econômico possa esvair-se. Assim, configura-se despiciendo tentar-se fechar uma alameda, deixando-se outras abertas, quando o próprio sistema eleitoral e o funcionamento da máquina pública forcejam ilegalidades.

Se as campanhas eleitorais são extremamente custosas, sendo o poder econômico determinante para decidir o pleito;[662] constituindo-se o financiamento eleitoral um negócio extremamente vantajoso – haja vista ser o lucro auferido bem maior do que o montante aplicado – ficará muito difícil, quase impossível, impedir o financiamento privado de pessoas jurídicas nas campanhas eleitorais. Além disso, como já foi muito mencionado nesse texto, o poder econômico ganha maior proeminência, em razão de considerável parcela da população, que não apenas por condições de hipossuficiência, mas, inclusive, por questões

---

[659] REALE, Miguel. *Filosofia do Direito*. 20. ed. São Paulo: Saraiva, 2002. p. 553.

[660] LASSALLE, Ferdinand. *¿Qué es Una Constitución?* Buenos Aires: Siglo veinte uno, 1969. p. 21.

[661] COMPARATO, Fábio Konder. Capitalismo e Poder Econômico. *Revista da Faculdade de Direito da UFMG*, Belo Horizonte, número esp. em Memória do Prof. Washington Peluso Albino de Souza, 2013. p. 171. Disponível em: https://www.direito.ufmg.br/revista/index .php/revista/article/viewFile/P.0304-2340.2013vWAp167/315. Acesso em: 28 mar. 2018.

[662] COMPARATO, Fábio Konder. Capitalismo e Poder Econômico. *Revista da Faculdade de Direito da UFMG*, Belo Horizonte, número esp. em Memória do Prof. Washington Peluso Albino de Souza, 2013. p. 171. Disponível em: https://www.direito.ufmg.br/revista/index. php /revista/article/viewFile/P.0304-2340.2013vWAp167/315. Acesso em: 28 mar. 2018.

culturais, oferecer ou aceitar negociar o seu voto em troca de algum bem ou serviço.[663]

Acrescente-se, ainda, o histórico de letargia da legislação e do próprio meio político com a questão da utilização do poder econômico em pavimentações não admitidas pelo Direito. Mesmo as últimas modificações sobre transparência e sanções, relativas à normatização da prestação de contas, ainda não foram suficientes para quebrar a situação de permissividade legal e cultural em relação à atuação do poder econômico. Durante a maior parte da história brasileira, não houve fiscalização do gasto eleitoral. Quando ela passou a ser exigida, assim o foi apenas em sentido formal, sem a devida atenção das autoridades competentes.[664]

Essa temática só obteve sua densidade atual devido à publicidade dos casos de corrupção eleitoral. Todavia, questione-se: uma prática arraigada na práxis política pode ser extirpada por pendores voluntaristas? Obviamente, a resposta é não. Apenas com a modificação das circunstâncias que fazem com que o financiamento eleitoral seja extremamente rentável, pode-se pensar em uma eficácia normativa realista.

Mesmo partindo-se da ideia surreal de que seria possível evitar as distorções provocadas pelo dinheiro nos pleitos eleitorais – seja de financiadores, seja da corrupção ou de *lobbies* – não se estaria preservando o sistema político de abusos porque se incentivaria a atuação do poder político, que também é uma forma de distorção, que recorreria, indevidamente, ao emprego de recursos materiais. Esse cenário favorece aos mandatários, que têm em suas mãos uma ferramenta poderosa para garantir suas reeleições, dificultando as possibilidades de renovação do sistema. Ou seja, a redução drástica de financiamento eleitoral, se fosse possível, forçosamente, aumentaria a problemática do abuso de

---

[663] [...] isso vem de uma longa tradição clientelista que remete à Roma, onde os ricos e poderosos satisfaziam os chamados clientes distribuindo coisas. É uma tradição que aqui desembocou no clientelismo que conhecemos. Na história do País, o clientelismo se manteve a partir de uma concepção patrimonialista do Estado e é expressada através da cultura de que quando se tem acesso aos ricos, se tem acesso ao Estado. No caso da compra de votos, como ela se manifesta entre os que têm menor renda, boa parte dos pobres acha que política é coisa de rico e que eles (políticos) só procuram no momento das eleições (NETO, Joviniano. Compra de Voto é Prática Antiga. *Jornal A Tarde*, Salvador, ano 96, n. 32.635, 14 ago. 2008, p. 16).

[664] SAMPAIO JUNIOR, José Herval. A Análise Substancial das Contas de Campanha Eleitoral como Instrumento de Combate ao Abuso do Poder. *JusBrasil*, 2016. Disponível em: https://joseherval.jusbrasil.com.br/artigos/377451637/a-analise-substancial-das-contas-de-campanha-eleitoral-como-instrumento-de-combate-ao-abuso-do-poder. Acesso em: 18 abr. 2018.

poder político, que, igualmente, pode ser favorável aos interesses do poder econômico.[665]

Assim, diante do quadro delineado, da necessidade de financiamento eleitoral, da maximização do lucro dos recursos investidos, da demanda dos hipossuficientes sociais, bem como de outros fatores, chega-se à constatação pesarosa de que é impossível a vedação total de interferência do poder econômico nas eleições.

4.2 A compra de votos e sua relação com a ineficácia da constituição econômica

A compra de voto e as mais variadas formas de abuso de poder representam um acinte a confiança, que se constitui em um valor fundamental do sistema eleitoral. O recebimento de qualquer tipo de vantagem, menosprezando os deveres republicanos e o interesse coletivo, acarreta inúmeros danos ao processo democrático, o que inviabiliza as possibilidades de desenvolvimento do espaço público.

Teoricamente, a incerteza do comportamento do eleitor no processo eleitoral ocorre porque ele manifesta a sua escolha política acobertado pelo sigilo do voto, e não em razão de fatores outros que aviltem o seu livre arbítrio. Isso é comum em qualquer democracia. O problema reside na concretização do voto devido à influência do poder econômico, fazendo com que os eleitores votem por imposições outras que não sejam o direcionamento de sua livre consciência. A licitude da captação do sufrágio é condição inexorável à densificação da cidadania e ao desenvolvimento da democracia. Representa um preceito fundamental do sistema republicano, razão pela qual deve ser reprimida a captação por meio de atos ilícitos, cujo intuito é vencer as eleições, acarretando um resultado danoso ao processo eleitoral e à democracia.[666]

Além de ser um conceito normativo abstrato, o direito ao sufrágio, como vértice da soberania popular, deve ser inteiramente protegido pela

---

[665] STRATMANN, Thomas. Campaign Finance: A Review and as Assessment of The State of the Literature. Forthcoming, Oxford Handbook of Public Choice; *GMU Working Paper in Economics*, may. 2017, n. 17-15, p. 04. Disponível em: https://papers.ssrn.com/sol3/papers .cfm?abstract_id=2956460. Acesso em: 29 nov. 2017.

[666] A autenticidade eleitoral também é um componente que faz parte do arcabouço que forma a estrutura do Estado de Direito, haja vista que na formação dos parlamentos e na indicação democrática do chefe do poder executivo, os procedimentos devem ser amparados em garantias de igualdade e de liberdade, sob pena de ilegitimidade do sistema representativo (SALGADO, Eneida Desirre. *Princípios Constitucionais Eleitorais*. Belo Horizonte: Fórum, 2010. p. 33).

Justiça Eleitoral, haja vista que se trata de órgão criado para tutelar e arregimentar a expressão da vontade dos eleitores, operacionalizando todos os procedimentos de forma transparente e autônoma.[667] A legitimidade do pleito deve ser garantida e a lisura das eleições apenas poderá ser estabelecida diante da igualdade de oportunidade entre os candidatos.[668] Todavia, relatos de malversação na vontade do eleitor sempre existiram nas mais variadas épocas históricas e pontos geográficos.[669] A questão é que na realidade brasileira esse fato configura-se como um elemento constante e preponderante, sendo impossível não admitir que sua ocorrência seja frequente nas eleições, principalmente nas regiões mais pobres, constituindo-se em um dos obstáculos ao aprimoramento da democracia.[670]

Basicamente, os estágios de desenvolvimento político apresentam-se conforme estes três tipos: sociedades tradicionais, sociedades em transição e sociedades politicamente desenvolvidas. Não que todas as organizações políticas sigam, necessariamente, esse itinerário, mas, através desses *standards*, pode-se traçar análises mais precisas sobre as relações dos eleitores com a classe política.[671]

Nas sociedades tradicionais, o voto era imposto, em razão da vinculação socioeconômica, da ausência de ideologia ou de sentimento de classe. O controle fazia-se ainda mais incisivo devido ao voto ser aberto, baseado em uma relação doméstica e afetiva. Na segunda fase, sociedade em transição, quando a dependência socioeconômica se enfraquece, a compra de votos surge não como uma imposição, mas como uma coerção mais dissimulada, baseada em bens, favores ou dinheiro. E, por fim, nas sociedades politicamente desenvolvidas, o voto passa a ser uma forma de manifestação política, em que os eleitores votam

---

[667] SANSEVERINO, Francisco de Assis Vieira. *Compra de Votos:* Análise à Luz dos Princípios Democráticos. Porto Alegre: Verbo Jurídico, 2007. p. 226.

[668] BARRETO, Lauro. *Escrúpulo e poder:* O Abuso de Poder nas Eleições Brasileiras. Bauru: Edipro, 1995. p. 11.

[669] SCOTT, James C. Corrupção Eleitoral: O Aparecimento das Máquinas Políticas. *Revista de Ciência Política*, Rio de Janeiro, v. 5, n. 3, jul./set. 1971, p. 44. Disponível em: http://bibliotecadigital.fgv.br/ojs/index.php/rcp/article/viewFile/59156/57602. Acesso em: 16 ago. 2017.

[670] A grande maioria da população brasileira, especialmente aquela parcela que estão na pobreza extrema, permanece carente de recursos políticos, os quais estão ligados a carência de recursos econômicos (BARBOSA, Maria Lucia Victor. *O Voto da Pobreza e a Pobreza do Voto:* A Ética da Malandragem. Rio de Janeiro: Zahar, 1988. p. 42).

[671] AVELINO FILHO, George. Clientelismo e Política no Brasil: Revistando Velhos Problemas. *Novos Estudos Cebrap*, n. 38, mar. 1994, p. 226. Disponível em: https://gvpesquisa.fgv.br/sites/gvpesquisa.fgv.br/files/arquivos/george_avelino_clientelismo_e_politica.pdf. Acesso em: 29 mar. 2018.

nos candidatos de acordo com sua preferência, com a consolidação da democracia material, sem sofrer injunções socioeconômicas ou compra de votos. São sociedades em que há partidos organizados, com programas que obtêm sua legitimidade por atender segmentos específicos.[672]

Pode-se sustentar que o Brasil apresenta traços de desenvolvimento político de sociedades em transição e desenvolvida. Desenvolvida no sentido de que há uma parcela razoável da população que não precisa vender seu voto, uma Constituição estável, com níveis de concretude razoáveis, eleições periódicas e um Poder Judiciário independente que garante a transparência no resultado das urnas. E há traços de sociedade em transição principalmente porque a compra de voto e as outras espécies de abuso de poder são frequentes nos processos eleitorais.

A compra de votos consiste em uma relação de troca, em que se negocia o voto por determinada benesse. Ela é assimétrica, pois a conquista do mandato permite que os eleitos possam auferir grandes vantagens que compensam o que foi despendido durante a campanha. Mesmo quando essa relação abrange muitos eleitores, não há quebra dessa natureza de troca, pois seus elementos essenciais ainda estão presentes. O objeto da avença pode ser um bem, dinheiro, favor, prerrogativa pública, promessa, em suma, qualquer tipo de vantagem, material ou não.[673]

Todavia, essa relação negocial é regida pelo sentimento de insegurança, porque não há certeza de que o eleitor votará no candidato indicado na negociação. Geralmente, a avença não é feita pelo candidato, mas por cabos eleitorais que atuam em seu nome, o que aumenta ainda a insegurança porque muitas vezes esses intermediários ficam com a totalidade do dinheiro ou parte dele e não repassam aos eleitores.

Não resta a menor dúvida de que aqueles eleitores com pouco nível de escolaridade e com deficiência de recursos são os mais visados para a compra de voto. Todavia, aqueles que têm melhor instrução educacional e não apresentam demandas materiais também são atingidos por propostas de negociação do voto. O que diferencia esses dois casos é que neste último a influência do dinheiro e de demandas do dia a dia

---

[672] SCOTT, James C. Corrupção Eleitoral: O Aparecimento das Máquinas Políticas. *Revista de Ciência Política*, Rio de Janeiro, v. 5, n. 3, jul./set. 1971, p. 48-50. Disponível em: http://bibliotecadigital.fgv.br/ojs/index.php/rcp/article/viewFile/59156/57602. Acesso em: 16 ago. 2017.

[673] SPECK, Bruno Wilhelm. A Compra de Votos: Uma Aproximação Empírica. *Opinião Púbica*, Campinas, v. 9, n. 1, maio 2003, p. 155. Disponível em: http://dx.doi.org/10.1590/S0104-62762003000100006. Acesso em: 16 ago. 2017.

surte menos efeitos, ganhando bem mais relevância o oferecimento de favores administrativos.[674]

Bruno Wilhelm Speck defende que há três tipos de voto, quais sejam: o ideológico, o pessoal e o circunstancial. O voto ideológico representa parcela minoritária, enquanto o voto pessoal acontece devido a relações interpessoais ou a identificações conscientes ou inconscientes, sendo este mais corriqueiro em pleitos locais, nos quais os eleitores apoiam candidatos que possuem sua confiança pessoal. O voto ideológico, por basear-se em igual percepção da realidade, necessita de sincronia na identificação dos problemas e nas propostas de soluções, o que estabelece um compromisso de maior duração, aperfeiçoando o regime democrático. No terceiro tipo, que é o voto circunstancial, o *marketing* político, os fatos imprevisíveis e as variadas formas de abuso de poder em que se destacam a compra de votos, possuem grande impacto.[675]

Vale a pena ressaltar que não é apenas a compra de votos que estorva a vontade livre do eleitor, várias modalidades de abuso de poder, igualmente, impedem o florescimento do processo democrático, como já foi analisado, mas os principais são o abuso de poder econômico, o abuso de poder político, o crime de caixa dois e a arrecadação e gastos ilícitos de campanha.[676] Em suma, para densificar-se a autenticidade substancial do processo eleitoral, faz-se premente o afastamento de qualquer tipo de poder ilícito, seja político, econômico, cultural ou social. [677]

Todavia, não se pode dizer que a compra de votos no Brasil é uma decorrência apenas das condições materiais da população, pois as questões sociais que foram inoculadas, continuamente, em nosso processo civilizatório também contribuem para essa anomalia. A compra de votos no Brasil também é uma decorrência de nosso processo histórico, em que as relações políticas são moduladas a partir de relações entre a patronagem e a clientela. Essas interferências arcaicas, presentes desde

---

[674] SPECK, Bruno Wilhelm. A Compra de Votos: Uma Aproximação Empírica. *Opinião Púbica*, Campinas, v. 9, n. 1, maio 2003, p. 160. Disponível em: http://dx.doi.org/10. 1590/S0104-62762003000100006. Acesso em: 16 ago. 2017.

[675] SPECK, Bruno Wilhelm. A Compra de Votos: Uma Aproximação Empírica. *Opinião Púbica*, Campinas, v. 9, n. 1, maio 2003, p. 149. Disponível em: http://dx.doi.org/ 10.1590/S0104-62762003000100006. Acesso em: 16 ago. 2017.

[676] Alerte-se que outros tipos de abuso de poder podem assumir maior preponderância dependendo do contexto histórico.

[677] MICHELS, Vera Maria Nunes. *Direito Eleitoral:* Análise Panorâmica – De acordo com a Lei n. 9.504/97. Porto Alegre: livraria do advogado, 1998. p. 143.

a colonização portuguesa, seriam fruto da herança do patrimonialismo ibérico, reforçada com as idiossincrasias brasileiras.

O patrimonialismo fez com que a coação substituísse a representação popular, além do que mitigou a expansão do capitalismo, cerceando a possibilidade de concorrência ou livre iniciativa.[678] Sérgio Buarque de Holanda sustenta que a origem do patrimonialismo foi a compreensão de que o Estado é uma ampliação do círculo familiar, sem ater-se, contudo, à distinção entre domínio privado e público, entendendo que a gestão da coisa pública apresenta-se como manuseio de um interesse particular.[679] Para Raymundo Faoro, o Estado patrimonialista é caracterizado pelo fato de o rei ser o detentor da riqueza e do comércio, de as relações sociais apresentarem-se como uma extensão da casa do soberano, da centralização do comércio e de suas operações realizadas através de um órgão centralizador que contava com a anuência do rei.[680]

Esse fenômeno ainda foi mais agravado na Primeira República, que entronizou a figura do coronel, o qual passou a exercer a patronagem e dirigir as relações clientelistas. Para Victor Nunes Leal, o coronelismo é uma estrutura de poder, implantada durante a Primeira República, que consistia em contrair compromissos recíprocos, partindo dos coronéis até ao Presidente da República,[681] para a manutenção do poder.[682]

Para Oliveira Vianna, a questão da cidadania ativa no Brasil resulta em que, apesar de insistir-se por mais de um século com a democracia, as tradições participativas não foram incorporadas pelo povo brasileiro, consistindo as eleições periódicas de meras formalidades. Para Vianna, o povo não aspira à participação política, uma vez que, por não ter uma noção clara de seu conceito, não tem, consequentemente, consciência de seu papel democrático, deixando-a, portanto, exclusivamente, às

---

[678] CUNHA, Alexandre Mendes. Patronagem, Clientelismo e Redes Clientelares: A Aparente Duração Alargada de Um Mesmo Conceito na História Política Brasileira. *História*, São Paulo, v. 25, n. 1, 2006, p. 226-228. Disponível em: http://dx.doi.org/10.1590/S0101-9074 2006000100011. Acesso em: 16 ago. 2017.

[679] HOLANDA, Sérgio Buarque de. *Raízes do Brasil*. São Paulo: Companhia das Letras, 2006. p. 153.

[680] FAORO, Raymundo. *Os Donos do Poder:* Formação do Patronato Político Brasileiro. 3. ed. São Paulo: Globo, 2001. p. 38-41.

[681] A Guarda Nacional foi a grande instituição patrimonial de ligação entre o governo e os coronéis (CARVALHO, José Murilo de. Mandonismo, Coronelismo, Clientelismo: Uma Discussão Conceitual. *Dados*, Rio de Janeiro, v. 40, n. 2, 1997. Disponível em: http://dx.doi.org/10.1590/S0011-52581997000200003. Acesso em: 03 mar. 2018).

[682] LEAL, Victor Nunes. *Coronelismo, Enxada e Voto:* O Município e o Regime Representativo no Brasil. 4. ed. São Paulo: Companhia das Letras, 2012. p. 43-44.

elites, que a utilizam em prol de seus próprios interesses.[683] Entretanto, não se concorda com esse conceito elitista de Oliveira Vianna porque a questão não diz respeito à incorporação de valores democráticos ou não, mas sim ao acesso da maioria da população a condições materiais para levá-la a participar do processo eleitoral em condição de igualdade, sem gerar-lhe necessidade de negociar o seu voto para garantir as condições mínimas de sua subsistência.

Portanto, historicamente, o voto no Brasil é objeto de um negócio para considerável parte da população, que lhe atribui o papel de mercadoria. Tal fato instaura a dependência sócio-econômico-cultural do eleitor.[684] Em razão não apenas dessa hipossuficiência, mas também devido à questão cultural, ao patrimonialismo e às relações de patronagem e clientelismo, o direito político do cidadão é traduzido por uma valoração econômica, direta ou através de um bem ou de vantagem, impedindo-o de escolher os destinos da *polis* de forma autônoma. No cenário brasileiro, a compra de voto é um processo continuamente presente, uma vez que atinge, predominantemente, uma parcela de baixo nível político, social e econômico.[685] O eleitor livre é aquele que vota à luz da opinião e de sua própria consciência.[686]

Desde já, considere-se que no Brasil há uma calamitosa heterogeneidade econômica e social, não apenas motivada pelos diferentes níveis produtivos ou classes sociais,[687] mas, preponderantemente, pela maximização da disparidade na distribuição de renda, fazendo com

---

[683] VIANA, Oliveira. *Instituições Políticas Brasileiras*. Brasília: Conselho Editorial do Senado Federal, 1999. p. 491-492. (Coleção Biblioteca Básica Brasileira). Disponível em: http://www2.senado.leg.br/bdsf/handle/id/1028. Acesso em: 23 abr. 2018.

[684] Cite-se a doutrina de Norberto Bobbio, que conceitua o "voto discambio", hipótese em que a Política transformada num mercado político, no qual o voto é negociado como qualquer outra mercadoria ou produto, numa relação de natureza privada, de clientela entre o vendedor e o comprador (BOBBIO, Norberto. *O Futuro da Democracia*: Uma Defesa das Regras do Jogo. Trad. Marco Aurélio Nogueira. Rio de Janeiro, Paz e Terra, 1986. p. 143).

[685] Optou-se pela expressão "baixa sofisticação política" porque pesquisa de dados numéricos referente a compra de voto demonstra que tal fenômeno não só é vivido onde há baixa escolaridade e condição econômica inferior. Inclusive, o paralelo traçado demonstra que ambas as situações (mais favorecidos e menos favorecidos, intelectual e financeiramente), a preferência por favores administrativos como troca é salutar (SPECK, Bruno Wilhelm. A Compra de Votos: Uma Aproximação Empírica. *Opinião Púbica*, Campinas, v. 9, n. 1, p. 148-169, maio 2003, p. 160-162. Disponível em: http://www.scielo.br/pdf/%0D/op/v9n1/16155.pdf . Acesso em: 16 ago. 2017).

[686] MACKENZIE, W. J. M. *Elecciones Libres*. Madrid: Tecnos, 1962. p. 158; 175.

[687] O primeiro nível em que devemos situar o conceito de classes é a análise do modo de produção. O conceito de classes aparece como resultado da análise das forças produtivas (nível tecnológico dos meios de produção e organização da força de trabalho) e das relações de produção (relações que os homens estabelecem entre si no processo de produção social). Estas forças produtivas e estas relações de produção assumem certos modos possível de

que o desnível aumente ao longo do tempo.[688] Assim, diante de uma sociedade complexa e diversa, pautada sob interesses tão díspares, são inúmeros os motivos que determinam a escolha de um candidato, razão pela qual traçar um quadro sobre as motivações subjetivas do voto é objeto quase inócuo.[689]

A compra de voto e as outras espécies de abuso de poder são fenômenos independentes, apesar da possibilidade de serem simultâneos. Historicamente, esses fatores assolam a democracia brasileira desde as mais remotas épocas. É inconteste que o abuso de poder, em suas múltiplas modalidades, cerceia a liberdade de escolha do eleitor, produzindo efeitos mais intensos em contextos sociais em que as garantias da constituição econômica não podem ser efetivadas, em decorrência de obstáculos jurídicos e fáticos impostos pelo poder econômico. A distorção eleitoral, provocada pelas práticas de abuso de poder, apresenta uma potencialidade enorme em países que têm expressivos contingentes populacionais vivendo na pobreza. Amartya Sen define a pobreza como a privação das capacidades básicas, entre elas, a possibilidade de escolher livremente seus representantes.[690] Conforme observa Celso Furtado, o aumento da renda social, simplesmente, não representa, de forma obrigatória, uma diminuição do índice de pobreza, exigindo-se um longo processo.[691]

O processo eleitoral é uma das formas de selecionar cidadãos para ocupar cargos políticos, havendo, para isso, uma definição prévia sobre

---

relação na história (SANTOS, Theotônio dos. *Conceito de Classes Sociais*. Petrópolis: Vozes, 1987. p. 19).

[688] ABRANCHES, Sérgio Henrique Hudson de. Presidencialismo de Coalizão: O Dilema Institucional Brasileiro. *Revista de Ciências Sociais*, Rio de Janeiro. v. 31, n. 1, p. 7, 1988. Disponível em: https://politica3unifesp.files.wordpress.com/2013/01/74783229-presidencialismo-de-coalizao-sergio-abranches.pdf. Acesso em: 24 ago. 2017.

[689] JELLINEK, George. *Reforma y Mutacion de la Constitucion*. Madrid: Centro de Estudios Constitucionales, 1991. p. 74.

[690] SEN, Amartya. *Desenvolvimento como Liberdade*. São Paulo: Companhia das Letras, 2010. p. 120.

[691] Essa teoria estatui que a massa de pobreza existente em determinada economia reflete a distribuição de ativos no momento em que tem início o processo de crescimento da produtividade e também a natureza das instituições que regulamentam a acumulação de ativos. Simplificando: ali onde a propriedade da terra está concentrada e o crédito é monopolizado pelos proprietários, uma maioria de despossuídos não participará dos benefícios do crescimento, acarretando essa concentração da renda. Se esses dados estruturais não se modificam, o aumento de produtividade engendrará necessariamente uma crescente dicotomia social. O único ativo de que a população pobre dispõe é sua força de trabalho e, sendo está um bem de oferta elástica, o seu preço será fixado no mercado em função de seu custo de reprodução, perpetuando-se a miséria (FURTADO, Celso. *Brasil:* A Construção Interrompida. Rio de Janeiro: Paz e Terra, 1992. p. 52-53).

as regras de sua funcionalidade e os papéis a serem desempenhados, bem como a expectativa de resultados. Não se pode conhecer, previamente, o posicionamento dos eleitores nas urnas relativos aos candidatos, mas este se encontra resguardado pelo procedimento eleitoral. A disfunção em qualquer desses fatores colocará em crise seu fator legitimador.[692]

Em um país em que há um contingente enorme de hipossuficientes econômicos e sociais, que, conforme a tradição, negocia o seu voto e submete-se a outras formas de abuso de poder, a simples vedação à contribuição de pessoas jurídicas não resolverá o problema porque o poder econômico utilizará outros caminhos para manter sua preponderância. Melhores resultados seriam produzidos se, ao invés de esvaziar-se a constituição econômica, houvesse a sua densificação, dotando-a de melhores condições de eficácia concretiva. Se a população mais carente obtivesse melhores condições de vida, por meio da consolidação dos direitos sociais, o pressuposto fático da compra de voto e de outros abusos deixaria de existir. Observa-se, assim, que a melhor diretriz para o aprimoramento do sistema eleitoral não seria a que é representada pelas panaceias jurídicas, mas sim a que aponta a densificação da constituição econômica.

4.3 Canalização de recursos para o caixa dois

O caixa dois são recursos ofertados como doação eleitoral, disponibilizados em dinheiro ou em bens e serviços, não contabilizados ou falsamente contabilizados pela Justiça Eleitoral. Esta fica sem condições de exercer seu papel de fiscalização e, consequentemente, de divulgar resultados realistas, ferindo, mortalmente, a isonomia entre os contendores eleitorais. Mesmo sem cominação específica, o caixa dois é punido como crime, pelo artigo 350 do Código Eleitoral, denominado de falsificação ideológica.[693]

Para Gisele Goulart e Heloísa Helena, o caixa dois traduz-se na realização de manobras contábeis com a finalidade de obter, esconder, manipular ou utilizar recursos, financeiros ou não, ferindo as normas inerentes à contabilidade eleitoral.[694] Sua incidência, necessariamente,

---

[692] ADEODATO, João Maurício Leitão. *O Problema da Legitimidade:* No Rastro do Pensamento de Hannah Arendt. Rio de Janeiro: Forense Universitária, 1989. p. 55.

[693] GOMES, Suzana de Camargo. *Crimes Eleitorais.* 4. ed. São Paulo: Revista dos Tribunais, 2010. p. 278-282.

[694] SCHLICKMANN, Denise Goulart; LÜBKE, Heloísa Helena Bastos Silva. Financiamento de Campanhas Eleitorais: Avaliação das Proposições Apresentadas pelo Tribunal Superior

ocorre tanto na arrecadação quanto nos gastos, pois ele não pode deixar registros na contabilidade da campanha, não sendo declarado, portanto, nem na entrada nem na saída do caixa. Já o caixa um são recursos doados para o financiamento eleitoral, os quais podem ser materializados em dinheiro ou em bens materiais e serviços, que são declarados à Justiça Eleitoral, seguindo todo o procedimento legal, sendo contabilizados nas prestações de contas parciais e na final. O caixa um não pode provir de recursos de pessoas jurídicas, sejam privadas, e, principalmente, públicas.[695]

Não existe a caracterização de caixa dois quando há doações cuja origem verdadeira não é declarada à Justiça Eleitoral, ou seja, aquele financiamento realizado por "laranjas" que assumem a responsabilidade de terceiros não identificados. Esse tipo de doação, realizada por meio desses "laranjas", é uma fraude em que o verdadeiro financiador não tem interesse de vincular-se a candidato ou não pode mais fazer doações porque atingiu seu limite. Na verdade, não há caixa dois porque o numerário é corretamente contabilizado, o que ocorre é que a identidade do doador não é verdadeira, fato que constitui uma fraude para burlar a legislação sobre financiamento eleitoral.[696]

O caixa dois não pode ser confundido, como toda e qualquer ilegalidade, com o financiamento eleitoral. Existe ilegalidade, como, *v.g.*, o recebimento de fonte vedada, que não é considerada como caixa dois, provocando consequências jurídicas diversas. Concorda-se com a professora Silvana Batini que o caixa dois é uma infração autônoma – não se confundindo com o abuso de poder econômico, já que ambos possuem tipificações diversas – que exige dilações probatórias específicas.[697]

Eleitoral ao Congresso Nacional. *Resenha Eleitoral*. Nova Série, v. 15, 2008. Disponível em: http://www.tre-sc.jus.br/site/resenha-eleitoral/revista-tecnica/edicoes-impressas/integra/2012/06/financiamento-de-campanhas-eleitorais-avaliacao-das-proposicoes-apresentadas-pelo-tribunal-superior-eleitoral-ao-congresso-nacional/index1225.html?no_cache=1&cHash=86eb7a536c4e0695c4268006fd667d30. Acesso em: 22 mar. 2018.

[695] PIAZER, João Batista Martins. A Figura Típica do Caixa Dois Eleitoral. Monografia (Graduação em Direito). 62 f. 2015. Faculdade de Direito da Universidade Federal do Rio Grande do Sul. Porto Alegre, 2015. p. 37-38. Disponível em: http://www.lume.ufrgs.br / handle/10183/135050. Acesso em: 25 abr. 2018.

[696] Em sentido contrário ver: FORMIGA-XAVIER, Carlos Joel Carvalho. *A Corrupção Política e o Caixa 2 de Campanha no Brasil*. Dissertação (Mestrado). 127 f. 2011. Faculdade de Filosofia, Letras e Ciências Humanas da Universidade de São Paulo, São Paulo, 2011. p. 76. Disponível em: http://www.teses.usp.br/teses/disponiveis/8/8131/tde-26092011-135010/pt-br.php. Acesso em: 21 fev. 2018.

[697] SCHREIBER, Mariana. Caixa Dois Eleitoral é Menos Grave que Corrupção? *BBC Brasil*, 15 mar. 2017. Disponível em: http://www.bbc.com/portuguese/brasil-39263954. Acesso em: 11 nov. 2017.

A incidência do crime de caixa dois não pode pressupor a existência de crimes conexos, como corrupção, lavagem de dinheiro ou formação de quadrilha. Esses delitos, para serem tipificados, precisam de provas, não podendo ser identificados por uma *vis attractiva* categórica.[698]

A motivação da atenção para o caixa dois, na realidade eleitoral brasileira, decorre do fato de que os gastos eleitorais são excessivamente altos e os dados divulgados pela Justiça Eleitoral não refletem a realidade factual.[699] Normalmente, o montante gasto nas campanhas, bem como a origem desse financiamento, são cobertos em penumbra, ou seja, não há uma transparência total concernente ao seu financiamento.[700] Os dados oficiais dos recursos não retratam, fielmente, a realidade do gasto de campanha porque não abrangem, completamente, o montante proveniente do caixa dois.[701] Normalmente, o financiamento paralelo é utilizado para todo o tipo de despesas ilícitas, para não ultrapassar o teto de gastos ou não vincular o candidato com o doador.

Quando os recursos advindos do caixa dois são externalizados, por meio de estrutura de campanha, com a realização de eventos ou gastos com propaganda que não foram registrados na prestação de contas, torna-se relativamente fácil provar a existência de valores que não foram contabilizados, em razão da facilidade de sua visualização e atestação fática. A questão é quando se utiliza esse numerário para a compra de votos ou a compra de lideranças políticas, cuja comprovação não consiste em uma tarefa fácil. Mesmo aprimorando-se a fiscalização dos gastos de campanha, de forma a acompanhar todos os desembolsos ao longo de seu percurso, o montante direcionado para a compra de votos ou apoios políticos configura-se de difícil atestação.

---

[698] SILVEIRA, André Bueno da; REIS, Daniel Gustavo Falcão Pimental. Da Inconstitucionalidade da Anistia dos Crimes de Caixa 2. *Jota*, 02 dez. 2016. Disponível: https://www.jota.info/opiniao-e-analise/colunas/e-leitor/da-inconstitucionalidade-da-anistia-dos-crimes-de-caixa-2-02122016. Acesso: 19 dez. 2017.

[699] O segundo motivo por que as prestações de contas sobre eleições não retratam adequadamente a realidade é o caixa dois de partidos e candidatos. Há uma percepção consensual entre os especialistas de que os recursos recebidos e gastos em campanhas são registrados de forma incompleta pelos candidatos (GONÇALVES, Benjamin; MAGRI, Caio; FERRO, Marina Martins (Coord.). *A Responsabilidade Social das Empresas no Processo Eleitoral*. São Paulo: Instituto Ethos, 2014. p. 28. Disponível em: https://www3.ethos.org.br/wp-content/uploads/2014/08/A-Responsabilidade-das-Empresas-no-Processo-Eleitoral_20141.pdf. Acesso em: 22 nov. 2017).

[700] BRAUD, Philippe. *Le Suffrage Universel Contre Le Démocratie*. Paris: Presses Universitaires de France (PUF), 1980. p. 229.

[701] SPECK, Bruno Wilhem. O Dinheiro e a Política no Brasil. *Le Monde Diplomatique Brasil*, 04 maio 2010. Disponível em: http://diplomatique.org.br/o-dinheiro-e-a-politica-no-brasil/ Acesso em: 13 ago. 2017.

CAPÍTULO 4
FORÇA NORMATIVA DA CONSTITUIÇÃO ECONÔMICA E FINANCIAMENTO DE PESSOAS JURÍDICAS | 207

Quanto ao lapso temporal de sua configuração, o caixa dois possui uma elasticidade que abrange todo o processo eleitoral, sem ater-se ao prazo estipulado para a campanha. Geralmente, utiliza-se o caixa dois para os gastos da pré-campanha – período em que vigora uma completa anomia sobre as possibilidades de financiamento – sem contabilizá-los como gastos pessoais ou partidários. Para tentar suprir essa lacuna no financiamento de gastos da pré-campanha, a partir de 2018 foi normatizado que os candidatos poderão começar a arrecadar recursos, previamente, no dia 15 de maio do ano eleitoral, por meio das chamadas vaquinhas eletrônicas, *crowdfunding*, não se configurando mais como uma arrecadação ilícita. Porém, a liberação dos recursos fica condicionada ao registro de candidatura.[702]

De onde provém o dinheiro para o caixa dois? Se o numerário provém do caixa dois, ele não está registrado e, sem ser contabilizado, ele pode provir, inclusive, de várias fontes ilícitas. Com a proibição da contribuição, por parte de pessoas jurídicas, mesmo sendo recursos oriundos de sua atividade legal, essa doação é proibida, mas, não necessariamente, proveniente de fonte ilícita.

O que se configura como mais grave é que, com a vedação da contribuição de pessoas jurídicas, o financiamento eleitoral, por meio do caixa dois, pode provir de meios ilícitos, como os jogos ilegais, as milícias nas comunidades e até mesmo do tráfico de drogas.[703] Em um depoimento, o traficante conhecido como Marcinho VP afirmou que ajudou uma campanha eleitoral, em 1996, na disputa para a prefeitura do Rio de Janeiro, conseguindo quase cinquenta mil votos na comunidade do "Complexo do Alemão". A seguir, declara, de forma literal, que "o tráfico de drogas não acaba porque financia campanhas políticas no Brasil."[704] Essa constatação aumenta a percepção popular de que a

---

[702] CALGARO, Fernanda. Eleições 2018: Veja como serão as Regras Eleitorais. *Portal G1*, 06 out. 2017. Disponível em: https://g1.globo.com/politica/eleicoes/2018/noticia/como-serao-as-regras-para-a-eleicao-de-2018.ghtml. Acesso em: 10 jan. 2018.

[703] Nesse diapasão explica o professor Aldo Fornazieri: Nem todo dinheiro não declarado é ilícito. Mas esse dinheiro doado pode ser sujo, de corrução (pagamento de propina), narcotráfico e outras atividades ilícitas e ser usado na campanha. Tem que analisar caso a caso para saber como esse dinheiro foi conseguido, que troca de favores existiu. É uma investigação que tem um alto grau de complexidade (AMORIM, Felipe; BEZERRA, Mirthyani. Qual a Diferença Entre Caixa Dois e Corrupção? Especialistas Explicam. *Uol Notícias*, 18 mar. 2017. Disponível em: https://noticias.uol.com.br/politica/ultimas-noticias/2017/03/18/politico-que-recebe-dinheiro-via-caixa-dois-e-corrupto-especialistas-explicam.htm?cmpid=copiaecola. Acesso em: 30 maio 2017).

[704] COSTA, Flávio. ANDRADE, Vinícius. O Poder do Crime: Preso Há 21 anos, Marcinho VP Diz que Cadeia Não Regenera e que Narcotráfico Financia Campanhas Eleitorais. *Uol*

política não é um *locus* para o desenvolvimento de relações justas, mas sim um espaço para a prática de ilícitos.[705]

As fontes ilícitas são as mais variadas, podendo ser oriundas de subornos decorrentes de contratos superfaturados, conseguidos de licitações fraudulentas; da leniência na fiscalização de contratos; do perdão ou redução ilegal de dívidas e multas previdenciárias e tributárias; da confecção de regulamentações que privilegiam determinados setores econômicos; de achaques para a concessão de licenças; da cooptação de agências reguladoras; dentre outros estratagemas ilegais.[706]

Com a proibição do Supremo Tribunal Federal, quanto a essas práticas, ocorrida em 2015, igualaram-se, na seara eleitoral, as contribuições oriundas de dinheiro lícito de empresas, com as contribuições advindas de atividades ilícitas, outorgando-se igual tratamento a recursos que têm gênese totalmente diversa. Ou seja, dinheiro do caixa dois não é dinheiro limpo, como defende Samuels, o que não significa que provenha, obrigatoriamente, de fontes ilícitas.[707] Como bem sustentou o ministro Gilmar Mendes, o caixa dois não tem sua fonte advinda, necessariamente, de recursos ilícitos porque pode ser uma opção das empresas para manter doações desconhecidas e evitar achaques de outros políticos.[708]

A consequência dessa vedação jurídica é colocar na ilegalidade recursos lícitos, tratando-os da mesma maneira que os recursos obtidos de forma escusa. Reveste-se de ilegalidade um recurso proveniente de fonte lícita, compelindo um segmento relevante da sociedade, as pessoas jurídicas, a atuar de forma ilícita, o que acarreta um trágico empecilho à eficácia da normatização pertinente.

Notícias. Disponível em: https://www.uol/noticias/especiais/marcinho-vp.htm#sergio-cabral-e-o-maior-criminoso-do-rio. Acesso em: 20 out. 2017.

[705] SEÑA, Jorge F. Malem. La Corrupcíon. Algumas Consideraciones Conceptuales y Contextuales. *Revista Vasca de Administración* Pública, n. 104-II, ener.-abr. 2016. p. 171. Disponível em: https://dialnet.unirioja.es/servlet/autor?codigo=125357. Acesso em: 04 jun. 2017.

[706] CALHEIROS, Renan; ABRAMO, Claudio Weber. O Financiamento Público Exclusivo de Campanhas Combate ao Caixa Dois? *Folha de S.Paulo*, São Paulo, n. 27870. Seção Tendências/Debates, 23 jul 2005, p. A3.

[707] SAMUELS, David. Financiamento de Campanhas no Brasil e Propostas de Reforma. *Suffragium – Tribunal Regional Eleitoral do Ceará*, Fortaleza, v. 3, n. 4, jan./jun. 2007, p. 11. Disponível em: http://bibliotecadigital.tse.jus.br/xmlui/handle/bdtse/752. Acesso em: 16 abr. 2018.

[708] SCHREIBER, Mariana. Gilmar Mendes Diz que Caixa Dois Precisa Ser 'Desmistificado': 'É Opção de Empresas para Evitar Achaque'. *BBC Brasil*, 10 mar. 2017. Disponível em: http://www.bbc.com/portuguese/brasil-39227149. Acesso em: 11 nov. 2017.

Se uma pessoa jurídica pode fazer doação, o que era permitido antes de 2015, e não o faz de forma declarada, obviamente a razão é que ela não quer vincular-se ao candidato ou assumir a propriedade do numerário, mas isso não significa, necessariamente, que esses recursos provêm de meios ilícitos. Se ela não pode doar, mas interesses econômicos impelem-na a esse financiamento, o numerário utilizado será ilícito, levando-a a criar setores específicos para o gerenciamento dessa função. Então, a existência do caixa dois provocará o aumento de dinheiro proveniente de meios escusos, o que demandará toda uma estrutura voltada para essa operacionalização, incentivando a prática de outras ilegalidades.

A proibição de doação feita por pessoas jurídicas terminaria incentivando o caixa dois? Como bem alerta Eliane Cantanhêde, prevendo o fato de que, dependendo dos contornos do financiamento eleitoral, se poderá pensar em novas operações para punir a quantidade de abusos em decorrência da medida. Ela observa que, antes da decisão do Supremo Tribunal Federal, vedando o financiamento de pessoas jurídicas, havia o financiamento empresarial "legal e ostensivo". O risco com a vedação de contribuição de pessoas jurídicas e com a implantação do Fundo Especial de Financiamento de Campanha, que, seguramente, não será suficiente para custear a disputa eleitoral, configura-se na inversão radical desse quadro, passando grande parte do financiamento privado a ser ilegal e feito por "baixo dos panos".[709]

Para complicar ainda mais a situação, agravando a insegurança jurídica, ainda quando a contribuição é realizada segundo as normatizações devidas, segmentos do Poder Judiciário e do Ministério Público têm defendido que doações de campanha, mesmo que tenham sido legalmente declaradas à Justiça Eleitoral, podem ser consideradas como retribuição de um benefício e assim classificadas como caixa dois, em razão de ser uma dissimulação para o pagamento de corrupção. Esse posicionamento causa nítida afronta ao Estado Democrático de Direito porque institucionaliza uma presunção de culpabilidade e, ainda, incrimina uma conduta, sem haver previsão legal.

Ao invés de rediscutir-se as formas de melhorar a fiscalização, a previsibilidade e a garantia da imposição de sanções, privou-se as pessoas jurídicas de expor seu posicionamento político, o qual é imprescindível em uma economia capitalista. Cometeu o Supremo

---

[709] CANTANHÊDE, Eliane. Até a Próxima Lava Jato. *O Estado de São Paulo*, 25 ago. 2017. Disponível em: http://politica.estadao.com.br/noticias/geral,ate-a-proxima-lava-jato,70001949 606. Acesso em: 25 abr. 2018.

Tribunal Federal, *concessa permissa venia*, a imprudência de matar o doente em lugar de debelar a doença.[710]

Sustenta Mônica Herman que as vedações excessivas da legislação pressionam partidos e candidatos para que as finanças politicopartidárias transitem por caminhos ilegais.[711] Fernando Neves observa que, com a adoção do sistema público de financiamento exclusivo de campanha, provavelmente, ocorrerão doações privadas em paralelo.[712] Nicolao Dino, que à época era vice-procurador geral eleitoral, demonstrou preocupação no mesmo sentido, ao afirmar que, mesmo sendo a favor da vedação, visualiza um risco de potencialização do caixa dois.[713] O alto custo de campanhas, já debatido, assim como a vedação ao financiamento eleitoral por pessoas jurídicas e a imposição de limites de gastos que não acompanham a realidade fática, acarretam uma preocupação constante sobre a canalização dos recursos para campanhas via caixa dois.[714]

Como noticiou o *site* de pesquisa Às Claras, que trabalha com o levantamento de dados sobre gastos e doações feitas em campanhas eleitorais, existe uma inconsistência nas prestações de contas por incompatibilidade nos números apresentados nas receitas e despesas dos candidatos. Alicerçado em provas fáticas, afirma que há uma rede de financiamento ilegal que se desvia da escrituração contábil para impedir o conhecimento da origem e do destino de seus gastos.[715]

---

[710] COSTA, Antonielle. Mudança no Financiamento de Campanha Vai Aumentar o "Caixa 2" a o Uso de "Laranjas", Diz Especialista em Direito Político. *Ponta na Curva*, 27 jun. 2016. Disponível em: http://www.pontonacurva.com.br/entrevista-da-semana/mudanca-no-financia mento-de-campanha-vai-aumentar-o-caixa-2-e-o-uso-de-laranjas-diz-especialista-em-direito-politico/429. Acesso em: 20 nov. 2017.

[711] CAGGIANO, Mônica Herman Salem. *Direito Parlamentar e Direito Eleitoral*. Barueri/SP: Manole, 2004. p. 143.

[712] SILVA, Fernado Neves da. Financiamento da Campanha Política e Corrução Eleitoral. *Consulex*: Revista Jurídica, v. 7, n. 144, jan. 2003, p. 37.

[713] FALCÃO, Márcio; TALENTO, Aguirre. Mudança Potencializa Caixa Dois, Diz Vice-Procurador-Geral-Eleitoral. *Folha de S.Paulo*, 07 ago. 2016. Disponível em: http://www1.folha. uol.com.br/poder/2016/08/1799761-mudanca-potencializa-caixa-dois-diz-vice-procurador-geral-eleitoral.shtml. Acesso em: 20 nov. 2017

[714] MORAES, Géorgia. Em Seminário, Especialistas Apontam Risco de Caixa Dois nas Campanhas de 2016. *Câmara Notícias*, 24 fev. 2016. Disponível em: http://www2.camara. leg.br/camaranoticias/noticias/POLITICA/504201-EM-SEMINARIO,%20ESPECIALISTAS-APONTAM-RISCO-DE-CAIXA-DOIS-NAS-CAMPANHAS-DE-2016.html. Acesso em: 20 nov. 2017.

[715] Esclarecimento retirado do site Às Claras: Doações eleitorais chegam a seus destinos tanto diretamente quanto indiretamente. Receitas indiretas são transferências realizadas por outros, que por sua vez receberam o dinheiro também direta ou indiretamente. Para determinar os recursos líquidos que chegam aos destinos finais (ou seja, para evitar que se conte duas ou mais vezes o mesmo dinheiro) é necessário compensar todas as transferências. Acontece que as contas de receitas e despesas apresentadas tanto por candidatos quanto por comitês

CAPÍTULO 4
FORÇA NORMATIVA DA CONSTITUIÇÃO ECONÔMICA E FINANCIAMENTO DE PESSOAS JURÍDICAS | **211**

Na conclusão de um estudo elaborado pelos pesquisadores da Universidade de Cambridge, a imposição de restrição aos recursos financeiros que podem ser gastos em uma campanha eleitoral contribui para incrementar uma disputa mais igualitária, reduz as chances de candidatos ricos serem eleitos e ainda diminui as vantagens auferidas pelos patrocinadores. Portanto, a conclusão a que se chegou foi que o estabelecimento de limites de gastos eleitorais incrementa a competição eleitoral, arrefece o poder político das famílias mais ricas e estimula a que novos atores políticos entrem nas competições eleitorais. Todavia, o mencionado estudo deixa claro que os dados obtidos sofrem limitações porque se desconhece a proporção de recursos que foram direcionados para o caixa dois.[716] Porém, essa ilação apenas se configura válida se não houver a possibilidade de caixa dois, hipótese improvável dentro da realidade brasileira, o que impede que a conclusão da prestigiosa Universidade possa ser utilizada plenamente.

Enfim, faz-se evidente aqui que existe algo mais amplo a ser debatido quando o tema é o financiamento de campanhas. Que este seja, pois, objeto de discussões em torno das diversas interfaces da realidade politicoeconômica brasileira, uma vez que a cultura tupiniquim é pautada em um excesso de patrimonialismo que dificulta a probidade.[717]

4.4 Criminalização da política

A separação de poderes, idealizada para combater qualquer tipo de autoritarismo,[718] também traçou a competência de cada um dos

---

eleitorais não são compatíveis. Receitas declaradas como provenientes de transferências de um candidato ou comitê não coincidem com despesas declaradas como tendo sido realizadas pela origem, e vice-versa. Isso introduz uma imprecisão no cálculo, levando a incerteza a respeito de quanto dinheiro, afinal, circula nas eleições. Pelo mesmo motivo, nestes gráficos a soma dos montantes que saem das empresas não é exatamente igual à soma dos recursos que chegam aos destinos (ÀS CLARAS. *As Quinze Principais Doadoras e o Financiamento dos Partidos:* Eleições 2014. Disponível em: http://www.asclaras.org.br/arvores/partidos.html. Acesso em: 30 jul. 2017).

[716] AVIS, Eric; *et al.* Money and Politics: The Effects of Campaign Spending Limits on Political Competition and Incumbency Advantage. *NBER Working Paper Series*, Cambridge, n. 23508, jun. 2017, p. 17. Disponível em: http://www.nber.org/papers/w23508.pdf. Acesso em 20 jun. 2017.

[717] COSTA, Gustavo Pereira da. *Heranças Patrimonialistas, (Dis)Funções Burocráticas, Práticas Gerenciais e os Novos Arranjos do Estado em Rede:* Entendendo a Configuração Atual da Administração Pública Brasileira. 256 f. 2012. Tese (Doutorado). Escola Brasileira de Administração Pública e de Empresas da Fundação Getúlio Vargas, Rio de Janeiro, 2012. p. 60.

[718] Para Giovanni Sartori autoritarismo é um excesso de autoridade que esmaece a liberdade (SARTORI, Giovanni. *La Democracia en 30 Lecciones*. Trad. Alejandro Pradera. Madrid: Taurus, 2008. p. 55).

poderes componentes do Estado.[719] Mesmo tornando-se a cada dia mais teleológico do que funcional, devido a complexidades da sociedade, o Estado não admite que um dos três Poderes constituídos – o Executivo, o Legislativo e o Judiciário – possa estorvar as prerrogativas constitucionais do outro.[720] Exatamente por isso é que os *checks and balances* devem funcionar, para impedir que um deles se exorbite em relação ao outro.[721] O regime democrático só poderá funcionar a contento, em seu carácter substancial, se um poder estiver em condições de confrontar a extrapolação de competência realizada por outro.

A Constituição Cidadã de 1988 alcançou uma concretização normativa muito superior a qualquer outra *Lex Mater*, possibilitando uma densidade normativa dos direitos fundamentais sem paralelo no ordenamento jurídico brasileiro.[722] O exercício do *jurisdictio* potencializou sua legitimidade.[723] Ela também possibilitou uma autonomia do Poder Judiciário sem comparação com qualquer outro texto constitucional, fazendo com que este, paulatinamente, se tornasse um dos Poderes mais atuantes, e com que suas decisões, algumas com efeito vinculante, pudessem demarcar o limite de atuação dos Poderes Executivo e Legislativo.[724] Essa densificação do Judiciário não se deve apenas à outorga de competências da Constituição de 1988; dentre outras causas, pode-se acrescentar-lhe uma anomia, que foi ficando latente com a crise do presidencialismo de coalizão, atingindo seu ápice no governo Dilma, em decorrência da crise econômica, social e política.[725]

---

[719] Essa começou, na história dos povos, com as reivindicações liberais (DORIA, Antônio de Sampaio. *Direito Constitucional:* Curso e Comentários à Constituição. 3. ed. São Paulo: Companhia Editora Nacional, 1953. t. 1, p. 265).

[720] REDISH, Martin H. *The Constitution as Political Structure.* 1. ed. New York: Oxford University Press, 1994. p. 103.

[721] AFTALIÓN, Enrique R.; VILANOVA, José; RAFFO, Julio. *Introducción al Derecho.* 3 ed. Buenos Aires: Abeledo-Perrot. 1999. p. 852-853.

[722] MACHADO, Igor Suzano. 25 Anos da Carta Constitucional de 1988: Caminhos e Descaminhos na Concretização da Ordem Jurídico-Institucional da Constituição Cidadã. *Revista de Direito da Universidade Federal de Viçosa*, v. 5, n. 2, jul./dez. 2013, p. 43. Disponível em: http://www.seer.ufv.br/seer/revdireito/index.php/RevistaDireito-UFV/article /view/22/10. Acesso em: 25 jan. 2018.

[723] VILLALÓN, Pedro Cruz. Legitimidade da Justiça Constitucional e Princípio da Maioria. *In:* BRITO E SOUSA, J; SOARES, Mario; CARDOSO, José Manoel M (Coord). *Legitimidade e Legitimação da Justiça Constitucional.* 10° aniversário do Tribunal Constitucional. Coimbra: Coimbra Ed., 1995. p. 89.

[724] MENDES, Gilmar. *Organização do Poder Judiciário Brasileiro* (on-line). Disponível em: http:// www.stf.jus.br/arquivo/cms/noticiaArtigoDiscurso/anexo/JudicBrasil.pdf. Acesso em: 25 jan. 2018.

[725] BARROSO, Luís Roberto. Judicialização, Ativismo Judicial e Legitimidade Democrática. Revista *[Syn]Thesis*, Rio de Janeiro, v. 5, n. 1, 2012, p. 28. Disponível em: http://www.e publicacoes.uerj.br/index.php/synthesis/article/view/7433/5388. Acesso em: 25 jan. 2018.

Essa densificação do Judiciário levou-o a tornar-se mais presente nas demandas da população, o que lhe franqueou uma maior proteção na concretização de direitos e garantias fundamentais.[726] Não obstante, por não haver freio dos outros Poderes, o Judiciário começou a exercer funções que não pertenciam à esfera de sua competência, tomando decisões sem parâmetros normativos, até mesmo *contra legem*,[727] principalmente quando se tratava de questões de nítida taxionomia política, acarretando, assim, uma judicialização da política.[728]

A seara política e a jurídica são essencialmente distintas, haja vista que esta não é discricionária, baseia-se no princípio contramajoritário e suas decisões têm que estar alicerçadas em parâmetros legais. Aquela, além de ser discricionária e basear-se no princípio majoritário, tem como finalidade, quanto às suas decisões, desde que enquadradas na Constituição, distribuir os ativos sociais e organizar o *locus* coletivo.[729] Zagrebelsky critica a judicialização da política, entendendo que a pretensão de judicializar toda a vida política, por meio de um hiper-bólico Poder Judiciário, configura-se absurda e contrária à essência da democratização política.[730]

---

[726] PEREIRA, Micheli. Atuação do Poder Judiciário na Defesa dos Direitos Fundamentais: Uma Tensão entre Constitucionalismo e Democracia. *Revista Direitos Fundamentais e Democracia*, v. 6, n. 6, jul./dez. 2009, p. 13. Disponível em: http://revistaeletronicardfd.unibrasil.com.br/index.php/rdfd/article/view/55. Acesso em: 25 jan. 2018.

[727] Um exemplo dessa conjuntura pode ser visualizado na repercussão geral dada ao julgamento de candidatura avulsas. Dessa maneira, a possibilidade de retirar a filiação partidária como condição de elegibilidade (art. 14 §3º, IV/CF) é uma decisão que afronta diretamente a Constituição Federal.

[728] A expansão da atuação dos tribunais e dos juízes acarreta a consequente redução de atuação das esferas política e administrativa, isto é, a transferência da produção normativa do Poder Legislativo, do Executivo e das agências administrativas para os tribunais; significa da mesma forma a expansão do método de produção normativa da jurisdição constitucional e do Poder Judiciário para fora de sua seara de atuação específica. Portanto, pode-se dizer que o processo de judicialização da política essencialmente consiste em modificar o procedimento de alguma coisa para a forma de um procedimento judicial (VALLINDER, Torbjorn. When the Courts go Marching in. *In*: TATE, C. Neal; VALLINDER, Torbjorn (Ed.). *The Global Expansion of Judicial Power*. New York: New York University Press, 1995. p. 13).

[729] Em primeiro lugar, parto do princípio de que existe a possibilidade de um verdadeiro conflito entre a função fiscalizadora do Tribunal Constitucional e a função do legislador: essa possibilidade existe, desde logo, porque o Tribunal Constitucional tem poderes para controlar efectivamente o respeito pelo princípio da constitucionalidade, mas existe sobretudo na medida em que se entenda que o legislador não é um mero executor da Constituição (ANDRADE, J. C Vieira de. Legitimidade da Justiça Constitucional e Princípio da Maioria. *In*: BRITO E SOUSA, J; SOARES, Mario; CARDOSO, José Manoel M (Coord.). *Legitimidade e Legitimação da Justiça Constitucional*. 10º aniversário do Tribunal Constitucional. Coimbra: Coimbra Ed., 1995. p. 76).

[730] ZAGREBELSKY, Gustavo. *La Giustizia Costituzionale*. 2 ed. Bologna: Il Mulino, 1988. p. 61-62.

Essa judicialização da política, fenômeno recente na história brasileira, possibilitou que o Judiciário ampliasse, de modo desmedido, o campo de incidência de suas decisões, independentemente de a Constituição ter-lhe outorgado ou não competência para isso, permitindo que a conduta de seus membros produzisse amplas repercussões políticas, alguns chegando a ser considerados verdadeiras estrelas midiáticas.[731] Seu resultado tende a não ser alvissareiro. Essa exacerbação em sua atividade, invadindo a esfera dos outros Poderes e não sendo pautada por pressupostos legais, serve para deslegitimá-lo, o que pode acarretar retrocessos no campo de sua atuação.[732]

Diante desse contexto, considerável parte dos representantes dos diversos setores do Judiciário, com o apoio de parte da mídia, começa a tomar medidas contra determinadas condutas políticas, algumas delas até permitidas por lei. Preconcebidamente, observa-as com espírito adverso, manifestando um ativismo judicial inaudito até mesmo na inobservância dos parâmetros legais, interferindo nas disputas políticas, em uma tentativa de moralização da vida política brasileira, fenômeno que pode acarretar a criminalização da política.[733] Essa é uma tentativa de criminalização de atividades dos Poderes Legislativo e Executivo por parte do Poder Judiciário.[734]

Rogério Dultra elabora, de modo pertinente, o conceito de criminalização da política. Ele compreende que, independentemente de processo judicial, se atesta a existência de um crime e imputa-o a determinado cidadão, etiquetando-o, social e politicamente, de forma caluniosa e difamatória, com o objetivo de inviabilizar sua legitimidade política ou social, o que o impede de exercer em plenitude os seus direitos, nas suas mais variadas dimensões.[735]

---

[731] ANDERSON, Perry. Crisis en Brasil. *In*: GENTILI, Pablo *et al. Golpe en Brasil*: Genealogía de Una Farsa. Buenos Aires: Fundación Octubre, 2016. p. 47.

[732] SOUZA, Bruno Giovani Lima. Os Limites da Intervenção do Poder Judiciário na Prestação do Direito à Saúde. *Revista Jurídica da Procuradoria-Geral do Distrito Federal*, Brasília, v. 41, n. 1, jan./jun. 2016. p. 43. Disponível em: http://revista.pg.df.gov.br/index.php /RJPGDF/article/viewFile/308/227. Acesso em: 25 jan. 2018.

[733] Ativismo judicial se diferencia da judicialização, pois naquela não há interferência na seara política, considerando apenas o exercício das funções jurisdicionais além dos limites delimitados legalmente (RAMOS, Elival da Silva. *Ativismo Judicial*: Parâmetros Dogmáticos. São Paulo: Saraiva, 2013. p. 129).

[734] SANTOS, Rogério Dultra dos. Estado de Exceção e Criminalização da Política pelo *Mass Media*. *Sistema Penal & Violência*, Porto Alegre, v. 8, n. 2, jul./dez. 2016, p. 189. Disponível em: http://revistaseletronicas.pucrs.br/ojs/index.php/sistemapenaleviolencia/article/view/2594 9/15397. Acesso em: 11 jan. 2017.

[735] SANTOS, Rogério Dultra dos. Estado de Exceção e Criminalização da Política pelo *Mass Media*. *Sistema Penal & Violência*, Porto Alegre, v. 8, n. 2, jul./dez. 2016, p. 201. Disponível

Na realidade, a criminalização da política apresenta uma utilização instrumental, por meio da qual, em detrimento de determinados partidos ou grupos sociais, favorecem-se outros atores políticos, concedendo-lhes vantagens. Não que seja o desiderato consciente do julgador criminalizar a política, mas, quando há um ativismo judicial, sem seguir os ditames do devido processo legal, com exposição midiática desnecessária e sem tratamento isonômico dado às partes políticas envolvidas, não se pode negar a sua utilização instrumental.

Não há dúvida de que o sistema repressivo tem suas atividades pautadas pelos meios de comunicação, visando a que a vontade da massa, episódica e destituída do critério da racionalidade, tenha influência nas decisões judiciais.[736] A utilização de um procedimento judicial ou policial serve também para legitimar o clamor de determinados setores da sociedade, ampliado pela grande imprensa, descompromissados ambos com a verdade dos fatos, servindo para antecipar a criminalização e enfraquecer moralmente os adversários.[737]

A utilização de argumentos capciosos, muitas vezes destituídos de qualquer parâmetro de realidade, cria metanarrativas que provocam uma mudança semântica na percepção da realidade, que se convencionou designá-la de "pós-verdades" – fenômeno este que releva apenas o discurso e os meios de legitimá-los – não implicando a conexão da narrativa com o fato delineado. No final de 2016, a *Oxford Dictionaries* elegeu a "pós-verdade" (*post-truth*) como uma palavra *up-to-date*. A conceituação decorre de uma determinada situação em que fatos objetivos passam a ter menos importância frente às emoções e crenças na formação da opinião pública.[738]

Essa judicialização da política, inclusive, é baseada em um paradoxo porque se tenta uma moralização das práticas sociais de forma autoritária, sem discussão social, ou alterando políticas públicas sem

---

em: http://revistaseletronicas.pucrs.br/ojs/index.php/sistemapenaleviolencia/article/view/25 949/15397. Acesso em: 11 jan. 2017.

[736] AIETA, Vânia Siciliano. Criminalização da Política: A Falácia da "Judicialização da Política" como Instrumento Democrático. Rio de Janeiro: Lumen Juris, 2017. p.13-15.

[737] LIMA FILHO, Roberto Cordoville Efrem de. *Veja e a Criminalização da Política: Mídia e Direito Entre a Ideologia do Consenso e o Estranhamento do Mundo.* 222 f. 2009. Dissertação (Mestrado em Direito). Faculdade de Direito da Universidade Federal de Pernambuco, Recife, 2009. p. 92. Disponível em: http://repositorio.ufpe.br/handle/123456789/4754. Acesso em: 25 jan. 2018.

[738] OLIVEIRA, Marcos Barbosa de. Pós-verdade: Filha do Relativismo Científico? *Outras Palavras:* Comunicação Compartilhada e Pós-Capitalismo. 15 jan. 2018. Disponível em: https://outraspalavras.net/destaques/pos-verdade-uma-filha-do-relativismo-cientifico/. Acesso em: 15 jan. 2018.

conhecimento efetivo, e, algumas vezes, de forma inconstitucional e ilegal, e o pior, sem que a própria pauta do Judiciário possa densificar a moralidade exigida.[739]

As consequências da criminalização da política não implicam a moralização da conduta política, mas sim sua utilização como narrativa para interferência na luta política. Literalmente, a sua criminalização estiola a legitimidade dos partidos, inclusive, contribui com a possibilidade de candidaturas avulsas, o que é proibido pela Constituição de 1988, elevando, ainda mais, a ocorrência das disfuncionalidades do sistema político.[740]

As candidaturas avulsas, ainda que *contra legem*, promovem cidadãos que não ostentam nenhum tipo de compromisso partidário e que participam da disputa política com um discurso voltado contra o sistema vigente, sendo este o seu principal critério.[741] O problema, entretanto, que se apresenta está no fato de que, quando chegarem ao poder, essa falta de vínculo institucional leve-os ao arbítrio, ao estelionato eleitoral e ao cometimento de ilegalidades. Afloram exemplos no Brasil. Todavia, como se mencionou em outros momentos, o partido político é um meio de diálogo das esferas do Poder com o povo. Afastar-se dele significa incrementar a aversão política e sua criminalização.[742]

Distanciar a população das discussões e descredenciar os atores políticos são medidas que incentivam a entrada de *outsiders* na política,

---

[739] VASSALO, Luiz. Juízes federais marcam greve por auxílio moradia. *O Estado de S.Paulo*, 02 mar. 2018. Disponível em: http://politica.estadao.com.br/blogs/fausto-macedo /juizes-federais-marcam-greve-por-auxilio-moradia/. Acesso em: 03.05.2018.

[740] PONTES, Felipe. Julgamento sobre candidatura avulsa servirá para todos os casos, decide STF. *Agência Brasil – EBC*. 05 out. 2017. Disponível em: http://agenciabrasil.ebc.com.br/politica/noticia/2017-10/julgamento-sobre-candidatura-avulsa-servira-para-todos-os-casos-decide-stf. Acesso em: 20 nov. 2017.

[741] TEIXEIRA, Matheus. Supremo Reconhece Repercussão Geral em Recurso sobre Candidatura Avulsa. *Revista Consultor Jurídico*, 05 out. 2017. Disponível em: https://www.conjur.com.br/2017-out-05/stf-reconhece-repercussao-geral-recurso-candidatura-avulsa. Acesso em: 10 jan. 2018.

[742] Quando a distância entre representantes e representados é ampla e disfuncional, a democracia representativa dispõe de um mecanismo aparentemente muito eficaz: novas eleições, novos representantes. Mas aqui entra outro fator: o sistema político e suas mediações institucionais. Entre tais mediações estão os partidos e as organizações de interesses setoriais. Em tempos normais, mudar de representantes pode significar mudar de partidos, mas não mudar os partidos e muito menos mudar o sistema de partidos ou o sistema de organização de interesses. Ou seja, as eleições podem de fato muito pouco as coisas e, na medida em que isso ocorre reiteradamente, a distância entre representantes e representados (patologia da representação) transforma-se pouco a pouco na patologia da participação: os cidadãos se convencem de que seu voto não muda as coisas e, por isso, deixam de fazer o esforço (por vezes considerável) de votar; assim, surge o abstencionismo (SANTOS, Boaventura de Sousa. *A Difícil Democracia:* Reinventar as Esquerdas. São Paulo: Boitempo, 2016. p. 120).

e, como não têm vinculação com nada do que está posto e legitimado institucionalmente, abre-se o caminho para decisões destoantes da Constituição, inclusive estimulando saídas não democráticas para os impasses sociais,[743] com a presença das forças armadas para depurar a política.[744]

A criminalização da política afronta os parâmetros legais e fragiliza as garantias constitucionais,[745] servindo para incentivar apologias a estados de exceção, situação sintetizada na expressão latina *princeps legibus solutus*.[746] Quando não há afronta direta à lei, utilizam-se institutos processuais de forma despudorada, como a delação premiada, na qual se concedem ao delator, em contrapartida à delação, benesses desproporcionais, atenuando-lhe a punição, o que implica quase uma imunidade material.[747] É preciso mencionar, ainda, o risco que existe na

---

[743] Bastante preocupante a tese de que golpes de Estado podem ser um instrumental para conseguir a democratização de regimes autoritários, mesmo sendo condenados quando direcionados contra regimes democráticos. Para a consolidação de uma democracia não deve haver flexibilização, todas as fragilizações do Estado Democrático de Direito devem ser condenadas, não havendo caminhos democráticos para golpes de Estado (THYNE, Clayton L.; POWELL, Jonathan M. Coup d' État or Coup d' Autocracy? How Coups Impact Democratization, 1950-2008. *Foreign Policy Analysis*, v. 12, n. 2, apr. 2016, p. 200. Disponível: https://academic.oup.com/fpa/article-abstract/12/2/192/2367607?redirectedFrom =fulltext Acesso: 13 jan. 2018).

[744] Não existem golpes de Estado democráticos e não democráticos, todos têm em comum a gênese autoritária e merecem ser combatidos. Em sentido contrário: VAROL, Ozan O. The Democratic Coup d' État. *Harvard International Law Journal*, v. 53, n. 2, 2012, p. 299. Disponível: http://www.harvardilj.org/wp-content/uploads/2012/10/HLI203.pdf. Acesso: 13 jan. 2018.

[745] Não se concorda que essas medidas possam ser consideradas como atos típicos de um estado de exceção, como o planteado por Giorgio Agamben, em que medidas excepcionais, que são antagônicas as garantias constitucionais, apenas podem ser compreendidas pela Ciência Jurídica como significando medidas de um estado de exceção que foge dos parâmetros da legalidade. Pode-se extrair esse conteúdo dos seguintes excertos de Agamben: "É evidente que não se trata aqui de um status, de uma situação da ordem jurídica enquanto tal (estado de exceção ou de necessidade), mas sim, sempre, de um caso particular em que *vis* e *ratio* da lei não se aplicam" (AGAMBEN, Giorgio. *Estado de Exceção*. Trad. Iraci D. Poleti. São Paulo: Boitempo, 2004. p. 42) "... como uma medida 'ilegal', mas perfeitamente 'jurídica e constitucional', que se concretiza na criação de novas normas (ou de uma nova ordem jurídica)" (AGAMBEN, Giorgio. *Estado de Exceção*. Trad. Iraci D. Poleti. São Paulo: Boitempo, 2004. p. 44).

[746] Trata-se de situação em que o Estado se encontra frente a ameaças, internas ou externas, ao seu poder, que forçam o emprego de determinados meios de defesa e de ataque. A política, então, pode deixar de lado a moral e o direito para agir em consideração do bem do Estado, de acordo com a necessidade política (BERCOVICI, Gilberto. *Constituição e Soberania*: Para Uma Crítica do Constitucionalismo. 2. ed. São Paulo: Quartier Latin, 2011. p. 48).

[747] Um exemplo bem claro desse excesso ocorreu no acordo de delação feito com o presidente da JBS, onde se ofereceu imunidade nas investigações e perdão judicial no caso de denúncia. O Procurador-Geral da República comunicará o conteúdo deste acordo ao membro do Ministério Público oficiante para fins de seu cumprimento, que, no caso das investigações, será a imunidade, e no caso de denúncia já oferecida, o perdão judicial. Cláusula 5ª [...]

concessão, feita pelo direito positivo, de um prêmio em troca de uma traição, não apenas por representar um incitamento às transgressões de preceitos morais, mas, igualmente, por ensejar que o delator use a mentira como recurso para livrar-se das sanções cabíveis, bem mais severas.[748]

No momento político atual, em que afloram irracionalismos e radicalismos exacerbados, configura-se impossível não falar sobre os riscos presentes no processo de desqualificação da atividade política, vulgarizando-a e não lhe atribuindo a necessária relevância social, ou até mesmo acarretando sua criminalização. Nesse acorde, fenômeno bastante sintomático é o da possibilidade de criminalização das doações legais e do impedimento, por decisão judicial, a que as pessoas jurídicas contribuam com as campanhas eleitorais.[749]

Observa-se um momento de descrédito dos atores políticos, como se a corrupção fosse um apanágio na gestão da coisa pública, conceitos considerados quase como sinônimos. Desse modo, não se pode negar que alguns processos judiciais, com alta carga midiática e menoscabo pelas garantias constitucionais, colaboram com essa conjuntura.[750]

Assim, verifica-se um avanço na estratégia de criminalização dos Poderes Executivo e Legislativo por intermédio do Judiciário, abrindo espaço a arbitrariedades, em nome de uma suposta justiça, e à descrença nas instituições que representam os institutos da democracia vigente.[751]

(BRASIL. Ministério Público Federal. *Termo de Pré-Acordo de Colaboração Premida*. Colaborador: Joesley Mendonça Batista. Procurador da República: Fernando Antônio de A. A. de Oliveira Júnior. Data: 03.05.2017. p. 49. Disponível em: https://www.conjur.com.br/dl/acordo-delacao-documentos-joesley.pdf. Acesso em: 04 maio 2018).

[748] MOREIRA, Rômulo de Andrade. *Curso Temático de Direito Processual Penal*. Salvador: Podivm, 2009. p. 440-446.

[749] TALENTO, Aguirre. Doação Legal Pode Ser Crime, Admite Ministro da Justiça. *Folha de S.Paulo*, 16 jul. 2015. Disponível em: http://www1.folha.uol.com.br/fsp/poder/226272-doacao-legal-pode-ser-crime-admite-ministro-da-justica.shtml. Acesso em: 20 nov. 2017.

[750] Investigou na surdina, ouvindo 'a vida dos outros'; é a chamada fase latente da operação. Depois prendeu de surpresa quase todos os investigados; agiu com rapidez incomum e pari passu divulgavam-se alguns dados cobertos pelo sigilo para comprometer a imagem dos presos de forma acentuada e indelével. Assim, se legitimavam perante a opinião pública as prisões. Houve gente inocente presa. Mas a gravidade do quadro gerava o clamor e tornava irrelevantes os pequenos equívocos. A imprensa aplaudia a ação e com ela a enorme maioria das pessoas. Por outro lado, os bens dos investigados eram bloqueados. Prisão para investigar e processar como regra + bloqueio de bens e contas + escracho público dão o tom da brutalidade da ação (TORON, Alberto Zacharias. O Direito de Defesa na Lava Jato. *Revista Brasileira de Ciências Criminais: RBCCrim*, São Paulo, v. 24, n. 122, ago. 2016, p. 17. Disponível em: https://bdjur.stj.jus.br/jspui/handle/2011/104975?mode=full. Acesso em: 26 abr. 2018).

[751] SANTOS, Rogério Dultra dos. Estado de Exceção e Criminalização da Política pelo *Mass Media. Sistema Penal & Violência*, Porto Alegre, v. 8, n. 2, jul./dez. 2016, p. 189. Disponível

Ademais, é impossível falar em regime democrático sem o devido respeito pelas instituições políticas básicas, tendo em vista que, quando se fala em instituições políticas, está-se referindo a órgãos que estruturam a representação popular, sendo imprescindíveis à democracia. Logo, respeitar a atividade política e suas instituições configura-se em um ato peremptório de recusa à tirania.[752]

Em suma, é importante atentar, criticamente, para as consequências práticas de um processo como esse, com o aparecimento de figuras que se posicionam, de modo aleatório, face ao campo político. Nesse debate, não se pode deixar de visualizar as semelhanças entre as operações "Lava Jato", aqui no Brasil, e "Mãos Limpas", na Itália. O cientista político, Alberto Vannucci, entende a ascensão ao poder de Silvio Berlusconi como a de um *outsider* político, enquanto representa uma consequência direta da operação "Mãos Limpas", tendo em vista que ensejou, por essa via, um ambiente de aversão aos políticos.[753] Ou seja, essas figuras surgem no chamado vácuo de lideranças, fruto de uma repulsa às instituições.

A compreensão da prática política não pode desconectar-se do objetivo maior, que é a efetivação da democracia e da cidadania. Se a classe política, com todos os seus atores e suas instituições, passa a ser vista como corrupta e criminosa, torna-se difícil falar-se em um processo eleitoral respeitável e em uma República séria. A criminalização da política, fruto dessa judicialização exacerbada, afronta a democracia.[754]

---

em: http://revistaseletronicas.pucrs.br/ojs/index.php/sistemapenaleviolencia/article/view/25949/15397. Acesso em: 11 jan. 2017.

[752] SNYDER, Timothy. *Sobre a Tirania*: Vinte Lições sobre o Século XX para o Presente. Trad. Donaldson M. Garschagen. São Paulo: Companhia das Letras. 2017. p. 70.

[753] MENA, Fernanda. Inspiração da Lava Jato Gerou Corrupção 2.0, Diz Pesquisador. *Folha de S.Paulo*, 16 mar. 2016. Disponível em: http://www1.folha.uol.com.br/poder/2016/03/1750424-inspiracao-da-lava-jato-gerou-corrupcao-20-diz-pesquisador.shtml. Acesso em: 20 nov. 2017.

[754] Explicação precisa sobre se a judicialização da política acarreta danos à democracia nos é dada por Luiz Werneck Vianna: "De fato, a judicialização da política e das relações sociais, se significar a delegação da vontade do soberano a um corpo especializado de peritos na interpretação dos direitos e a "substituição" de um Estado *benefactor* por uma justiça providencial e de moldes assistencialistas, não será propícia à formação de homens livres e nem à construção de uma democracia de cidadãos ativos. Contudo, a mobilização de uma sociedade para a defesa dos seus interesses e direitos, em um contexto institucional em que as minorias efetivas da população são reduzidas, por uma estranha alquimia eleitoral, em minorias parlamentares, não pode desconhecer os recursos que lhe são disponíveis a fim de conquistar uma democracia de cidadãos. Do mesmo modo, uma vida associativa ainda incipiente, por décadas reprimida no seu nascedouro, não se pode recusar a perceber as novas possibilidades, para a reconstituição do tecido da sociabilidade, dos lugares institucionais que lhe são facultados pelas novas vias de acesso à justiça (WERNECK VIANNA, Luiz;

E assim chega-se à decisão de vedação à contribuição de pessoas jurídicas e à sua relação com a criminalização da política. Essa restrição apenas contribui para tornar ilegal um fato jurídico que antes era considerado como legal, forçando àqueles candidatos que tiverem oportunidade de também utilizarem recursos ilegais para custear suas campanhas, sob pena de, se assim não o fizerem, não terem as mesmas condições de disputar a eleição com os concorrentes. Com a proibição de contribuição de pessoas jurídicas, coloca-se na ilegalidade a sua participação no financiamento eleitoral e incentiva-se, ainda mais, a prática de ilícitos nessa seara. Havendo incentivos, tanto para candidatos quanto para pessoas jurídicas, à realização de acintes aos mandamentos do financiamento público – até para a sua própria sobrevivência política e empresarial – não se poderá esperar uma conduta diversa dos candidatos e das pessoas jurídicas. Nesse ciclo, inexoravelmente, criminaliza-se a política.

4.5 Força normativa da constituição econômica e racionalização do financiamento privado no Brasil

Para Cláudio Weber Abramo, o pressuposto de que o financiamento público exclusivo de campanhas eleitorais acabaria com o caixa dois baseia-se em uma ficção ilógica, fazendo com que o casuísmo da medida destrua a possibilidade de discussão com a isenção necessária.[755] Seguindo o realismo sociológico, haja vista que é impossível que o fator volitivo modifique a realidade fática, a proibição de financiamento de pessoa jurídica, por hipótese alguma, extinguirá o abuso do poder em campanhas eleitorais, muito pelo contrário, multiplicará o número de infrações, aumentando, exponencialmente, os recursos não declarados ou falsamente contabilizados.[756]

Dessa forma, posicionam-se Rodolfo Vianna e Luísa Vidal, no sentido de que é mais racional limitar, de fato, e disciplinar as doações das empresas, ao invés de impor uma proibição que não tem como ser

---

MELO, Manuel Palacios Cunha; CARVALHO, Maria Alice Rezende de. *A Judicialização da Política e das Relações Sociais no Brasil.* 2. ed. Rio de Janeiro: Revan, 1999. p. 43).

[755] CALHEIROS, Renan; ABRAMO, Claudio Weber. O Financiamento Público Exclusivo de Campanhas Combate o Caixa Dois? *Folha de S.Paulo,* São Paulo, n. 27870. Seção Tendências/Debates, 23 jul. 2005, p. A3.

[756] REIS, Bruno P.W. Sistema Eleitoral e Financiamento de Campanhas no Brasil: Desventuras do Poder Legislativo sob Um Hiperpresidencialismo Consociativo. *In:* OLIVEN, Ruben George; RIDENTI, Marcelo; BRANDÃO, Gildo Marçal (Org.). *A Constituição de 1988 na Vida Brasileira.* São Paulo: Hucitec, 2008. p. 73.

eficaz, estimulando ainda mais a prática de ilicitudes.[757] No mesmo sentido, planteiam Luiz Magno e Luciana Ferreira, sustentando que inexistem fórmulas universais que garantam o sucesso no regramento do dinheiro na política. Consideram como fator importante divulgar a origem e o destino dos recursos que a financiam, de forma a coibir a troca de favores, o que se configura mais importante do que estabelecer restrições, cujo controle e aplicação são difíceis de atingir.[758]

A supressão do financiamento de pessoas jurídicas resolveria os acintes ao sistema eleitoral não se mostra factível, constituindo, como demonstrado anteriormente, um sofisma.

Primeiro, porque o financiamento eleitoral, que é uma necessidade, continuará a demandar recursos privados, em razão da insuficiência dos fundos públicos. Como os recursos privados investidos na disputa eleitoral garantem elevado lucro e podem ser concretizados de diversas maneiras, cerceá-los configura-se tarefa impossível. O melhor caminho é fazer com que o financiamento não seja um negócio rentável, impossibilitando o investidor de auferir lucros.

Segundo, porque, para evitar-se a corrupção, o melhor alvitre seria impedir que ela proliferasse na máquina pública, suprimindo as situações em que mais ocorre. Nesse sentido, sugere-se: a considerável diminuição do provimento de cargos em comissão e confiança; a atualização das leis de licitação e improbidade administrativa; a instituição do empenho e pagamento impositivo de gastos do Executivo; a gerência colegiada de instituições públicas; e a valorização da carreira pública, acabando com o privilégio de nichos específicos etc. Enfim, a máquina pública deveria ser profissionalizada, valorizada, afastando seu caráter patrimonialista e promovendo a eficiência, assim servindo à sociedade, em consonância com a etimologia dos vocábulos servidor e serviço público.

Terceiro, porque um sistema factível seria o que envolvesse recursos públicos e privados, com permissão de doação de pessoas jurídicas, desde que regulamentada e contivesse percentuais críveis que impedissem a concentração. O combate à compra de votos e à

---

[757] PEREIRA, Rodolfo Viana; VIDAL, Luísa Ferreira. Big Donors Brasileiros: Retrato das 10 (Dez) Empresas que Mais Doaram para as Campanhas e para os Diretórios Nacionais dos Partidos Políticos dos Candidatos à Presidência da República nas Eleições de 2010. *In*: COSTA, Mônica Aragão M. F.; GUERRA, Arthur Magno e Silva; RIBEIRO, Patrícia Henriques (Org.). *Direito Eleitoral*: Leituras Complementares. Belo Horizonte: D'Plácido, 2014. p. 399.

[758] BASTOS JUNIOR, Luiz Magno; FERREIRA, Luciana. O Financiamento de Campanha Eleitoral sob a Ótica da Democracia. *Resenha Eleitoral*, Florianópolis, v. 20, n. 2, maio 2017, p. 103. Disponível em: http://bibliotecadigital.tse.jus.br/xmlui/handle/bdtse/3748. Acesso em: 26 abr. 2018.

utilização privada de estruturas públicas mostram-se como questões muito mais prementes.

E, por enfim, o quarto motivo, o mais importante, não seria excluir o financiamento de pessoas jurídicas, mas restringi-lo, impedindo que recursos substanciosos fossem direcionados ao caixa dois e fazendo com que essa forma ilícita de investimento se mostre contraproducente, tanto pelas sanções impostas, quanto pela permissão de financiar licitamente campanhas eleitorais para contribuir com o debate político. O melhor instrumento para mitigar o caixa dois é a fiscalização e a transparência. A legalização desses recursos diminuiria o caixa dois e faria com que as pessoas jurídicas exercessem sua opção política de forma clara, sem precisar recorrer a práticas ilícitas. Não se deve propor somente a legalização dessa fonte de doação, pois os problemas continuariam. O essencial é legalizá-lo, mas dentro de uma série de medidas de reestruturação do financiamento eleitoral que pudessem aperfeiçoar o sistema eleitoral.

Não resta a menor dúvida de que algumas medidas podem estreitar os gargalos que assolam o nosso sistema de financiamento eleitoral, produzindo melhores efeitos para a racionalização do financiamento privado, como o incremento da fiscalização, o barateamento das eleições, o aperfeiçoamento da transparência e publicidade, as mudanças no sistema político, o estabelecimento de parâmetros decisórios pelo Judiciário, o fortalecimento da constituição econômica, para que esta possa concretizar, minimamente, os direitos sociais.

Alicerçando-se na afirmação exposta anteriormente, de que apenas 1% das empresas participa do financiamento eleitoral, e que desse número cerca de mil delas são responsáveis por 50% a 80% do total das contribuições, deduz-se que a captação desses recursos não é prática disseminada no meio empresarial e que são poucas as empresas que concentram a maior parte dos custos do pleito, notadamente aquelas que se beneficiam, em suas atividades, dessa relação governamental.[759] Portanto, conclui-se que a fiscalização dessas pessoas jurídicas não constitui uma tarefa difícil.

A fiscalização da utilização de recursos financeiros nas campanhas é inexorável para que a sociedade brasileira possa coibir abusos na utilização do poder econômico nas eleições. Tal função requer a participação

---

[759] GONÇALVES, Benjamin; MAGRI, Caio; FERRO, Marina Martins (Coord.). *A Responsabilidade Social das Empresas no Processo Eleitoral*. São Paulo: Instituto Ethos, 2014. p. 36. Disponível em: https://www3.ethos.org.br/wp-content/uploads/2014/08/A-Responsabilidade-das-Empresas-no-Processo-Eleitoral_20141.pdf. Acesso em: 18 abr. 2018.

de órgãos da sociedade civil, mas, principalmente, de toda a comunidade, que precisa voltar a olhar o universo político com interesse, haja vista essa participação ser imprescindível ao aprimoramento da democracia.[760] Um dos caminhos mais eficientes para a concretização do processo de fiscalização das campanhas eleitorais é o uso da tecnologia, criando um espaço virtual que pode propulsionar a participação democrática e o debate político.[761] Se a sociedade evitasse o consumo de produtos ou a realização de negócios com empresas que se envolvem em ilícitos relacionados ao financiamento eleitoral, não haveria necessidade de proibi-las de participar do processo político.

Monitorados de forma eficiente, pode-se fazer com que a sociedade fiscalize esses recursos e expresse seu juízo de reprovação quando esses interesses buscarem vantagens ou trocas de favores. Com transparência e com a devida publicidade, o financiamento eleitoral pode passar a ser parte do debate político inerente a cada uma das disputas. Estudos internacionais comprovaram que campanhas de conscientização a respeito da relevância do voto servem para promover um maior incentivo ao comparecimento às urnas, de forma mais esclarecida.[762]

Se as empresas instituíssem setores de *compliance* que tivessem liberdade para monitorar a conduta de seus diretores, bem como fizessem a divulgação dos dados de sua participação no processo político e, ainda, estabelecessem sanções internas, para quem se desviasse do comportamento exigido, contribuiriam, dessa forma, sem dúvida, para a eficiência da fiscalização.[763]

Sem uma regulamentação transparente e realista do financiamento eleitoral, em que o princípio da publicidade permeie todos os atos eleitorais, transmitindo a contabilidade em tempo real, continuará a haver a predominância de interesses privados que bloqueiam a

---

[760] TRANSPARENCY INTERNATIONAL. Accountability and Transparency in Political Finance: Why, How and What for? *Working Paper*, n. 1, 2008, p. 2. Disponível em: http://issuu.com/transparencyinternational/docs/2008_1_politicalfinance_en?mode=window&printButtonEnabled=false&shareButtonEnabled=false&searchButtonEnabled=false&backgroundColor=%23222222. Acesso em: 18 dez. 2017.

[761] MAGRANI, Eduardo. *Democracia Conectada:* A internet como Ferramenta de Engajamento Político-Democrático. Curitiba: Juruá, 2014. p. 19-20.

[762] FOWLER, James; Smirnov, Oleg. A *Dynamic Calculus of Voting*. 26 ago. 2003 (on-line). p. 20. Disponível em: http://jhfowler.ucsd.edu/a_dynamic_calculus_of_voting.pdf. Acesso em: 29 nov. 2017.

[763] GONÇALVES, Benjamin; MAGRI, Caio; FERRO, Marina Martins (Coord.). *A Responsabilidade Social das Empresas no Processo Eleitoral*. São Paulo: Instituto Ethos, 2014. p. 55. Disponível em: https://www3.ethos.org.br/wp-content/uploads/2014/08/A-Responsabilidade-das-Empresas-no-Processo-Eleitoral_20141.pdf. Acesso em: 18 abr. 2018.

concretização da constituição econômica.[764] Disciplinando, de forma racional e adequada, o financiamento eleitoral por parte das pessoas jurídicas, permite-se que essa forma de alocação de recursos seja conhecida, sabendo-se quanto foi gasto, por quem e quem são os beneficiados.

É inexorável o reconhecimento de que as campanhas precisam ser barateadas, simplificando seus procedimentos e diminuindo os custos.[765] No Brasil, o seu custo é muito alto, como mencionado.[766] A questão não é diminuir o seu tempo de duração, tarefa inglória diante das infinitas possibilidades de interação das redes sociais, mas limitar certos gastos, como, por exemplo, com programas eleitorais, estrutura de campanha e publicidade. As despesas com publicidade exacerbam os limites da razoabilidade, demandando uma estrutura profissional que utiliza recursos tecnológicos cada vez mais dispendiosos e recorre a novas técnicas para tentar aproximar o candidato do eleitor com a finalidade de vencer uma eleição.[767]

Através da uniformização de paradigmas, o Poder Judiciário poderia ofertar uma contribuição à efetiva realização da paridade de armas. Não se sustenta uma uniformização plena de decisões no Direito Eleitoral, devido a sua dominância factual, em que os *topoi* ganham vulto em relação ao teórico. Todavia, o estabelecimento de parâmetros teóricos claros ajudaria a diminuir a variação jurisprudencial, que serve para agravar a insegurança jurídica e fomentar práticas ilícitas. Os precedentes eleitorais, quando determinantes de parâmetros normativos claros, devem exercer lugar de destaque na expansão do

---

[764] André Ramos Tavares discorre como essa penetração do interesse privado ocorreu nos anos da ditadura: (TAVARES, André Ramos. Facções Privadas e Política Econômica Não Democrática da Ditadura Brasileira. *Revista Brasileira de Estudos Constitucionais -RBEC*, Belo Horizonte, v. 9, n. 32, maio/ago. 2015, p. 1053. Disponível em: http://bdjur.stj.jus.br /jspui/ handle/2011/110634. Acesso em: 19 abr. 2018).

[765] BASTOS JUNIOR, Luiz Magno; FERREIRA, Luciana. O Financiamento de Campanha Eleitoral sob a Ótica da Democracia. *Resenha Eleitoral*, Florianópolis, v. 20, n. 2, maio 2017, p. 102. Disponível em: http://bibliotecadigital.tse.jus.br/xmlui/handle/bdtse/3748. Acesso em: 26 abr. 2018.

[766] AGRA, Walber de Moura. *Financiamento Eleitoral no Brasil*. Enciclopédia Jurídica da PUC-SP. Celso Fernandes Campilongo, Álvaro de Azevedo Gonzaga e André Luiz Freire (Coord.). Tomo: Direito Administrativo e Constitucional. Vidal Serrano Nunes Jr. Maurício Zockun, Carolina Zancaner Zockun, André Luiz Freire (Coord. de tomo). São Paulo: Pontifícia Universidade Católica de São Paulo, 2017. Disponível em: https://enciclopediajuri dica. pucsp.br/verbete/150/edicao-1/financiamento-eleitoral-no-brasil. Acesso em: 18 abr. 2018.

[767] GOMES, Neusa Demartini. *Formas Persuasivas de Comunicação Política:* Propaganda Política e Publicidade Eleitoral. 2. ed. Porto Alegre: EDIPUCRS, 2001. p. 27.

próprio entendimento da jurisdição.[768] O Direito Eleitoral caracteriza-se por uma instabilidade jurisprudencial, permitindo uma ausência de confiabilidade do Direito, o que dificulta o processo de fiscalização dos atos eleitorais.[769] Se houvesse uma consolidação de marcos teóricos, mesmo sabendo-se das dificuldades diante das modificações recorrentes da lei, haveria uma coerção mais efetiva na prática de abusos de poder que ocorrem com certa frequência.[770] A possibilidade factível de sanção, diante da prática de um acinte, seria um forte inibidor para as ilicitudes de campanha.[771]

A estruturação do sistema eleitoral também contribui para uma maior ou menor necessidade de financiamento de campanha. No Brasil, em que o sistema eleitoral é proporcional, de listas abertas, acarretando grandes circunscrições eleitorais, e que candidatos disputam até mesmo com postulantes da mesma agremiação, essa estruturação colabora para o aumento do custo eleitoral.[772] A adoção de circunscrições menores e as listas fechadas, como o fortalecimento dos partidos, contribuiriam para a diminuição dos custos. Quanto menor for o espaço territorial de uma eleição, menores serão os custos, principalmente com a montagem

---

[768] FERRAZ. Ricardo de Barros Falcão. *Jurisdição e Precedente Eleitoral:* Discurso e Discricionariedade. 143 f. 2012. Dissertação (Mestrado em Direito). Faculdade de Direito da Pontifícia Universidade Católica do Rio Grande do Sul, Porto Alegre, 2012. p. 15. Disponível em: http://tede2.pucrs.br/tede2/handle/tede/4192. Acesso em: 26 abr. 2018.

[769] PAIM, Gustavo Bohrer. Direito Eleitoral e Segurança Jurídica. *Estado de Direito*, 26 abr. 2016. Disponível em: http://estadodedireito.com.br/direito-eleitoral-e-seguranca-juridica/. Acesso em: 20 jan. 2018.

[770] Como exemplo de definição de um marco teórico claro pode ser mencionado o prazo até a data da eleição para o surgimento de uma inelegibilidade superveniente: "[...] 4. O acórdão recorrido não está em conformidade com o posicionamento do TSE, na linha de que, "ultrapassada a possibilidade de arguição em sede de registro de candidatura, as inelegibilidades previstas no caput do art. 26-C da LC n. 64/90 podem ser arguidas no Recurso Contra Expedição de Diploma (RCED), desde que a manutenção da condenação, da qual decorriam ou a revogação de liminar apta a suspendê-las, tenha ocorrido até a data da eleição" (AgR-REspe n. 393-10/BA, Rel. Min. Luciana Lóssio, *DJE* de 15.2.2016). É justamente o que preconizado no Enunciado Sumular n. 47/TSE: "a inelegibilidade superveniente que autoriza a interposição de recurso contra expedição de diploma, fundado no art. 262 do Código Eleitoral, é aquela de índole constitucional ou, se infraconstitucional, superveniente ao registro de candidatura, e que surge até a data do pleito" (BRASIL. Superior Tribunal Eleitoral. REspe. nº 55.080, Acórdão. Relator: Min. Tarcísio Vieira de Carvalho Neto. Julg. 07.10.2017. *DJE* 07.12.2017).

[771] ASHWORTH, Scott. Campaign Finance and Voter Welfare with Entrenched Incumbents. *American Political Science Review*, Princeton, v. 100, n. 1, feb. 2006, p. 56. Disponível em: http://home.uchicago.edu/~sashwort/campaign.pdf. Acesso em: 26 abr. 2018.

[772] O fato de os sistemas proporcionais serem normalmente adotados em circunscrições médias ou grandes, e com listas partidárias, faz com que a distância entre candidatos e eleitores seja ampliada, se comparados com as eleições em distritos uninominais, comuns nos sistemas majoritários (SILVA, Luís Virgílio Afonso da. *Tipos, Efeitos Jurídicos-Políticos e Aplicação ao Caso Brasileiro*. São Paulo: Malheiros, 1999. p. 140).

das estruturas que são necessárias.[773] Quanto à lista fechada, mesmo partindo-se do pressuposto de que ela mitigue a escolha dos eleitores, sua vantagem é que impede a concorrência intrapartidária, diminuindo o caráter personalista das campanhas para garantir-lhes a preponderância dos partidos.[774]

Não existe sistema político ideal, todos apresentam vantagens e desvantagens. Segundo Dworkin, o sistema ideal seria aquele em que cada cidadão tivesse igual influência no ordenamento jurídico vigente, desiderato este que se mostra de pouca viabilidade de concretização.[775] Todavia, quando se privilegia a importância dos partidos políticos, estimulando-os a serem catalizadores da vontade popular, atuando no encaminhamento do debate político, o custo das eleições diminui porque a estrutura partidária ganha funcionalidade e seus correligionários passam a apoiar os candidatos do partido mais pela identidade programática do que por características pessoais.[776]

Todas essas medidas não surtirão o efeito desejado se a constituição econômica não ostentar eficácia normativa mínima para assegurar que direitos fundamentais, principalmente os sociais, possam ser efetuados. Se aos hipossuficientes da sociedade não forem asseguradas condições mínimas de cidadania, a democracia brasileira continuará a padecer, de forma crônica, das distorções provocadas pelo poder econômico.[777]

Quais seriam as vantagens da vedação ao financiamento de pessoas jurídicas? Para essa pergunta, a resposta seria simples porque há apenas uma, que consiste na diminuição legal de recursos para serem gastos na campanha – o que não significa nenhum ganho significativo,

---

[773] SAMUELS, David. Concurrent Elections, Discordant Results: Presidentialism, Federalism and Governance in Brazil. *Comparative Politics*, v. 33, n. 1, oct. 2000, p. 30. Disponível em: http://www.jstor.org/stable/422421. Acesso em: 28 abr. 2018.

[774] O voto em candidato, em vez de partido, tem sido diagnosticado, de longa data, inclusive por eminentes líderes políticos, como nocivo à disciplina e coesão partidárias. Na medida em que boa parcela de nossa representação política enfrenta o desafio eleitoral através de esforços e estratégias individuais, inclusive no financiamento de campanhas, certamente o seu comportamento com relação ao partido não terá as mesmas características que teria, caso o partido fosse relevante para a escolha dos eleitores (BRASIL. Congresso. Câmara dos Deputados. Projeto de Lei nº 2.679/2003. Dispõe sobre as Pesquisas Eleitorais, o Voto de Legenda em Listas Partidárias Preordenadas, e Dá Outras Providências. *Diário Oficial da Câmara dos Deputados*, Brasília/DF, 11 dez. 2003, p. 67085).

[775] DWORKIN. Ronald. *O Império do Direito*. São Paulo: Martins Fontes, 2014. p. 436.

[776] WHITE, John Kenneth. What is a political party? In: KATZ, Richard; CROTTY, William (Ed.). Handbook of Party Politics. London: Sage, 2006. p. 7.

[777] O equilíbrio econômico só é verdadeiramente geral na medida em que não deixa subsistir o desemprego (GUITTON, Henri. *Economia Política*. Rio de Janeiro: Fundo de Cultura, 1960. p. 155).

não se podendo dizer que haverá um barateamento das campanhas porque não se pode contabilizar os recursos oriundos do caixa dois.

Por outro lado, diante da questão concernente às desvantagens da vedação ao financiamento de pessoas jurídicas, a resposta seria extensa, ao necessitar elencá-las: promove um aumento do caixa dois, inclusive, sendo essa via utilizada por empresas que antes não o faziam, visando competir com as outras que a utilizam; com a criação do Fundo Especial de Financiamento de Campanha e a elevação do valor do Fundo Partidário, ocorre um aumento sensível do gasto público; aumenta as fontes ilegais de financiamento, devido às vantagens propiciadas pela captura do poder político; incrementa as infrações ligadas ao abuso de poder, em razão de as doações de empresas não poderem ser utilizadas em atividades eleitorais lícitas; provoca maior judicialização das eleições, em decorrência da elevação de ilicitudes que precisam ser apuradas; estimula a criminalização da política, pois a maior parte dos recursos utilizados é de origem ilícita.

A ausência de uma regulamentação eficiente e integrada com as circunstâncias fáticas faz com que o poder econômico capture o poder político, sem estabelecer, contudo, conexão com as demandas populares, impossibilitando que as promessas da constituição econômica sejam cumpridas. Todavia, se houver limites, desconcentração de recursos, regulamentação, transparência, fiscalização e certeza de punições, a influência do poder econômico pode deixar de exercer uma função deletéria e moldar-se dentro das regras do jogo democrático.

O poder econômico sempre tentará assenhorear-se dos recursos sociais, todavia, se as pessoas jurídicas puderem participar do processo eleitoral de forma legal e houver medidas reais para reprimir a utilização de caixa dois, não haverá sentido para que atuem à margem da legalidade, sendo esse tipo de conduta contraproducente aos seus interesses de lucro, em razão de poderem sofrer prejuízos.

Portanto, os alicerces para a melhora do sistema de financiamento eleitoral, sem o recurso a panaceias hipócritas que apenas agravam o problema, seria regulamentar a contribuição de pessoas jurídicas, dentro de *standards* seguros e estáveis, envolvendo toda a sociedade no debate político para que haja fiscalização. Sem esses parâmetros, as soluções propostas serão quimeras populistas para respaldar preceitos moralistas, sem conexão com os anseios sociais. A questão do financiamento eleitoral é fundamental ao aprimoramento da democracia brasileira e para que a classe política, igualmente, reestruture suas conexões com a sociedade. Sem aferir a complexidade social e o aperfeiçoamento paulatino do sistema de financiamento, possibilita-se a criação de um novo ornitorrinco, utilizando-se a metáfora de Francisco de Oliveira, um ser disforme, híbrido, que apenas simboliza os impasses evolucionais da realidade tupiniquim.[778]

Quando se obstaculiza o livre fluxo de algo recorrente, cria-se uma tensão desnecessária, que, na psicanálise, leva ao fenômeno da neurose.[779] Com essa metáfora, afirma-se que a vedação ao financiamento eleitoral de pessoas jurídicas faz com que os recursos se desloquem para outros caminhos, na maioria das vezes, escusos, aprofundando a criminalização da política e provocando a não concretização da constituição econômica.

---

[778] OLIVEIRA, Francisco de. *Crítica à Razão Dualista:* O Ornitorrinco. São Paulo: Boitempo Editorial, 2003. p. 23-24.

[779] Para Sigmund Freud, o recalque designa o processo que visa a manter no inconsciente* todas as ideias e representações ligadas às pulsões* e cuja realização, produtora de prazer, afetaria o equilíbrio do funcionamento psicológico do indivíduo, transformando-se em fonte de desprazer. [...] O recalque em geral incide sobre os representantes das pulsões, os quais, por sua vez, são objeto de uma retirada do investimento*, isto é, de uma cessação do encarregar-se deles por parte do pré-consciente; nesse caso, o inconsciente efetua imediatamente um investimento substituto, o qual, em contrapartida, requer um 'contra-investimento' por parte do pré-consciente, que esbarra então na atração constituída por elementos do inconsciente outrora recalcados. Este último aspecto levou Freud a postular a existência de um recalque precedente, ou recalque originário. Esse seria um recalque que Freud assimilou a uma fixação, resultante de uma recusa inicial do inconsciente a se encarregar do representante de uma pulsão. O representante assim recalcado subsistiria de maneira inalterável e permaneceria ligado à pulsão. Observe-se que Freud não é nada explícito quanto à verdadeira origem desse processo: de onde provêm os elementos de atração do inconsciente que são responsáveis por essa primeira fixação? Na falta de uma resposta clara, ele enuncia a hipótese, em 1926, de uma invasão primordial, decorrente de uma força de excitação particularmente intensa. O retorno do recalcado, terceiro tempo do recalque, manifesta-se sob a forma de sintomas — sonhos*, esquecimentos e outros atos falhos* —, considerados por Freud como formações de compromisso (ROUDINESCO, Elisabeth; PLON, Michel. *Dicionário de Psicanálise.* Trad. Vera Ribeiro e Lucy Magalhães. Rio de Janeiro: Zahar,1998. p. 549).

CONCLUSÃO

O poder econômico, desde a consolidação do sistema capitalista, configura-se como um dado tautológico. Existe uma tendência inexorável para que ele seja levado a tentar cooptar o poder político, dominando-o, para que este atenda as suas demandas, mesmo se elas não estejam em sintonia com aquelas da maioria da população. Em sociedades em que há um regime democrático consolidado, com a participação de vários atores sociais, a atuação desse poder encontra-se mitigada e adequa-se aos ditames normativos impostos. A questão radica-se quando o poder econômico torna-se uma força preponderante, impondo suas pautas, mesmo quando estas não encontram nenhum tipo de ressonância na sociedade.

A Constituição de 1988, denominada de Cidadã, tentou suplantar o subdesenvolvimento social brasileiro, outorgando direitos considerados essenciais à dignidade da pessoa humana, que posteriormente, de acordo com as condições materiais, deveriam ser aperfeiçoados. A constituição econômica, agasalhada pela Carta Magna de 1988, constituiu-se em um instrumento indelével para essa tarefa, estabelecendo diretrizes para as relações produtivas que podem ser sintetizadas no seu art. 170, ao promanar que a valorização do trabalho e a livre iniciativa são a base da ordem econômica, com a finalidade de assegurar a todos uma existência digna. Esse fator teleológico, muitas vezes, entra em contradição com os interesses do poder econômico, que, historicamente, no Brasil confronta-se com políticas econômicas que tenham como objetivo a distribuição de renda. Como conclusão desses pressupostos fáticos, o poder econômico, de várias maneiras, tenta capturar o poder político e estorvar a densificação da constituição econômica, que se constitui em um instrumento importante para a superação de nosso subdesenvolvimento social.

O financiamento eleitoral no Brasil, até as eleições de 2014, era realizado, esmagadoramente, por meio de pessoas jurídicas. A maior parte dessas contribuições não eram realizadas por motivos de opção política, mas como tentativas para se extraírem benefícios do poder político. Há uma racionalidade envolta nessas contribuições, cujo intento último é a busca de lucro, de forma legal ou ilegal, considerando-as como um investimento, um negócio em que o voto tem um preço, que está adstrito a determinadas variáveis. Com isso não se quer dizer que o processo eleitoral seja regido pelas regras de mercado, mas que algumas de suas normas podem ser transladadas para explicar especificamente o financiamento privado de grande parte das pessoas jurídicas. Ao contrário do financiamento das pessoas físicas, o financiamento das pessoas jurídicas, quando não consiste em uma opção política, tem a finalidade de propiciar um retorno do numerário investido para vencer as eleições, através de relações lícitas ou ilícitas com a Administração Pública.

Todavia, o financiamento eleitoral de pessoas jurídicas, que, ontologicamente, não é um fato espúrio, não se configura como único responsável pela cooptação do poder político. Essa cooptação, igualmente, é exercida pelo presidencialismo de coalização, pela influência dos *lobbies* e dos grupos de pressão, pela atuação da máquina pública e pela corrupção. Não se pode asseverar que todas essas formas de dominação sejam ilícitas, mas, quando utilizadas demasiadamente e sem ressalvas, podem, igualmente, destorcer o processo democrático.

A Justiça Eleitoral brasileira, nos últimos anos, vem fortalecendo sua concretude normativa, para que a paridade de armas dos pleitos não seja apenas uma prerrogativa formal, mas que possa ser efetivada. Pode-se afirmar que ela contribui para a integridade das eleições, fazendo com que elas ostentem uma legitimidade substanciosa. A lisura garantida por intermédio do sistema eletrônico de votos propiciou a possibilidade de um resultado íntegro das urnas, restando máculas quanto à forma que o eleitor chega à decisão de seu voto.

Nas eleições brasileiras pululam as mais variadas formas de abuso de poder, alicerçadas nos recursos propiciados pelo poder econômico. Diante desse quadro, a Justiça Eleitoral tem a irrefutável missão de combater todos esses abusos, cujos recursos não provêm apenas das formas lícitas de financiamento eleitoral. A questão para um combate mais eficiente das várias modalidades de abuso de poder é a definição de uma teorética consistente para a definição dos contornos de cada uma dessas modalidades. O Tribunal Superior Eleitoral tem se mostrado trôpego na construção de parâmetros claros e estáveis

CONCLUSÃO | 231

para essa definição, o que cria uma zona de penumbra que estimula a loteria jurisprudencial, gerando insegurança jurídica e estimulando novos crimes. Uma das tarefas mais prementes para o aperfeiçoamento de nosso sistema eleitoral configura na determinação objetiva dos tipos e das *fattispecies* de abuso de poder, para que a sua repreensão seja mais efetiva.

Diante desses aspectos, pode-se afirmar que a supressão da possibilidade de financiamento de pessoas jurídicas não acabará com a distorção do procedimento eleitoral brasileiro, muito pelo contrário, servirá para aumentá-la, aprofundando as anomalias. Parte significativa do financiamento será realizada por intermédio do caixa dois, fazendo com que o sistema perca em transparência e provoque um aumento nos ilícitos decorrentes de abuso de poder. Mesmo com o aumento do financiamento público, o financiamento privado continuará a ser fundamental, com os recursos sendo oriundos de outras fontes. Tudo isso deslegitimará ainda mais o processo eleitoral, ocasionando a criminalização da política.

Nas eleições de 2018 ficou constatado de forma tautológica que a proibição de contribuição de pessoas jurídicas não é uma fórmula de alquimia para acabar com as inúmeras ilicitudes que abundam na seara eleitoralista brasileira, muito pelo contrário; como o financiamento eleitoral é uma forma de investimento, que proporciona lucros geométricos, parte desse numerário continuará a distorcer o processo eleitoral, não através das vias legais, mas, infelizmente, através do submundo da criminalidade.

A vedação ao financiamento de pessoas privadas apenas incentivou o caixa dois e os ilícitos eleitorais. Os gastos despendidos na Campanha Eleitoral de 2018 são um exemplo cristalino, em razão de que algumas campanhas contabilizaram valores irrisórios, que são contraditados não apenas pela facticidade ou pelos imensos dispêndios com propaganda nas mídias sociais, mas também por asseverações por parte da imprensa de despesas e recursos que não foram contabilizados. Na verdade, "o soneto sai pior do que a emenda".

Não é o escopo destas linhas propor soluções voluntaristas, apenas plantear que panaceias jurídicas não resolvem o grave problema do financiamento de campanha, haja vista que o dinheiro necessário provirá de outras fontes. Outrossim, enquanto o financiamento eleitoral for um instrumento para a obtenção de lucro, seguindo alguns parâmetros mercadológicos, sua incidência será pululante nos pleitos eleitorais. De melhor alvitre se configura a imposição de incentivos para a sua não utilização, com o estabelecimento de limites claros à contribuição de pessoas jurídicas; maior transparência dos gastos públicos; fixação de *standards* precisos à sanção das espécies de abuso de poder, mitigação do número de hipossuficientes da sociedade e a densificação de nossa democracia no aspecto substancial.

Não se acredita que o dever-ser normativo tem a plenipotenciaridade de modificar a seara fática, sem o auxílio de pressupostos metajurídicos. O vislumbre para o aprimoramento de nosso sistema democrático é o seu regramento de maneira a estimular uma isonomia de oportunidades eleitorais, fazendo com que a coletividade possa subverter a concentração econômica e a política. Estorve-se a parêmia sartriana que introduz a obra *A Náusea*: "é um rapaz sem importância coletiva; é apenas um indivíduo." Na vida democrática, a reverberação de individualismos redunda em uma sociedade autoritária, marcada por desigualdades. Sem aprender com o passado, desiludida com o presente e sem a altivez do futuro.[780]

---

[780] SARTRE, Jean-Paul. *A Náusea*. Trad. Rita Braga. 10. impr. Rio de Janeiro: Nova Fronteira, 2000.

REFERÊNCIAS

Livros

ABBAGNANO, Nicola. *Dicionário de Filosofia*. São Paulo: Martins Fontes, 2000.

ADEODATO, João Maurício Leitão. *O Problema da Legitimidade:* No Rastro do Pensamento de Hannah Arendt. Rio de Janeiro: Forense Universitária, 1989.

AFTALIÓN, Enrique R.; VILANOVA, José; RAFFO, Julio. *Introducción al Derecho*. 3 ed. Buenos Aires: Abeledo-Perrot. 1999.

AGAMBEN, Giorgio. *Estado de Exceção*. Trad. de Iraci D. Poleti. São Paulo: Boitempo, 2004.

AGRA, Walber de Moura. *Curso de Direito Constitucional*. 5. ed., Rio de Janeiro: Forense, 2009.

AGRA, Walber de Moura. *Curso de Direito Constitucional*. 6. ed. Rio de Janeiro: Forense, 2010.

AGRA, Walber de Moura. *Fraudes à Constituição:* Um Atentado ao Poder Reformador. Porto Alegre: Sérgio Antônio Fabris Editor, 2000.

AGRA, Walber de Moura. *Republicanismo*. Porto Alegre: Livraria do Advogado, 2005.

AGUILLAR, Fernando Herren. *Direito Econômico:* Do Direito Nacional ao Direito Supranacional. 5. ed. São Paulo: Atlas, 2016.

AIETA, Vânia Siciliano. *Criminalização da Política*: A Falácia da "Judicialização da Política" como Instrumento Democrático. Rio de Janeiro: Lumen Juris, 2017.

ALBINO DE SOUZA, Washington Peluso. *Do Econômico nas Constituições Vigentes*. Rio de Janeiro: Revista Brasileira de Estudos Políticos, 1961.

ALMEIDA, Renato Ribeiro de. *Financiamento Público da Atividade Partidária no Brasil*. Tese (Doutorado). 2017. Faculdade de Direito da Universidade de São Paulo, São Paulo, 2017.

ALMEIDA, Roberto Moreira de. *Curso de Direito Eleitoral*. 10. ed. Salvador: Juspodivm, 2016.

ALMEIDA, Roberto Moreira de. *Curso de Direito Eleitoral*. 5. ed. Salvador: JusPodivm, 2011.

ALVES, Alaôr Caffe. *Estado e Ideologia:* Aparência e Realidade. São Paulo: Brasiliense, 1987.

ALVIM, Frederico Franco. *Curso de Direito Eleitoral*. Curitiba: Juruá, 2016.

ALVIM, Frederico Franco. *Manual de Direito Eleitoral*. Belo Horizonte: Fórum, 2012.

ANDRADE, J. C Vieira de. Legitimidade da Justiça Constitucional e Princípio da Maioria. *In:* BRITO E SOUSA, J.; SOARES, Mario; CARDOSO, José Manoel M. (Coord.). *Legitimidade e Legitimação da Justiça Constitucional*. 10º aniversário do Tribunal Constitucional. Coimbra: Coimbra Ed., 1995.

ANTHONY, Downs. *An Economic Theory of Democracy*. New York: Harper & Row, 1957.

AQUINO, Rubim Santos Leão de *et al*. *História das Sociedades*: Das Sociedades Modernas às Sociedades Atuais. Rio de Janeiro: Ed. Ao Livro Técnico, 1988.

ARAÚJO, Washington Luís Bezerra de. *O Voto no Brasil*: da Colônia ao Império. 46 f. 2007. Monografia (Especialista em Direito Eleitoral e Processo Eleitoral). Escola Superior da Magistratura – ESMEC – e Escola Judiciária Eleitoral – EJE, Universidade Vale do Acaraú, Fortaleza, 2007.

ARENDT, Hannah. *¿Qué es la política? Barcelona: Paidós/Instituto de Ciências de la Educación de la Universidad Autónoma de Barcelona, 1997.*

ARENDT, Hannah. *Crises da República*. 2. ed. São Paulo: Perspectiva, 2006.

ARIÑO, Gaspar. *Economía y Estado*. Madrid: Marcial Pons, 1993.

ASSIS BRASIL, Joaquim Francisco de. *Ditadura, Parlamentarismo, Democracia*. Rio de Janeiro: Leite Ribeiro, Freitas Bastos, Spicer & CIA, 1927.

AVRITZER, Leonardo; ANASTASIA, Fátima (Org.). *Reforma Política no Brasil*. Belo Horizonte: Ed. UFMG, 2007.

BAKHTIN, Mikhail (Volochinov). *Marxismo e Filosofia da Linguagem*. 8. ed. São Paulo: Hucitec, 1997.

BANDEIRA DE MELLO, Celso Antônio. *Curso de Direito Adminis-trativo*. 22. ed. São Paulo, Malheiros, 2007.

BANDEIRA DE MELLO, Celso Antônio. *Curso de Direito Administrativo*. 14. ed. São Paulo, Malheiros, 2002.

BARBOSA, Maria Lucia Victor. *O Voto da Pobreza e a Pobreza do Voto*: A Ética da Malandragem. Rio de Janeiro: Zahar, 1988.

BARRE, Raymond. *Manual de Economia Política*. Rio de Janeiro: Fundo de Cultura, 1957.

BARRETO, Lauro. *Escrúpulo e poder:* O Abuso de Poder nas Eleições Brasileiras. Bauru: Edipro, 1995.

BARROS FILHO, Clóvis de; PRAÇA, Sérgio. *Corrupção*: Parceria Degenerativa. Campinas: Papirus 7 Mares, 2014.

BARROS, Alberto Moniz Rocha. *O Poder Econômico do Estado Contemporâneo e seus Reflexos no Direito*. São Paulo: Revista dos Tribunais, 1953.

BASTOS, Celso Ribeiro. *Curso de Direito Constitucional*. 19. ed. São Paulo: Saraiva, 1998.

BASTOS, Celso Ribeiro. *Hermenêutica e Interpretação Constitucional*. 4. ed. São Paulo: Malheiros, 2014.

BEM, Leonardo Schmitt de; CUNHA, Mariana Garcia. *Direito Penal Eleitoral:* Análise Constitucional dos Delitos Eleitorais - Comentários à Lei da Ficha Limpa. 2. ed. São Paulo: Conceito Editorial, 2011.

BERCOVICI, Gilberto. *Constituição e Soberania:* Para Uma Crítica do Constitucionalismo. 2. ed. São Paulo: Quartier Latin, 2011.

BERCOVICI, Gilberto. *Constituição Econômica e Desenvolvimento:* Uma Leitura a partir da Constituição de 1988. São Paulo: Malheiros, 2005.

BERCOVICI, Gilberto. *Entre o Estado Total e o Estado Social:* Atualidade do Debate sobre Direitos, Estado e Economia na República de Weimar. 170 f. 2003. Tese (Livre-Docência). Faculdade de Direito da Universidade de São Paulo, São Paulo, 2003.

REFERÊNCIAS | 235

BERNARDI, Dieison Picin Soares. *Curso Didático de Direito Eleitoral*. 2. ed. Curitiba: Juruá, 2016.

BITENCOURT, Cezar Roberto. *Tratado de Direito Penal*. 11. ed. São Paulo: Saraiva, 2007. v. 1.

BOBBIO, Norberto. *Estado, Governo, Sociedade:* Para Uma Teoria Geral da Política. 14. ed. São Paulo: Paz e Terra, 2007.

BOBBIO, Norberto. *Estado, Governo, Sociedade:* Por Uma Teoria Geral da Política. 19. ed. Rio de Janeiro: Paz e Terra, 2014.

BOBBIO, Norberto. *O Futuro da Democracia:* Uma Defesa das Regras do Jogo. Rio de Janeiro, Paz e Terra, 2011.

BOBBIO, Norberto; MATTEUCCI, Nicola; PASQUINO, Gianfranco. *Dicionário de Política*. 11. ed. Brasília: Ed. UnB, 1998. v. 1.

BOBBIO, Norberto; MATTEUCCI, Nicola; PASQUINO, Gianfranco. *Dicionário de Política*. 12. ed. Brasília: Ed. UnB, 2002. v. 2.

BONAVIDES, Paulo. *Ciência Política*. 10. ed. São Paulo: Malheiros, 2000.

BONAVIDES, Paulo. *Ciência Política*. 5. ed. São Paulo: Malheiros, 1997.

BONAVIDES, Paulo. *Teoria Constitucional da Democracia Participativa*. São Paulo: Malheiros, 2001.

BONAVIDES, Paulo; ANDRADE, Paes. *História Constitucional do Brasil*. 3. ed. Rio de Janeiro: Paz e Terra, 1991.

BRAUD, Philippe. *Le Suffrage Universel Contre Le Démocratie*. Paris: Presses Universitaires de France (PUF), 1980.

BRUNA, Sérgio Varella. *O Poder Econômico e a Conceituação do Abuso em seu Exercício*. São Paulo: Revista dos Tribunais, 2001.

BUSTOS, Rodolfo Bórquez; MEDINA, Rafael Alarcón; LOZA, Marco Antônio Basílio. *Revolução Mexicana:* Antecedentes, Desenvolvimento, Consequências. São Paulo: Expressão Popular, 2008.

CAGGIANO, Mônica Herman Salem. *Direito Parlamentar e Direito Eleitoral*. Barueri/SP: Manole, 2004.

CAJADO, Ane Ferrari Ramos. *Períodos da História Eleitoral*. (on-line) 2012. Disponível em: http://bibliotecadigital.tse.jus.br/xmlui/bitstream/handle/bdtse/744/tse-periodos-eleitorais. pdf?sequence=1. Acesso em: 09 abr. 2018.

CALEIRO, António B.R. *Notas de Política Econômica*. Departamento de Economia da Universidade de Évora. 2013/14. Disponível em: https://dspace.uevora.pt/rdpc/ bitstream/10174/114 17/1/texto_1to5.pdf. Acesso em: 03 jan. 2018.

CAMARGO, Ricardo Antônio Lucas. *Curso Elementar de Direito Econômico*. Porto Alegre: Nuria Fabris, 2014.

CAMPOS, Mauro Macedo. *Democracia, Partidos e Eleições:* Os Custos do Sistema Partidário-eleitoral no Brasil. 238 f. 2009. Tese (Doutorado em Ciência Política). Faculdade de Filosofia e Ciências Humanas da Universidade Federal de Minas Gerais, Belo Horizonte, 2009. Disponível em: http://www.bibliotecadigital.ufmg.br/dspace/handle/1843/ BUBD-89HGUM. Acesso em: 24 abr. 2018.

CAMPOS, Pedro Henrique Pedreira. *A Ditadura dos Empreiteiros:* As Empresas Nacionais de Construção Pesada, suas Formas Associativas e o Estado Ditatorial Brasileiro, 1964-1985. 584 f. 2012. Tese (Doutorado em História). Instituto de Ciências Humanas e Filosofia da Universidade Federal Fluminense, Niterói, 2012.

CÂNDIDO, Joel J. *Direito Eleitoral Brasileiro*. 14. ed. Bauru/SP: Edipro, 2010.

CÂNDIDO, Joel J. *Direito Eleitoral Brasileiro*. 12. ed. São Paulo: Edipro, 2006.

CANOTILHO, J. J. Gomes. *Constituição Dirigente e Vinculação do Legislador:* Contributo para a Compreensão das Normas Constitucionais Programáticas. Coimbra: Coimbra Ed., 1994.

CANOTILHO, J. J. Gomes. *Direito Constitucional e Teoria da Constituição*. 4. ed. Coimbra: Almedina, 2000.

CANOTILHO, J. J. Gomes. *Direito Constitucional e Teoria da Constituição*. 7. ed. Coimbra: Almeida, 2003.

CANOTILHO, J. J. Gomes. *Direito Constitucional e Teoria da Constituição*. 2. ed. Coimbra: Almedina, 1998.

CANOTILHO, J. J. Gomes; MOREIRA, Vital. *Fundamentos da Constituição*. Coimbra: Coimbra Ed., 1991.

CAPEZ, Fernando. *Curso de Direito Penal*. 11. ed. São Paulo: Saraiva, 2007. v. 3.

CAPPELLETTI, Mauro. *Juízes Legisladores?* Porto Alegre: Sergio Antônio Fabris, 1993.

CARNEIRO, Maria Francisca; SEVERO, Fabiana Galera; ÉLER, Karen. *Teoria e Prática da Argumentação Jurídica:* Lógica, Retórica. Curitiba: Juruá, 1999.

CARVALHO FILHO, José dos Santos. *Manual de Direito Administrativo*. 23. ed. Rio de Janeiro: Lumen Juris, 2010.

CARVALHO, Paulo de Barros. *Curso de Direito Tributário*. 14. ed. São Paulo: Saraiva, 2002.

CARVALHOSA, Modesto. *Comentários à Lei de Sociedades Anônimas:* Lei n. 6.404, de 15 de dezembro de 1976, com as Modificações da Lei n. 11.638, de 28 de dezembro de 2007. 3. ed. São Paulo: Saraiva, 2009. v. 4, t. 2.

CARVALHOSA, Modesto. *Direito Econômico*. São Paulo: Revista dos Tribunais, 2013. (Coleção Obras Completas).

CARVALHOSA, Modesto. *Poder Econômico e Fenomenologia*: Seu Disciplinamento Jurídico. São Paulo: Revista dos Tribunais, 1967.

CASTRO, Edson de Resende. *Curso de Direito Eleitoral*. 6. ed. Belo Horizonte: Del Rey, 2012.

CASTRO, Edson de Resende. *Teoria e Prática do Direito Eleitoral*. 5. ed. Belo Horizonte: Del Rey, 2010.

CAVALCANTE, Francisco; MISUMI, Jorge; YOSHIO; RUDGE. Luiz Fernando. *Mercado de Capitais*. Rio de Janeiro: Elsevier, 2009.

CERQUEIRA, Thales Tácito Pontes Luz de Pádua. *Direito Eleitoral Brasileiro:* O Ministério Público Eleitoral, as Eleições em Face da Lei 9.504/97. 2. ed. Belo Horizonte: Del Rey, 2002.

CLAPARÈDE, Édouard. *A Educação Funcional*. Trad. J.B. Damasco Penna. 2. ed. São Paulo: Companhia Editora Nacional, 1940.

REFERÊNCIAS | 237

CLÈVE, Clèmerson Merlin. *Temas de Direito Constitucional e de Teoria do Direito*. São Paulo: Acadêmica, 1993.

COLSON, Jean-Philippe. *Droit Public Economique*. 3. ed. Paris: L.G.D.J, 2001.

COMA, Martin Bassols. *Constitucion Y Sistema Economico*. Madrid: Tecnos, 1988.

COMPARATO, Fábio Konder. *A Afirmação Histórica dos Direitos Humanos*. 3. ed. São Paulo: Saraiva, 2003.

COMPARATO, Fábio Konder. *Educação, Estado e Poder*. São Paulo: Brasiliense, 1987.

CONEGLIAN, Olivar Augusto Roberti. *Propaganda Eleitoral:* De Acordo com Código Eleitoral e a Lei 9.504/97. 9. ed. Curitiba: Juruá, 2006.

CONEGLIAN, Olivar Augusto Roberti. *Lei das Eleições Comentada*. 5. ed. Curitiba: Juruá, 2008.

CORREIA, Carlos Pinto. A Teoria da Escolha Pública: sentido, limites e implicações (Cont.). *Boletim de Ciências Econômicas*. Faculdade de Direito da Universidade de Coimbra, v. 42, 1999. Disponível em: https://digitalis.uc.pt/pt-pt/artigo/teoria_da_escolha_p%C3%BAblica_sentido_limites_e_implica%C3%A7%C3%B5es_cont. Acesso em: 07 jul. 2017.

COSTA, Adriano Soares da. *Instituições do Direito Eleitoral:* Teoria da Inelegibilidade - Direito Processual Eleitoral. 10. ed. Belo Horizonte: Fórum, 2016.

COSTA, Gustavo Pereira da. *Heranças Patrimonialistas, (Dis)Funções Burocráticas, Práticas Gerenciais e os Novos Arranjos do Estado em Rede:* Entendendo a Configuração Atual da Administração Pública Brasileira. 256 f. 2012. Tese (Doutorado). Escola Brasileira de Administração Pública e de Empresas da Fundação Getúlio Vargas, Rio de Janeiro, 2012.

CUELLO CALÓN, Eugênio. *Derecho Penal*: Parte Especial. 14. ed. Barcelona: Bosch, 1975. t. 2, v. 1.

CUNHA JÚNIOR, Dirley da. *Curso de Direito Constitucional*. Salvador: JusPodivm, 2016.

CHAUÍ, Marilena de Souza. *Convite à Filosofia*. São Paulo: Ática, 2005.

CHOMSKY, Noam. *Failed States:* The Abuse of Power and the Assault on Democracy. New York: Henry Holt and Company, 2006.

DAHL, Robert A. *Poliarquia:* Participação e Oposição. São Paulo: Edusp, 1977.

DALLA VIA, Alberto Ricardo. *Manual de Derecho Constitucional*. Buenos Aires: Lexis Nexis, 2004.

DALLA VIA, Alberto Ricardo. *Derecho Constitucional Económico*. Buenos Aires: Abeledo-Perrot, 1999.

DALLARI, Dalmo de Abreu. *O Que é Participação Política*. São Paulo: Brasiliense, 1999. (Coleção Primeiros Passos).

DECOMAIN, Pedro Roberto. *Elegibilidade e Inelegibilidade*. 2. ed. São Paulo: Dialética, 2004.

DELVOLVÉ, Pierre. *Droit Public de L'Économie*. Paris: Dalloz, 1998.

DEMICHEL, André. *Le Droit Administratif:* Essai de Réflexion Théorique. Paris: LGDJ, 1978.

DESCARTES, René. *Discurso do Método*. Trad. Maria Ermantina Galvão. São Paulo: Martins Fontes, 1995.

DOMINGUES FILHO, José. *Disposições Penais Eleitorais*. Campo Grande: Contemplar, 2012.

DORIA, Antônio de Sampaio. *Direito Constitucional:* Curso e Comentários à Constituição. 3. ed. São Paulo: Companhia Editora Nacional, 1953. t. 1.

DUVERGER, Maurice. *Os Partidos Políticos*. Rio de Janeiro: Zahar, 1970.

DWORKIN. Ronald. *O Império do Direito*. São Paulo: Martins Fontes, 2014.

ESTEVES, João Luiz Martins. *A Vinculação Hermenêutica ao Sentido Ideológico do Comando Político-Jurídico da Constituição Brasileira*. 268 f. 2015. Tese (Doutorado). Faculdade de Direito da Universidade Federal de Santa Catarina, 2015.

FALCON, Francisco; MOURA, Gerson. *A Formação do Mundo Contemporâneo*. 8. ed. Rio de Janeiro: Campus, 1989.

FALGUERA, Elin; JONES, Samuel; OHMAN, Magnus (Ed.). *Financiamento de Partidos Políticos e Campanhas Eleitorais*: Um Manual sobre Financiamento Político. Rio de Janeiro: Ed. FGV, 2015.

FAORO, Raymundo. *Os Donos do Poder:* Formação do Patronato Político Brasileiro. 3. ed. Rio de Janeiro: Ed. Globo, 2001.

FARHAT, Said. *"Lobby". O Que é. Como se Faz: Ética* e Transparência na Representação Junto a Governos. São Paulo: Aberje, 2007.

FARIAS, Bento de. *Repertório da Constituição Nacional:* Lei de Segurança Nacional. Rio de Janeiro: F. Briguiet, 1935.

FARJAT, Gérard. *Pour un Droit* Économique. Paris: PUF, 2004.

FERRAZ JUNIOR, Tércio Sampaio. *Introdução ao Estudo do Direito*. 3. ed. São Paulo: Atlas, 2001.

FERRAZ JUNIOR, Tércio Sampaio. *Introdução ao Estudo do Direito:* Técnica, Decisão, Dominação. 4. ed. São Paulo: Atlas, 2003.

FERRAZ. Ricardo de Barros Falcão. *Jurisdição e Precedente Eleitoral:* Discurso e Discricionariedade. 143 f. 2012. Dissertação (Mestrado em Direito). Faculdade de Direito da Pontifícia Universidade Católica do Rio Grande do Sul, Porto Alegre, 2012. Disponível em: http://tede2.pucrs.br/tede2/handle/tede/4192. Acesso em: 26 abr. 2018.

FERREIRA FILHO, Manoel Gonçalves. *Direito Constitucional Econômico*. São Paulo: Saraiva, 1990.

FERREIRA FILHO, Manoel Gonçalves. *Comentários à Constituição Brasileira*. São Paulo: Saraiva, 1977.

FERREIRA FILHO, Manoel Gonçalves. *Curso de Direito Constitucional*. São Paulo: Saraiva, 1989.

FERREIRA FILHO, Manoel Gonçalves. *Curso de Direito Constitucional*. 29. ed. São Paulo: Saraiva, 2002.

FERREIRA FILHO, Manoel Gonçalves. *Princípios Gerais do Direito Constitucional Moderno*. 6. ed. São Paulo: Saraiva, 1983. v. 1.

FERREIRA FILHO, Manoel Gonçalves. *A Evolução do Sistema Eleitoral Brasileiro*. Brasília: Conselho Editorial do Senado Federal, 2001.

REFERÊNCIAS | 239

FERREIRA, Pinto. *Comentários a Lei Orgânica dos Partidos Políticos*. São Paulo: Saraiva, 1992.

FERREIRA, Pinto. *Comentários ao Código Eleitoral*. 4. ed. São Paulo: Saraiva, 1997.

FERREIRA, Pinto. *Democracia, Globalização e Nacionalismo*. Recife: Edição da Sociedade Pernambucana de Cultura e Ensino LTDA, 1999.

FERREIRA, Pinto. *Teoria Geral do Estado*. 2. ed. Rio de Janeiro: José Konfino, 1957. t. 1.

FIGUEIREDO, Argelina; LIMONGI, Fernando. *Executivo e Legislativo na Nova Ordem Constitucional*. 2. ed. Rio de Janeiro: Ed. FGV, 2001.

FIGUEIREDO, Leonardo Vizeu. *Lições de Direito Econômico*. 7. ed. Forense: Rio de Janeiro, 2014.

FISCHMANN. Filipe. *Direito e Economia:* Um Estudo Propedêutico de suas Fronteiras. Dissertação (Mestrado). 104 f. 2010. Faculdade de Direito da Universidade de São Paulo, São Paulo, 2010.

FLEURY, Sonia. *Estado sem Cidadãos:* Seguridade Social na América Latina. Rio de Janeiro: Editora Fiocruz, 1994. Disponível em: http://dx.doi.org/10.7476/9788575412428. Acesso em: 26 jul. 2017.

FONSECA, João Bosco Leopoldino da. *Direito Econômico*. 5. ed. Rio de Janeiro: Forense, 2004.

FORGIONI, Paula. *Os Fundamentos do Antitruste*. São Paulo: Revista dos Tribunais, 1998.

FORMIGA-XAVIER, Carlos Joel Carvalho. *A Corrupção Política e o Caixa 2 de Campanha no Brasil*. Dissertação (Mestrado). 127 f. 2011. Faculdade de Filosofia, Letras e Ciências Humanas da Universidade de São Paulo, São Paulo, 2011. Disponível em: http://www.teses.usp.br/teses/disponiveis/8/8131/tde-26092011-135010/pt-br.php. Acesso em: 21 fev. 2018.

FOUCAULT, Michel. *A Verdade e as Formas Jurídicas*. 3. ed. Rio de Janeiro: Nau, 2005.

FRIEDMAN, Milton & FRIEDMAN, Rose. *Livre Para Escolher.* Trad. Ligia Filgueiras. Rio de Janeiro: Record, 2015. (Recurso digital).

FRIEDRICH, C.F. *El Hombre y el Gobierno:* Uma Teoria Empírica de la Política. Madrid: Editorial Tecnos, 1968.

FURTADO, Celso. *Brasil: A Construção Interrompida*. Rio de Janeiro: Paz e Terra, 1992.

FUX, Luiz; FRAZÃO, Carlos Eduardo. *Novos Paradigmas do Direito Eleitoral*. Belo Horizonte: Fórum, 2016.

GARCIA, Emerson. *Abuso de Poder nas Eleições:* Meios de Coibição. Rio de Janeiro: Lumen Juris, 2000.

GETELL, Raymond Garfield. *Political Science*. Boston: Ginn and Company, 1949.

GIANNINI, Massimo Severo. *Diritto Pubblico Dell'Economia*. Milano: Il Mulino, 1995.

GIL DOMÍNGUEZ, Andrés. *Constitución Socioeconómica y Derechos Económicos, Sociales y Culturales*. Buenos Aires: Ad-Hoc, 2009.

GOMES, José Jairo. *Direito Eleitoral*. 12. ed. São Paulo: Atlas, 2016.

GOMES, José Jairo. *Direito Eleitoral*. 9. ed. São Paulo: Editora Atlas, 2013.

GOMES, José Jairo. *Direito Eleitoral*. 8. ed. São Paulo: Atlas, 2012.

GOMES, José Jairo. *Direito Eleitoral*. 6. ed. São Paulo: Editora Atlas, 2011.

GOMES, José Jairo. *Direito Eleitoral*. 5. ed. Belo Horizonte: Del Rey, 2010.

GOMES, José Jairo. *Crimes e Processo Penal Eleitorais*. São Paulo: Atlas, 2015.

GOMES, Luiz Souza. *Dicionário Econômico-comercial e Financeiro*. 7. ed. Rio de Janeiro: Civilização Brasileira S.A., 1962.

GOMES, Neusa Demartini. *Formas Persuasivas de Comunicação Política:* Propaganda Política e Publicidade Eleitoral. 2. ed. Porto Alegre: EDIPUCRS, 2001.

GOMES, Orlando; VARELA, Antunes. *Direito Econômico*. São Paulo: Saraiva, 1977.

GOMES, Suzana de Camargo. *Crimes Eleitorais*. 4. ed. São Paulo: Revista dos Tribunais, 2010.

GOMES, Suzana de Camargo. *Crimes Eleitorais*. 3. ed. São Paulo: Revista dos Tribunais, 2008.

GONÇALVES, Benjamin; MAGRI, Caio; FERRO, Marina Martins (Coord.). *A Responsabilidade Social das Empresas no Processo Eleitoral*. São Paulo: Instituto Ethos, 2014. Disponível em: https://www3.ethos.org.br/wp-content/uploads/2014/08/A-Responsabilidade-das-Empresas-no-Processo-Eleitoral_20141.pdf. Acesso em: 22 nov. 2017.

GONÇALVES, Luiz Carlos dos Santos. *Crimes Eleitorais e Processo Penal Eleitoral*. São Paulo: Atlas, 2012.

GONÇALVES, Luiz Carlos dos Santos. *Crimes Eleitorais e Processo Penal Eleitoral*. 2. ed. São Paulo: Atlas, 2015.

GONÇALVES, Luiz Carlos dos Santos. *Direito Eleitoral*. 2. ed. São Paulo: Atlas, 2012.

GORZ, André. *O Imaterial:* Conhecimento, Valor e Capital. Trad. Celso Azzan Júnior. São Paulo: Annablume, 2005.

GRAU, Eros Roberto. *A Ordem Econômica na Constituição de 1988*. 4. ed. São Paulo: Malheiros, 1998.

GRAU, Eros Roberto. *O Direito Posto e o Direito Pressuposto*. 8. ed. São Paulo: Malheiros, 2011.

GRAU, Eros Roberto. *Por Que Tenho Medo dos Juízes* (a interpretação/aplicação do direito e os princípios). 7. ed. São Paulo: Malheiros, 2016.

GRECCO, Rogério. *Curso de Direito Penal*. 8. ed. Niterói: Impetus, 2007. v. 1.

GUERRA FILHO, Willis Santiago. *Autopoiese do Direito na Sociedade Pós-Moderna:* Introdução a Uma Teoria Social Sistêmica. Porto Alegre: Livraria do Advogado, 1997.

GUITTON, Henri. *Economia Política*. Trad. Oscar Dias Corrêa. Rio de Janeiro: Fundo de Cultura, 1960.

HABERMAS, Jürgen. *Teoría de la Acción Comunicativa*. Madrid: Taurus, 1987.

HARDT, Michael; NEGRI, Antonio. *Empire*. Trad. Alessandro Pandolfi. Milano: Biblioteca Universale Rizzoli, 2003.

HART, H. L. A. *O Conceito de Direito*. São Paulo: Martins Fontes, 2010.

HAURIOU, Maurice. *Précis de Droit Administratif et de Droit Public*. 9. ed. Paris: Sirey, 1919.

HEILBRONER. Robert L. *Elementos da Macroeconomia*. Rio de Janeiro: Zahar, 1981.

REFERÊNCIAS | **241**

HELLER, Hermann. *Teoria do Estado*. Trad. Lycurgo Gomes da Motta. São Paulo: Mestre Jou, 1968.

HESSE, Konrad. *Elementos de Direito Constitucional da República Federal da Alemanha*. Porto Alegre: Sérgio Antônio Fabris, 1998.

HEYWOOD, Andrew. *Ideologias Políticas*: Do Liberalismo ao Fascismo. São Paulo: Ática, 2010. v. 1.

HOBBES, Thomas. *Leviatã ou a Matéria:* Forma e Poder de Um Estado Eclesiástico e Civil. São Paulo: Martin Claret, 2002.

HOLANDA, Sérgio Buarque de. *Raízes do Brasil*. São Paulo: Companhia das Letras, 2006.

HORTA, Raul Machado. *Estudos de Direito Constitucional*. Belo Horizonte: Del Rey, 1995.

HOUAISS, Antônio; VILLAR, Mauro de Salles. *Dicionário Houaiss da língua portuguesa*. Rio de Janeiro: Objetiva, 2001. v. 1.

HUBERMAN, Leo. *História da Riqueza do Homem*. 14. ed. Rio de Janeiro: Zahar Editores, 1978.

HUNGRIA, Nelson. *Comentários ao Código Penal*. 2. ed. Rio de Janeiro: Forense, 1959.

IRTI, Natalino. *L'Ordine Giuridico del Mercato*. Roma; Bari: Laterza, 2001.

JARDIM, Torquato. *Direito Eleitoral Positivo*. 2. ed. Brasília: Brasília Jurídica, 1998.

JELLINEK, Georg. *Teoría General del Estado*. Trad. Fernando de Los Ríos. Cidade do México: Fondo de Cultura Econômica, 2004.

JELLINEK, Georg. *Reforma y Mutacion de la Constitucion*. Madrid: Centro de Estudios Constitucionales, 1991.

KALECKI, Michael. *Teoria da Dinâmica Econômica*. Trad. Paulo de Almeida. São Paulo: Nova Cultural, 1983. (Coleção Os Economistas).

KELSEN, Hans. *A Democracia*. 2. ed. São Paulo: Martins Fontes, 2000.

KELSEN, Hans. *Teoria Geral do Direito e do Estado*. 2. ed. São Paulo: Martins Fontes, 1995.

KELSEN, Hans. *Teoria Pura do Direito*. São Paulo: Martins Fontes, 2003.

KRESALJA, Baldo; OCHOA, César. *Derecho* Constitucional *Económico*. Perú: Fondo Editorial, 2009.

LASSALE, Ferdinand. *¿Qué es Una Constitución?* Buenos Aires: Siglo Veinte Uno, 1969.

LASWELL, H. D. *Politics*: Who Gets What, When, How. Cleveland: Meridian Books, 1936.

LAUBADÈRE, André de. *Direito Público Econó*mico. Trad. Evaristo Mendes. Coimbra: Almedina, 1985.

LAVELEYE, Émile de. *Le Gouvernement dans La Démocratie*. Paris: Félix Alcan, 1891. v. 2.

LEAL, Victor Nunes. *Coronelismo, Enxada e Voto*: O Município e o Regime Representativo no Brasil. 4. ed. São Paulo: Companhia das Letras, 2012.

LESSA, Carlos. *O Conceito de Política Econômica:* Ciência e/ou Ideologia? Campinas: UNICAMP, 1998.

LIMA FILHO, Roberto Cordoville Efrem de. *Veja e a Criminalização da Política*: Mídia e Direito Entre a Ideologia do Consenso e o Estranhamento do Mundo. 222 f. 2009. Dissertação (Mestrado em Direito). Faculdade de Direito da Universidade Federal de Pernambuco, Recife, 2009. Disponível em: http://repositorio.ufpe.br/handle/123456789/4754. Acesso em: 25 jan. 2018.

LOCKE, John. *Dois Tratados sobre o Governo*. São Paulo: Martins Fontes, 1998.

LOEWENSTEIN, Karl. *Teoria de la Constitución*. Trad. Alfredo Gallego Anabitarte. Barcelona: Ediciones Ariel, 1964.

LOPES, Brenner; AMARAL, Jefferson Ney (Superv.); CALDAS, Ricardo Wahrendorff (Coord.). *Políticas Públicas:* Conceitos e Práticas. Belo Horizonte: Sebrae/MG, 2008, v. 7. Disponível em: http://www.mp.ce.gov.br/nespeciais/promulher/manuais/MANUAL%20 DE%20POLITICAS%20P%C3%9ABLICAS.pdf. Acesso em: 25 jan. 2018.

LUHMANN, Niklas. *Legitimação pelo Procedimento*. Trad. Maria da Conceição da Corte Real. Brasília: UnB, 1980.

LUHMANN, Niklas. *Sistemi Sociali:* Fondamenti di uma Teoria Generale. Trad. de Alberto Febbrajo e Reinhard Schmidt. Bologna: II Mulino, 1990.

LYNN, L. E. *Designing Public Policy*: A Casebook on the Role of Policy Analysis. Santa Monica, California: Goodyear, 1980.

LYON, David. *Pós-Modernidade*. São Paulo: Paulus, 1998.

MACKENZIE, W. J. M. *Elecciones Libres*. Madrid: Tecnos, 1962.

MACHADO, Hugo de Brito. *Curso de Direito Tributário*. 24. ed. São Paulo: Malheiros, 2004.

MAGALHÃES, Guilherme A. Canedo de. *O Abuso do Poder Econômico: Apuração e Repressão*. Rio de Janeiro: Artenova, 1975.

MAGRANI, Eduardo. *Democracia Conectada*: A Internet como Ferramenta de Engajamento Político-Democrático. Curitiba: Juruá, 2014.

MALTAROLLO, Adriano de Sousa. *Sistema Eleitoral Brasileiro*: Estudo do Caso da Lei das Inelegibilidades. 192 f. 2006. Dissertação (Mestrado em Ciência Política). Universidade de Brasília, Brasília, 2006. Disponível em: http://repositorio.unb.br/handle/10482/6448. Acesso em: 18 mar. 2018.

MANKIW, Gregory N. *Principle of Economics*. Mason: Thomson, 2004.

MANKIW, Gregory N. *Introdução à Economia:* Princípios de Micro e Macroeconomia. Rio de Janeiro, Elsevier, 2014.

MARTINS, Rodrigo Caldeira de Almeida. *Análise Económica do Comportamento Eleitoral em Portugal*. 214 f. 2010. Tese (Doutorado). Faculdade de Economia da Universidade de Coimbra, Coimbra, 2010.

MARX, Karl. *Prefácio à Contribuição à Crítica da Economia Política*. 2. ed. São Paulo: Expressão Popular, 2008.

McCHESNEY, Fred S. *Money for Nothing:* Politicians, Rent Extraction and Political Extortion. Cambridge/Mass: Harvard University Press, 1997.

REFERÊNCIAS | 243

MEIRELLES, Hely Lopes; ALEIXO, Délcio Balestero; BURLE FILHO, José Emmanuel. *Direito Administrativo Brasileiro*. 39. ed., São Paulo: Malheiros, 2013.

MELLO, Marcos Bernardes de. *Teoria do Fato Jurídico*. 2. ed. São Paulo: Saraiva, 1986.

MENDES, Gilmar Ferreira; COELHO, Inocêncio Mártires; BRANCO, Paulo Gustavo Gonet. *Curso de Direito Constitucional*. 5. ed. São Paulo: Saraiva, 2010.

MENDES, Gilmar Ferreira; COELHO, Inocêncio Mártires; BRANCO, Paulo Gustavo Gonet. *Hermenêutica Constitucional e Direitos Fundamentais*. Brasília: Brasília Jurídica, 2002.

MENDIETA, *Villoria*. Ética *Pública y Corrupción*. Madri: Tecnos, 1999.

MENEGUIM. Fernando B; NERY. Pedro Fernando. *Tópicos da Reforma Política sob a Perspectiva da Análise Econômica do Direito*. Brasília: Núcleo de Estudos e Pesquisas/ CONLEG/Senado, mar. 2015, TD n. 170. Disponível em: https://www12.senado.leg.br/ publicacoes/estudos-legislativos/tipos-de-estudos/textos-para-discussao/td170. Acesso em: 30 nov. 2017.

MENGER, Carl. *Princípios de Economia Política*. Trad. Luiz João Baraúna. São Paulo: Nova Cultural, 1983. (Coleção Os Economistas).

MICHELS, Vera Maria Nunes. *Direito Eleitoral*: Análise Panorâmica - De acordo com a Lei n. 9.504/97. Porto Alegre: Livraria do Advogado, 1998.

MIRABETE, Julio Fabbrini; FABBRINI, Renato N. *Código Penal Interpretado*. 9. ed. São Paulo: Atlas, 2015.

MIRABETE, Julio Fabbrini; FABBRINI, Renato N. *Manual de Direito Penal*. 22. ed. São Paulo: Atlas, 2008. v. 3.

MIRANDA, Jorge. *Manual de Direito Constitucional*. 3. ed. Coimbra: Coimbra Editores, 2000, v. 4.

MOGGRIDGE, D. E. *As Ideias de Keynes*. São Paulo: Cultrix, 1981.

MONTAÑO, Carlos. *Terceiro Setor e Questão social*: Crítica ao Padrão Emergente de Intervenção Social. São Paulo, 2002.

MONTESQUIEU. *O Espírito das Leis*. São Paulo: Martin Claret, 1960.

MONZONI NETO, Mario Prestes. *Caçadores de Renda*: Uma Investigação sobre a Teoria do Rent Seeking. Dissertação (Mestrado). 119 f. 2001. Escola de Administração de Empresas de São Paulo da Fundação Getúlio Vargas – FGV/EAESP, São Paulo, 2001.

MORAIS, José Luiz Bolzan de; NASCIMENTO, Valéria Ribas do. *Constitucionalismo e Cidadania*: Por Uma Jurisdição Constitucional Democrática: Porto Alegre: Livraria do Advogado, 2010.

MOREIRA, Rômulo de Andrade. *Curso Temático de Direito Processual Penal*. Salvador: Podivm, 2009.

MOREIRA, Vital. *A Ordem Jurídica do Capitalismo*. Coimbra: Centelha, 1973.

MOREIRA, Vital. *O Direito de Resposta na Comunicação Social*. Coimbra: Coimbra Ed., 1994.

MÜLLER, Friedrich. *Quem é o Povo? A questão Fundamental da Democracia*. Trad. Peter Naumann. 6. ed. São Paulo: Revista dos Tribunais, 2011.

MUNÕS CLARES, José. *Ne Bis in Idem y Derecho Penal:* Definición, Patología y Contrarios. Murcia: DM, 2006.

MUSUMECI, Toti S. *IL Costo Della Política ed il Finanziamento ai Partiti.* Padova: Cedam, 1999.

NAPOLEONI, Claudio. *Diccionario de Economia Política.* Madrid: Castilla, 1962.

NAZAR, Nelson. *Direito Econômico.* 3. ed. São Paulo: Edipro, 2014.

NEVES, Marcelo. *A Constituição Simbólica.* São Paulo: Acadêmica, 1994.

NICOLAU, Jairo Marconi. *História do Voto no Brasil.* 2. ed. Rio de Janeiro: Jorge Zahar, 2004.

NICOLAU, Jairo Marconi. *Sistemas Eleitorais:* Uma Introdução. Rio de Janeiro: FGV, 2004.

NICOLAU, Jairo Marconi. *História do Voto no Brasil.* Rio de Janeiro: Jorge Zahar, 2004.

NOBREGA, Mailson da; RIBEIRO, Alessandra. *A Economia:* Como Evoluiu e Como Funciona - Ideias que Transformaram o Mundo. São Paulo: Trevisan, 2016.

NORONHA, Edgar Magalhães. *Código Penal Brasileiro Comentado.* São Paulo: Saraiva, 1954.

NORONHA, Edgar Magalhães. *Direito Penal.* 21. ed. São Paulo: Saraiva, 1982. v. 1.

NUCCI, Guilherme de Souza. *Corrupção e Anticorrupção.* Rio de Janeiro: Forense, 2015.

NUSDEO, Fábio. *Curso de Economia:* Introdução ao Direito Econômico. 10. ed. São Paulo: Revista dos Tribunais, 2016.

NUSDEO, Fábio. *Curso de Economia:* Introdução ao Direito Econômico. 3. ed. São Paulo: Revista dos Tribunais, 2001.

O'NEIL, John. *The Market*: Ethics, Knowledge and Politics. London/New York: Routledge, 1998.

OLIVEIRA, Francisco de. *Crítica à Razão Dualista:* O Ornitorrinco. São Paulo: Boitempo, 2003.

OLIVEIRA, Marcelo Roseno de. *Direito Eleitoral:* Reflexões sobre Temas Contemporâneos. Fortaleza: ABC, 2008.

OLIVEIRA, Marcelo Roseno de. *O Sistema Jurisdicional de Controle das Eleições*: Virtudes e Vícios do Modelo Constitucional Brasileiro de Apuração da Verdade Eleitoral. 120 f. 2009. Dissertação (Mestrado). Faculdade de Direito da Universidade de Fortaleza - UNIFOR, Fortaleza, 2009.

OSORIO, Aline. *Direito Eleitoral e Liberdade de Expressão.* Belo Horizonte: Fórum, 2017.

PANEBIANCO, Ângelo. *Modelos de Partido*: Organização e Poder nos Partidos Políticos. São Paulo: Martins Fontes, 2005.

PAZZAGLINI FILHO, Marino. *Eleições Gerais 2010:* Elegibilidade e Inelegibilidades, Registro de Candidatos, Propaganda Eleitoral, Pesquisas, Direito de Resposta, Arrecadação e Aplicação de Recursos, Arrecadação por Cartões de Crédito, Prestação de Contas, Representações, Ações e Recursos Eleitorais, Crimes Eleitorais, Calendário Eleitoral, Resoluções do TSE, Jurisprudência Atualizada. São Paulo: Atlas, 2010.

PELEJA JÚNIOR, Antonio Veloso; BATISTA, Fabrício Napoleão Teixeira. *Direito Eleitoral*: Aspectos Processuais - Ações e Recursos. 3. ed. Curitiba: Juruá, 2014.

REFERÊNCIAS | 245

PEREIRA, Rodolfo Viana. *Tutela Coletiva no Direito Eleitoral:* Controle Social e Fiscalização das Eleições. Rio de Janeiro: Lumen Juris, 2008.

PETERS, B. G. *The Politics of Bureaucracy.* White Plains: Longman Publishers, 1995.

PIAZER, João Batista Martins. A Figura Típica do Caixa Dois Eleitoral. Monografia (Graduação em Direito). 62 f. 2015. Faculdade de Direito da Universidade Federal do Rio Grande do Sul. Porto Alegre, 2015. Disponível em: http://www.lume.ufrgs.br/handle/10 183/135050. Acesso em: 25 abr. 2018.

PIKETTY, Thomas. *O Capital no Século XXI.* Trad. de Monica Baumgarten de Bolle. Rio de Janeiro: Intrínseca, 2014.

PINTO, Djalma. *Direito Eleitoral:* Improbidade Administrativa e Responsabilidade Fiscal. 4. ed. São Paulo: Atlas, 2008.

PINTO, Djalma. *Direito Eleitoral:* Improbidade Administrativa e Responsabilidade Fiscal. 5. ed. São Paulo: Atlas, 2010.

PINTO, Francisco Bilac Moreira. *Enriquecimento Ilícito no Exercício de Cargos Públicos.* Rio de Janeiro: Forense, 1960.

PIRSON, Roger; DE VILLÉ, Albert. *Traité de la Responsabilité Civile Extracontractuelle.* Bruxelles: E. Bruylant, 1935. t. 1.

PONTES DE MIRANDA, F. C. *Comentários ao Código de Processo Civil.* Atualização Legislativa de Sérgio Bermudes. 5. ed. Rio de Janeiro: Forense, 1997.

PONTES DE MIRANDA, F. C. *Tratado de Direito Privado.* Rio de Janeiro: Borsoi, 1967. t. 53.

PONTES DE MIRANDA, F. C. *Comentários à Constituição de 1946.* 3. ed. Rio de Janeiro: Borsoi, 1960. v. 5.

POSADA, Adolfo. *Tratado de Derecho Político.* 5. ed. Madrid: Góngora, 1935. v. 2.

POSNER, Richard A. *Economic Analysis of Law.* 7. ed. Nova York: Aspen, 2007.

POWER, Timothy J.; TAYLOR, Matthew M. (Org.). *Corruption and Democracy in Brazil*: The Struggle for Accountability. Notre Dame: University of Notre Press.

PRADO E SILVA, Adalberto (Org.). *Novo Dicionário Brasileiro.* São Paulo: Melhoramentos, 1965. v. 3.

PRADO JR., Caio. *Evolução Política do Brasil:* Colônia e Império. São Paulo: Brasiliense, 1999.

PRADO, Luiz Regis. *Código Penal Anotado.* 2. ed. São Paulo: Revista dos Tribunais, 2003.

PRADO, Luiz Regis. *Curso de Direito Penal Brasileiro.* 6. ed. São Paulo: Revista dos Tribunais, 2006. v. 3.

PRZEWORSKI, Adam. *Democracia e Mercado:* Reformas Políticas e Econômicas no Leste Europeu e na América Latina. Rio de Janeiro, Relume Dumará, 1994.

QUEIROZ, José Wilson Nogueira de. *Direito Econômico.* Rio de Janeiro: Forense, 1982.

RAMAYANA, Marcos. *Comentários Sobre a Reforma Eleitoral.* Niterói: Impetus, 2010.

RAMAYANA, Marcos. *Direito Eleitoral.* 12. ed. Niterói: Impetus, 2011.

RAMAYANA, Marcos. *Direito Eleitoral.* Rio de Janeiro: Impetus, 2004.

RAMOS, Elival da Silva. *Ativismo Judicial:* Parâmetros Dogmáticos. São Paulo: Saraiva, 2013.

RAMOS, Elival da Silva. *Ativismo Judicial:* Parâmetros Dogmáticos. São Paulo: Saraiva, 2010.

RAWLS, John. *A Theory of Justice.* 6 ed. Massachusetts: Harvard University Press, 2003.

REALE, Miguel. *Filosofia do Direito.* 20. ed. São Paulo: Saraiva, 2002.

REALE, Miguel. *Curso de Filosofia do Direito.* 6. ed. São Paulo: Saraiva, 1972. v. 2.

REDISH, Martin H. *The Constitution as Political Structure.* New York: Oxford University Press, 1994.

REICH, Norbert. *Mercado y Derecho.* Trad. Antoni Font. Barcelona: Ariel, 1985.

REIS, Daniel Gustavo Falcão Pimentel dos. *Financiamento da Política no Brasil.* 239 f. 2010. Dissertação (Mestrado em Direito do Estado). Faculdade de Direito da Universidade de São Paulo, São Paulo, 2010. Disponível em: doi:10.11606/D.2.2010.tde-28092010-113713. Acesso em: 23 abr. 2018.

REIS, Márlon Jacinto. *Uso Eleitoral da Máquina Administrativa e Captação Ilícita de Sufrágio.* Rio de Janeiro: FGV, 2006.

REIS, Márlon Jacinto. *Direito Eleitoral Brasileiro.* Brasília: Alumnus, 2012.

RIBEIRO, Fávila. *Abuso de Poder no Direito Eleitoral.* 3. ed. Rio de Janeiro: Forense, 1998.

RIBEIRO, Fávila. *Direito Eleitoral.* 4. ed. Rio de Janeiro: Forense, 1996.

RIBEIRO, Renato Ventura. *Lei Eleitoral Comentada.* São Paulo: Quartier Latin, 2006.

RIVERO, Jean. *Droit Administratif.* Paris: Dalloz, 2011.

ROUDINESCO, Elisabeth; PLON, Michel. *Dicionário de Psicanálise.* Trad. de Vera Ribeiro e Lucy Magalhães. Rio de Janeiro: Zahar,1998.

SABOYA, Keity. *Ne Bis in Idem:* História, Teoria e Perspectivas. Rio de Janeiro: Lumen Juris, 2014.

SALGADO, Eneida Desirre. *Princípios Constitucionais Eleitorais.* Belo Horizonte: Fórum, 2010.

SALOMÃO FILHO, Calixto. *Direito Concorrencial.* São Paulo: Malheiros, 2013.

SAMUELSON, Paul Anthony. *Introdução à Análise Econômica.* 8. ed. Rio de Janeiro: Agir, 1975.

SANDRONI, Paulo (Org.). *Novíssimo Dicionário de Economia.* São Paulo: Ed. Best Seller, 1999.

SANSEVERINO, Francisco de Assis Vieira. *Compra de votos:* À Luz dos Princípios Constitucionais. Porto Alegre: Verbo Jurídico, 2007.

SANTOS, Boaventura de Sousa. *A Difícil Democracia:* Reinventar as Esquerdas. São Paulo: Boitempo, 2016.

SANTOS, Fabiano. *O Poder Legislativo no Presidencialismo de Coalizão.* Rio de Janeiro: Ed. UFMG, 2003. (Coleção Origem).

SANTOS, Theotônio dos. *Conceito de Classes Sociais.* Petrópolis: Vozes, 1987.

REFERÊNCIAS | 247

SARTORI, Giovanni. *La Democracia en 30 Lecciones*. Trad. Alejandro Pradera. Madrid: Taurus, 2008.

SAVATIER, René; RIPERT, Georges. *Traité de la Responsabilité Civile en Droit Français Civil, Administratif, Professionnel, Procédural:* Les Sources de la Responsabilité Civile. 2. ed. Paris: LGDJ, 1951. v. 1.

SCHLICKMANN, Denise Goulart. *Financiamento de Campanhas Eleitorais*. 8. ed. Curitiba: Juruá, 2016.

SCHMITT, Carl. *O Conceito do Político*. Lisboa: Edições 70, 2015.

SCHOPENHAUER, Arthur. *Como Vencer Um Debate sem Precisar Ter Razão*. Trad. Daniela Caldas. Rio de Janeiro: Topbooks, 1997.

SEN, Amartya. *Desenvolvimento como Liberdade*. São Paulo: Companhia das Letras, 2010.

SHAPIRO, Ian. *The State of Democratic Theory*. Princenton: Princenton University Press, 2003.

SHONFIELD, Andrew. *Capitalismo Moderno*. Rio de Janeiro: Zahar Editores, 1968.

SILVA, Andréia Patrícia da; SOARES, Cínthia, ULYSSÉA, Isabelle. *Hacker e Crackers*. Artigo (MBA em Gestão de Sistema de Informação). Universidade Católica de Brasília, Brasília. Disponível em: http://www.lyfreitas.com.br/ant/artigos_mba/hackers-crackers. pdf. Acesso em: 21 jun. 2017.

SILVA, José Afonso da. *Aplicabilidade das Normas Constitucionais*. 3. ed. São Paulo: Malheiros, 1998.

SILVA, José Afonso da. *Curso de Direito Constitucional Positivo*. 19. ed. São Paulo: Malheiros, 2001.

SILVA, José Afonso da. *Curso de Direito Constitucional Positivo*. 10. ed. São Paulo: Malheiros, 1995.

SILVA, Luís Virgílio Afonso da. *Tipos, Efeitos Jurídicos-Políticos e Aplicação ao Caso Brasileiro*. São Paulo: Malheiros, 1999.

SMITH, Adam. A *Riqueza das Nações:* Investigação sobre sua Natureza e suas Causas. Trad. de Luiz João Baraúna. São Paulo: Nova Cultural, 1983. Coleção: Os Economistas, v. 1.

SNYDER, Timothy. *Sobre a Tirania*: Vinte Lições sobre o Século XX para o Presente. Trad. Donaldson M. Garschagen. São Paulo: Companhia das Letras, 2017.

SOARES, Antônio Carlos Martins. *Direito Eleitoral*: Questões Controvertidas. 2. ed. Rio de Janeiro: Lumen Juris, 2008.

SOARES, Rafael Morgental. *A Imunidade Tributária dos Partidos Políticos*. 120 f. 2015. Dissertação (Mestrado em Direito). Faculdade de Direito da Universidade Federal do Rio Grande do Sul, Porto Alegre, 2015.

SOBREIRO NETO, Armando Antônio. *Direito Eleitoral*: Teoria e Prática. 5. ed. Curitiba: Juruá, 2010.

SOUZA, Washington Peluso Albino de. *Teoria da Constituição Econômica*. Belo Horizonte: Del Rey, 2002.

SOUZA, Luís Gonzaga. *Ensaios de Economia*. Edição Eletrônica, 2004. Disponível em: http://www.eumed.net/cursecon/libreria/2004/lgs-ens/lgs-ens.htm. Acesso: 05 jan. 2018.

SPECK, Bruno Wilhelm. *O Financiamento Político e a Corrupção no Brasil*. São Paulo: Balão Editorial, 2012. Disponível em: https://www.academia.edu/3556070/Bruno_Wilhelm_Speck_O_financiamento_pol%C3%ADtico_e_a_corrup%C3%A7%C3%A3o_no_Brasil. Acesso em: 23 mar. 2018.

STIGLITZ, Joseph E.; WALSH, Carl E. *Introdução à Microeconomia*. Trad. Helga Hoffmann. 3. ed. Rio de Janeiro: Elsevier, 2003.

STRECK, Lênio Luiz; MORAIS, José Luiz Bolzan de. *Ciência Política e Teoria do Estado*. Porto Alegre: Livraria do Advogado, 2008.

SUNSTEIN, Cass R. *The Partial Constitution*. England: Harvard University Press, 2000.

TAVARES, André Ramos. *Curso de Direito Constitucional*. 10. ed. São Paulo: Saraiva, 2012.

TAVARES, André Ramos. *Direito Constitucional Econômico*. São Paulo: Método, 2006.

TAVARES, André Ramos. *Direito Econômico Diretivo:* Percursos das Propostas Transformativas. 440 f. 2015. Tese (Apresentada ao Concurso para Cargo de Professor Titular para o Departamento de Direito Econômico, Financeiro e Tributário – Área de Direito Econômico e Economia Política). Faculdade de Direito da Universidade de São Paulo, São Paulo, 2015.

TAVARES, José Antônio Giusti. *Sistemas Eleitorais nas Democracias Contemporâneas:* Teoria, Instituições, Estratégia. Rio de Janeiro: Relume-dumará, 1994.

TELES, Ney Moura. *Novo Direito Eleitoral:* Teoria e Prática. Brasília: LGE, 2002.

TOCQUEVILLE, Alexis de. *A Democracia na América*: Leis e Costumes de Certas Leis e Certos Costumes Políticos que Foram Naturalmente Sugeridos aos Americanos Por seu Estado Social Democrático. Trad. de Eduardo Brandão. 2. ed. São Paulo: Martins Fontes, 2005.

TOMAZ, Carlos Alberto Simões de. *Constituição, Política e a Ordem Internacional Heterárquica:* Uma Reflexão a partir da Visão Pragmático-Sistêmica de Luhmann. Curitiba: CRV, 2011.

TUCCI, Rogério Lauria. *Corrupção Ativa*. Enciclopédia Saraiva do Direito. São Paulo: Saraiva, 1978. v. 28.

TULLOCK, Gordon. *The Rent-Seeking Society*. Indianópolis: Liberty Fund, 2005.

VALLE, Vanice Regina Lírio do. *Ativismo Jurisdicional e o Supremo Tribunal Federal*. Laboratório de Análise Jurisprudencial do STF. Curitiba: Juruá, 2009.

VARGAS, Alexis Galiás de Souza. *Princípios Constitucionais do Direito Eleitoral*. 228 f. 2009. Tese (Doutorado em Direito). Pontifícia Universidade Católica de São Paulo, São Paulo, 2009. Disponível em: https://tede2.pucsp.br/handle/handle/8641. Acesso em: 09 abr. 2018.

VAZ, Isabel. *Direito Econômico da Concorrência*. Rio de Janeiro: Forense, 1993.

VECCHIO, Giorgio Del. *Lições de Filosofia do Direito*. 5. ed. Coimbra: Sucessor, 1979.

VELLOSO, Carlos Mário da Silva; AGRA, Walber de Moura. *Elementos de Direito Eleitoral*. 5. ed. São Paulo: Saraiva, 2016.

VENÂNCIO FILHO, Alberto. *A Intervenção do Estado no Domínio Econômico*: O Direito Público Econômico no Brasil. Rio de Janeiro: Fundação Getúlio Vargas, 1967.

REFERÊNCIAS | 249

VIANA, Oliveira. *Instituições Políticas Brasileiras*. Brasília: Conselho Editorial do Senado Federal, 1999. (Coleção Biblioteca Básica Brasileira). Disponível em: http://www2.senado. leg.br/bdsf /handle/id/1028. Acesso em: 23 abr. 2018.

VIDIGAL, Geraldo de Camargo. *Teoria Geral do Direito Econômico*. São Paulo: Revista dos Tribunais, 1977.

VIVANCO, Ángela. *Las Libertades de Opinión y de Información*. Santiago: Andrés Bello, 1992.

VIVAS AGUERO, Pedro Hubertus. *Avaliação Econômica dos Recursos Naturais*. 230 f. 1996. Tese (Doutorado). Faculdade de Economia, Administração e Contabilidade da Universidade de São Paulo, São Paulo, 1996. Disponível em: doi:10.11606/T.12.1996. tde-09032004-221702. Acesso em: 19 ago. 2018.

WAMBIER, Teresa Arruda Alvim *et al*. *Primeiros comentários ao novo Código de Processo Civil*: Artigo por Artigo. São Paulo: Revista dos Tribunais, 2015.

WEBER, Max. *Economia e Sociedade*: Fundamentos da Sociologia Compreensiva. 3. ed. Trad. Regis Barbosa; Karen Elsabe Barbosa. Brasília: Editora UnB, 2000. v. 1.

WEBER, Max. *Economia e Sociedade:* Fundamentos da Sociologia Compreensiva. Trad. Regis Barbosa e Karen Elsabe Barbosa. São Paulo: UnB/Imprensa Oficial, 1999. v. 2.

WEBER, Max. *Economia e Sociedade: Fundamentos da sociologia compreensiva*. Trad. Regis Barbosa e Karen Elsabe Barbosa. São Paulo: UNB/Impressa Oficial, 2004. v. 2.

WEBER, Max. *Economia e Società: Sociologia del Diritto*. Trad. Pietro Chiodi e Giorgio Giordano. Milano: Edizione di Comunita, 1995. v. 3.

WEBER, Max. *Economia y Sociedad*: Esbozo de Sociología Compreensiva. Trad. José Medina Echavarria *et al*. 2. ed. México: Fondo de Cultura Económica, 1997.

WEBER, Max. *Ensayos sobre Sociología de la Religión*. Madri: Taurus, 2001. v. 1.

WERNECK VIANNA, Luiz; MELO, Manuel Palacios Cunha; CARVALHO, Maria Alice Rezende de. *A Judicialização da Política e das Relações Sociais no Brasil*. 2. ed. Rio de Janeiro: Revan, 1999.

XAVIER, Allan Ferreira; SILVA, Matheus Passos. *O Financiamento de Campanha Eleitoral e a sua Influência na Representação Política*. Brasília: Vestnik, 2014.

ZAGREBELSKY, Gustavo. *La Giustizia Costituzionale*. 2 ed. Bologna: Il Mulino, 1988.

ZÍLIO, Rodrigo López. *Direito Eleitoral*. Porto Alegre: Verbo Jurídico, 2008.

ZILIO, Rodrigo López. *Direito Eleitoral*. 3. ed. Porto Alegre: Verbo Jurídico, 2012.

ZOLO, Danilo. *Il Principato Democratico*. Milano: Feltrinelli, 1992.

Artigos

ABRANCHES, Sérgio Henrique Hudson de. Presidencialismo de Coalizão: O Dilema Institucional Brasileiro. *Revista de Ciências Sociais*, Rio de Janeiro, v. 31, n. 1, p. 5-34, 1988. Disponível em: https://politica3unifesp.files.wordpress.com/2013/01/74783229-presidencialismo-de-coalizao-sergio-abranches.pdf. Acesso em: 24 ago. 2017.

ADEODATO, João Maurício. Bases para uma Metodologia da Pesquisa em Direito. *Revista do Instituto dos Advogados de Pernambuco*, v. 1, n. 2, p. 13-39.

AGRA, Walber de Moura. Postulados Teóricos para a Diferenciação entre o Abuso de Poder Econômico e a Captação Ilícita de Sufrágio. *Estudos Eleitorais*, Brasília, v. 8, n. 1, p. 81-102. jan./abr. 2013. Disponível em: http://bibliotecadigital.tse.jus.br/xmlui/handle/bdtse/498. Acesso em: 05 maio 2014.

AGRA, Walber de Moura. *Financiamento Eleitoral no Brasil*. Enciclopédia Jurídica da PUC-SP. Celso Fernandes Campilongo, Álvaro de Azevedo Gonzaga e André Luiz Freire (coord.). Tomo: Direito Administrativo e Constitucional. Vidal Serrano Nunes Jr., Maurício Zockun, Carolina Zancaner Zockun, André Luiz Freire (coord. de tomo). São Paulo: Pontifícia Universidade Católica de São Paulo, 2017. Disponível em: https://enciclopediajuridica.pucsp.br/verbete/150/edicao-1/financiamento-eleitoral-no-brasil. Acesso em: 18 abr. 2018.

AIETA, Vânia Siciliano; JARDIM, Torquato. Considerações sobre a Problemática do Financiamento de Campanha Diante do Fenômeno da Corrupção. *Revista de Jurisprudência do TRE-RJ*, Rio de Janeiro, v. 5, p. 49-61, 2015.

ALMEIDA, Roberto Moreira de. Elementos Configuradores da Captação Ilícita de Sufrágio. *In:* ALMEIDA, Roberto Moreira de. *Curso de Direito Eleitoral:* Teoria, Jurisprudência e Questões com Gabarito Oficial e Comentários. 6. ed. Salvador: JusPodivm, 2012. Cap. 12, p. 529-533.

ALMEIDA. Paulo Roberto de. A Economia Internacional no Século XX: Um Ensaio de Síntese. *Revista Brasileira de Política Internacional*, Brasília, v. 44, n. 1, jun., 2001, pp. 112-136. Disponível: http://www.scielo.br/scielo.php?script=sci_arttext&pid=S0034-73292001000100008. Acesso em: 16 fev. 2018).

ALVIM, Frederico Franco. O Peso da Imprensa na Balança Eleitoral. Efeitos, Estratégias e Parâmetros para o Exame da Gravidade das Circunstâncias em Hipóteses de Uso Indevido dos Meios de Comunicação Social. *Resenha Eleitoral*, Florianópolis, v. 20, n. 2, p. 33-60, maio 2017. Disponível em: http://bibliotecadigital.tse.jus.br/xmlui/handle/bdtse/3741. Acesso em: 04 maio 2018.

AMATO, Giuliano. Il Mercato nella Costituzione. *In:* ASSOCIAZIONE ITALIANA DEI COSTITUZIONALISTI. *La Costituzione Econômica*. Padova: CEDAM, 1997. p. 7-20.

ANDERSON, Perry. Crisis en Brasil. *In:* GENTILI, Pablo *et al. Golpe en Brasil:* Genealogía de Una Farsa. Buenos Aires: Fundación Octubre, 2016. p. 35-64.

ARAÚJO, Caetano Ernesto Pereira de. Financiamento de Campanhas Eleitorais. *Revista de Informação Legislativa*, v. 41, n. 161, p. 59-66, jan./mar. 2004. Disponível em: http://www2.senado.leg.br/bdsf/item/id/931. Acesso em: 30 abr. 2018.

ARAÚJO, Sergei Medeiros. O Financiamento Público nas Eleições Brasileiras. In: RAMOS, André de Carvalho (Coord.). *Temas de Direito Eleitoral no Século XXI*. Brasília: Escola Superior do Ministério Público da União, 2012. p. 315-354.

ARRATIA, Alejandro. La Ineficaz Sabiduría Anticorrupción. *Revista Venezolana de Análisis de Coyuntura*, Caracas, v. 14, n. 2, p. 93-112, jul./dic. 2008. Disponível em: http://www.redalyc.org/pdf/364/36414206.pdf. Acesso em: 30 set. 2017.

REFERÊNCIAS

ASHWORTH, Scott. Campaign Finance and Voter Welfare with Entrenched Incumbents. *American Political Science Review*, Princeton, v. 100, n. 1, p. 55-68, feb. 2006. Disponível em: http://home.uchicago.edu/~sashwort/campaign.pdf. Acesso em: 26 abr. 2018.

AVELAR, Lúcia. As Eleições na Era da Televisão. *Revista de Administração de Empresas*, São Paulo, v. 32, n. 4, p. 42-57, out. 1992. Disponível em: http://dx.doi.org/10.1590/S0034-759019920 0400005. Acesso em: 18 abr. 2018.

AVELINO FILHO, George. Clientelismo e Política no Brasil: Revisitando Velhos Problemas. *Novos Estudos – CEBRAP*, n. 38, p. 225-240, mar. 1994. Disponível em: https://gvpesquisa. fgv.br/sites/gvpesquisa.fgv.br/files/arquivos/george_avelino_clientelismo_e_politica. pdf. Acesso em: 17 abr. 2018.

AVIS, Eric *et al*. Money and Politics: The Effects of Campaign Spending Limits on Political Competition and Incumbency Advantage. *NBER Working Paper*, Cambridge n. 23.508, jun. 2017, p. 1-39. Disponível em: http://www.nber.org/papers/w23508.pdf. Acesso em: 20 jun. 2017.

BACKES, Ana Luiza. Financiamento Partidário e Eleitoral: Alemanha, França, Portugal e Espanha. *Consultoria Legislativa*, Brasília: Câmara dos Deputados, Estudo, mar. 2013. p. 1-17. Disponível em: http://bd.camara.gov.br/bd/handle/bdcamara/16399. Acesso em: 15 mar. 2018.

BARBOSA, Caroline Vargas. O Financiamento Público de Campanha Político-partidária e a Crise de Representatividade Contemporânea: Análise à Luz de Aspectos Constitucionais. *Revista Jus Navigandi*, Teresina, ano 16, n. 3029, 17 out. 2011. Disponível em: http://jus. com.br/revista/texto/20234. Acesso em: 25 set. 2017.

BARROSO, Luís Roberto. Judicialização, Ativismo Judicial e Legitimidade Democrática. *Revista Atualidades Jurídicas – Revista Eletrônica do Conselho Federal da OAB*. 4. ed., p. 1-29, jan./fev. 2009. Disponível em: http://www.oab.org.br/editora/revista/users/revista/1235066670174218181901.pdf. Acesso em: 24 jul. 2017.

BARROSO, Luís Roberto. Judicialização, Ativismo Judicial e Legitimidade Democrática. Revista *[Syn]Thesis*, Rio de Janeiro, v. 5, n. 1, p. 23-32, 2012. Disponível em: http://www. ie.ufrj.br/intranet/ie/userintranet/hpp/arquivos/251020155550_Debate2Textos.pdf. Acesso em: 25 jan. 2018.

BASTOS JUNIOR, Luiz Magno; FERREIRA, Luciana. O Financiamento de Campanha Eleitoral sob a Ótica da Democracia. *Resenha Eleitoral*, Florianópolis, v. 20, n. 2, p. 83-108, maio 2017. Disponível em: http://bibliotecadigital.tse.jus.br/xmlui/handle/bdtse/3748. Acesso em: 26 abr. 2018.

BASTOS, Celso Ribeiro. Existe Efetivamente Uma Constituição Econômica? *Revista de Direito Constitucional e Internacional*, São Paulo, v. 10, n. 39, p. 89-96, abr./jun. 2002.

BEJARANO, Ana María. Crisis de la Política o Crisis de la Representación Política. *In:* JACKISCH, Carlota. *Representación Política y Democracia*. Buenos Aires: Konrad Adenauer – Ciedla, 1998. p. 93-118.

BERCOVICI, Gilberto. As Origens do Direito Econômico: Homenagem a Washington Peluso Albino de Souza. *Revista da Faculdade de Direito da UFMG*, Belo Horizonte, número especial em Memória do Prof. Washington Peluso Albino de Souza, 2013. p. 253-263. Disponível em: https://www.direito.ufmg.br/revista/index.php/revista/article/view/P.0304-2340.2013vWAp253/308. Acesso em: 16 abr. 2018.

BERCOVICI, Gilberto. O Ainda Indispensável Direito Econômico. *In:* BENEVIDES, Maria Victoria de Mesquita; BERCOVICI, Gilberto; MELO, Claudineu de (Org.). *Direitos Humanos, Democracia e República*: Homenagem a Fábio Konder Comparato. São Paulo: Quartier Latin, 2009. p. 503-519.

BERCOVICI, Gilberto. Política Econômica e Direito Econômico. *Revista da Faculdade de Direito da Universidade de São Paulo*, v. 105, p. 389-406, dez./jan. 2010. Disponível em: http://dx.doi.org/10.11606/issn.2318-8235.v105i0p389-406. Acesso em: 16 fev. 2018.

BERCOVICI, Gilberto. Política Econômica e Direito Econômico. *Revista Fórum de Direito Financeiro e Econômico – RFDFE*. Belo Horizonte, ano 1, n. 1, p. 199-219, mar./ago. 2012.

BERCOVICI, Gilberto; MASSONETTO, Luís Fernando. A Constituição Dirigente Invertida: A Blindagem da Constituição Financeira e a Agonia da Constituição Econômica. *Boletim de Ciências Econômicas*, Coimbra: Universidade de Coimbra, v. 49, p. 57-77, 2006. Disponível em: https://digitalis-dsp.uc.pt/bitstream/10316.2/24845/1/BoletimXLIX_Artigo2.pdf?ln=pt-pt. Acesso em: 27 abr. 2018.

BERCOVICI, Gilberto; Octaviani, Alessandro. Direito e Subdesenvolvimento: O Desafio Furtadiano. *In:* D'AGUIAR, Rosa Freire (Org.). *Celso Furtado e a Dimensão Cultural do Desenvolvimento*. Rio de Janeiro: Centro Internacional Celso Furtado de Políticas para o Desenvolvimento/E-Papers, 2013.

BOLOGNESI, Bruno. Dentro do Estado, Longe da Sociedade: A Distribuição do Fundo Partidário em 2016. *Newsletter:* Observatório de Elites Políticas e Sociais no Brasil. NUSP/UFPR, v. 3, n. 11, p. 1-15, jul. 2016. Disponível em: http://observatory-elites.org/wp-content/uploads/2012/06/newsletter-Observatorio-v.-3-n.-11.pdf. Acesso em: 30 abr. 2018.

BOURDIEU, Pierre. A Opinião Pública Não Existe. *In*: THIOLLENT, Michel J. M. *Crítica Metodológica, Investigação Social e Enquete Operária*. São Paulo: Polis, 1987. p. 137-151.

BOURDIEU, Pierre. Le Capital Social. *Actes de la Recherche en Sciences Sociales*, v. 31, p. 2-3, jan. 1980. Disponível em: http://www.persee.fr/doc/arss_0335-5322_1980_num_31_1_2069. Acesso em: 25 jan. 2018.

BRESSER-PEREIRA, Luis Carlos. Economia e Administração: Mercado e Poder. *Revista de Administração de Empresas*, São Paulo, v. 19, n. 4, p. 39-43, 1979. Disponível em: http://www.scielo.br/scielo.php?script=sci_arttext&pid=S0034-75901979000400003&lng=en&nrm=iso. Acesso em: 04 ago. 2017.

BRESSER-PEREIRA, Luis Carlos. Os Limites da Política Econômica. *Revista de Economia Política*, v. 8, n. 3, p. 5-21, jul./set. 1988. Disponível em: https://gvpesquisa.fgv.br/sites/gvpesquisa.fgv.br/files/arquivos/bresser_-_os_limites_da_politica_economica.pdf. Acesso em: 04 jan. 2018.

BRESSER-PEREIRA, Luis Carlos. As Duas Fases da História a as Fases do Capitalismo. *Escola de Economia de São Paulo*, Fundação Getúlio Vargas/FGV-EESP, São Paulo, TD. 278, maio 2011, p. 1-17. Disponível em: https://bibliotecadigital.fgv.br/dspace/bitstream/handle/10438/8081/TD%20278%20-%20Luiz%20Carlos%20Bresser%20Pereira.pdf. Acesso em: 16 fev. 2018.

BRESSER-PEREIRA, Luis Carlos. O Caráter Cíclico da Intervenção Estatal. *Revista de Economia Política*, v. 9, n. 3(35), p. 115-130, jul./set. 1989. Disponível em: http://www.rep.org.br/issue.asp?vol=9&mes=3. Acesso em: 17 fev. 2018.

BRITO, Eliane Pereira Zamith; BRITO, Luiz Artur Ledur; MORGANTI, Fábio. Inovação e o Desempenho Empresarial: Lucro ou Crescimento. *RAE-eletrônica*, v. 8, n. 1, p. 1-25, jan./jun. 2009. Disponível em: http://rae.fgv.br/sites/rae.fgv.br/files/artigos/10.1590_S1676-56482009000100007.pdf. Acesso: 18 abr. 2018.

CAGGIANO, Mônica Herman S. Corrupção e Financiamento de Campanhas Eleitorais. *Paraná Eleitoral*, Curitiba, n. 43, p. 25-44, jan./mar. 2002. Disponível em: http://bibliotecadigital.tse.jus.br/xmlui/handle/bdtse/332. Acesso em: 17 abr. 2018.

CALHEIROS, Renan; ABRAMO, Claudio Weber. O Financiamento Público Exclusivo de Campanhas Combate ao Caixa Dois? *Folha de S.Paulo*, São Paulo, n. 27870. Seção Tendências/Debates, 23 jul. 2005, p. A3.

CAMARGO, Ricardo Antônio Lucas. A Corrupção no Brasil à Luz do Direito Econômico. *Revista Acadêmica da Faculdade de Direito do Recife*, v. 87, n. 1, p. 74-107, jan./jun. 2015. Disponível em: https://periodicos.ufpe.br/revistas/ACADEMICA/article/view/1587/1213. Acesso em: 12 dez. 2016.

CAMBI, Eduardo. Jurisprudência Lotérica. *Revista dos Tribunais*, São Paulo, v. 90, n. 786, p. 108-126, abr. 2001.

CAMBI, Eduardo; MARGRAF, Alencar Frederico. Casuísmos Judiciários e Precedentes Judiciais. *Revista de Processo*, v. 248, p. 311-330, out. 2015.

CAMPOS, Tomás Cano. Non Bis in Idem, Prevalencia de La Via Penal y Teoría de Los Concursos en el Derecho Administrativo Sancionador. *Revista de Administración Pública*, Centro de Estudios Políticos y Constitucionales, Madrid, n. 156, p. 191-250, sep./dec. 2001.

CARLI, Paolo de. Costituzione e Politiche di Promozione dei Soggetti Economici. *In*: ASSOCIAZIONE ITALIANA DEI CONSTITUZIONALISTI. *La Costituzione Econômica*. Padova: CEDAM, 1997.

CARVALHO, José Murilo de. Mandonismo, Coronelismo, Clientelismo: Uma Discussão Conceitual. *Dados*, Rio de Janeiro, v. 40, n. 2, 1997. Disponível em: http://dx.doi.org/10.1590/S0011-52581997000200003. Acesso em: 03 mar. 2018.

CASTRO, M. F. de. Dívida Externa, Globalização da Economia e Direitos Humanos. *Arquivos do Ministério da Justiça*, n. 184, a. 47, p. 125-144, jul./dez. 1994.

CASTRO, M. F. de. O Supremo Tribunal Federal e a Judicialização da Política. Instituto de Ciência Política e Relações Internacionais. *In:* ENCONTRO ANUAL DA ANPOCS, 20., 1996. Brasília: Universidade de Brasília, p. 1-18. Disponível em: https://www.anpocs.com/in dex.php/encontros/papers/20-encontro-anual-da-anpocs/gt-19/gt03-5/5342-mfaro-o-supremo/file. Acesso em: 13 abr. 2018.

CAVALCANTI, Themístocles. Reflexões sobre o Problema Ideológico. *Revista de Direito Público e Ciência Política*, Rio de Janeiro, v. 8, n. 3, p. 84-100, set./dez. 1965.

CAZARRÉ, Carlos Augusto da Silva. Crimes Eleitorais: Sua Fundamentação Constitucional e a Deficiência de Proteção Penal em Alguns Aspectos do Processo Eleitoral. *In:* RAMOS, André de Carvalho (Coord.). *Temas de Direito Eleitoral no Século XXI*. Brasília: Escola Superior do Ministério Público da União, 2012. p. 463-480.

CENCI; Ana Righi; BEDIN, Gabriel de Lima; FISCHER, Ricardo Santi. Do Liberalismo ao Intervencionismo: O Estado como Protagonista da (Des)Regulação Econômica. Constituição, Economia e Desenvolvimento. *Revista da Academia Brasileira de Direito Constitucional*. Curitiba, v. 3, n. 4, p. 77-97, jan./jun. 2011.

CHEN, Jowei; RODDEN, Jonathan. Unintentional Gerrymandering: Political Geography and Electoral Bias in Legislatures. *Quarterly Journal of Political Science*, v. 8, n. 3, p. 239-269, 2013. Disponível em: http://dx.doi.org/10.1561/100.000120331. Acesso em: 21 jun. 2017.

CLARCK, Giovani; CÔRREA, Leonardo Alves; NASCIMENTO, Samuel Pontes do. A Constituição Econômica entre a Efetivação e os Bloqueios Institucionais. *Revista da Faculdade de Direito da Universidade Federal de Minas Gerais*, Belo Horizonte, n. 71, p. 677-700, jul./dez. 2017.

CLARCK. Giovani. Política Econômica e Estado. *Revista da Faculdade de Direito de Minas Gerais - Estudos Avançados*. Belo Horizonte, ano 14, v. 22(62), n. 53, p. 207-217, 2008. Disponível em: http://www.scielo.br/pdf/ea/v22n62/a14v2262.pdf. Acesso em: 23 jul. 2017.

COMPARATO, Fábio Konder. Capitalismo e Poder Econômico. *Revista da Faculdade de Direito da UFMG*, Belo Horizonte, número esp. em Memória do Prof. Washington Peluso Albino de Souza, p. 167-195, 2013. Disponível em: https://www.direito.ufmg.br/revista/index.php/revista/article/viewFile/P.0304-2340.2013vWA p167/315. Acesso em: 28 mar. 2018.

COMPARATO, Fábio Konder. O Indispensável Direito Econômico. *In:* COMPARATO, Fábio Konder. *Ensaios e Pareceres de Direito Empresarial*. Rio de Janeiro: Forense, 1978. p. 453-472.

COMPARATO, Fábio Konder. Regime Constitucional do Controle de Preços no Mercado. *Revista de Direito Público*, São Paulo, n. 97, p. 17-28, jan./mar. 1991.

CONDEFERAÇÃO NACIONAL DE MUNICÍPIOS. Pesquisa da CNM Mostra que 383 Prefeitos Já Perderam o Mandato. *Estudos Técnicos CNM*, v. 5, p. 234-236. Disponível em: http://www.cnm.org.br/cms/biblioteca_antiga/ET%20Vol%205%20-2023.%20Pesqisa%20da%20CNM%20mostra%20que%20383%20prefeitos%20j%C3%A1%20perderam%20o%20mandato.pdf. Acesso em: 18 abr. 2018.

COSTA, Álvaro Mayrink da. Criminalidade na Administração Pública: Peculato, Corrupção, Tráfico de Influência e Exploração de Prestígio. *Revista da EMERJ*, Rio de Janeiro, v. 13, n. 52, p. 39-68, 2010. Disponível em: http://www.emerj.tjrj.jus.br/revistaemerj_online/edicoes/revista52/Revista52_39.pdf. Acesso em: 08 maio 2018.

COSTA, Rafael de Oliveira. Entre o Direito, a Política e a Economia: (Re)Construindo a Análise Institucional Comparativa. *Revista da Faculdade de Direito – UFPR*, Curitiba, v. 59, n. 2, 2014, p. 75-90. Disponível em: http://revistas.ufpr.br/direito/article/view/35183/22968. Acesso em: 06 fev. 2018.

CRETELLA JÚNIOR, José. Sintomas Denunciadores do "Desvio de Poder". *Revista da Faculdade de Direito*, Universidade de São Paulo, São Paulo, v. 71, p. 79-97, jan. 1976. Disponível em: https://www.revistas.usp.br/rfdusp/article/view/66774/69384. Acesso em: 04 maio 2018.

CUNHA, Alexandre Mendes. Patronagem, Clientelismo e Redes Clientelares: A Aparente Duração Alargada de Um Mesmo Conceito na História Política Brasileira. *História*, São Paulo, v. 25, n. 1, 2006, pp. 226-247. Disponível em: http://dx.doi.org/10.1590/S0101-90742006000100011. Acesso em: 16 ago. 2017.

CYRINO, André. Análise Econômica da Constituição Econômica e Interpretação Institucional. *Constituição, Economia e Desenvolvimento: Revista da Academia Brasileira de Direito Constitucional*. Curitiba, v. 8, n. 15, p. 492-515, jul.-dez. 2016. Disponível em: http://abdconst.com.br/revista16/revista15.pdf. Acesso em: 18 abr. 2018.

REFERÊNCIAS | 255

D'ALMEIDA, Noely Manfredini. Financiamento dos Partidos e Campanhas no Mundo. *Revista Paraná Eleitoral*, n. 39, p. 1-11, jan. 2001. Disponível em: http://egov. ufsc.br/portal/conteudo/finan ciamento-de-partidos-e-campanhas-no-mundo. Acesso em: 14 jul. 2017.

DERANI, Cristiane. Política Pública e a Norma Política. *Revista da Universidade Federal do Paraná*. Curitiba, SER/UFPR, v. 41, n. 0, p. 19-28, jul. 2004. Disponível em: https://revistas. ufpr.br/direito/article/view/38314/23372. Acesso em: 27 abr. 2018.

DIAS, Marcos Antônio. James Buchanan e a "Política" na Escolha Pública. *Ponto-e-vírgula*, n. 6, p. 201-217, 2. sem. 2009. Disponível em: https://revistas.pucsp.br/index.php/ pontoevirgula/article/view/14047. Acesso em: 05 dez. 2017.

DUARTE, Francisco Carlos; HERBST, Kharen Kelm. A Nova Regulação do Sistema Financeiro face à Crise Econômica Mundial de 2008. *Revista de Direito Econômico e Socioambiental*, Curitiba, v. 4, n. 2, p. 16-38, jul./dez. 2013. Disponível em: https://periodicos. pucpr.br/index.php/direitoeconomico/article/view/6005/5918. Acesso em: 18 fev. 2018.

DUPAS, Gilberto. A Lógica da Economia Global e a Exclusão Social. *Estudos Avançados*, São Paulo, v. 12, n. 34, p. 121-159, 1998. Disponível em: http://www.scielo.br/scielo. php?script=sci_arttext&pid=S0103-40141998000300019. Acesso em: 18 fev. 2018.

ELKLIT, Jorge; SVENSSON, Palle. What Makes Elections Free and Fair? *Journal of Democracy*, v. 8, n. 3, p. 32-46, 1997.

EMERIQUE, Lilian Márcia Balmant. O Direito de Oposição Política no Estado Democrático de Direito. *In:* ENCONTRO PREPARATÓRIO PARA O CONGRESSO NACIONAL DO CONPEDI, 15., 2006, Recife, *Anais...* Recife: CONPEDI, 2006. Disponível em: https://www. conpedi.org.br/manaus/arquivos/. Acesso em: 04 maio 2018.

ESTEVÃO, Carlos. Justiça Social e Modelos de Educação: Para Uma Escola Justa e de Qualidade. *Revista Diálogo Educacional*, Curitiba, v. 16, n. 47, p. 37-58, jan./abr. 2016. Disponível em: http://www2.pucpr.br/reol/pb/index.php/dialogo?dd99=issues. Acesso em: 16 fev. 2018.

FARES PAULO. Rodolfo. O Desenvolvimento Industrial e o Crescimento Populacional como Fatores Geradores do Impacto Ambiental. *Veredas do Direito*, Belo Horizonte, v. 7, n. 13/14, p. 173-189, jan./dez. 2010. Disponível em: http://www.domhelder.edu.br/revista/ index.php/veredas/article/view/180/153. Acesso em: 16 fev. 2018.

FIGUEIREDO FILHO, Dalson Britto *et al.* Financiamento de Campanha: Nível de Regulamentação em Perspectiva Comparada. *E-Legis - Revista Eletrônica do Programa de Pós-Graduação da Câmara dos Deputados*, Brasília, v. 8, n. 17, p. 36-50, maio/ago. 2015. Disponível em: http://e-legis.camara.leg.br/cefor/index.php/e-legis/article/view/215. Acesso em: 30 abr. 2018.

FIGUEIREDO, Vítor Fonseca. O Papel da Comissão Verificadora de Poderes da Câmara Federal para a Articulação do Estado Brasileiro Durante a Primeira República. *Anais Eletrônicos do XVIII Encontro Regional (ANPUH-MG)*. Mariana, jul. 2012, p. 1-8. Disponível em: http://www.encontro2012.mg.anpuh.org/resources/anais/24/1340624650_arquivo_ textocompletoanaisanpuh-vitorfonsecafigueiredo.pdf. Acesso em: 01 set. 2017.

FILGUEIRAS, Fernando de Barros. Notas Críticas sobre o Conceito de Corrupção: Um Debate com Juristas, Sociológos e Economistas. *Revista de Informação Legislativa*, Brasília, ano 41, n. 164, p. 125-148, out./dez. 2004. Disponível em: http://www2.senado.leg.br/bdsf/ bitstream/handle/id/1011/R164-08.pdf?sequence=4. Acesso em: 09 jul. 2017.

FILGUEIRAS, Fernando de Barros. A Tolerância à Corrupção no Brasil: Uma Antinomia entre Normas Morais e Prática Social. *Opinião Pública*, Campinas, v. 15, n. 2, p. 386-421, nov. 2009. Disponível em: http://dx.doi.org/10.1590/S0104-62762009000200005. Acesso: 29 abr. 2018.

FILGUEIRAS, Fernando de Barros. Marcos Teóricos da Corrupção. *In:* AVRITZER, Leonardo *et al.* (Org.). *Corrupção, Ensaios e Críticas*. Belo Horizonte: Ed. UFMG, 2008. p. 299-306.

FLEISCHER, David. Reforma Política no Brasil: Os Partidos Políticos em Questão. *In:* MULHOLLAND, Timothy; RENNÓ, Lúcio R. (Org.); CINTRA, Antônio Octávio; FARIA, Dóris de; COSTA, Tania (Coorg.). *Reforma Política em Questão*. Brasília: Ed. UnB, 2008. p. 163-190.

FOWLER, James; Smirnov, Oleg. A *Dynamic Calculus of Voting*. 26 ago., 2003 (on-line). p. 1-38. Disponível em: http://jhfowler.ucsd.edu/a_dynamic_calculus_of_voting.pdf. Acesso em: 29 nov. 2017.

FREITAS, Juliana Rodrigues; BLAGITZ, Patrícia. Financiamento Público de Campanha Eleitoral e a Negativa ao Princípio da Maioria. *Revista Ballot*, Rio de Janeiro, v. 1, n. 1, p. 249-260, maio/ago. 2015. Disponível em: https://doi.org/10.12957/ballot.2015.17908. Acesso em: 24 abr. 2018.

GABARDO. Emerson. O Princípio da Supremacia do Interesse Público sobre o Interesse Privado como Fundamento do Direito Administrativo Social. *Revista de Investigações Constitucionais*, Curitiba, v. 4, n. 2, p. 95-130, maio/ago. 2017. Disponível em: http://revistas.ufpr.br/rinc/article/view/53437/33212. Acesso em: 06 fev. 2018.

GALGANO, Francesco. Pubblico e Privato Nella Regolazione dei Rapporti Economici. *In*: GALGANO, Francesco; GENGHINI, Riccardo (Dir.). *Trattato di Diritto Commerciale e di Diritto Pubblico Dell'Economia*. Volume primo. Padova: CEDAM, 1977.

GANEM. Angela. O Mercado como Ordem Social em Adam Smith, Warals e Heyek. *Economia e Sociedade*, Campinas, v. 21, n. 1 (44), p. 143-164, abr. 2012. Disponível em: http://www.scielo.br/pdf/ecos/v21n1/06.pdf. Acesso em: 19 abr. 2018.

GOEL, Rajeev K.; NELSON, Michael A. Causes of Corruption: History, Geography, and Government. *Journal of Policy Modeling*, Elsevier, v. 32(4), p. 433-447, Jul. 2010. Disponível em: https://ideas.repec.org/a/eee/jpolmo/v32y4p433-447.html. Acesso em: 10 jan. 2018.

GOMES, José Jairo. Direitos Políticos. *Revista Brasileira de Estudos Políticos*, Belo Horizonte, n. 100, p. 103-130, jan./jun. 2010. Disponível em: https://pos.direito.ufmg.br/rbep/index. php/rbep/article/view/111/107. Acesso em: 01 maio 2018.

GOMES, Luiz Flávio. O STF está Assumindo Um "Ativismo Judicial" sem Precedentes?. *Revista Jus Navigandi*, Teresina, ano 14, n. 2164, 4 jun. 2009. Disponível em: https://jus. com.br/artigos/12921. Acesso em: 10 dez. 2012.

GONZAGA NETO. Admar. Regime Jurídico da Propaganda Política. *In:* KIM, Richard Pae; NORONHA, João Otávio de. *Sistema Político e Direito Eleitoral Brasileiros:* Estudos em Homenagem ao Ministro Dias Toffoli. São Paulo: Atlas, 2016. p. 1-20.

GORENDER, Jacob. Dossiê Globalização: Globalização, Tecnologia e Relações de Trabalho. *Estudos Avançados*. São Paulo, v. 11, n. 29, p. 311-361, abr. 1997. Disponível em: http://www.scielo.br/scielo.php?script=sci_arttext&pid=S0103-40141997000100017. Acesso em: 16 fev. 2018.

REFERÊNCIAS | 257

GORENDER, Jacob. Estratégias dos Estados Nacionais Diante do Processo de Globalização. *Estudos Avançados*, São Paulo, v. 9, n. 25, p. 93-112, 1995. Disponível em: http://www.scielo. br/scielo.php?script=sci_arttext&pid=S0103-40141995000300007. Acesso em: 06 fev. 2018.

GUEDES, Néviton. Natureza Jurídica dos Direitos Políticos. *In:* CANOTILHO, J. J. Gomes *et al.* (Coord.). *Comentários à Constituição do Brasil*. São Paulo: Saraiva/Almedina, 2014. p. 659-660.

GUEDES, Nuno. O Partido-cartel: Portugal e as Leis dos Partidos e Financiamento de 2003. *Centro de Investigação e Estudos de Sociologia(CIES) e-Working Paper*, Lisboa, n. 17, p. 1-20, 2006. Disponível em: https://repositorio.iscte-iul.pt/handle/10071/181?mode=full. Acesso em: 30 abr. 2018.

HABERMAS, Jürgen; McCARTHY, Thomas. Hannah Arendt's Communications Concept of Power. *Social Research*, Spring, v. 44, n. 1, p. 3-24, 1977. Disponível em: http://www. jstor.org/stable /40970268. Acesso em: 04 maio 2018.

HAUK, Esther; Marti-SAEZ, Maria. On The Cultural Transmission of Corruption. *Journal of Economic Theory*, v. 107, p. 311-335, 2002. Disponível em: https://pdfs.semanticscholar. org /a5e7/773eff 04d6fa5dede337e3e7238f0a8b439a.pdf. Acesso em: 09 jan. 2018.

HORTA, Raul Machado. Constituição e Ordem Econômica e Financeira. *Revista de Informação Legislativa*, v. 28, n. 111, jul./set. 1991, p. 5-20. Disponível em: http://www2. senado.leg.br/bdsf /item/id/175896. Acesso em: 07 maio 2018.

JUCÁ, Ivan; MELO, Marcus André; RENNÓ Lucio. The Political Cost of Corruption: Scandals, Campaign Finance, and Reelection in the Brazilian Chamber of Deputies. *Journal of Politics in Latin America*, v. 8, n. 2, p. 3-36, 2016. Disponível em: http://journals. sub.uni-hamburg.de/giga/jpla/article/view/957. Acesso em: 11 jan. 2018.

KANAAN, Alice. Financiamento Público, Privado e Misto Frente à Reforma Política Eleitoral que Propõe o Financiamento Público Exclusivo. *In:* RAMOS, André de Carvalho (Coord.). *Temas de Direito Eleitoral no Século XXI*. Brasília: Escola Superior do Ministério Público da União, 2012. p. 271-214.

KIRCHHEIMER, Otto. The Transformation of the Western European Party Systems. *In:* LAPALOMBARA, Joseph; WEINER, Myron. *Political Parties and Political Development*. New Jersey: Princeton University Press, 1966. p. 177-200.

KOURY, Suzy Cavalcante. O Princípio da Economicidade na Obra de Washington Peluso Albino de Souza. *Revista da Faculdade de Direito da Universidade Federal de Minas Gerais*, número esp. em Memória do Prof. Washington Peluso Albino de Souza, p. 443-463, 2013. Disponível em: https://www.direito.ufmg.br/revista/index.php/revista/article/ viewFile/P.0304-2340.2013vWAp443/314. Acesso em: 29 jul. 2017.

LACOMBE, Marcelo; CARVALHO, Raphael; RODRIGUES, Ricardo. Glossário – Reforma Política. *Consultoria Legislativa*, Brasília: Câmara dos Deputados, Estudo, mar. 2015, p. 1-26. Disponível em: http://www2.camara.leg.br/atividade-legislativa/comissoes/ comissoes-temporarias/especiais/55a-legislatura/pec-182-07-reforma-politica/documentos/ outros-documentos/glossario-da-reforma-politica. Acesso em: 30 jul. 2017.

LIMA, Martonio Mont'Alverne Barreto. O Financiamento das Campanhas Eleitorais em 2016. *In:* MORAES, Filomeno; SALGADO, Eneida Desiree; AIETA, Vânia Siciliano (Org.). *Justiça Eleitoral, Controle das Eleições e Soberania Popular*. Curitiba: Íthala, 2016. v. 1, p. 365-374.

MACHADO, Igor Suzano. 25 Anos da Carta Constitucional de 1988: Caminhos e Descaminhos na Concretização da Ordem Jurídico-Institucional da Constituição Cidadã. *Revista de Direito da Universidade Federal de Viçosa*, v. 5, n. 2, p. 37-58, jul./dez. 2013. Disponível em: http://www.seer.ufv.br/seer/revdireito/index.php/RevistaDireito-UFV/article/view/22/10. Acesso em: 25 jan. 2018. p. 183-215.

MACHADO, Marcelo Passamani. O Financiamento das Campanhas Eleitorais: Perspectivas para uma Reforma Política. In: LEMBO, Cláudio; CAGGIANO, Monica Herman Salem (Coord.). *O Voto nas Américas.* Barueri: Manole, 2008.

MADURO, Miguel Poiares. Courts and Pluralism: Essay on a Theory of Judicial Adjudication in the Context of Legal na Constitutional Pluralism. *Ruling the World? Constitutionalism, International Law, and Global Governance*, New York, n. 45, p. 356-379, 2009.

MANCUSO, Wagner Pralon. Investimento Eleitoral no Brasil: Balanço da Literatura (2001-2012) e Agenda de Pesquisa. *Revista de Sociologia e Política*, v. 23, n. 54, p. 155-183, jun. 2015. Disponível em: https://revistas.ufpr.br/rsp/article/view/41477/25431. Acesso em: 01 maio 2018.

MATZ, Joshua; TRIBE, Laurence. Financiamento de Campanha: Siga o dinheiro. *Estudos Eleitorais.* Brasília-DF, v. 11, n. 2, p. 271-325, maio/jul. 2016. Trad. Adisson Leal e Cláudio Lucena. Disponível em: http://bibliotecadigital.tse.jus.br/xmlui/han dle/bdtse/3601. Acesso em: 16 abr. 2018.

MAZZONI, Cosimo Marco. I Controlli Sulle Attività Economiche. *In:* GALGANO, Francesco; GENGHINI, Riccardo (Dir.). *Trattato di Diritto Commerciale e di Diritto Pubblico Dell'Economia.* Volume primo. Padova: CEDAM, 1977.

MENDONÇA, Fabrício Cortese. *Corrupção Ativa e Corrupção Passiva* - As Diferenças entre os Crimes Praticados por Funcionário Público e Particular. (on-line). p. 1-9. Disponível em: http://www.egov.ufsc.br/portal/sites/default/files/anexos/31727-36554-1-PB.pdf. Acesso em: 20 abr. 2018.

MENDONÇA, Jorge Pessoa. A Relação entre a Política e a Economia: Suas Implicações no Sistema Financeiro. *Revista Análise Econômica*, Porto Alegre, Faculdade de Ciências Econômicas/UFRGS, ano 18, n. 33, p. 87-100, mar. 2000. Disponível em: http://seer.ufrgs.br/index.php/AnaliseEconomica/article/view/10644/6279. Acesso em: 15 abr. 2018.

MOISÉS, José Álvaro. A Corrupção Afeta a Qualidade da Democracia? *Em Debate:* Periódico de Opinião Pública e Conjuntura Política, Belo Horizonte, ano 2, n. 5, p. 27-37, maio 2010. Disponível em: http://bibliotecadigital.tse.jus.br/xmlui/handle/bdtse/3160. Acesso em: 17 abr. 2018.

MOJOBI, E. H. África Francófona. *In:* CARRILLO, M. *et al. Dinero y Contienda Político-Electoral.* México: Fondo de Cultura Económica, 2003.

MOREIRA NETO, Diogo de Figueiredo; PRADO, Ney. Uma Análise Sistêmica do Conceito de Ordem Econômica e Social. *Revista de Informação Legislativa*, v. 24, n. 96, p. 127-138, out./dez. 1987. Disponível em: http://www2.senado.leg.br/bdsf/handle/id/181813. Acesso em: 05 mar. 2018.

MOREIRA, Egon Bockmann. Desenvolvimento Econômico, Políticas Públicas e Pessoas Privadas: Passado, Presente e Futuro de Uma Perene Transformação. *Revista de Direito do Estado*, v. 3, n. 10, p. 75-110, abr./jun. 2008. Disponível em: http://revistas.ufpr.br/direito/article/viewFile/14130/9510. Acesso em: 07 ago. 2017.

MOZAFFAR, Shaheen; SCHEDLER, Andreas. The Comparative Study of Electoral Governance: Introduction. *International Political Science Review*, v. 23, n. 1, Norris; Pippa, p. 5-27, 2002.

MUNCK, Gerardo L; VERKUILEN, Jay. Conceptualizing and Measuring: Democracy Evaluating Alternative Indices. *Comparative Political Studies*, v. 35, n. 1, p. 5-34, feb. 2002. Disponível em: https://doi.org/10.1177/001041400203500101. Acesso em: 21 jun. 2017.

MUTHUKRISHNA, Michael *et al.* Corrupting Cooperation and How Anti-Corruption Strategies may Backfire. *Nature Human Behaviour*, ano 1, v. 7, n. 138, p. 1-20, 2017. Disponível em: www.nature.com/articles/s41562-017-0138. Acesso em: 14 ago. 2017.

NASSIF, Lílian Erichsen; CAMPOS, Regina Helena de Freitas. Édouard Claparède (1873-1940): Interesse, Afetividade e Inteligência na Concepção da Psicologia Funcional. *Memorandum*, Belo Horizonte, n. 9, p. 91-104, out. 2005. Disponível em: http://www.fafich. ufmg.br/~memorandum/a09/nassifcampos01.pdf. Acesso em: 18 abr. 2018.

NEALE, Walter. El Mercado en la Teoría y la História. *In*: POLANYI, Karl; ARENSBERG, Conrad; PEARSON, Harry. *Comercio y Mercado en los Imperio Antiguos*. Barcelona: Editorial Labor, 1976. p. 405-421.

NETO, Joviniano. Compra de Voto é Prática Antiga. *Jornal A Tarde*, Salvador, ano 96, n. 32.635, 14 ago. 2008.

NORA, Luiz Fernando Zen; ARNOLDI, Paulo Roberto Colombo. O Estado e a Atuação em Parceria com a Sociedade Civil no Desenvolvimento de Ações de Interesse Público. *Scientia Iuris*, Londrina, v. 20, n. 2, p. 51-80, jul. 2016.

NYE, J. S. Corruption and Political Development: *The American Political Science Review*, v. 61, n. 2, p. 417-427, jun. 1967. Disponível em: https://www.jstor.org/stable/1953254?seq=1#page_scan_tab_contents. Acesso em: 15 jan. 2018.

OLIVEIRA, Elton Somensi de; TONIAL, Raíssa. Os Modelos de Financiamento de Campanha Eleitoral e o Contexto Político-Cultural Brasileiro. *Direito e Justiça – Revista de Direito da PUCRS*, Porto Alegre, v. 40, n. 1, p. 106-119, jan./jun. 2014. Disponível em: http://revistaseletronicas.pucrs.br/ojs/index.php/fadir/article/view/16553/10867. Acesso em: 29 abr. 2018.

PAULA, João Antônio de. O Mercado e o Mercado Interno no Brasil: Conceito e História. *História Econômica e História de Empresas*, Rio de Janeiro, v. 5(1), p. 7-39, jan. 2002. Disponível em: https://ideas.repec.org/a/abp/hehehe/v5y2002i1p7-39.html. Acesso em: 04 fev. 2018.

PAUPERIO, Arthur Machado. A Economia Desagradou o Direito. *Revista de Informação Legislativa*, Brasília, n. 90, p. 201-238, abr./jun. 1987.

PEREIRA, Micheli. Atuação do Poder Judiciário na Defesa dos Direitos Fundamentais: Uma Tensão entre Constitucionalismo e Democracia. *Revista Direitos Fundamentais e Democracia*, v. 6, n. 6, p. 1-20, jul./dez. 2009. Disponível em: http://revistaeletronicardfd. unibrasil.com.br/index.php/rdfd/article/view/55. Acesso em: 25 jan. 2018.

PEREIRA, Rodolfo Viana; GELAPE, Lucas de Oliveira. Anacronismo do Sistema Proporcional de Lista Aberta no Brasil: Ocaso das Razões Originárias de sua Adoção. *Revista de Informação Legislativa*, v. 52, n. 205, p. 261-279, jan./mar. 2015. Disponível em: http://www2.senado.leg.br/bdsf/item/id/509952. Acesso em: 17 abr. 2018.

PEREIRA, Rodolfo Viana; VIDAL, Luísa Ferreira. Big Donors Brasileiros: Retrato das 10 (Dez) Empresas que Mais Doaram para as Campanhas e para os Diretórios Nacionais dos Partidos Políticos dos Candidatos à Presidência da República nas Eleições de 2010. *In:* COSTA, Mônica Aragão M. F. Costa; GUERRA, Arthur Magno e Silva; RIBEIRO, Patrícia Henriques (Org.). *Direito Eleitoral:* Leituras Complementares. Belo Horizonte: D'Plácido, 2014. p. 391-413.

PETHS, Lucas Lisboa; LEAL, Paulo Roberto Figueira. Horário Gratuito de Propaganda Eleitoral e Propaganda Partidária Gratuita: Do Surgimento à Personalização na Televisão Brasileira. *Revista Parágrafo*, São Paulo, v. 2, n. 1, p. 84-97, 2013.

PORTO, Walter Costa. *Eleições no Brasil Colonial. Revista Arquivos do Ministério da Justiça*, Brasília, v. 48, n. 186, p. 113-123, jul./dez.1995.

POSNER, Richard A. Pragmatic Adjudication. *In:* DICKSTEIN, Morris (Ed.). *The Revival of Pragmatism:* New Essays on Social Thought, Law and Culture. Durham; London: Duke University Press, 1998. p. 235-253.

PRAT, Andrea. Campaign Advertising and Voter Welfare. *Review of Economic Studies*, v. 69, n. 4, p. 999-1017, Oct. 2002. Disponível em: https://doi.org/10.1111/1467-937X.00234. Acesso em: 12 nov. 2017.

REIS, Bruno P. W. O Mercado e a Norma: O Estado Moderno e a Intervenção Pública na Economia. *Revista Brasileira de Ciências Sociais*, v. 18, n. 52, p. 55-79, jun. 2003. Disponível em: http://www.scielo.br/pdf/rbcsoc/v18n52/18066.pdf. Acesso em: 12 ago. 2017.

REIS, Bruno P. W. Sistema Eleitoral e Financiamento de Campanhas no Brasil: Desventuras do Poder Legislativo sob Um Hiperpresidencialismo Consociativo. *In:* OLIVER, George; RIDENTI, Marcelo; BRANDÃO, Gildo Marçal (Org.). *A Constituição de 1988 na Vida Brasileira*. São Paulo: Hucitec, 2008. p. 57-90.

RIBEIRO DA CRUZ, Antônio Augusto Bello. Teoria da Escolha Pública: Uma Visão Geral de seus Elementos sobre a Ótica de Gordon Tullock em sua Obra *"Government Failure". Revista Virtual da Faculdade Milton Campos*, Online, v. 9, p. 1-11, 2011. Disponível em: http://www.mcampos.br/REVISTA%20DIREITO/PRODUCAOCIENTIFICA/artigos/ antonioaugustocruzteoriadaescolhapublica.pdf. Acesso em: 07 dez. 2018.

RIBEIRO, Renato J. Financiamento de Campanha (Público *versus* Privado). *In:* AVRITZER, Leonardo; ANASTASIA, Fátima (Org.). *Reforma Política no Brasil*. Belo Horizonte: Ed. UFMG, 2006. p. 77-81.

RIKER, William H; ORDESHOOK, Peter C. A Theory of the Calculus of Voting. *American Political Science Review*, v. 62, n. 1, p. 25-42, mar. 1968. Disponível em: doi:10.1017/ S000305540011 562X. Acesso em: 25 jan. 2018.

ROBINSON, Joan. A Função de Produção e a Teoria do Capital. *In:* HARCOURT, G. C.; LAING, N. F. *Capital e Crescimento Econômico*. Rio de Janeiro: Interciência, 1978. p. 33-48.

ROCHA, Cármen Lúcia Antunes. Justiça Eleitoral e Representação Democrática. *In:* ROCHA, Cármen Lúcia Antunes; *VELLOSO, Carlos Mário da Silva. Direito Eleitoral. Belo Horizonte: Del Rey, 1996.* p. 377-392.

RODRIGUES, Marcelo Abelha. Perguntas, Respostas e Reflexões em Torno do Autofinanciamento da Campanha Eleitoral das Eleições de 2018. *Migalhas*, 02 mar. 2018. Disponível em: http://www.migalhas.com.br/dePeso/16,MI275389,11049-Perguntas+r espostas+e+reflexoes+em+torno+do+autofinanciamento+da. Acesso em: 13 abr. 2018.

REFERÊNCIAS | 261

RODRIGUES, Ricardo José Pereira. Financiamento de Partidos Políticos e Fundos Partidários: Subvenções Públicas em Países Selecionados. *Revista de Informação Legislativa*, v. 49, n. 193, p. 31-47, jan./mar. 2012. Disponível em: https://www12.senado.leg.br/ril/edicoes/49/193/ril_v49_n193_p31.pdf. Acesso em: 29 abr. 2018.

ROSA, Fábio Bittencourt da. O Caixa Dois. *Revista do Tribunal Regional Federal da 4ª Região*, Porto Alegre, ano 15, n. 51, p. 15-24, 2004. Disponível em: http://www.trf4.jus.br/trf4/revistatrf4/arqui vos/Rev51.pdf. Acesso em: 07 maio 2018.

RUBIO, Delia Ferreira. Financiamento de Partidos e Campanhas: Fundos Públicos *versus* Fundos Privados. *Novos Estudos - CEBRAP*, São Paulo, n. 73, p. 6-16, nov. 2005. Disponível em: http://dx.doi.org/10.1590/S0101-33002005000300001. Acesso em: 01 maio 2018.

RUIZ, Jorge Fernández. Tratado de Derecho Electoral. *Justicia Electoral*, Universidad Nacional Autónoma de México – UNAM, México/DF: Porrúa, v. 1, n. 10, p. 531-549, 2010. Disponível em: https://revistas-colaboracion.juridicas.unam.mx/index.php/justicia-electoral/article/view/12214/11019. Acesso em: 04 maio 2018.

RUSSOMANO, Rosah. Sistemas Eleitorais. Justiça Eleitoral: Sua Problemática no Constitucionalismo Brasileiro. *Revista de Informação Legislativa*, Brasília, v. 18, n. 71, p. 133-140, jul./set. 1981. Disponível em: http://www2.senado.leg.br/bdsf/item/id/18 1295. Acesso em: 20 abr. 2018.

SALDANHA, Nelson. O Racionalismo Moderno e a Teoria do Poder Constituinte. *Revista da ESMAPE*, Recife, v. 8, n. 18, p. 481-485, jul./dez. 2003.

SALGADO, Eneida Desireé. Abuso do Poder Econômico e Financiamento das Campanhas Eleitorais. *Paraná Eleitoral: Revista Brasileira de Direito Eleitoral e Ciência Política*, Curitiba, n. 39, p. 31-38, jan./mar. 2001.

SAMUELS, David J. Pork-Barreling is Not Credit-Claiming or Advertising: Reassessing the Sources of the Personal Vote in Brazil. *The Journal of Politcs*, v. 64, n. 3, p. 845-863, aug. 2002.

SAMUELS, David J. Concurrent Elections, Discordant Results: Presidentialism, Federalism and Governance in Brazil. *Comparative Politics*, v. 33, n. 1, p. 1-20, oct. 2000. Disponível em: http://www.jstor.org/stable/422421. Acesso em: 28 abr. 2018.

SAMUELS, David J. Financiamento de Campanhas no Brasil e Propostas de Reforma. *Suffragium - Tribunal Regional Eleitoral do Ceará*, Fortaleza, v. 3, n. 4, p. 11-28, jan./jun. 2007. Disponível em: http://bibliotecadigital.tse.jus.br/xmlui/handle/bdtse/752. Acesso em: 16 abr. 2018.

SAMUELS, David; SNYDER, Richard. The Value of a Vote: Malapportionment in Comparative Perspective. *British Journal of Political Science*, v. 31, n. 4, p. 651-671, oct. 2001. Disponível em: http://www.jstor.org/stable/3593296. Acesso em: 21 jun. 2017.

SANSEVERINO, Francisco de Assis Vieira. Financiamento de Campanha Eleitoral: Entre o Público e o Privado. *In:* RAMOS, André de Carvalho (Coord.). *Temas do Direito Eleitoral no Século XXI*. Brasília: Escola Superior do Ministério Público da União, 2012. p. 251-270.

SANTANO, Ana Cláudia. Como Sobreviver na Selva: Fontes Alternativas de Financiamento de Campanhas Eleitorais. *In:* PEREIRA, Rodolfo Viana; SANTANO, Ana Claudia (Org.). *Conexões Eleitoralistas*. Belo Horizonte: Abradep, 2016. p. 35-62. Disponível em: http://bit.ly/2dCrveB. Acesso em: 03 mar. 2018.

SANTANO, Ana Cláudia. Menos Proibições e Mais Transparência: As (Falsas) Promessas Sobre a Vedação de Doações de Pessoas Jurídicas no Financiamento de Campanhas Eleitorais. *Revista Ballot*, Rio de Janeiro, v. 1, n. 1, p. 182-201, maio/ago. 2015. Disponível em: https://www.researchgate.net/publication/324043670_Menos_proibicoes_e_mais_transparencia_as_falsas_promessas_sobre_a_vedacao_de_doacoes_de_pessoas_juridicas_no_financiamento_de_campanhas_eleitorais. Acesso em: 10 dez. 2017.

SANTANO, Ana Cláudia. O Tabu da Relação do *Lobby* e Políticas Públicas no Brasil. *Revista de Direito Econômico e Socioambiental*, Curitiba, v. 7, n. 2, p. 49-72, jul./dez. 2016. Disponível em: http://www2.pucpr.br/reol/pb/index.php/direitoeconomico?dd1=16464&dd99=view&dd98=pb. Acesso em: 16 abr. 2018.

SANTANO, Ana Cláudia. O Tubo de Ensaio do Financiamento de Campanhas Eleitorais no Brasil. *Revista Consultor Jurídico*, 08 jun. 2017. Disponível em: http://www.conjur.com.br/2017-jun-08/ana-santano-tubo-ensaio-financiamento-campanhas-eleitorais. Acesso em: 11 set. 2017.

SANTANO, Ana Cláudia. Parecer jurídico: Projeto de Lei 6.368/2016, Câmara dos Deputados. *Revista Eletrônica Direito e Política*, Programa de Pós-Graduação *Stricto Sensu* em Ciência Jurídica da UNIVALI, Itajaí, v. 12, p. 489-508, quadrim. 2017. Disponível em: https://siaiap32.univali.br/seer/index.php/rdp/article/view/10689. Acesso em: 30 abr. 2018.

SANTOS, Rodrigo Dolandi dos. Grandes Empresários e Sucesso Eleitoral dos Candidatos nas eleições de 2002, 2006 e 2010. *In*: ENCONTRO ANUAL DA ASSOCIAÇÃO NACIONAL DE PÓS-GRADUAÇÃO E PESQUISA EM CIÊNCIAS SOCIAIS, p. 1-26. Disponível em: https://www.anpocs.com/index.php/papers-35-encontro/gt-29/gt13-16/979-grandes-empresarios-e-sucesso-eleitoral-dos-candidatos-nas-eleicoes-de-2002-2006-e-2010/file. Acesso em: 18 maio 2017.

SANTOS, Rogério Dultra dos. Estado de Exceção e Criminalização da Política pelo *Mass Media*. *Sistema Penal & Violência*, Porto Alegre, v. 8, n. 2, p. 187-209, jul./dez. 2016. Disponível em: http://revistaseletronicas.pucrs.br/ojs/index.php/sistemapenaleviolencia/article/view/25949/15397. Acesso em: 11 jan. 2017.

SARLET, Ingo Wolfgang. Direitos Sociais. *In*: DIMOULIS, Dimitri (Coord.). *Dicionário Brasileiro de Direito Constitucional*. São Paulo: Saraiva, 2007. p. 132-134.

SARMENTO, Daniel; OSORIO, Aline. Uma Mistura Tóxica: Política, Dinheiro e o Financiamento das Eleições. *In*: SARMENTO, Daniel. *Jurisdição Constitucional e Política*. Rio de Janeiro: Forense, 2015. p. 673-700.

SCHLICKMANN, Denise Goulart; LÜBKE, Heloísa Helena Bastos Silva. Financiamento de Campanhas Eleitorais: Avaliação das Proposições Apresentadas pelo Tribunal Superior Eleitoral ao Congresso Nacional. *Resenha Eleitoral*. Nova Série, v. 15, 2008. Disponível em: http://www.tre-sc.jus.br/site/resenha-eleitoral/revi sta-tecnica/edicoes-impressas/integra/2012/06/financiamento-de-campanhas-eleitorais-avaliacao-das-proposicoes-apresentadas-pelo-tribunal-superior-eleitoral-ao-congresso-nacional/index1225.html?nocache=1&cHash=86eb7a536c4e0695c4268006fd667d30. Acesso em: 22 mar. 2018.

SCHOCKLEY, John S. Money in Politics: Judicial Roadblocks to Campaign Finance Reform. *Symposium:* Campaign Finance Reform. Spring, v. 10, n. 679, p. 679-719, 1983. Disponível em: https://static1.squarespace.com/static/591ccf16db29d6afe8606726/t/598e337203596e7caf4742f7/1502491585180/Shockley.pdf. Acesso em: 01 dez. 2017.

SCOTT, James C. Corrupção Eleitoral: O Aparecimento das Máquinas Políticas. *Revista de Ciência Política*, Rio de Janeiro, v. 5, n. 3, p. 37-73, jul./set. 1971. Disponível em: http://bibliotecadigital.fgv.br/ojs/index.php/rcp/article/viewFile/59156/57602. Acesso em: 16 ago. 2017.

SELL, Carlos Eduardo. Racionalidade e Racionalização em Max Weber. *Revista Brasileira de Ciências Sociais*, v. 27, n. 79, p. 153-172, jun. 2012. Disponível em: http://www.scielo.br/pdf/ rbcsoc/v27n79/a10.pdf. Acesso em: 19 abr. 2018.

SEÑA, Jorge F. Malem. La Corrupcíon. Algumas Consideraciones Conceptuales y Contextuales. *Revista Vasca de Administración Pública*, n. 104-II, p. 169-180, ener.-abr. 2016. Disponível em: https://dialnet.unirioja.es/servlet/autor?codigo=125357. Acesso em: 04 jun. 2017.

SERRA, Francesc de Carreras. Los Partidos em Nuestra Democracia de Partidos. *Revista Española de Derecho Constitucional*, Madrid, ano 24, n. 70, p. 91-126, 2004. Disponível em: https://dialnet.uni rioja.es/ejemplar/91551. Acesso em: 30 jan. 2018.

SILVA, C. L.; SARRIERA, J. C. Promover a Justiça Social: Compromisso Ético para Relações Comunitárias. *Psicologia e Sociedade*, Belo Horizonte, v. 28, n. 2, p. 380-386, ago. 2016. Disponível em: http://www.scielo.br/scielo.php?script=sci_arttext&pid=S0102-71822016000200380&lng=pt&tlng=pt. Acesso em: 16 fev. 2018.

SILVA, Estevão; SILVA, Thiago. Eleições no Brasil Antes da Democracia: o Código Eleitoral de 1932 e os Pleitos de 1933 e 1934. *Revista de Sociologia e Política*. Curitiba, v. 23, n. 56, p. 75-106, dez. 2015. Disponível em: http://dx.doi.org/10.1590/1678-987315235604. Acesso em: 20 abr. 2018.

SILVA, Fernando Neves da. Financiamento da Campanha Política e Corrução Eleitoral. *Consulex*: Revista Jurídica, v. 7, n. 144, p. 36-40, jan. 2003.

SILVERBERG, Brett. Tuning Cash into Votes: The Law and Economics of Campaign Contributions. *University of Miami Business Law Review*, v. 25, n. 111, p. 111-140, 2016. Disponível em: https://repository.law.miami.edu/cgi/viewcontent.cgi?article=1286&context=umblr. Acesso em: 01 dez. 2017.

SIMON, Herbert A. Bandwagon and Underdog Effects and the Possibility of Elections Predictions. *The Public Opinion Quarterly*, v. 18, n. 3, p. 245-253, 1954.

SMITH, Bradley A. Money Talks: Speech, Corruption, Equality and Campaign Finance. *The Georgetown Law Journal*, v. 86, n. 1, p. 45-100, oct. 1997.

SOUZA, Washington Peluso Albino de. Conceito e Objeto do Direito Econômico. *Revista da Faculdade de Direito da Universidade Federal de Minas Gerais*, Belo Horizonte, n. 16, p. 23-35, 1976.

SOUZA, Bruno Giovani Lima. Os Limites da Intervenção do Poder Judiciário na Prestação do Direito à Saúde. *Revista Jurídica da Procuradoria-Geral do Distrito Federal*, Brasília, v. 41, n. 1, p. 39-71, jan./jun. 2016. Disponível em: http://revista.pg.df.gov.br/index.php/RJPGDF/article/viewFile/308/227. Acesso em: 25 jan. 2018.

SOUZA, Cíntia Pinheiro Ribeiro de. A Evolução da Regulação do Financiamento de Campanha no Brasil (1945-2006). *Resenha Eleitoral*, Florianópolis, n. 3, jan./jun. 2013. Disponível em: http://www.tre-sc.jus.br/site/resenha-eleitoral/revista-tecnica/edicoes/n-3-janjun-2013/integra/2013/06/a-evolucao-da-regulacao-do-financiamento-de-campanha-no-brasil-1945-06/indexb7dc.html?no_cache=1&cHash=9e86778cb4f0a1ef62855dfd15e012f4. Acesso em: 22 set. 2017.

SOUZA, Washington Peluso Albino de. O Discurso Intervencionista nas Constituições Brasileiras. *Revista de Informação Legislativa*, v. 21, n. 81, p. 323-348, jan./mar. 1984. Disponível em: http://www2.senado.leg.br/bdsf/item/id/181512. Acesso em: 06 fev. 2018.

SOUZA. Celina. Políticas Públicas: Uma Revisão da Literatura. *Sociologias*, Porto Alegre, ano 8, n. 16, p. 20-45, jul./dez. 2006. Disponível em: http://www.scielo.br/pdf/soc/n16/a03n16. Acesso em: 26 jan. 2018.

SPECK, Bruno Wilhelm. A Compra de Votos: Uma Aproximação Empírica. *Opinião Púbica*, Campinas, v. 9, n. 1, p. 148-169, maio 2003. Disponível em: http://dx.doi.org/10.1590/S0104-62762003000 100006. Acesso em: 16 ago. 2017.

SPECK, Bruno Wilhelm. Análisis Comparativo sobre Financiamiento de Campanas y Financiamiento de Partidos Políticos - Brasil. *In:* GRINER, Steven; ZOVATTO, Daniel (Org.). *De las Normas a las Buenas Prácticas*: El Desafío del Financiamiento Político en América Latina. San José, Costa Rica: IDEA/OEA, 2004. p. 1-19.

SPECK, Bruno Wilhelm. O Financiamento de Campanhas Eleitorais. *In:* ANASTASIA, Fátima; AVRITZER, Leonardo. *Reforma Política no Brasil*. Belo Horizonte: Ed. UFMG, 2006. p. 225-256.

SPECK, Bruno Wilhelm. *O Financiamento Político e a Corrupção no Brasil. In:* BIASON, Rita de Cássia (Org.). *Temas de Corrupção Política*. São Paulo: Balão Editorial, 2012. v. 1, p. 49-97. Disponível em: https://www.academia.edu/3556070/Bruno_Wilhelm_Speck_O_financiamento_pol%C3%ADtico_e_a_corrup%C3%A7%C3%A3o_no_Brasil. Acesso em: 23 mar. 2018.

SPECK, Bruno Wilhelm. Reagir a Escândalos ou Perseguir Ideais? A Regulação do Financiamento Político no Brasil. *Cadernos Adenauer*, v. 6, n. 2, p. 123-159, 2005. Disponível em: http://www.kas.de/wf/doc/9795-1442-5-30.pdf. Acesso em: 25 out. 2017.

STIGLER, Georg J. *The Theory Economic of Regulation. In*: DAHL, Robert Alan; SHAPIRO, Ian et al. *The Democracy Soucebook*. Massachussets: The MITPress, 2003. p. 393-397.

STRATMANN, Thomas, Campaign Finance: A Review and an Assessment of the State of the Literature. *Forthcoming, Oxford Handbook of Public Choice*. GMU Working Paper in Economics, n. 17-15, p. 1-28, may 2017. Disponível em: https://ssrn.com/abstract=2956460. Acesso em: 29 nov. 2017.

STRIQUER SOARES, Marcos Antônio. Jurisdição e Administração: Duas Funções da Justiça Eleitoral. *Revista Jurídica da UniFil*, Londrina, ano 3, n. 3, p. 117-124, 2006.

TAROUCO, Gabriela da Silva. The Role of Political Parties in Electoral Governance: Delegation and the Quality of Elections in Latin America. *Election Law Journal*: Rules, Politics, and Policy, v. 15, n. 1, p. 1-22, mar. 2016. Disponível em: https://papers.ssrn.com/sol3/papers.cfm?abstract_id=2440449. Acesso em: 20 abr. 2018.

TAVARES, André Ramos. A Intervenção do Estado no Domínio Econômico. *In:* CARDOZO, José Eduardo Martins; QUEIROZ, João Eduardo Lopes; SANTOS, Márcia Walquiria Batista dos. *Direito Administrativo Econômico*. São Paulo: Atlas, 2011. p. 225-256.

TAVARES, André Ramos. Direitos Humanos Universais no Século XXI: *Uma Reconceitualização Necessária. In:* BERCOVICI, Gilberto; SOUZA, Luciano Anderson de; FERREIRA, Lauro Cesar Mazetto (Org.). *Desafios dos Direitos Humanos no Século XXI*. São Paulo: Quartier Latin, 2016. v. 1, p. 51-65.

REFERÊNCIAS | 265

TAVARES, André Ramos. Facções Privadas e Política Econômica não Democrática da Ditadura Brasileira. *Revista Brasileira de Estudos Constitucionais -RBEC*, Belo Horizonte, v. 9, n. 32, p. 1047-1066, maio/ago. 2015. Disponível em: http://bdjur.stj.jus.br/jspui/handle/2011/110634. Acesso em: 19 abr. 2018.

TAVARES, André Ramos. Planejamento e os Planos Setoriais dos Diversos 'Mercados Urbanos'. *Revista Latino-Americana de Estudos Constitucionais*, v. 19, p. 335-350, 2017.

TAVARES, André Ramos. Princípios Constitucionais do Processo Eleitoral. *In:* TAVARES, André Ramos; AGRA, Walber de Moura; PEREIRA, Luiz Fernando. *O Direito Eleitoral e o Novo Código de Processo Civil.* Belo Horizonte: Fórum, 2016. p. 17-40.

THYNE, Clayton L.; POWELL, Jonathan M. Coup d' État or Coup d' Autocracy? How Coups Impact Democratization, 1950-2008. *Foreign Policy Analysis*, v. 12, n. 2, p. 192-213, Apr. 2016. Disponível: https://academic.oup.com/fpa/article-abstract/12/2/192/2367607? redirectedFrom=fulltext. Acesso: 13 jan. 2018.

TOFFOLI, José Antônio Dias. Quem Financia a Democracia no Brasil? *Revista Interesse Nacional*, ano 7, n. 28, p. 8-19, jan./mar. 2015.

TOKARS, Fabio. Das Falhas de Mercado às Falhas de Estado. *Revista Jurídica*, Curitiba, n. 21, Temática n. 5, p. 143-162, 2008.

TORON, Alberto Zacharias. O Direito de Defesa na Lava Jato. *Revista Brasileira de Ciências Criminais: RBCCrim*, São Paulo, v. 24, n. 122, p. 15-41, ago. 2016. Disponível em: https://bdjur.stj.jus.br/jspui/handle/2011/104975?mode=full. Acesso em: 26 abr. 2018.

TORRENS, Antônio Carlos. Poder Legislativo e Políticas Públicas: Uma abordagem preliminar. *Revista de Informação Legislativa*, v. 50, n. 197, p. 189-204, jan./mar. 2013. Disponível em: http://www2.senado.leg.br/bdsf/handle/id/496980. Acesso em: 07 mar. 2018.

TRANSPARENCY INTERNATIONAL. Accountability and Transparency in Political Finance: Why, How and What for? *Working Paper*, n. 1, p. 1-8, 2008. Disponível em: http://issuu.com/transparencyinternational/docs/2008_1_politicalfinance_en?mode=-window&printButtonEnabled=false&shareButtonEnabled=false&searchButtonEnabled=false&backgroundColor=%23222222. Acesso em: 18 dez. 2017.

TRESSA, Simone Valadão Costa e. O Brasil no Combate à Compra de Votos nas Eleições. *Estudos Eleitorais*, Brasília, v. 11, n. 2, p. 123-148, maio/ago. 2016. Disponível em: http://www.tse.jus.br /hotsites/catalogo-publicacoes/pdf/estudoseleitorais/estudos_eleitorias_v11-n2.pdf. Acesso em: 07 maio 2018.

TULLOCK, Gordon. *Rent-Seeking as a Negative-Sum Game. In:* BUCHANAN, James M.; TOLLISON, Robert D.; TULLOCK, Gordon. *Toward a Theory of the Rent-Seeking Societ.* College Station: Texas A & M University Press, 1980. p. 25-42.

TULLOCK, Gordon. The Origin Rent-Seeking Concept. *International Journal of Business and Economics*, v. 2, n. 1, p. 1-8, Apr. 2003. Disponível em: https://pdfs.semanticscholar.org/f592/3b20daf2c35 6122a9cb6aff5afffddd7eaf5.pdf. Acesso em: 07 jan. 2017.

TULLOCK, Gordon. The Welfare Costs of Tariffs, Monopolies, and Theft. *Western Economic Journal*, v. 5, n. 3, jun. 1967, p. 224-232. Disponível em: http://cameroneconomics.com/tullock%201967.pdf. Acesso em: 07 jan. 2018.

VALDÉS, Ernesto Garzon. Acerca de La Calificación Moral de la Corrupción: Tan Sólo Una Propuesta. *Isonomía - Revista de Teoría y Filosofía del Derecho*. n. 21, p. 9-21, oct. 2004. Disponível em: http://www.cervantesvirtual.com/obra/acerca-de-la-calificacin-moral-de-la-corrupcin-tan-slo-una-propuesta-0/. Acesso em: 11 nov. 2017.

VALE, Teresa Cristina de Souza Cardoso. Pré-História e História da Justiça Eleitoral. *Anais do XXVI Simpósio Nacional de História – ANPUH*, São Paulo, p. 1-35, jul. 2011. Disponível em: http://www.snh2011.anpuh.org/resources/anais/14/1297170363_ARQUIVO_prehistoriaehistoraje.pdf. Acesso em: 09 maio 2018.

VALLINDER, Torbjorn. When the Courts go Marching in. *In:* TATE, C. Neal; VALLINDER, Torbjorn (Ed.). *The Global Expansion of Judicial Power*. New York: New York University Press, 1995. p. 13-26.

VAN BIEZEN, Ingrid. Campaign and Party Finance. *In:* LEDUC, Lawrence; NIEMI, Richard. G.; NORRIS, Pipa. *Comparing Democracies:* Elections and Voting in Global Perspective, 3rd.ed. London: Sage, 2010. p. 65-97.

VAROL, Ozan O. The Democratic Coup d' État. *Harvard International Law Journal*, v. 53, n. 2, p. 292-356, 2012. Disponível: http://www.harvardilj.org/wp-content/uploads/2012/10/HLI203.pdf. Acesso: 13 jan. 2018.

VELLOSO, Carlos Mário da Silva. A Reforma Eleitoral e os Rumos da Democracia no Brasil. *In:* ROCHA, Cármen Lúcia Antunes; *VELLOSO, Carlos Mário da Silva. Direito Eleitoral. Belo Horizonte: Del Rey, 1996.* p. 11-30.

WELCH, William P. The Economics of Campaign Funds. *Public Choice*, v. 20, 1974, p. 83-97. Disponível em: https://www.jstor.org/stable/30022783?seq=1#page_scan_tab_contents. Acesso em: 20 jan. 2018.

WOLKMER, Antônio Carlos. Legitimidade e Legalidade: Uma Distinção Necessária. *Revista de Informação Legislativa*, v. 31, n. 124, p. 179-184, out./dez. 1994. Disponível em: http://www2.senado.leg.br/bdsf/item/id/176273. Acesso em: 21 abr. 2018.

WRIGHT, J. Skelly. *Money and the Pollution of Politics: Is The First* Amendment an *Obstacle to Political Equality? Columbia Law Review*, v. 82, n. 4, p. 609-945, may 1982.

XEZONAKIS, G.; KOSMIDIS, S.; DAHLBERG, S. Can Electors Combat Corruption? Institutional Arrangements and Citizen Behaviour. *European Journal of Political Research*, v. 55, p. 160-176, 2016. Disponível em: https://onlinelibrary.wiley.com/doi/pdf/10.1111/1475-6765.12114. Acesso em: 23 nov. 2017.

ZOVATTO, Daniel. Financiamento de Partidos e Campanhas Eleitorais na América Latina: Uma Análise Comparada. *Opinião Pública*, Campinas, v. 11, n. 2, p. 287-336, out. 2005. Disponível em: http://www.scielo.br/pdf/op/v11n2/26417.pdf. Acesso: 30 abr. 2018.